Selected Works of KURIBAYASHI, Teruo

栗林輝夫セレクション
2

アメリカ現代神学の航海図

栗林輝夫

大宮有博、西原廉太［編］

JN128514

新教出版社

装丁　桂川　潤

アメリカ現代神学の航海図

栗林輝夫セレクション 2

目次

凡例

一、編者による注記は〔　〕で示した。
二、初出は各章の末尾に（　）で示した。

第1章　フェミニスト神学からウーマニスト神学へ

多元化するポストモダンの女性神学

1　女性学の誕生とキリスト教

最大教派が「女性は男性に従うべき」と決議

一九九六年六月、『ニューヨーク・タイムズ』紙は、全米最大のキリスト教の教派である南部バプテスト連盟（Southern Baptist Convention, ＳＢＣ）が、家庭において妻は夫に「慎ましく服従するべきである」との答申を圧倒的多数をもって可決したと報じた。

南部バプテスト連盟はソルトレイクシティで開催された今年の年次総会において、夫婦の役割と家族の意義についての神学的見解を明らかにする基本綱領を発表し、聖書に準拠して妻は夫の指導に服従すべしとの勧告を決議した。総会ではもう少し穏健な表現にすべきではないかとの修正案も出されたが、代議員は原案を圧倒的多数で支持。同勧告は夫婦が神の前では「対等の価値」をもつとしながらも、新約聖書エフェソの信徒への手紙五章二一節から三三節にあるキリストと教会の関係を、事実上、夫妻間にも認めたことになる（1）。

この二〇年ほど、南部バプテスト連盟は原理主義的な傾向を強め、聖書を一字一句、文字通りの神的啓示とする立場を取ってきた。同記事によれば南部バプテスト神学校の学長はこうした勧告は現代の「世俗的な世界には奇妙に響くかもしれない」と認めながらも、「神のご計画とは元来そういうもの」と述べて、夫婦間の上下秩序は「聖書に明瞭に啓示されている」と勧告の正当性を擁護したという。南部バプテスト連盟は全米の四人に一人、いや三人に一人とまで言われるほどに大きな教派であり、福音派の中でも最右翼である。この勧告決議がなされたときは、大統領のビル・クリントン、副大統領のアル・ゴア、下院議長ニュート・ギングリッチ、共和党上院院内総務トレント・ロットも南部バプテスト連盟に所属しており、国政を左右する一大政治勢力であった。この前年の一九九五年には、同性愛を許容したとして娯楽企業のボイコット運動を起こし、反中絶、反同性愛を唱える宗教右派の一大拠点になっていた。福音派は中道穏健派から超保守派までずいぶんと差があって、夫婦は「相互に仕え合うべき」と穏健な解釈をする教会がある一方、妻は夫に従うのが当然とするところも多い。もちろん夫が暴君だったら困るが、そうでなければ夫は家族の中心で、妻と子どもがその庇護のもとで生活するのは当たり前と考える女性が福音派の大勢を占める。

キリスト教の活動の多くは女性の手によって担われ、女性の働きを抜きにしては語れないほどにその役割は大きい。しかし、そうした女性の働きが正当に評価されてきたかと言えば、きわめて疑問である。イエスに従った女性たちはその死と復活を目撃し、初代教会では復活後のキリストの証人として女性たちが重要な役割を担い、パウロ、ペトロらの使徒と同じように「教師、伝道者、治癒師、また司祭」として活躍した。ところが教会制度が整えられ、正統的キリスト教の言説が統制的になるにしたがって、女性は指導的な役割を失って中央から姿を消していく。もし女性の側に視点を据えれば、キリスト教の歴史は女性が沈黙させられ男性に従属していく歴史だったと言っても過言ではない。今日のキリスト教に求められるのは、女性を抹消してきた制度を反省的に捉え直し、聖書、教会、神学全般を女性の目でもって再解釈し、それをキリスト教の未来へとつなげることである。そのように挑戦する女性神学は、現代アメリカの教会でもっとも論争的な言説となって目をみはらせるものがある。(2)

アメリカの女性神学を概観するこの章を、まずフェミニズム誕生の「知の社会学」とその歴史的背景について考察することから始めてみる。そして次にフェミニスト神学の目標、特徴、方法を概観し、その後ウーマニスト神学とムヘリスタ神学について解説する。「黒人女性の経験」を資料にしたウーマニスト神学が試みるのは、フェミニスト神学の場合と同じく、キリスト教における父権制の抑圧を暴き、男性中心的な聖書解釈と教理、教会の歴史を批判的に読解することである。しかしウーマニスト神学は女性差別の告発に留まらず、白人フェミニストに内在する人種的、階級的偏見を突いて、独自な主題のもとで黒人女性の神学たろうとする。また、そうした黒人女性による白人女性神学の脱構築に刺激されて、ヒスパニック・ラテン系女性もムヘリスタ神学の創造へと乗り出した。その趨勢はいまだ未知数ではあるものの、先駆けとなったイサシ・ディアスらの言説は、白人女性にはない独特な視点と問題意識で貫かれている。白人主体のフェミニスト神学は、ウーマニスト神学、ムヘリスタ神学、さらに他のマイノリティの女性神学によって今日大きな挑戦に晒されている。

フェミニスト神学誕生の背景

ウーマニストとムヘリスタ神学については後に詳しく述べるとして、まずは二〇世紀後半、アメリカの白人中産層に属する女性の間で、「西洋白人男性がつくり上げた神学へのアンチテーゼとして」(3)出発したフェミニスト神学について、その誕生の事情を振り返っておこう。

六〇年代のアメリカは、少数者の権利意識が飛躍的に高まり、アメリカは人種の「坩堝《メルティングポット》」であるという神話が退けられ、それに代わって数多くのエスニック集団が共生する「多彩な器《サラダボール》」社会論が唱えられた時代で、黒人の公民権運動やアメリカ先住民の土地回復運動など、「歴史の下」の少数者が社会的権利の是正と認知を求めて一斉に声をあげた。そうした時代の波に女性も無関心ではいられず、社会文化上の性のあり方を問うジェンダー論やセクシュアリティそのものを問い直す女性学が誕生し、それがキリスト教にも及んで教会女性の間に自身の神学言説の必要を喚起したのである。これには、当時プロテスタント教会では進歩的リベラル派がまだ意気軒昂だったことや、カトリック教会でも第二バチカン公会議の改革開放路線によって時代に積極的に対応する姿勢が生まれたことも追い風になったが、いずれにせよ、そうした新時代の革新的雰囲気を背景に誕生したのが、「女性の経験」を重要な資料にするフェミニスト神学だったのである。

アメリカのフェミニスト神学の担い手は主に白人女性、それも知的中産層の進歩的女性であって、[4]同じ白人の知識階層とはいえ、大西洋を越えたヨーロッパの教会女性はアメリカに一歩遅れをとった。イギリスやドイツの教会、大学の神学部、アカデミズムではまだまだ伝統的な権威意識が根強く、男性偏重を批判するフェミニスト批評や、女性の従属的地位の捉え直しには根強い抵抗があった。

さて六〇年代のアメリカに「女性学」（Women's Studies）が勃興したことには、アメリカならではのいくつかの理由があった。そのひとつは、大都市の生活スタイルの変化、女性の職場進出という特殊な社会事情だった。[5]すなわち、職業選択の自由の拡大、妊娠・出産・中絶に関わる医療技術の飛躍的進歩、性とジェンダーの見直し、郊外型核家族の普及、セクシュアル・ハラスメントと性暴力に対する意識の高まりなど、そうしたことがごく市井の女性にも大きな影響を及ぼしたのである。とりわけ白人女性のキャリア志向には目覚ましいものがあった。実は、黒人女性とプアホワイトと呼ばれる白人低所得層の女性を除けば、[6]戦前のアメリカでは、白人女性の大多数は専業主婦として家庭に留まるのが普通だった。ところが日本やドイツ、イタリアを相手にした第二次大戦の勃発で、人口の多くを占める白人女性も未婚者、既婚者を問わず、出征した夫やボーイフレンドの労働力を埋めるために工場や事務所に大量雇用されて銃後の守りについた。そして戦争が終結し、男たちが戦場から続々と帰還して職場復帰を果たしたとき、多くの女性は家庭に戻ったものの、女性も男性並みに仕事をこなせる事実を知った少なからぬ数の女性は仕事を継続した。そんなときに働く女性たちの心を捉えたのが、日本でも戦後女性運動の聖典になったシモーヌ・ド・ボーヴォワールの『第二の性』（一九五三年）だった。[7]「人は女に生まれるのではなく、女になるのだ」という有名な一節を含んだこの著作の中でボーヴォワールは、就業を女性の当然の権利と主張するとともに、女性の社会進出を抑圧してきたフランスのカトリック教会を痛罵し、これがアメリカのリベラルな教会女性に大きな衝撃を与えた。キリスト教の性差別を赤裸々に暴いたボーヴォワールをどう受けとめればいいのか、教会の従属的女性観をいかに変えていけばいいのか、それらがアメリカ女性の課題として投げかけられたのである。[8]

産む権利は女性にある

アメリカ女性に生じた環境変化でもうひとつ無視できないのが、妊娠と出産に関わる技術革新だった。特に五〇年代末の口径避妊薬「ピル」の開発普及は見逃すことのできない事件で、ピルはアメリカ人の性生活を劇的に変えたと言われる。[9] 妊娠するかしないか、妊娠するとしたら何人子どもを産むかをあらかじめ計画することで、有史以来女性は初めて性のライフサイクルを決定し、妊娠と出産をほぼ正確に調節できるようになった。偶発的な妊娠によって人生を大きく変えることはまだあるものの、少なくとも気をつけていれば、女性は不本意な出産を防止できるようになったのである。

ただし、これはプロテスタントに限った事情で、カトリック教会ではピルの使用は第二バチカン公会議の改革開放をもってしても認められず、一九六八年、教皇パウロ六世は、「適切な産児調節」に関する「人間の生命」(*Humanae Vitae*) の回勅を発布して、[10] 人工的な避妊禁止を再確認して伝統的立場を堅持した。一九六二年に始まった第二バチカン会議は、二〇世紀のカトリック教会を大きく変えた会議だった。これを企画したのは教皇ヨハネス二三世で、ピウス一二世の後継者となったのは七八歳という高齢であった。一時つなぎの教皇と見られていたものの、カトリック教会の「現代化」(aggiornamento) に熱意を注ぎ、カトリック教会を世界に開かれたものにしようと努めた。ところが、ヨハネス二三世の逝去に伴って、その後を継いだパウロ六世は産児制限には消極的で、第二バチカンの現代化とは逆の方向に舵を切った。[11] アメリカの進歩的カトリックの失望は大きかったが、それでも当時は、議論は始まったばかりで将来的には産児制限も解禁されるに違いないとの楽観的見方が多かった。カトリック神学者の中には教皇庁に公然と異を唱え、女性信徒に「良心的不服従」を推奨する者も出た。[12] 人工中絶は問題外としても、避妊薬の使用許可は時間の問題と考えられていたのである。しかし、その後もバチカン教理省は厳しい姿勢をとり続け、避妊、人工中絶だけでなく、婚前性交渉、離婚、家庭における女性の役割、聖職者の独身制をめぐっても、従来の方針を貫いて今日に至っている。

話を元に戻そう。アメリカ女性の戦後から六〇年代にいたる環境の変化は、就労、避妊と出産の事情から、さらに性とジェンダー観の革新にも及んだ。ベティ・フリーダンの『新しい女性の創造』が書店の飾り窓に登場したのは一九六三年のことである。[13] 時代は離婚率の急激な上昇が社会学者の注目を集め、妻、母の役割や家族観の見直しが論じられるようになっていた。この著作の中でフリーダンは、結婚して妻になり、やがて子どもを生んで母として家庭を切り盛りするというアメリカ女性の平均的幸福観が「神話」にすぎないことを暴き、妻と母の役割に満たされない思いをもちながら、理想と現実のギャップに苦しむ女性の姿を赤裸々に綴った。この著作がいかに衝撃的だったかは、それがベストセラーになって広く読まれたことで、少なくともそれ以後、アメリカの中産家庭において離婚がタブーではなくなり、婚前性交渉も白眼視されなくなった事実からも明らかである。

ちなみに筆者は六〇年代初頭の日本で、新聞に載った『ブロンディ』の漫画を読み、テレビで『パパは何でも知っている』や『うちのママは世界一』といったアメリカのホームドラマを見て育った戦後団塊の世代である。

中西部の地方都市に住むアンダーソン家の日常を舞台にした『パパは何でも知っている』は、保険会社で働く父親と家族思いの母親、そこに三人の子どもが絡むというホームドラマで、『うちのママは世界一』のほうも夫婦と一男一女という平均的な中流家族を描いたコメディタッチの作品である。当時、日本は高度成長時代に入ったとはいえ、まだまだ経済的に貧しく、われわれ日本人はドラマの中の芝生に囲まれた瀟洒な郊外住宅、そこで繰り広げられる物質的に豊かで人間的にも温かなアメリカ人家庭に羨望を覚えたものだ。しかし六〇年代後半、そんな白人中流の家族スタイルは当のアメリカにおいてでさえ標準的ではなくなっていた。いや、そもそもそれがアメリカ家庭の典型だったかも疑わしい。少なくとも、夫を見送った後、甲斐甲斐しく掃除洗濯をこなし、夕食を準備して夫の帰りを待つ妻、郊外の一戸建て住宅で一日の大半を過ごす母親といった良妻賢母像は、七〇年代にはもはや数あるライフスタイルのひとつにすぎなくなっていたのである。

女性学の誕生

女性学やフェミニスト理論といった新分野の学術は、こうしたアメリカ女性のライフスタイル、新しい男女関係、ジェンダー観、家族観、性意識などの変化に対応して誕生し、大学には女性学講座が続々と新設されて、セクシュアリティ、ジェンダー論、家族論などの新解釈がさかんに論じられるようになった。女性学は実に学際的で、例えば文学では女性像が作品内でどのように描写されているかを批判的に検証するフェミニスト文芸批評学、社会学では女性の公共的役割に光を当てたフェミニスト社会学、歴史学では女性的視点から歴史の書き換えを試みるフェミニスト史学、また近年ではフェミニスト地理学(14)と実に多彩で精力的な研究が勃興した。こうした女性学ないしフェミニスト理論のポイントは、男性の物語《ナラティブ》ではなく、女性自らが口を開いて自分のアイデンティティ、社会的役割、価値を定めるということにあった。フェミニストが構築を目指したジェンダー論は、ひとことで言えば、男性とは何か、女性とは何かを歴史、社会、文化の各領域にわたって批判的に分析し、男女間の権力分布、文化のバロメーターや言語の機能を探る試みである。

例えば「攻撃的な」という形容詞は、主語が男性であれば積極的評価が付与されるのに対して、女性の場合はむしろ否定的響きが伴う。男が「攻撃的」であるのは、大胆さ、図太さ、自信、野心、指導力といった積極的意味があるのに比べ、女性が「攻撃的」であることには感情的、ヒステリー、不満足、情緒不安定といった負の符号がまとわりつく。当事者が男性ならば肯定的価値をもつのに、それが女性でしかもフェミニストであるなら、「攻撃的」の形容は男に相手にされない女の鬱憤晴らし、と戯画化されてしまう。これはどう考えても差別的であって、性の言語やジェンダーの社会関係性等は根本的に再構築されねばならない。そうした疑義のひとつひとつを丹念に受けとめて検証するのが女性学であり、それをキリスト教につなげようと試みたのがキリスト教のフェミニスト神学だったのである。

2　フェミニスト神学と変革のディスクール

「もし神が男なら」

フェミニスト神学の誕生を物語るにあたって、まず挙げなければならないのはメアリ・デイリーの仕事である。二〇一〇年一月、『ボストン・グローブ』紙は「ボストン・カレッジと争った先駆的フェミニスト」デイリーの八一歳の死を報じ、その中でデイリーを「宗教にもっとも根深い家父長主義の廃絶」に向けてペンを振るった「哲学者、神学者にして詩人」と紹介して悼んだ。(15) デイリーは一九二八年、ニューヨーク州のアイスクリーム冷凍庫の行商家庭に生まれ、高校を中退して苦労した母親の強い勧めもあって大学に進学、ワシントンのアメリカ・カトリック大学で修士号、インディアナのセント・メアリ大学で博士号を取得した後、スイスのフライブルク大学に留学して神学、哲学で二つの博士号を得て帰国した。一九六七年にイエズス会経営の名門ボストン・カレッジで教鞭を執り始め、まもなくして出版した一九六八年の処女作『教会と第二の性』[16]と一九七三年の『父なる神を越えて』[17]の二作によって、もっとも前衛的な神学者として注目を浴びた。それによってデイリーはボストン・カレッジの終身教授権を獲得、その後の三〇年あまり同大学で神学、哲学、倫理学、女性学などを講じた。

「ボストン・カレッジと争った」というのは、男子学生の受講を認めないという彼女の独特な講義姿勢に対して、大学が懲戒措置を取ったことが発端である。もし男子学生が受講すれば討論を独占して、同席する女子学生の発言機会を奪うというのがデイリーの言い分だったが、大学当局は男女の教育機会均等を定めた連邦法に抵触するとして是正を勧告した。しかしデイリーは教育者の自由権を根拠に断固として拒否し続けた。結局、保守的福音派にバックアップされた数名の男子学生が地元裁判所に提訴する事態にまで発展して、成りゆきを憂慮した大学が彼女の終身教授職を解いた。デイリーはこれを不服として逆提訴して泥仕合になったものの敗訴、一九九九年に彼女が大学を定年退職することで事件は終幕した。[18]

「神学基準を一八〇度覆した」ラディカル・フェミニストとしてのデイリーは、[19]キリスト教的神観と家父長制の間の「密通関係」に批判のメスを入れ、「もし神が男なら、男が神である」("If God is male, then the male is God") と喝破したことで有名である。[20]この言葉ほどキリスト教の男性支配と女性の服従を的確に表現したものは稀である。デイリーは、神を男性的象徴で語ることによって女性が歴史上どれほど疎外されてきたか、「父なる神」の概念がキリスト教においていかに男性権力を神聖化し、女性を隷属させてきたかを指弾した。もし神が男性として象徴化されれば、女性は自分の性を男より劣ったものとせざるをえない。男性的「神」は女性の抑圧と同時に男性も不自由にし、さらに人間による自然支配、際限なき大地の搾取も合理化する。イザベル・カーター・ヘイワードが、自然、人間を超越した「絶対他者」(バルト)の神、他者を必要としないで自己で充足する「存在それ自体」(ティリッヒ)の神論が、実に男性権力を隠蔽する欺瞞に他ならないと指摘し、[21]スーザン・シスルスウェイトが、男性が好き勝手をする一方で、女性と子どもが忍従を強いられる現実は、家父長的神観のコイ

ンの表現と批判したのもそこなのだ。(22)

それならば神に女性的イメージを加えて修正すればいい、とそんな考えも生まれてくるが、ことはそれほど簡単ではない。デイリーによれば、キリスト教の女性蔑視の根は深く、歴史的にはカナン宗教の女性的豊饒神に敵意を抱いたイスラエル預言者の旧約時代にまでさかのぼるという。

キリスト教の正統的神観を批判したのはフェミニストが最初というわけではない。キリスト教はその成立直後から激しい異端論争にさらされ、正統を目指す各派の熾烈な争いの中で発展してきた。古代、中世の教会の歴史は三位一体の神観をめぐる正統と異端の抗争史だった。その後も抗争が継続してきたことは中世末の宗教改革、カトリックとプロテスタントの抗争、近代の理神論や汎神論をめぐってのプロテスタント教会同士の四分五裂にも伺える。この点ではフェミニスト神学者も同じで、異端論争とまでは言わないものの、何を目標に掲げ、どう女性解放を実現するかの戦略戦術では議論百出だった。教会制度の枠に留まって男性に偏した神観を修正しながら啓蒙活動の輪を広げていくのが最適と論じる穏健派がいる一方、制度内改革では生ぬるい、教会の外に出て他宗教の女性と連携し、マルクス主義を含めた世俗的フェミニズムの理論を積極的に摂取することがもっとも有効な道と唱える女性も少なくなかった。方法も多様で、過去のキリスト教の女性伝統の掘り起こしに関心を注ぐ神学者がいる一方、ユートピア的未来から性差別の現状を批判し、終末論的展望のもとで変革の可能性を探ろうとするフェミニストもいる、といった具合だった。

しかしいずれの戦術を選ぶにせよ、今日多くの教会女性が伝統的な神概念に限界を感じて、それを何とか変えたいと願っている事実には変わりはない。女性であることを心から喜び、深い敬虔をもって女性を真の自由に招く信仰を実現するにはどうすればいいのか。従来の神観や教会観ではそれは不可能である。男性神学者がどう抗弁しようと、伝統的「神」が女性の生活と信仰を挫いてきたこと、少なくとも教会が制度的に女性軽視を黙認してきた事実は否定しようがない。

教会女性はどうすれば家父長的支配を支える神観を変革できるのか。その問題への戦略はフェミニスト神学者間でさまざまに構想されてきたが、レベッカ・チョップによれば、大きく三つにまとめられるという。[23]ひとつは女性的視点に立ってキリスト教の伝統的な象徴と教義を再解釈すること、二つ目は男性優位の教会制度を革新すること、そして三つ目は女性の解放倫理を構築してこれを実践することである。以下それらの問題を順に吟味してみることにしよう。

キリスト教の女性的再解釈

キリスト教フェミニズムの積極性は、まずは象徴と教義の再解釈を試みたように、議論をきわめて具体的にしたところにある。それは近年の神学がややもすると方法論にのみ精力を注ぐ傾向にあるのと好対照をなす。例えばキリスト論である。アメリカ教会の主流を形成するリベラル・フェミニストは、イエス・キリストを「人間に受肉した神」「神の子」と大枠で理解する点では従来の神学とさほど変わりない。穏健的な彼女らは、伝統的な神論やキリスト論を父権制的イデオロギーの産物として断罪するラディカル・フェミニストの道を選ばなかった。彼女らにすれば、キリスト教はキリスト教である限り、歴史的イエスが男性であっても少しもかまわない。なぜなら、イエスは当時の男性としては実にユニークな女性の理解者で、差別された遊女や嘆く寡婦を神の国へと招いて、あらゆる隷属からの自由を宣言した解放者だったからだ。その意味で、イエスが救世主と告白されるのは当然だった。[24]

このように進歩的なリベラル・フェミニズムのキリスト論的解釈枠は、イエス・キリストを父権制の差別構造からの解放者と見ることにあった。[25]史的イエスは、貧しい者、徴税人、サマリア人の友であっただけでなく、古代イスラエルの家父長主義を激しく批判した。当時不浄な存在として軽んじられていた女性の側に公然と立った。その意味でイエスは「最初のフェミニスト」と言っても過言ではないというのである。

福音書を読む限り、女性に対するイエスの態度は実に革命的である。イエスは当時のユダヤ教の習慣に逆らって、女性たちと自由に語りあった。……マリアとマルタの姉妹の家では（ルカによる福音書一〇・三八―四二）、教師が愛弟子に接するかのように親しみを込めてマリアに語りかけ、彼女の権利を復興した。……いや行いだけでない、その教えも革命的だった。イエスは、女性を情欲の目で見る者はすでに心の内で姦淫の罪を犯したのであると説き、女性がモノではなく、権利ある人間であることを示された。[26]

リベラルなキリスト教フェミニストが復興したのはそんな「フェミニスト・イエス」だけではない。彼女らは聖霊を女性的暗喩でもって再解釈し、箴言において聖霊が「智慧《ソフィア》」という女性的メタファーをもって描かれていることを明らかにした。[27]そして、傷ついた者を慰めるという慈悲に満ちた母性的スピリチュアリティを聖霊論に復興したのである。[28]また歴史神学の分野でも、聖書のマリアやマルタをはじめキリスト教史の埋もれた女性像の発掘に携わり、その結果中世の神秘主義者ノリッジのジュリアンが母性的キリストを構想したフェミニストとして再浮上した。十字架上のイエスの苦しみに女性の出産の苦しみを聞き、最後の絶叫に、生命を産み落とす妊婦の陣痛の声を聞きとったジュリアンは、女性神学の先駆者として再評価されることになったのである。[29]

「女の教会」は女性のエンパワーメントを目指す

ラテンアメリカの解放神学には、貧しい者から学んで共に生きる「基礎共同体」という実践の場がある。同じく黒人神学には黒人の教会という信仰共同体、スピリチュアルやブルースを育んだ祝祭的な空間がある。しかしフェミニスト神学はどうか。女性は自分たちの独自な空間を持てているのか。もし持てていないというのであれば、女性はどこかに女性の自由な場を設けるべきではないのか。[30]そんな問いが出てくるのは、女性にとって教会はどう贔屓目に見ても居心地の良くない場だからである。穏健な福音派のフェミニストですら、「教会はその誕生から二〇〇〇年を経た今日も、男性が男性のために運営していることに変わりはない」、「キリストの自由の告知にもかかわらず、教会は今日も女性の不自由を黙認している」と批判する。[31] 教会には男女差はなく、あるのはただキリストのひとつの体のみ（ガラテヤの信徒への手紙三・二八参照）と説教するのは立派である。だが、現実の教会では女性は男性の聖職者や執事、役員への服従を求められ、男性に角が立つ物言いをしてはならないと釘を刺されるのが常だ。教職や長老の権威ある役職はほぼ男性で独占され、女性信徒に割り振られるのは「女にふさわしい」バザー、茶話会、接待、台所仕事、その他の補助的役割でしかない。もちろんバザーも接待も大切な仕事である。だが、男たちは女性がこまごまと働くのを当然のように受け取って、少しも手を貸さないのはなぜか。教会は未来の神の国の「しるし」である。にもかかわらず、この世の性差別主義が堂々とまかり通っている。男性の牧師や役員はそれこそ頭のてっぺんから足のつま先まで、男中心の思考に凝り固まっている。しかも悪いことには、それを神の定めと信じて疑わない。だが考えてもみるがいい、教会礼拝の半数は女性である。家庭集会の世話をし、病院を見舞う奉仕も多くは女性信徒によって担われるのに、少しも自由な空間が備えられていない。こうした疑念の声を背景に女性の解放的な信仰空間として提起されたのが「女の教会」（Women-Church）の概念である。[32]

女の教会運動の提唱者によれば、教会に女性の空間を確保する試みは、教会の分派活動ではなく、あくまで女性の創造的ヴィジョンの共有を図る制度内的なものである。[33] そうした試みがなぜ必要なのか。それは、教会の現実を知れば知るほど、そして「フェミニストになればなるほど、教会に行くのが憂鬱になる」からである。[34] 女性であることを肯定し、自由で信仰的な喜びを願いながらも、どうしても喜ぶことができない教会の現状。女性の教職者も信徒も、教会活動のあらゆる場面で男性の無理解と性差別に突き当たる。しかしだからと言って、デイリーのように教会を去るのは行き過ぎである。教会がなければ信仰は維持できない。教会制度の内に留まりながら、自由に語りあう女性の時間、神賛美ができる女性の空間がもてないものか。女性がイニシアティヴをとって「包括的言語」（inclusive language）を用いた礼拝ができないものだろうか。

ローズマリー・ラドフォード・リューサーはこうした「女の教会」を、「解放的聖霊に満たされた預言者的教会」と定義する一方、レベッカ・チョップは、女性同士が苦難を分かち合い、「男根崇拝に抵抗する女たちの砦」と構想した。そのいずれを採るにせよ、「女の教会」は、女性の新しい信仰的共同体のヴィジョンを創り出そうとする試みである。そして、そうした共同体の中心的な関心が実践的な倫理と行動にあることは格別な注目に値する。女性がいかに生きるべきかを考え、正義と公平、反差別と平和を女性的視点でもって再考しようとすれば、家庭内暴力、買春、妊娠中絶、ポルノグラフィー、食品衛生、環境破壊、子どもの教育、住宅と、それこそ無数の社会的課題に直面せざるをえない。男／女間の関係の是正だけでなく、公／私、身体／肉体、自然／人間、政治／信仰といったあらゆる二元的思考を批判せずには済まなくなる。こうして教会フェミニストは信仰を「正統的実践《オーソプラクシス》」の枠組みで捉え、性差別社会の変革を、教会を越えて広く政治的、文化的な文脈において実現しようとする。そんな試みの中でフェミニスト神学者が深めたのが、人間観における「身体性」（embodiment）、「肉体性」（corporeality）の再解釈であり、人間、世界、創造を論じる「緊密性」（connectedness）、「相互性」（mutuality）の採用だったのである。

キリスト教倫理の革新、身体性の名誉回復

まず「身体性」の概念である。女性神学は、フェミニスト神学であろうと、後述するウーマニスト神学やムへリスタ神学であろうと、等しく人間が身体的存在であることに注意を喚起する。(35) 従来、キリスト教神学は人間の本質を理性に求めてそれを感情に対置し、理性／感情、さらに知性／肉体、男性／女性、人間／自然と二項対立的に理解してきた。(36) いや、ただ二項的に対立させただけではなく、二項のうちの前者、理性、知性、男性、人

間を上位に据え、後者の感情、肉体、女性、自然を下位に置いて、前者による後者の支配、言い換えれば、理性による感情の抑制、知性による肉体の統制、男性による女性の支配、人間による自然の征服を合理化してきた。リューサーが「エコフェミニズム」を唱えて、『新しい女、新しい大地――性差別イデオロギーと人間解放』（一九七五年）、『ガイアと神――大地の癒しをめざすエコ・フェミニスト神学』（一九九二年）を書いて告発したのは、そうした二項対立による女性や自然の抑圧だった。[37] 二項対立主義、あるいはもっと一般的に二元論的思考は、男性による女性支配だけではなく、白人による有色人差別、キリスト教徒によるユダヤ教徒迫害、人類による自然搾取と、あらゆる抑圧を支えて、それらを合理化する道具になってきた。女性であろうと、アジア人やアフリカ人、ユダヤ教徒であろうと、そうした人々は白人／男性／キリスト教徒から、「肉体的」だの「野性的」だの「感情的」だの「野蛮」だのと、劣ったラベルを一方的に押し付けられ、「知性的」な白人、「道徳に優れた」キリスト教、たくましい男性という存在者の下で事実上の隷属を強いられた。

だが、男性でも女性でも食べて眠ることでは変わりなく、衝動的にもなれば沈思するときもある。むろん男性と女性とでは身体的に差異があって、女は出産のために全体として体が脂肪分に富み、寿命が長い。他方で男性は精子を作り、筋肉質で女性に比べて寿命は短い。だが、そのどちらが優れているかと問うのは意味がない。もし何事かを言えるとすれば、人間は身体を持った存在であり、それを愉しみ歓ぶということである。キリスト教は神が人となり、身体を持ったという「神の受肉」の教えを説く。しかし教会は伝統的に人間の身体、とりわけ女性の身体を軽んじ、それを恥ずべき器として拒んできた。

こうしてキリスト教フェミニストの強調点は二項対立の図式を越えて、人間が「身体」を持つということ、セクシュアリティは神の賜物であるということにある。フェミニストらはプロテスタントの性的禁欲主義、カトリックの聖職者独身制の伝統に反抗し、人間の身体性を神との出会いの場、神のサクラメントとして尊重するよう求めた。[38] 歴史的に「性」や「体」を禁忌してきたキリスト教の文化を振り返れば、身体性を積極的に語るということは、女性にとっては、不当に貶められてきた生を復権する解放の一歩になるのである。

日系フェミニスト神学者リタ・ナカシマ・ブロックは現代世界における女性の身体への暴力、日常的に起こる虐待は目を覆うばかりと指摘して、次のように告発する。「アメリカの青少年の死亡理由で二番目に多いのは自殺である。青少年の五人に一人は極貧家庭に育ち、女性の三人に一人が成人してから強姦を経験し、女性の四人に一人、男性の八人に一人が一八歳未満の時期に性的虐待を受ける。そして三九秒に一人の割合で、家庭内暴力によって女性が病院に運ばれる」(39)。アメリカ女性の「健康障害」の一位は癌や疫病ではなく、夫、父、恋人によるDVで、女性にとって家庭は危険きわまりない空間だというのである(40)。

ナカシマ・ブロックの指摘を待つまでもなく、女性にとっての問題は、暴行を受けたりモノのように扱われたりする身体、穢れているとか「女々しい」と軽蔑される肉体である。中世神学者トマス・アクィナスはアリストテレス哲学を下敷きに、女性を「男性の出来損ない」と定義し(41)、宗教改革者のルターも、神によって「女性が創造されたのは生殖のためだけ」と論じてはばからなかった。いや二〇世紀最大と讃えられたプロテスタント神学者のバルト、ナチズムへの抵抗で著名なボンヘッファーさえ、ものには順序があって性においては男が先で女はその次、だから頭《かしら》である男が主導権を握るのは当然で、それが神による創造の秩序であると公言していた(42)。フェミニズムの「肉体性」「身体性」とは、このように歴史的に貶められてきた女性の記号を癒して、その尊厳を復興する概念である。キリスト教文化が女性の性とジェンダーを劣等と決めつけたことを思えば、フェミニストらがまずは自分の身体を肯定し、女性のセクシュアリティを神の「良き創造」として再評価を試みたのは当然だったのである。

重要なのは相互関係性である

もうひとつ、フェミニスト神学のキーワードを挙げるとすれば、「関係性」ないし「相互関係性」の概念がある。「関係性」とは人間が単独ではなく社会の大きなマトリックスの中で生きているということ、「相互関係性」はそうした共同体において抑圧からの解放を目指す倫理を男女が互いに築きあげていくという課題を指す概念である。フェミニズムの著作や論文を読んでいると、この「関係性」や「相互性」といった言葉に頻繁に出会うが、特に倫理を扱う場合はそれが顕著である。サリー・マクフェイグは、神の被造世界における「相互関係」を述べる中で、人は自分だけではなく他者の大切さに目覚めたとき、人間同士に対する尊敬だけでなく生態系への畏敬の念も起きてくると指摘する。男も女も、人間も自然もすべての被造物は神によって「極めて良い」（創世記一・三一）ものとして創られ、祝福された。人間の責務はこうした神の創造を歓び、被造世界にあるすべてが正しい関係の内に共生できるよう整えることにある。[43]

関係性はそのもっとも深いところで美的かつ宗教的な感情になる。人間は果てしなく広がる豊穣的宇宙を、驚きに満ちた世界として畏敬し愉悦する。人間の意識は宇宙を賛美する永遠の一部なのである。[44]

豊かな宗教性、美的感情と道徳は人間が互いに正しく関係することで育まれる。そう論じるのはひとりマクフェイグだけではなく、フェミニストの多くにとっても同じである。関係性ないし相互関係性の概念は、女性がキリスト教を再解釈する上で重要な手がかりになった。伝統的な「罪」の概念をラディカルに修正し、それを社会的関係の次元に据え直そうとする試みもその表れである。このことは女性にとってみれば当然のことで、女性に対する暴力の問題ひとつを取りあげてみても、妻子に乱暴する夫や父親、街角で女性を襲う男性の性的暴行は、究極的には男女間の関係を歪曲する社会と文化に根があるのであって、女性の側が個人道徳を高めれば消滅する、といったものではない。そこに、フェミニストが性暴力の「罪」を、伝統的な個人道徳として扱わず、いっそう広く文化・社会の構造理解をもって再解釈する理由がある。言い換えれば、女性を「モノ」として見る文化の欠陥、加害者よりも被害者の女性に落ち度を見る道徳（「レイプされるのは女の側にスキがあったから」「男を誘う格好をするから」）、男性中心の刑法（女性を咎めて男性を免責する姦通罪、買春防止法ではなく売春防止法など）の批判に着手した。いやそれだけではない、批判はさらに広がって、女性の生殖力の国家管理をもくろむ政治、女性差別を合理化する知の構造にまで至ったのである。

相互関係性の概念は男女が互いに相手を尊重し、責任を分け合うという積極的な概念だということはすでに触れた。しかしこの当たり前のことが当たり前として通じないのが現実である。互いに関係を結ぼうとすれば、その手段は当然コミュニケーション、つまり対話を重ねることで関係は深まっていく。ところが、女性の対話は「話し好き」「むだなお喋り」で「女に特有な気質」とステレオタイプ化され、家庭団欒を好むのも「巣作り」という女性の生物的本能によると揶揄される。フェミニストに言わせれば、これこそ関係性の歪曲であって、近所付き合いにしても家庭の団欒や子育てにしても、それらの役割を一方的に女性に負わせてきたことこそが問題であって、男女が互いに協働することによって真の相互関係性は築かれていく。

キリスト教フェミニストが特異なのは、かかる相互関係性をさらに神へとつないだ点にある。神は上から下へと、一方的に人間に関わるのではなく、相互の交わりの中に自らを啓示する。神は人間と世界に対して、支配と統御ではなく共生と「エンパワーメント」として経験される、と言うのである。

こうしたキリスト教フェミニストの「関係」や「相互関係」の概念は、現代哲学における「関係主義」（relationalism）の流れと無縁ではない。伝統的に哲学は存在を「実体」と「現象」、あるいは「本質」と「属性」に分けてきたが、現代哲学はそのような存在論を批判し、相互依存的に理解しようと試みる。人間を、他者との交わりにおいて自己実現する存在と定義したハインリヒ・リッケルトを嚆矢として、現代哲学は機能主義から構造主義、システム論からコミュニケーション理論へと、人間相互の関係性に光を当てることで新展開を遂げてきた。ところがキリスト教のほうは、相変わらず「神」を自足的存在のままで放置し、神は他の何者も必要とせず、何者にも影響されず、それ自身において存在すると論じてはばからない。神は他の一切に拘束されない自由を持つというのが正統的キリスト教の神概念であるが、これも結局のところ、男の自己理解の投影ではないかとキリスト教フェミニストは批判した。そしてその代替として「関係を結ぶ者」としての神概念を提唱し、伝統的な「受肉の教説」を、神と人間、人間と世界の相互関係性の表徴として再解釈した。さて問題は、この相互的関係性の概念をどう女性の経験に結び、そしてそこから何を発信しようとするのかである。次にそのことを代表的なフェミニスト神学者三人の言説を紹介しながら解題してみることにしよう。

3　フェミニスト神学群像

リューサーの『性差別と神の語りかけ』

ローズマリー・ラドフォード・リューサーは、アメリカでもっとも知名度の高いフェミニスト神学者のひとりである。彼女の『性差別と神の語りかけ』（*Sexism and God Talk: Towards a Feminist Theology*）は、フェミニスト神学の格好の教科書として各国語に翻訳され、日本でもこの翻訳をもって本格的なフェミニスト神学の幕開けとなった。ただし邦題の訳し方はいただけない。「セクシズム」を「性差別」と訳すのはいいとしても、後の「ゴッド・トーク」は「神を語ること」、もっと平たく言えば「女性が自分の言葉で神を語る」との意味であって、「神の語りかけ」と神を主語にして訳すと問題が生じる。つまりこれでは神が語って人間がそれに聞くという一方通行、神から人間、男から女、人間から自然へというような不可逆的な支配の表現になって、従来の神学方法と少しも変わらない。これでは女性の経験をもとにして神学を再構築するというリューサーの本意から外れてしまい、むしろ「神を語ること」、いや思い切って「神との語り合い」と訳したほうがよっぽど原意に沿っている。

それはともかく、記念碑的となったこの作品において、リューサーはユダヤ・キリスト教の「預言者原理」をフェミニズム批判の中核に置くことで、女性神学に新たな展望を開拓した。言い換えれば、彼女はキリスト教伝統の預言者的精神にマトリックスを据えることで、フェミニスト神学にイデオロギー批判の眼を備えることに成功したのである。以後リューサーは、預言者原理を梃子にして、正統的キリスト教の象徴解釈がイエスの福音の自由を裏切って男性中心主義に堕したことを歴史的に暴いてみせた。

ローズマリー・ラドフォード・リューサーは一九三六年、ミネソタ州セントポールの中産的で「健全なカトリック家庭」に生まれ育った。「私の神学的発展」と題する回想録によれば、少女時代に彼女の心にもっとも深く刻み込まれたのは、女権運動に奔走する自由で進歩的な母の姿で、リューサーは夫と死別した後カリフォルニアに家を構えた母親と、その家に頻繁に出入りする女性活動家の活気ある雰囲気を「強靭で、しかも独立心旺盛な知的な女性たちの家庭環境」だったと綴っている。[43] そんな世俗的で自由な世界に育ったリューサーがキリスト教に興味を持つようになったきっかけは、カトリックの私立高校を卒業し、美学を専攻しようと大学に入って間もない頃、たまたま受講した古代キリスト教史のおもしろさにあった。結局、彼女は古代教父の壮大な「神の国」のヴィジョンに夢中になり、卒業後はカリフォルニアのクレアモント神学校に進んで教父学の研究を志すことになった。この院生時代に経験したのが公民権運動で、一九六五年の夏、理想主義に燃えたつ彼女はロサンゼルスの黒人居住区ワッツや南部ミシシッピーの町に寝起きして、「真夜中に車でやってくる白人たちと、白人警官の日常的な威嚇に怯えて過ごし」て「生まれて初めてアメリカを黒人の側から見る」経験をした。[46] これが契機になって、クレアモントで教父学に関する論文（「ニュッサのグレゴリウス――修辞家にして哲学者」）を書き上げて博士号を取得すると、ワシントンDCの黒人のハワード大学に勇んで赴任し、公民権運動のただ中で黒人神学の誕生を目撃することになった。ベトナム反戦集会で警察に検挙され留置場に放り込まれる一幕もあったが、そこは母親譲りの気丈な性格で、怖じ気づくことなく最後まで闘ったようだ。[47]

しかしこの間、リューサーの関心は古代教父の研究もさることながら、女性の問題、特にキリスト教の性差別に向けられるようになった。それを支えたのは第二ヴァチカン公会議の改革路線である。[48] 彼女はカトリックの改革開放に勇気づけられ、七〇年代の初め、ハーヴァード、イェールで客員研究員になったのを機にフェミニスト神学の本格的構想に着手した。その後、イリノイ州エヴァンストンのギャレット・エヴァンジェリカル神学校に職を得てからは、フェミニズム関連の著作と論文を次々に発表し、それがベストセラーの『性差別と神の語りかけ』に結実することになった。

リューサーの真骨頂は、女性の視点によるキリスト教の象徴解釈もさることながら、フェミニスト神学を解放神学と対話させ、プラクシスという行動的な知の確立を目指したことにある。

解放神学はキリスト教伝統にある預言者的な変革を再発見し、それを現代で実践しようと試みる。神の言葉を預言者的に語るとは、聖書釈義だけではなく、今日の状況下で解放物語の注解たろうとすることである。聖霊は昔も今も啓示の力を人類に注いでいる。解放神学には単に過去を述べるだけではない、未来を描くヴィジョンの力がある。[49]

解放主義の神言説として『性差別と神の語りかけ』は、キリスト教の主な教義、神、世界、人間、キリスト、創造、罪、歴史の終末などを、女性の視点から再解釈するという点で画期的であった。当時の神学書としては実に異例なことに、彼女はこの著作に福音書のフェミニスト注解という序章と、「女性・体・自然——神性のイコン」と題したあとがきを付加し、これまでの男性中心の神学解釈に根底的な批判を行った。例えば人間論では、聖書において男女が共に「神の似姿」(*imago dei*) と宣言されているにもかかわらず、男性に偏った解釈が堂々とまかり通ってきた事実や、女性を一方的に罪の存在と断罪する教会の現実が実証的に分析されて批判されたのである。

さらに九〇年代以降、リューサーの関心は、性差別から人種差別、キリスト教の反ユダヤ主義、自然の環境汚染問題へと拡大し、キリストの象徴でさえそうした複合的抑圧と無縁ではないことを糾弾していくことになる。キリスト論の正否は論理の整合性にあるのではなく、世界の現実に照らして解放に寄与できるか、それとも抑圧に加担するかという社会的な機能において判断されるべきだ、と言うのである。(50)

こうしたリューサーの批判的姿勢はキリスト論だけではなく教会論や宣教論にも及んだ。彼女の教会論の特徴は、ラディカル・フェミニストとは一線を画してキリスト教の枠内に留まりながらも、教会の父権主義からの「出エジプト」を構想する「女の教会」を唱えたことにある。

「女の教会」の提唱は、キリストの宣教、教会の正しい使命、人間を回復する神に関わる。神は囚われた者を贖い、世界を「約束の地」へと変革する、父にして母の神である。女性は教会外へと逃亡せず、教会と共に旅立つ。神の臨在（シェキナー）、聖なる智慧、神の母なる顔が、父権主義の王国から逃れ、女たちと共に出エジプトの旅に出るのである。(51)

いったいフェミニスト神学、ひいては神学という学術が目指すものは何か。リューサーによれば、それは信仰の批判的対話と祈り、社会的省察と実践によって、人類解放と地球の癒しに人々を結集させる言説となることである。(52)これまでのキリスト教が父権主義の虜になってきたことを思えば、フェミニスト神学は次の三点を目標に含めねばならない。すなわち（1）性差別と「男性中心主義」（androcentrism）を批判すること、（2）家父長的イデオロギーに苦しんできた女性の復権を企て、女性の自律と尊厳を促す伝統を回復すること、そして（3）女性の視点を含む象徴、教義、倫理の再構築を神学上に行うこと、である。(53)

特に注意を要するのは三番目の目標で、女性の尊厳を回復するためには、他宗教の伝統からも学ぶ多元主義の姿勢を持たねばならず、そのためにキリスト教神学は複数の解釈を認めて、世界の多元主義化の現実とエコロジーの保全に関心を払わねばならない。つまり、エコロジーへの関心が今後ますます高まることを考えれば、キリスト教神学は男女の正しいあり方だけでなく、自然と人間の関係も解釈し直して、「ガイアたる大地の癒し」にも積極的に参与するよう教会人に注意を喚起しなければならないのである。[54]

リューサーが目指すそうした神学は、資料、規範、方法の面ではさらに鮮明で、彼女は神学には硬直した二元主義ではなく躍動的な弁証法が不可欠であると言う。二元主義はどんな現実に直面しても、あれか／これかで物事を切り分けるが、そうした二元的思考はいとも簡単に支配者の道具になって、二項のどちらか一項を選んで優位に置いてしまう。つまり、男は女よりも、白人は黒人よりも、富裕者は貧困者よりも優れているといった具合に、二元的思考は今ある秩序をイデオロギー的に擁護し、人種主義、性差別主義、異性愛主義、階級主義、軍国主義とあらゆる悪の「イズム」（主義）を合理化する。ありていに言えば二元主義こそ諸悪の根源であって、そうした仕分けを越えて「全体的」（holistic）になること、もっと自由でもっと「全体としての自分」を復興することが必要なのだ、と言うのである。

リューサーは過去三〇年以上、フェミニスト神学の創造に大きく貢献し、『宗教と性差別』（一九七四年）[55]を皮切りに、代表作の『性差別と神の語りかけ』、最近の『グローバル化と世界宗教にエコフェミニズムを導入する』（二〇〇四年）[56]と、次々と精力的に著作を著したり編纂してきたりした。後進の教育にも熱心で、ギャレット・エヴァンジェリカル神学校をはじめ、バークレーの太平洋神学校（Pacific School of Religion, ＰＳＲ）、クレアモント神学校などでフェミニズムの教鞭をとり、カトリック女性の叙階、中絶賛成団体の「選択するカトリック」（Catholic For Choice）の理事としても活躍し、九・一一同時多発テロ事件以後には、アメリカ政府の関与を疑ってその真相を求める「真実宣言」に署名して、アフガニスタン、イラクと中東介入の度合いを深めたブッシュ政権の戦争政策を批判してきた。[57]そのことは高く評価されていいのだが、気になることがないわけではない。

例えば『キリスト教フェミニズムの贖罪論入門』（一九九八年）は、フェミニスト的視点から贖罪論に切り込み、伝統的神学を批判的に論じる野心作ではあるものの、[58]これが最近のフェミニストの動向を踏まえているかというと、そうではないとの不満が残る。『性差別と神の語りかけ』は確かに古典的名著だが、それ以後の彼女の著作には、多様な展開に目配りしてそれを論評していく意欲が希薄な気がする。キリスト教女性の歴史上の役割を初期キリスト教の新約時代から現代まで通史したリューサーの『女性と贖罪――ある神学の歴史』もしかりである。この本はイエス運動、パウロの教会における「平等共同体」を論じ、ニュッサのグレゴリウスやアウグスティヌスといった教父らを批判し、トマス・アクィナスと対比するかたちでビンゲンのヒルデガルト、マグデブルクのメヒティルト、ノリッジのジュリアンといった女性神秘主義者の思想を綴る。また現代で重要なキリスト教フェミニストを数々挙げているのだが、どうしたわけかメアリ・デイリーの名がない。確かにデイリーはキリスト教を棄てて教会の外に出たが、それでも彼女はキリスト教の家父長主義の問題性をえぐり出したパイオニア的存在である。いったいリューサーが彼女に一切言及しようとしないのはなぜなのか。第三世界、特に韓国の女性神学者には多くのコメントをするのに、足元のアメリカのウーマニスト神学や、カーター・ヘイワードのようなレズビアン・フェミニスト神学者にほとんど触れようとしないのはなぜなのか。立場が違うからと言ってさまざまに展開される女性神学の贖罪論を無視するのはリューサー自身の多元主義の原則にも反するのではないか。[59]

シュスラー・フィオレンツァの「男女平等のコンミューン」

さらにキリスト教が今もなお「父権制秩序と階位主義によってがんじがらめにされている」[60]と告発してやまないリューサーに、負けず劣らず存在感のあるアメリカのキリスト教フェミニストとして、聖書学のエリザベス・シュスラー・フィオレンツァがいる。八〇年代から現在までデイリー、リューサーと共に活躍してきた彼女はフェミニスト神学の強固な前衛で、当初は初期キリスト教史の女性像の発掘、ヨハネ黙示録の研究、原始キリスト教団の平等コンミューンの実証に集中した観があった。しかし近年では神学的な発言も活発に行っており、カトリック教会における聖書の権威問題はもとより、教会論、キリスト論、聖霊論、さらに神学教育のあり方と多彩に発信し、フェミニスト神学の方法、規範、性格の構築にもいっそう精力的である。

一九八八年以来ハーヴァード大学神学部で教鞭をとるエリザベス・シュスラー・フィオレンツァは、一九三八年ドイツのカトリック圏フランコニアに生まれた。一九三八年と言えば、ナチス・ドイツがオーストリア、ズデーテン地方を相次いで併合した年で、翌一九三九年にはポーランドに侵攻、これがためにフランス、イギリスが宣戦を布告して第二次大戦が始まった。戦火は全欧州に拡大したものの、やがて連合国軍が反攻に転じ、一九四五年にベルリンが陥落してドイツ第三帝国が瓦解した。日本の敗戦直後と同様に、ドイツは疲弊し、国民は困窮をきわめた。シュスラー・フィオレンツァは後年、第三世界の貧困や欧州の外国人労働者問題にひとかたならぬ関心を持ったが、そのことは彼女の戦後体験と無縁ではない。[61] シュスラー・フィオレンツァは家族と一緒になんとか戦後の困難を生き抜いてギムナジウムを卒業し、ビュルツブルグ大学に進学した。ビュルツブルグは大司教座のある関係から数々の大教会と壮麗な宮殿（レジデンツ）がそびえ立つ美しい都市で、ローマ時代から交通の要衝として栄え、ドイツ屈指の観光路、ロマンチック街道の起点にあたる。幕末に長崎に寄留して西洋医学を日本に伝えたシーボルトもこの街に生まれ、ビュルツブルグ大学で医学を修めたが、シュスラー・フィオレンツァもそのシーボルトが学んだ大学で哲学、ドイツ文学を専攻した後、大学院に進んで牧会神学を修め、ドイツにおけるカトリック聖職者志願課程を修了した最初期の女性のひとりになった。フェミニスト神学への関心はすでにこの時期から醸成されており、博士論文はラーナー、コンガールの進歩的カトリック神学の教会観を、女性の視点を交えて批評するという独創的なものであった。[62] 一九六四年、ビュルツブルグから新約学を専攻しようとミュンスター大学へと転じた後も同じ問題意識を維持し、聖書の黙示文学の本格的研究の道に入った。

このようにシュスラー・フィオレンツァの経歴を追っていると、幼年期の戦後体験はともかく、アカデミックな学者としては順調に階段を上ったかに映る。しかしカトリック女性で学者という道は険しく、今で言う「アカデミック・ハラスメント」にはずいぶん泣かされたようだ。「あるとき、新約学の専攻者を対象に学術奨励金の告示があって応募者を募っていた。私はすでに博士課程の全科目を優等で修了し、論文の出版準備も整っていた。しかしそれでも、私の指導教授は私の奨励金への応募にいい顔をしなかった。理由は女には将来、学問世界でやっていける見通しがないから、せっかくの奨学金もむだになる、というものだった」[63]。能力も意欲も十分にあっても、女性という理由で学者としてのキャリアが閉ざされる。女性はカトリック教会では叙階の機会がなく、教区の推薦がなければ大学で教鞭をとることも叶わない。プロテスタント神学者のドロテー・ゼレは女性で、しかも政治的に急進的との理由でドイツでは大学教員の道を閉ざされ、やむなくアメリカに渡った経歴の持ち主だったが、それと同じく、シュスラー・フィオレンツァも学者のキャリアを積むためにはドイツを出てアメリカに渡る以外に道がなかった。しかし結果的には、渡米の決断によって研究者としての門戸が大きく開かれた。当初、新約学の講師としてカトリックのノートルダム大学に招聘されたシュスラー・フィオレンツァだったが、専門分野だけでなく多方面に目を配り、またなによりもアメリカのフェミニズムに刺激されて書き上げたのが、彼女のもっとも良く知られた作品『彼女を記念して』（一九八三年）だったのである[64]。

ユニークな『彼女を記念して』

『彼女を記念して』は、初代教会にラディカルな「使徒的平等性」が実現していたにもかかわらず、その後のヘレニズム文化との折衝過程で急速に平等性が失われていった事情を文献学的に跡付けた名著で、日本でもこれが訳出されて出版されたときは「日本のフェミニスト神学運動に大きな推進力を与える」ものとして大いに歓迎された[65]。イエスのラディカルな平等主義は教会史の中で裏切られ続けてきた。だがそれでも「批判的フェミニストの解放神学的な」手法を丹念に駆使していけば、イエスの革命的な平等思想を復元し、それを現代の女性解放につなぐことも可能である。シュスラー・フィオレンツァはフェミニスト的視点による聖書解釈の方法を説得的な仕方で提示して、キリスト教の父権主義の克服を訴えたのである。

『彼女を記念して』は新約聖書の歴史的女性像を物語ることで始まる。イエスは十字架の死を前に自分に高価な香油を注いだ女性に向かって「世界中どこでも、福音が宣べ伝えられる所では、この人のしたことも記念として語り伝えられるだろう」（マルコによる福音書一四・九）と語った。だが、「この女性の預言者的行為はキリスト教の福音には加えられず、その女の名前も伝承されなかった」。いや伝えられなかったどころか、マルコを除く福音書は「家父長的なギリシャ・ローマの嗜好に合わせて」この女の行為を、イエスに従順なひとりの女の建徳話（ヨハネによる福音書一二章）、「罪深い女」の悔い改めの物語（ルカによる福音書七章）に改竄した。[66] フェミニスト的解釈学の課題は、このように換骨奪胎された物語を女性の眼で再読し、「原始キリスト教の女性物語の数々を復興して、それを民衆史として」普遍的に示すことにある。[67] 男性中心主義はすでに聖書時代から始まり、聖書の記述そのものにまで深く浸透した。コロサイの信徒への手紙、ペトロの手紙一、エフェソの信徒への手紙など数々の牧会書簡の著者は家父長制のイデオロギーに抵抗せず、男の支配と女の従属というヘレニズム的世界観を原始教団に取り込むことで組織の安定を図った。だから、正典としての聖書本文を読むにあたっては、沈黙させられた女性の現実を行間から注意深く掘り起こす作業が必要である。神の「啓示は男性中心的なテクストではなく、イエスの生涯と宣教にある」。[68] こうしてシュスラー・フィオレンツァは、歴史批評を抜きにすれば、聖書のテクスト解釈は「男性中心的」（androcentric）になって女性の抑圧に加担してしまうと論じ、聖書の「非歴史的」解釈を退けた。

ここで興味深いのは、彼女がフェミニスト神学の出発点を女性の「経験」、人間の「本性」、キリスト教の「本質」に求めなかった点である。多くのフェミニスト神学者が女性の「経験」を最重要資料にすることに照らして考えると、これは異例である。キリスト教の歴史において神を語る言葉がどんなに男性に偏っているかを知るとき、女性自身の視点と言葉で神を語る作業がどうしても必要になる。しかし、シュスラー・フィオレンツァによれば、神学を経験から出発させると、どうしても経験の「原型」（archetype）といったものを想定して、女性はこう、それに対して男性はこう、と普遍一般的な範疇で物事を整理せざるをえなくなる。だが、そうした抽象化した範疇を神学の土台とすることは危険であって、むしろ実践的プラクシスの「ヴィジョン」からフェミニスト神学は構築されるべきである。実践的ヴィジョンとは、具体的に言えば、「エクレシア」の教会概念で、キリスト教は誕生のときから信徒の平等的集合をそのような名で呼び習わしてきた。原始キリスト教においては、男女の平等性というラディカルなヴィジョンが実際に（de facto）実現されていたのであって、これの復旧がもっとも有効な戦略だというのである。

とすれば、ラディカルな男女平等のエクレシア回復のためには、制度としての教会を離れてはならず、「女の教会」のように別組織を作ってしまうと、教会は女性の排他的セクトになる。それよりは教会内に留まって内側から革新していくことのほうが賢明である。ラディカルな平等性を持つエクレシアは今も実現可能で、その実現に努力することがキリスト教的未来の希望になる。エクレシアの概念は、男女の別なく自由な意思で成立する民主的なコンミューンである。フェミニストの提唱する「疑いの解釈学」（hermeneutics of suspicion）は、ただ既成制度を批判するだけでなく、実践的な解放と変革の解釈学にならねばならない。「家父長的キリスト教という過去の歴史において、どんなに多くの女性が苦しみ悶えながら希望を紡いでいったことか。その思い出を簡単に棄ててはならず、そうした女性の『過去の記憶』を大胆に復興するのがキリスト教のフェミニストである」[69]。

シュスラー・フィオレンツァは、初期キリスト教の社会学的研究の多くが、イエス運動においてすら女性の従属的地位と役割は避けられなかったと結論することに大いに不満である。彼女によれば事情はまさに正反対で、イエスと行動を共にした「新興社会層に属する女性らは、めざましい指導力を発揮し」たがために、キリスト教は「ギリシャ・ローマ世界の家父長的精神と激しく抗争していた」のである。[70] シュスラー・フィオレンツァは明らかに、批判的実践とでも言えばいいだろうか、女性の苦難と希望を証言する過程を通して解放的プラクシスを目指す方法をとっている。神学の目的は存在論的範疇でもってあれこれと論じることではない。神学の目的はむしろ正義を実現するための理論になることである。それが成就したとき、神学は真に時代に関わる言説となって、イメージ、概念、象徴の活用を通して抑圧に抗する人々に新しい世界の到来を予兆させる学問になるのである。

「帝王制」に抵抗する

初期のシュスラー・フィオレンツァは、女性の「自律」や「自主」「自己決定」といった市民的自由の獲得を目指す、ごく普通の進歩的フェミニストのひとりだった。[71] むろん市民的自由の獲得が悪いというのではない。しかし後期になるにしたがって彼女はフランクフルト学派の批判理論や解釈学を旺盛に吸収し、ラテンアメリカの解放神学、モルトマンやゼレの政治神学の社会解放論に共鳴するようになり、最近はポストモダンを意識した発言も目立ち始めた。ポストモダニズムの相対主義に批判がないわけではないものの、[72] 彼女は神学の政治機能、性／ジェンダーと人種／階級の相関関係を知る上で、ポストモダンの概念は有益だと考えているようである。したがって、今日のシュスラー・フィオレンツァは進歩的リベラルというより、キリスト教左派の脱構築主義に近い。彼女はジェンダーと「性」(sex) の相互浸透性については認識するものの、だからといってデイリーのように両者を完全に同一視するのは短絡的であると考える。むしろ「男らしさ」や「女らしさ」も含めた性言説の意味が時代、場所、文化によって変わることを明らかにする方が得策と考えて、性の本質論から離れていっそう歴史・階級的に解釈を強めている。

この点で興味を引くのは、神学的なキリスト論に挑戦した好著、『イエス、すなわちミリアムの子、ソフィアの預言者——フェミニスト・キリスト論の重要課題』(一九九四年) である。[73] それまでの彼女は『彼女を記念して』の著者として、史的イエスに女性的目を向けたという批評を受けていたのだが、彼女はこの著作を通してそれに反駁し、史的イエスの探求という仕事を歴史的客観性や学術性の興味からだけではなく、「帝王制を変革する男女の闘争的観点から」読んでほしいと訴えた。[74] 帝王制（kyriarchy）とは彼女の造語で、「君主、奴隷所有者、夫、教養的エリート、官僚」といった男性の支配が、女性を含むあらゆるサバルタン（下位集団）を統治し抑圧してきたことを指す彼女の造語である。帝王制はジェンダー、人種、階級、血統、出自、帝国主義の諸要素を巧みに織り合わせ、それによって女性とサバルタンの男性の双方を「従属、依存、服従へとつなぎとめる」。[75] イエスの死と復活の意味を社会構造的にも論じたこの作品は、『彼女を記念して』の続編と言ってよい。

シュスラー・フィオレンツァは、伝統的聖書学のモデルを覆して女性のエンパワーメントを目指す『しかし彼女は言った――フェミニスト聖書解釈の実際』（一九九二年）や、神学評論集の『平等の使徒制――フェミニスト的批判解放教会論』（一九九三年）と多作である。[76] 最新作の『聖書学を民主化する――解放的教育空間に向けて』（二〇〇九年）は、彼女の神学教育への関心から綴られた作品で、聖書学の教育に根底的な改変を提唱し、教師と学生の相互協同を軸にした「ラディカルで民主的な教育モデル」への転換を迫っている。[77] すなわち、教師から学生へという伝統的なスタイルをもってしては、現在のグローバル化した世界とそこで営まれる多様な生に聖書をつなげることができないというのである。伝統的な聖書解釈の手法は特定の読解を正統的にして他の解釈を容認しないが、それでは聖書に解放を展望できない。だから聖書学の問題設定、議論、実践においては自由で民主的な探究心が不可欠だというのである。

さてシュスラー・フィオレンツァの評価である。これまで新約聖書学者として「フェミニスト的批判と解放戦略」を素描してきた彼女の貢献は、何と言ってもその緻密な釈義によって、フェミニスト的聖書解釈の試みを「ナィーヴ」や「未熟」のひとことで退けてきたアカデミズムに一矢を報いたことにある。彼女がフェミニスト聖書学を救ったと言っても過言ではなく、多くのフェミニスト理論を積極的に取り入れたことで神学の幅を広げたことは特筆に価する。それまで教会女性たちは、実際に戦わなければならない目の前の課題が無数にある、そのためにはまず実践が必要で「神学化」する余裕も暇もないと弁じる傾向があった。それはその通りかもしれないが、実践なき理論が空しいのと同様、理論なき実践も活動第一主義に堕する運命にあり、実践は言説化と円環的に行わなければ意味がないとするのがプラクシスである。シュスラー・フィオレンツァはその点で神学化の作業が不可欠なことを身をもって明らかにし、またデイリーとは対照的に、セクト主義的フェミニズムの道を行かずにキリスト教の制度的枠内にとどまり、人種、階級、文化、社会などの要因を絡めつつ性とジェンダーの理解を深めたことも積極的に評価されていい。彼女がデイリーを意識しながら、ラディカル・フェミニズムのセクト主義に批判を強めたことは特筆されてしかるべきである。セクト主義が足かせになるというのは当初からの持論で、彼女はデイリーとその同調者が次第に独善的になっていくことに苛立ちを隠さなかった。ラディカル・フェミニストは論理化や概念の緻密な構築を「男の論理」にはまるだけと批判し、言説化を蔑む「反知性主義」(**anti-intellectualism**)の傾向があったが、シュスラー・フィオレンツァはそれを正しい戦術とは考えなかったのである。[78] さらに言えば、フランスのフェミニストが精神分析学を神学に導入したことにも懐疑的で、女性の身体性、精神性を女性固有の本質と論じることはすでにサロン的文化フェミニズムであって、それでは少しも政治的解放に向かわないと考えた。[79]

「キリスト教からの出エジプト」を宣言して教会制度とも決別したデイリーとその追随者たちとは対照的に、シュスラー・フィオレンツァはカトリック信仰を棄てていない。

私はキリスト教のフェミニスト的批判を共有するものの、……それでもキリスト教がフェミニストである自分に矛盾すると思ったことは一度もなかった。むしろ私の経験からすれば、キリスト教こそが「女らしさ」を強いる文化への抵抗力を与えてくれていた。[80]

シュスラー・フィオレンツァが教会に踏みとどまって発信するからこそ、彼女の女性叙階反対の声にも重みが加わった。この問題への彼女の対処は実に特異で、彼女は、女性教皇の可能性も含めてカトリック教会が女性に完全に開かれるまで、女性叙階を性急に求めるべきでないとの立場をとってきた。(81) 女性が司祭に叙階されても、現在のカトリック教会制度では「家父長的ヒエラルキー」の最下位に置かれるだけで、少しも問題解決にならない、女性が自己決定権を持たない枠組みでは、一見平等が実現されたかに見えようとも、女性全体の解放にはつながらないと考えたからである。総じてシュスラー・フィオレンツァは、実践的な「男／女のエクレシア」（*ekklesia* of wo/men）の成就に希望を託し、男女の本質論にも神の本質論にも神の存在証明といった形而上学にも興味はない。しかしそれでも一見、形而上学的とも見えるイエスのソフィア論に関わるのは、「ソフィア」の概念が伝統的家父長主義にラディカルに対抗する理念になりうると考えるからで、そうした柔軟さも彼女の持ち味、教条主義に陥らない大きな強みになっている。(82)

ビバリー・ハリソンのフェミニスト倫理学

アメリカのフェミニスト神学草創期の三羽烏と言えばデイリー、リューサー、シュスラー・フィオレンツァである。デイリーがすでにキリスト教フェミニストの範疇から離れたというのなら、その代わりにレティ・ラッセル、サリー・マクフェイグ、エリザベス・ジョンソン、フィリス・トリブルあたりを置いてもかまわない。ラッセルもマクフェイグもフェミニスト神学のパイオニア世代の著名人だし、ジョンソンは定評あるカトリック神学者である。また旧約学者トリブルの著作は邦訳がいくつかあって日本にもファンは少なくない。ところで三羽烏には入らないものの、キリスト教のフェミニスト倫理学で特異な存在感を醸し出した人物にビバリー・ウィルダング・ハリソンがいる。ハリソンはニューヨーク・ユニオン神学校で長く倫理学を教えた人物で、もともと正統主義の改革派信仰から出発したものの、ニーバーのキリスト教現実主義や社会倫理を学んでユニオンで教歴を重ね、その間に解放神学に魅かれて、女性の経験をもとにしたフェミニスト倫理学の構築に精力を傾けるようになった。

ハリソンのフェミニスト倫理学にはいくつかの際立った特徴があるが、そのひとつがイエスの「ラディカルな関係性」の概念である。史的イエスが抱いたのは宗教的な自己犠牲願望ではなく相互性（mutuality）の力であった。そしてイエスの死は、共同体から排除された者との連帯と共生愛のラディカルな帰結だった。キリスト者とはこのイエスの愛のラディカリズムに倣う者の名称である。イエスを救い主と告白し信じる者は、イエスに倣って「社会の関係性に目覚め、人間の尊厳を貶める者を諌めて、人間の相互関係性を回復させるよう」努めなければならない。(83) 伝統的キリスト教倫理は「自己犠牲」「自己奉仕」「自己否定」を信仰的美徳として推奨し、それはそれなりの価値がある。しかしそれを口実に犠牲を強いられてきたのが数多くの女性だった事実を忘れてはならない。イエスが教えた相互関係的愛とは、一方的に女性に犠牲を強いる愛ではなく、共同体における男女の「正しい関係」の復興を目指す類のものだった。正しい愛の関係が共同体に復興するとき、人は「互恵的なつながり」、互いに愛しあうことで持てる力を十二分に発揮する。イエスの互恵的関係性は抑圧や一方的統制とは無縁である。(84)

ハリソンは『関係を作る――フェミニスト社会倫理論集』（一九八六年）の中で、伝統的なキリスト教倫理がこのイエスの互恵的な正義の概念を軽んじてきたことを告発する。キリスト教は女性をイエスの相互関係的愛をもって正当に処遇してこなかった。それゆえにキリスト教フェミニストによる倫理学はキリスト教世界一般と教会の性差別主義の双方に対して三つの課題を持つ。(85) まず（1）神と人間の関係を再考して、正統的キリスト教の言説と象徴を変革することである。神の象徴が「父」「主」「王」といった排他的内容のままであれば、女性は「影の存在」であり、神との正しい関係を維持することが困難となる。次に（2）ジェンダーの二項対立の止揚も重要な課題である。キリスト教は男性に「精神」、女性に「身体」を割り振ることで、前者に尊厳を与え、後者から人間としての価値を奪ってきた。キリスト教フェミニストはこうした二項対立的パラダイムを廃して、身体とひとつになった精神・知・情の統合を目指すべきである。そして（３）男女の人間関係だけでなく、自然と歴史の対立的関係にも終止符を打つ努力をしなければいけない。自然は自然本来の価値を奪われて人間の欲望の対象になり、特に近代以後では人間の欲しいままに搾取されてきた。自然と歴史を峻別する男性思考は人間を自然の支配者とするが、人間が自然を支配するという論理は、男性が女性を支配する論理と同じであって、女性は「自然」の一部とみなされ、男性によって征服される側に置かれる。フェミニストが主張すべきは、自然が人間の一部であるのではなく、人間こそ自然の一部であるという点である。「人間は人間、自然、歴史、文化総体と相互に共生関係にある」ことを肝に銘じなければいけない。

かつてラインホールド・ニーバーに私淑したハリソンは、キリスト教現実主義の視点からも、フェミニスト倫理学にマルクス主義の社会分析を導入する作業において先駆的な役割を果たした。彼女がキリスト教の性差別主義を告発し、男尊女卑のイデオロギーに反抗したのは、人種、階級、ジェンダーの抑圧を神の正義への背信と捉えたからに他ならない。人間と神の関係を正す道はひとえに信仰的プラクシスにかかる。教会が抑圧された女性たちと連帯し、その中で信仰の省察を重ねていくことは、保守的キリスト教が非難するような、福音信仰を世俗主義やヒューマニズムに押し下げる行いではない。差別に抗する霊的な力が、われわれに超越的な神の経験をもたらすのである。現代における神経験は「解放のプラクシスを重ねる人々と連帯するときに生じる神秘的一体感から誕生する。共有された正義の情熱こそ、われわれの時代の神経験のスタイルである」[86]。多筆ではないものの、女性という社会的辺境者の視点からキリスト教社会倫理の構築を目指したハリソンは、近年でも『正義の構築――フェミニスト社会倫理』（二〇〇四年）を上梓して健在ぶりを示した[87]。

多彩なフェミニスト神学群像

これまでの概観からもわかるように、アメリカのフェミニスト神学の振り幅は大きい。聖書学分野では、テクストとしての聖書をいかに批判的に再読するかの方法でさまざまな立場に分かれ、組織神学領域でも、「女性の経験」をどこまでマトリックスにすべきか、教会内で採用すべき戦術は何かなどをめぐって異なった方向に分岐した。一方で、理論化は男性のロゴス中心主義の罠であって、重箱の隅をつつく歴史批評学は女性にとって百害あって一利なしと切って捨てるフェミニストがいる。他方で、いや聖書を女性の視点から再解釈して学術的にも耐えうる言説を鍛え上げることが重要課題と主張する女性たちも多くいる。

後者の道を採って学術的に貢献著しいのは、シュスラー・フィオレンツァの他に、フィリス・トリブル、サリー・マクフェイグといった女性たちである。[88] とりわけ聖書の批判的解釈学と聖書の中の女性像の発掘でめざましい業績をあげたトリブルは、テクストをどう読むかの推敲を重ね、フェミニスト聖書学のパラダイムシフトに大きく貢献した。[89] 一九八四年の『恐怖のテクスト』（邦訳題は『旧約聖書の悲しみの女性たち』）は衝撃的であった。[90] トリブルはこの中で聖書の女性群像を前例がないほど生き生きと描写して、その後の研究の手本になった。[91] 例えばトリブルの手によって、サムエル記下一三章のタマルとアムノンの物語は、ダビデ王とその宮廷についてのエピソードから、「父権主義が構造的に孕む」近親相姦の悲劇的な物語に変容した。トリブルが近親相姦や強姦というタブーにあえて挑んだことはその後のフェミニスト神学に大きな影響を与えた。またルツ記の主人公ルツもトリブルの手によって伝統的な「貞女」の枠から解き放たれて、自分自身で運命を選択する知恵と勇気ある女性に変貌したのである。

シュスラー・フィオレンツァと同じくトリブルが重く受けとめたのは、聖書本文が西洋キリスト教文化に大きな影響を与えて今日にいたっているという現実だった。世俗化の進行が著しいとはいえ、まだ欧米の多くの人々が聖書を大切な生活規範としていることには変わりはない。とすれば、キリスト教女性の解放戦略は、ただ聖書の性差別的言辞を批判して、正統的聖書学の男性的偏見と誤訳を暴露するだけでは済まされず、むしろ聖書の中に自由な女性の積極的姿を探し求め、それをもって人間解放に寄与するフェミニスト的解釈となったほうがいっそう生産的であるとトリブルは考えたのである。

聖書のフェミニスト解釈学は実に多くの成果と独創的な試みに満ちているが、特異な貢献をしているのが在米の第三世界出身フェミニストである。[92] 特にアジア女性の声として一躍脚光を浴びたのは、一九九一年の世界教会協議会（ＷＣＣ）のキャンベラ大会で「恨《ハン》」を主題に開会セレモニーを仕切った韓国人女性神学者チョン・ヒョンギョンで、[93] チョンは平塚らいてふの「元始、女性は太陽だった」を巧みに翻案して『再び太陽となるために』を上梓した。[94] その中でシャーマンの韓国的伝統に解放的モメントを探るという東アジアならではのフェミニスト・キリスト論を試みて秀逸だった。[95]

他方、「解放」をキーワードにしていたにもかかわらず、ラテンアメリカ神学が女性を「発見」するのにかなりの時間を要したことは深刻な問題であった。ラテンアメリカの解放神学は「貧しい者」を主題にしたキリスト教言説で、ヒスパニック系コミュニティでも貧しい者と言えば、当然多くの女性を含むはずだし、加えてカトリックの伝統にはイエスの母マリアを「聖母」とするような女性的象徴が豊かにある。にもかかわらずヒスパニック系神学者は女性の抑圧を取り上げることをしなかったのである。[96] それは神学者のほとんどが男性で占められた事実と共に、解放神学の関心が「階級」にあったことが大きな原因だった。善意に解釈すれば、女性の抑圧は経済的貧困が主たる原因で、階級格差を解決すれば、自然に女性差別も解消すると楽観的に考えていたようだ。また解放神学者は、カトリックの伝統的マリア論が権力に取り込まれて民衆慰撫の手段になっているとの消極的理解から、マリアという象徴は貧しい者の解放に寄与しないと最初から度外視していた節があった。[97] しかしそうした偏見は現在ではすっかり取り除かれ、マリアの解放性が掘り起こされて、フェミニスト神学とラテンアメリカ神学の対話はずっと風通しが良くなった。すなわち、フェミニスト神学がラテンアメリカ神学から学んで、罪や救済のコンセプトを政治社会的に解釈し始める一方、八〇年代から、ラテンアメリカ神学者もジェンダー論を含む議論を開始したのである。当時のフェミニスト神学とラテンアメリカ神学との間に意見の食い違いがあるとすればそれは、どの抑圧を主に取り上げるべきか（経済的抑圧か性差別か）、何が疎外の要因か（階級格差か父権主義か）の優先順位にあったが、それも今日ではあれか／これかの優先的選択が問題ではなく、性、階級、人種は複合的に絡み合うとの構造的認識が深まった。そうしたラテンアメリカ神学とフェミニスト神学の生産的対話を続ける中で、後述するようにヒスパニック系アメリカ女性独自のムヘリスタ神学が誕生するのである。

4　フェミニスト神学のマッピング

フェミニスト神学の争点

フェミニスト神学は内部でいくつかの対立の火種を抱えてきた。その大きなひとつは、宗教としてキリスト教をどう評価するかということであった。もうひとつは、家父長主義をどこまでの現象として捉えるかという問題だった。

まず前者、フェミニスト女性がキリスト教をどう評価するかという問題を見てみよう。この問題は、教会女性がキリスト教の何を批判し、どこをどうフェミニスト的な視点によって再解釈するのかという問題だと言い換えてもいい。もちろんキリスト教の批判的再解釈は、従来の神学でも行われてきたことである。伝統への異議申し立てはなにもフェミニストが最初ではない。キリスト教は時代の挑戦にあったとき、全体としてかなり柔軟に対応してきた。アウグスティヌスの恩寵論ひとつをとってみても、プロテスタントとカトリックでは理解も強調点もずいぶん異なるものの、古典としての地位を失っていない。

イエス・キリストをどう理解するかという肝心要のキリスト論でさえ、時代、教派、地域によって解釈が大きく分かれたが、それでもプロテスタントもカトリックもキリストの贖罪を軸に信仰を保ち続けた。そこでフェミニスト神学が誕生したときも、そうした過去の事例と同じく、基礎資料を何に求め、解釈原理をどこに据えるのかという二つの問いを考えればいいと単純に思われていた。ところがこれが一筋縄にはいかないことがやがて明らかになった。

キリスト教の何を積極的に評価し、フェミニスト的原理をどこに据えるべきか。この問題を考え始めたとき、フェミニストが直面したのは女性神学ならではの困難である。聖書が正典宗教たるキリスト教の欠かせない資料であることは言うまでもない。ところが、規範となるべき聖書本文が、すでに旧約においては古代パレスチナの族長主義、新約では聖書記者の女性への偏見を深く刻み込んでいるのである（例えばペトロの手紙1三・一「妻たちよ、自分の夫に従いなさい」、同三・七「夫たちよ、妻を自分よりも弱いものだとわきまえて」など）。正典としての聖書ですら女性蔑視の思想に貫かれ、女性を男性より劣った存在として描くことで、事実上身体的にも精神的にも女性の差別を合理化する。フェミニストの批判の対象は、ただキリスト教の父権主義、家父長的イデオロギーの歴史だけではなかったのである。

そのことを考えれば、フェミニスト聖書学者が、なぜ執拗に聖書本文の批判的注解にこだわり続けてきたかがわかろうというものだ。つまり女性たちは、聖書の言葉ひとつひとつが女性蔑視につながっているか、つながっているとすればそれがどう差別に発展するかの分析に多大な労力を費やさねばならない。聖書の翻訳は圧倒的に男性の手でなされてきたが、意図的であろうとなかろうと、そこに男の権力イデオロギーが投影されてきた可能性は十分にある。ギリシャ語の「ディアコニア」（*diakonia*）は、女性が主格の場合に「働き人」「仕え人」と訳される一方、男性の場合には、同じ言葉であっても「教師」「長老」と格上げされて訳される。聖書釈義も同様で、創世記の失楽園物語はエバを、アダムを巻き添えにして全人類を堕落させた罪深い存在として描いてきた。思慮に欠けた女性は知恵の木から取ってはならないと禁じた神に背いた上、淫蕩な性格のゆえにアダムをも誘惑した。そんな女の放埓な振る舞いがもとで、人類と世界は堕落して罪の支配に服した。災いのすべては女に起因するのであって、男が女を不幸にしたのではない。いや、男こそ女の愚行の犠牲者であって、それを今さら男を差別者だの抑圧者だのと糾弾するのはいかがなものか。やや戯画的に単純化すれば、そういう論理だったのである。

新約聖書のヨハネ福音書四章の「サマリアの女」は、イエス自身が大切な宣教使命を彼女に託したにもかかわらず、伝統的な男性釈義ではずっと黙殺されたままで、士師記一九章の側女の陵辱事件も従来の注解書ではまともに取り上げられたためしがない。一事が万事そうした調子で、フェミニスト聖書学者は聖書のテクスト批評に加え、従来の男性解釈ひとつひとつを丹念に解析して批判しなければならなかった。これは気が遠くなるような聖書学的作業であって、歴史神学にしても女性を記録した文献はわずかでしかなかったから、キリスト教女性の歴史発掘にも多大な困難が付きまとった。しかしそれでも丹念な考証を重ねて歴史上のさまざまな女性像（アヴィラのテレサ、ソル・フアナ＝イネス・デ・ラ・クルス、アンナ・ジュリア・クーパーなど）が女性研究者によって掘り起こされたのである。

だが、実はフェミニスト神学者はそれ以上に深刻な問題を抱え込んでいた。歴史に忘却された女性の発掘、男性中心の聖書解釈の批判と翻訳修正と、これだけでも難仕事なのに、フェミニストはその上、そもそもキリスト教は女性にとって解放的なのかという根本的疑問に直面したのである。その問題に答えようと、リューサー、デイリーをはじめとしたフェミニストは、何をもってキリスト教の「本質」とするかで分裂した。他方、本質の抽象的議論を避けて「歴史的」に考えようとしたフェミニストも、どの時代の、いかなるキリスト教を解放的とするかで意見を異にした。(98) またたとえ解放的なキリスト教潮流を抽出しえたとしても、それが文化、経済、社会に複雑に絡み合うことから評価に膨大な労力を必要とし、作業はとても一筋縄にはいかなかったのである。

フェミニスト神学の配置図

問題が込み入ってきた。論点を整理するため、別の視角から再度考えてみよう。[99] アメリカのフェミニスト神学には三つのタイプがあると論じられてきた。

まず中央にあるのは（1）リベラル派のフェミニスト神学の言説で、このタイプに属する女性は概して進歩的である。キリスト教は女性の解放に寄与する聖書テクストも歴史伝統も十分に持ち合わせている。確かにキリスト教は聖書本文をはじめ、父権主義と男性中心の解釈伝統に溢れている。だがそれでも、家父長主義のイデオロギーを超克する自由も脈々として存在する。したがって肝要なのは、女性の自由に貢献する解放的な聖書釈義の輪を広げていくことである。またキリスト教史も丹念に調べていけば、これまでほとんど知られていなかった数多くの自由な女性像が浮上する。そうした女性の伝統を発掘し、その遺産を継承していけば、キリスト教は必ず変革されていく。教会はまだまだ男性中心的で女性に対する偏見と差別は根強い。しかし教会人の意識を漸進的に啓蒙していけば、差別は確実に取り除かれていくに違いない。

こうしてリベラルなキリスト教フェミニストが目標に掲げるのは、近代が理想とした人間の「尊厳」「自立」「平等」を男性と同等に獲得していくことである。そのためには教育や啓発が大切で、女性の権利を制度上に実現する努力を怠るべきではない。リベラルな女性が目指したのは、あえて言えば男でも女でもない、「人間」としての尊厳と権利を勝ちとるという戦略である。したがってジェンダーの差異が眼目になることは少なく、男性とか女性とか差別化する前に、ひとりの人間として尊敬され権利づけられることが大切だと考える。教会の制度的改革について言えば、女性教職者の任命、各種委員会における女性割合の引き上げ、教会活動における民主的平等が実現されることが望まれ、「包括的言語」（inclusive language）の採用によって男性偏重の象徴や教義を是正し、制度的にも平等を実現できれば一番好ましい。説教の中でも人間を「マン」ではなく「パーソン」、「彼」ではなく「彼と彼女」とし、神を「父なる神」ではなく「父であり母である神」と呼ぶべきだ。そうした努力を積み重ねていけば、漸進的ではあれ差別も確実に是正されていくに違いない。

他方、こうしたリベラル・フェミニストの近代主義とは別の道を選択し、（2）女性に特有な身体性、思惟、感情の特質を最大限に生かそうとするのが、ロマン主義的フェミニストである。女性と男性は生理的に異なっていて、女性には男性にはない細やかな思考、豊饒な母性といった特異な感情がある。しかし残念なことに、そうした女性特有の要素は神学的にも教会的にも十分認識されてこなかった。もし女の特質をもっと積極的に取り込めば、社会も教会もいっそう自由で豊穣になり、男女の社会的に歪んだ関係も是正されていくに違いない。要は男女のバランス感覚が大切で、もし女性的要素が教会制度にも社会上にも反映されていけば、いっそう調和的な新しい関係が拓けていくはずである。

男女の調和、協調、和解、バランス感覚など、こうした概念が穏健で中道的な教会女性に魅力的に映るのは間違いない。カトリックのフェミニスト神学者エリザベス・ジョンソンは、信仰の「類比」（*analogia entis*）を根拠にして、キリスト教は女性的な概念と語彙を多く含めたほうが、男性的なごつごつした言語や論理よりいっそう豊かに神を表現できる、少なくとも男性に偏った神のイメージを修正していっそう豊饒な神の愛を表現できる、と主張した。[100] プロテスタントの福音派フェミニストも、聖書的権威を尊重する神学の立場から、包括的言語による聖書本文の修正には消極的で、聖書テクストには誤りがなく、男女平等と女性参加の点では曇りはないと論じてやまない。[101] 例えば創世記三章一六節の、男性による女性「支配」の文言は、当時のイスラエル社会の習慣をそのまま描写したままでであって、男女の不平等を積極的に勧告しているのではない。それが証拠にこの「女を支配する」という言葉は新約聖書に引用されたためしがない。悪名高いエフェソの信徒への手紙五章二二節「妻たちよ、主に仕えるように、自分の夫に仕えなさい」という教会的勧告でも、「仕える」という述語は謙譲に由来する自発的行為を指していて、下級の身分が上級者に平伏する「服従」のことではない、と言うのである。

リベラルで進歩的なフェミニズムを中央に、前述した穏健ロマン主義的フェミニズムを右に配すれば、それと好対照をなして左に位置するのが（3）分離主義の戦闘的なラディカル・フェミニストである。ラディカル・フェミニストは、女性固有の身体性、男女のセクシュアリティの違いやジェンダーの差異を強調して、女性の身体や感覚が男性とは異なった本質を有すると考える。この点に限れば、穏健なロマン主義者とほぼ同列だが、その歩む方向は正反対で、彼女たちの戦略は、男女の調和や和解ではなく、闘争であり分離である。ラディカル・フェミニストは、キリスト教が家父長主義で根本から腐食し、女性の解放に寄与できる可能性はほとんどないと突き放す。その結果、彼女たちの目標は、キリスト教と決別して女性の新たなスピリチュアリティ、男性とは別の女性だけの信仰的共同体を作り出すことになる。彼女たちは、そのことによって女性は家父長主義の重圧から解放されて、女性としての自信を取り戻すことができると主張したのである。

キリスト教にはほとほと愛想が尽きたと宣言してカトリック教会を離脱したデイリーはこのラディカル・フェミニストの典型である。彼女は、男性の性をもって神を語るキリスト教は、女性にとって根本的に抑圧的でしかないと拒絶し、教会から離れて女性だけの新たな宗教運動を興した。生理的にも精神的にも生物学的にもずっと優れているのは男性ではなく女性のほうで、男性的象徴と暗喩でもって根から腐食しているキリスト教に留まる理由はどこにもない。彼女の出世作が、フランス・フェミニズムの先駆け、シモーヌ・ド・ボーヴォワールの『第二の性』（一九四九年）から表題を得た『教会と第二の性』だったことはすでに触れた。[102]「第二の」とは二級のこと、したがって女は男よりもワンランク下という意味である。この著作の中でデイリーはカトリック教会が歴史的に女性をいかに劣等な存在として蔑視し、今日も無視し続けているかを舌鋒鋭く批判した。そして「神学における反女性主義の病根は、神の概念とイメージ、また関係の問題にある」と述べて、キリスト教を切って捨てた。[103]キリスト教の神概念は根底から家父長主義に染まり、教会においても常に男性が女性の上に君臨してきた。その事情は今日も変わらない。そうした事実を女性が指摘すると、男の神学者も神父も牧師も異口同音に、神は性の差異を超越すると論じて、それをもって問題は解決済みと涼しい顔をする。だが礼拝になると舌の根も乾かぬうちに「父なる神」と呼びかけ、女性の服従を説き、男女の間に上下の差があるのは当たり前、それを無視することは神の創造の秩序への反逆になると説教する。これが欺瞞でなくて何だろうか。

それでも初期のデイリーは、忍耐強く啓発を重ねていけば男性的な偏見や無理解、神概念の歪曲について男性の神学者たちも誤りに気づくだろう、牧師や司祭も女性を平等に遇するようになるに違いないと楽観的だった。[104]だが、数年を経ずして彼女はそれが間違いだったと自己批判し、自分はもはやキリスト教の神学者ではない、「ポスト・キリスト教の哲学者」であると宣言してキリスト教脱出を公にした。[105]

このデイリーに少なからぬフェミニスト女性が倣い、キリスト教を棄てて分離主義の道を選んだ。女性の解放を無視したまま「歴史に働く神のわざを、イスラエルの隷属からの自由、イエス・キリストの受肉の事実に限るなら、われわれはもう忍耐できない。それではあまりに偏狭である」[106]。フェミニスト神学者の中には今もデイリーの透徹したキリスト教批判を高く評価する人々がいるが、一方でデイリーはフェミニストではあってもキリスト教の神学者ではなくなったと突き放す者も多い。ラディカル・フェミニズムには教会の革新につながるものがなく、キリスト教の象徴をフェミニスト的視点から再解釈する努力も、教会を現場に女性運動を興す試みもない、あるのは、ただ歯に衣を着せない男性への糾弾と、徹底したキリスト教批判だけだ、と言うのである。

ポストモダン時代の女性神学

以上述べてきたキリスト教フェミニスト神学の三類型は現在でも基本的に有効である。しかし九〇年代にはポストモダンを強く意識したフェミニズムが第四の潮流として登場してきた。[107]それが従来の問題の枠そのものを問う脱構築的フェミニズムの女性神学である。男性的偏重が長くキリスト教の信仰規範となり伝統になったのはなぜか。女性がキリスト教史に不在なのは、女性像が稀というよりも、歴史を綴る「言語文法」そのものに問題があるのではないのか。歴史は誰が何のために綴るのか。アメリカ女性のジェンダー研究は男性の言説と同じく、第三世界に対して「帝国主義的発想」に陥ってはいないか。西欧女性を解放モデルにして、東洋社会の女性を、因習のもとに従属を強いられるだけの哀れな存在とステレオタイプ化していないか。そうすることは結局、西洋男性の言説と同じ誤りを犯すことになってはいまいか。脱構築的フェミニストはそうした立論を携えて、聖書の本文批評や歴史的女性像の発掘もさることながら、解釈学的方法論にいっそうの関心を払い、非西洋世界の多様な文化やジェンダーのあり方にも目を向け始めた。

その流れの中にあるのが、後期のシュスラー・フィオレンツァ、レベッカ・チョップ、シーラ・グリーヴ・ダヴァニーといった女性研究者らである。彼女らは、進歩主義的なリベラル・フェミニストの近代主義を批判するとともに、(108)ラディカル・フェミニストとロマン主義フェミニスト双方を、性の「本質」論にあまりに目が奪われすぎたと批判した。特に分離主義のラディカル・フェミニスト、とりわけデイリーとその追随者らが、女性の本質はこう、男性の本質はこうと決めつけて、排他的な教条主義に陥ったことを重大な誤りと見たのである。またシュスラー・フィオレンツァやチョップは、フランスのポストモダン・フェミニズムの影響のもとで、女性の「本質的なペニス願望」といったフロイト正統主義の見方に反発し、それに代わる独自な構造的心理分析を試みつつある。すなわち、精神分析学における女性の周縁化に光を当てる一方で、ラディカル・フェミニストの「男根中心主義」批判に反旗を翻し、社会が女性を正しく評価しえないのは家父長主義もさることながら、むしろ言語構造に原因があると主張し、言語文法の転換によって「フェミニティ」（女性的なるもの、femininity）を解き放つことは、リューサーの分離主義（「女性の教会」）や、デイリーの女性優位論よりもいっそう実践的に有効と論じたのである。(109)

言語文法の転換を唱えた先駆けは、メアリ・マクリントク・フルカーソンの『主語を変える――女の言説とフェミニスト神学』（一九九四年）である。(110)従来のフェミニスト神学をポスト構造主義の視点から批判したマクリントク・フルカーソンは、「女性の経験」「女性の本質」に頼ってきたフェミニスト神学はもっと社会・文化性を考慮すべきであると主張して、ポストモダン時代のフェミニスト神学にひとつの方向を指示した。従来のフェミニストは社会・文化という「変数」にあまりに無知なために、階級、文化、民族、人種、性的指向の差異が歴然と存在するにもかかわらず、それを無視して普遍的に女性の経験や本質を規定してきた。だがそうすることでフェミニストは批判の対象である男性の「普遍化」「抽象化」「本質性」と同じ罠に落ち込むという過ちを犯すことにもなった。あらゆる女性経験はひとつの抽象的本質に括ることができるとの暗黙の了解のもとで、女性のすべてを包摂する一般言説が可能と考えられてきたが、それは虚妄でしかない。フェミニストはさまざまな階級、人種、文化、性的指向に属する女性の存在に心を閉ざして、ウーマニストやムヘリスタ、レズビアンのように一括して「フェミニスト」と呼ばれることを拒否する女性がいる事実を正面から見据えることができないでいる、と言うのである。

　以上のことからもわかるように、マクリントク・フルカーソンの貢献は、フェミニストの歴史解釈および聖書批評にポスト構造主義を導入したことにあって、彼女はジェンダーと権力、言語と文化の関係に焦点を当てて、「意味されるもの」よりも「意味するもの」に着目すべきことを指摘した上で、聖書解釈ではテクストをテクストとして自立させ、聖書に抽象的な女性経験や本質を探るよりも、女性の物語分析に力点を置くほうが有効であると論じた。はたしてこれでうまくいくかどうかは未知数だが、新進気鋭のマクリントク・フルカーソンは分析力に優れていて将来が楽しみな人である。方法論についても、フェミニストの従来の前提を大胆に批判して挑発的で、評者によっては彼女の登場をもって、フェミニスト神学は「成人」（come of age）を迎えたと論じるむきもあり、[三] 今後とも注目される。

5　ウーマニスト神学とムヘリスタ神学

「女の経験」から「女たちの経験」へ

フェミニスト神学は本当にすべての女性の言説なのか。実のところそれは、白人中産階級のインテリ女性だけの神学ではないのか。そんな声が公然とあがるようになったのは七〇年代末からである。

六〇年代後半、教会内に初めて女性の声を響かせたのは白人女性であり、それを後押ししたのが当時のリベラルなプロテスタンティズムだったことは先に触れた。しかし皮肉にも、まず頭角を現したのは、デイリー、リューサー、シュスラー・フィオレンツァといったカトリック女性だった。第二バチカン公会議の改革開放がカトリック女性に大いにやる気を起こさせたのである。[112] 彼女たちは、男が独占してきた神学界に果敢に挑戦し、従来の神学は「人間」と言えば男性のみであって少しも女性を考慮に入れていない、だが人間は男だけではないはずだと、女性の経験を尊重するよう果敢に要求した。

教会女性がそんな抗議の声をあげたのは、まさに黒人神学やラテンアメリカの解放神学が誕生した時期である。当然、彼女らの差別の認識や方法では解放神学や黒人神学に学ぶことも多々あった。女性神学者は、抑圧された者の経験をマトリックスに批判的な営みを重ねていけば、女性の解放神学の道が拓けるだろうと考えた。だが、女性ならではの問題の深刻さは予想以上だった。

それはこういうことである。黒人神学とラテンアメリカの解放神学は当時、伝統的神学が欧米、白人、知識人という限られた集団の限られた視点で綴られてきたことをしきりに暴いていた。聖書学の分野でも、欧米の関心事で聖書を解釈することはあっても、第三世界の貧しい民衆の視点を真剣に受けとめたことはない、白人の解釈はあっても黒人の解釈は語られなかったと批判の手を緩めなかった。これを受けてフェミニストも、女性の経験と解釈を基礎にして性差別を撃ち、神学と聖書学上に欺瞞を暴いていけば、女性の解放的言説が立ち表れるものと考えていた。初めはそれでもよかった。女性の経験をパラダイムにした言説は、従来の神学と聖書学の陥穽を暴くに十分だった。だが、しばらくすると、フェミニストが言う「女性の経験」とは、結局白人女性の経験以外の何ものでもないではないかという疑問が出るようになった。なんのことはない、女性の解放とは、アメリカ女性の権利拡張のことではないか。だが第一世界の白人女性の経験と第三世界の女性の経験は異なっている。アメリカ女性なら誰でも同じ経験をするというわけではなく、アメリカ社会でも黒人女性の経験は白人女性の経験と明らかに違っている。黒人女性は黒人男性から加えられる性的抑圧に加えて、白人女性からも人種的、階級的差別を受けて二重三重の犠牲を強いられている。メキシコ系やカリブ系ヒスパニック女性はどうだ。こうした女性たちは、プロテスタンティズムとは違った民衆カトリシズムの世界に生き、白人女性のフェミニズムにはどうもなじめない。いや白人の女性であってもレズビアンはどうか。(113) レズビアンたちは異性愛の女性とは異なる経験の持ち主として性差別社会に対峙している。保守派とリベラル派のフェミニストは異性愛を当然の前提にして、レズビアンに対して払拭しがたい偏見を持っている。(114) とすれば、ひとつの普遍的な女性経験があるのではない。あるのは人種、階級、宗教、文化、性的指向と、複数に枝分かれした「女性たちの経験」(experiences) である。

ウーマニスト神学の第一世代、ジャクリーン・グラントは白人女性神学者のキリスト論は、保守的な聖書フェミニズム、進歩的なリベラル・フェミニズム、デイリーのラディカル・フェミニズムなどと違いはあっても、イエス・キリストを白人文化の枠組みで論じていることには変わりがないと歯に衣着せず批判した。(115) レズビアン・フェミニズムを唱えるカーター・ヘイワードやメアリー・ハントも、異性愛を当然の前提にしたフェミニズムを論難し、同性愛者の視点からキリスト教象徴の再解釈を試み、ユニオン神学校の韓国人女性神学者チョンは、東アジアの女性経験を土台に、アメリカ人女性とは異なったキリスト論、マリア論の双方を特異な仕方で描いてみせた。言い換えれば、従来のフェミニスト神学の女性経験のすべてを否定しないまでも、それに根本的な疑問を投じるかたちで、アフリカ系、ヒスパニック系、アジア系、それにレズビアンのマイノリティ女性がそれぞれの視点から神学を発信するようになったのである。

こうしたさまざまな声に耳を傾けると、女性ならば誰でも同じ経験をするというのはまったくの誤り、いや危険ですらあると思われてくる。しかしそうは認めても、「女性」という集合概念が父権主義や男性的価値に対抗して、女性を発信する上でまだまだ効力があるというのも事実である。そこで新世代のフェミニストも総称的な「女性の経験」を引き続き維持する戦術をとる。しかし、そこで注意しなければいけないのは、女性の経験がより広く、多元的になっているという現実である。つまり、女性の経験は集合としても個人としても、それが属する共同体の文化、言語、階級、民族、人種、性的指向、宗教文化によって異なるとの認識がもはや欠かせないのである。ポストモダン時代の女性経験は実に多彩で、スペイン語を話すメキシコ系カトリックのレズビアン女性がいれば、その横に座っているのはリベラルなプロテスタントの日系女性、あるいは白人であっても福音派で南部出身のフェミニストかもしれない。そう考えていくと、今日、アメリカ女性の「経験」とはまるで同質なものではなく、異なったアイデンティティを拠り所に、それぞれの歴史、文化、人種、民族、階層から発信されていることがわかる。

女性神学の誕生が公民権運動や第三世界の台頭期と一致していたこと、そして初期フェミニズムが白人の中産知的階層を軸にしていたことはすでに述べた。彼女たちは国内の人権運動や第三世界の貧困問題に一定の理解を示した。だがそれでも、黒人女性や第三世界の女性、レズビアンが、白人女性とは違った抑圧下にある事実をほとんど意識化できていなかった。女性の抑圧に人種、エスニシティ、教育機会の有無、階級、文化が複雑に絡むことを無視して、「女性的」（feminine）や「女性」（female）の概念でひと括りにできると楽観的に見ていた。(116)善意に解釈すれば、フェミニストたちは、たとえ階級や人種、文化、民族の相違があっても、そうした要素は、家父長主義という共通の敵に比べれば、論じるに足りないと単純に考えていたのかもしれない。しかし批判的に見れば、そもそも彼女たちの眼中には白人中産階級の教養的な女性しかなかったのだと言えなくもない。

現在アメリカのフェミニスト神学は、女性の性と生活の両方を綴る物語の方向をとっている。女性の生活に大きな転換をもたらした七〇年代の変動から、今日の多元的な展開にいたるまで、フェミニストたちは女性経験を物語として、階級や文化の意匠に包みながら、新しく語り始めているのである。

ウーマニスト神学は性、人種、階級を問う

ポストモダニズムの特徴を一元主義ではなく多くの人々が共生する多元主義、中央ではなく周縁の隠された声にとるならば、ウーマニスト神学がポストモダン時代の女性神学のひとつであることは明らかである。

「ウーマニスト」とは、黒人女性小説家アリス・ウォーカーが『母の庭をさがして』（一九八三年）で初めて用いた黒人女性の包括的概念である。[117] ウォーカーと言えば、ウーピー・ゴールドバーグを主役にスティーブン・スピルバーグ監督がメガホンを取って映画化されたベストセラー小説『カラーパープル』の作者である。[118] 彼女によれば、ウーマニストとは「果敢で活動的、冷静沈着ながら勇気がある、意志の強い」アメリカの黒人女性を指す言葉である。


ウーマニストは責任感が強く冷静沈着、しかも実直で、性的・非性的にかかわらず同性を愛する女性のことである。女性文化を愛でて女性固有の感情を慈しむ。……そして女性の力も。存在を賭けて生き抜き、男性であれ女性であれ、あるがままに受け入れる。……分離主義ではなく伝統的に普遍主義である。フェミニストとウーマニストは、色に例えるならラヴェンダーとパープルの違いだ。[119]

彼女は苦しい生活にもめげない強靭な黒人女性の中に、白人の女性と異なる黒人ならではのユニークな気質を

見出したのだったが、[120] そんなウォーカーに触発されて、白人のフェミニズムとは一線を画した黒人女性の解放主義の神学が「ウーマニスト神学」である。[121] ウーマニスト神学者は黒人教会の伝統に立ちながら、アフリカ系女性ならではは経験をもとにしてキリスト教の再構築を試みた。[122] すなわちエスニシティとしては黒人、ジェンダーとしては女性という複眼的視点でもって、黒人神学と白人女性のフェミニスト神学の間で独自の言説を模索してきたのである。彼女らはジェームズ・コーンをはじめとする黒人神学者に対して、彼らの解放言説が男性的視点にとどまって同じコミュニティの女性の経験をまったく考慮していないことを指摘した。また、これまでの黒人神学者には階級分析が欠けていただけではなく、性やジェンダーの差異にもほとんど目を向けてこなかった事実を告発した。確かに黒人神学者が黒人社会に加えられた抑圧を批判して、キリスト教の「白人性」（whiteness）を暴露したことは大きな一歩だった。だが、彼らは黒人男性が日常的に加える女性への抑圧にはほとんど無関心であって、このことは大いに反省されなければならない。

一方、同じ女性とはいえ、白人のフェミニスト神学者も黒人女性の現実をほとんど考慮しないで神学を営んできた。彼女らは白人の括りでもって女性全体を代弁できると錯覚する誤りを犯したが、そのことは黒人の神学者が男性をもって「黒人であること」（blackness）の経験を言い尽くせると錯覚したこととほぼ同類である。黒人の男性も白人の女性も白人男性を批判することで、聖書、教義、神学、歴史をわが手に奪還できると簡単に考えていた。結局のところ、黒人の男性も白人の女性も、自分自身の性的、あるいは人種的視点だけで解放を語るという間違いを犯し、黒人社会の男性は女性に対して性差別的に、白人社会の女性は黒人女性に人種差別的に振舞い続けてきた。その結果、黒人女性は二重の抑圧をひたすら我慢しなければならなかったのである。

そのように黒人神学と白人フェミニズムを批判したウーマニスト神学者は、神学に性、人種、そして階級を織り込む努力を重ね、[123] 奴隷制度下の黒人女性の強靭でしなやかな「ことば」を掘り起こした。そしてブルース、ゴスペルの意味を探って、黒人女性の昔語り、信仰伝記、文学の回復に努力し、それと並行してウーマニスト概念を手がかりに社会学、文化人類学、解釈学、フェミニスト文芸批評等さまざまな女性学の成果を取り入れようとしたのである。

ウーマニスト神学者にはジャクリーン・グラント、ケイティ・キャノン、エミリー・タウンズなどがいる。(124) デローレス・ウィリアムスもそのひとりである。ウィリアムスは『荒野の姉妹』において、旧約の「ハガルの物語」（創世記一六章、二一章参照）をアフリカ系女性の視点から再読し、神論の再解釈を試みた。(125) 彼女によれば、ハガルは北アメリカの黒人女性と同じく、生存を賭けて苦闘した女奴隷だった。奴隷制下のアメリカ黒人女性は、ジェンダー、人種、階級という三重の抑圧を身に受けたが、ハガルもそうだった。エジプト人の彼女は側女として主人アブラムの子を産まされ、それがためにアブラムの妻サライから妬まれて家を追われ、わが子イシュマエルを背負い荒野を彷徨する運命となったが、そうした苦しみは、アフリカから奴隷として連行され、北アメリカの大地をさ迷った黒人女性の経験に重なり合う。ハガルが異邦人奴隷としてアブラムとサライに仕えたように、アフリカ人女性は白人一家の奴隷になって男性から性的虐待を受けると同時に、白人の女主人にも服従しなければならなかった。白人男性の子どもを産まされ、白人女性の仕打ちにも耐えながら、ひたすら家族を守って養った。確かに一九世紀半ばに奴隷解放が宣言され、身分的には奴隷でなくなったものの、黒人女性の多くはその後も白人家庭に雇われて、子どもの養育役や雑役、家事を担わなければならなかった。今もその事情はほとんど変わらず、人種差別の厳しいアメリカ文化の中で、黒人女性は新しいスタイルの養育係、すなわち保母、家政婦、老人ホームの賄い婦、病院の下働きといった労働を強いられている。だがそれでも彼女たちはハガルのように生き抜いて、貧困、暴力、搾取に抗って神と出会っている。

ハガルの物語に、解放と自由のハッピーエンドはない。神は砂漠を流浪するハガルの命は救ったものの、奴隷身分から彼女を解き放つことがなかった。そのことは二つのことを意味する。ひとつはハガルがアメリカの黒人女性の現実を照らし出す鏡であるということ、そしてもうひとつは聖書が解放を語るとは限らないことを知り、それを批判的に省察する必要があるということである。すなわちハガルの物語は、今も差別を生きるアメリカ黒人女性の抵抗と信仰の物語として読まれるべきである。聖書的神は解放のハッピーエンドを物語らないかもしれないが、抑圧された者に生き延びる道を備え、差別を生き抜く力を与えてくれる。これが「荒野を生き残る」（survival in the wildness）という聖書的主題の意義である。ハガルは砂漠から帰った後、女奴隷としてアブラムとサライに仕える生を強いられた。しかし、それは神が抑圧を見逃したからではなく、ハガルが生き残ることを最優先したからである。砂漠で子どもと一緒に死んでしまっては元も子もない。生き延びれば必ずや解放のチャンスも巡ってくる。

こうしてウィリアムスは、母親を中心にした黒人家庭の伝統を「アフリカ系アメリカ人の聖書的な、生存を最優先する生活的伝統」として聖書的に再読した。黒人女性の家族を養おうとする生活力は旺盛で、冒険心、気概、忍耐心、困窮生活下の知恵、行動力、勇気、そして強い信仰と豊かな教会的交わりといったすべては、アメリカという荒野に生きるハガル物語に他ならないと論じたのである。

現代のキリストは黒人女性の「代理母」のイメージを担うとのウィリアムスの解釈は挑発的である。はたしてこのイメージが「黒人女性にとって救済的か、それとも代理母としての彼女らの搾取をいっそう強化するか」(126)、それは未知数だ。しかし、ウィリアムスにとって神学という営みが抽象論ではなく、アフリカ系女性の「現在とここ」、「出口なき場に出口を見つける」神への信仰の営みであることに間違いはないのである。

イエスとは誰のことか

ウィリアムスをはじめ多くのウーマニスト神学者は、こうした黒人女性の経験を資料として採用した。そして黒人女性はどんな逆境にあっても、暴虐に立ち向かう勇気と、抑圧を終わらせようとする意志を持つこと、その根拠こそイエスの「宣教のヴィジョン」にあることを論じた。

ウィリアムスはキリスト論を論じるに際して、正統神学の贖罪論とは異なった視点をとる。彼女によれば、イエスによる人類の救済は、十字架上の贖罪死によってではなく、むしろイエスの生涯にわたる宣教と倫理的わざにおいて現れた。人類の罪の赦しは、共同体の歪んだ関係を正すイエスのヴィジョンによってもたらされる。人類はこのイエスのヴィジョンを受け継ぐことを期待されていた。ところが人々はこれに応じず、イエスの死後も相変わらず貧しい人々を統制し続けた。したがって十字架は贖罪の成就というより、人間の不従順、神の公平を否み続ける人間的罪の象徴である。だがこの罪は永遠には続かない。イエスの宣教ヴィジョンは人々を目覚めさせた。不断に罪の構造を改革し、不従順に打ち勝てば、やがてイエスが再臨し「神の国」が到来したとき、地に平和が実現されるだろう。

繰り返せば、人類の贖罪が成就するのはイエスの「死」そのものによってではない。むしろイエスの「生」のヴィジョンによってであり、これが人類に新たな希望を生む源である。とすれば、救済は過去の十字架のフェティシズムにではなく、悪の構造暴力に屈することなくそれを変革しようとする人々の現在と未来にある。十字架のイエスの死によって贖罪を完了したと考えてはならない。いや、贖罪を十字架上で終わらせることは、抑圧された者にとっては致命的である。なぜなら十字架の伝統的贖罪論は、弱者の犠牲を美徳として奨励してきたからである。

ウィリアムスは、白人のもとで黒人女性に強要された美徳を三つ挙げる。それは「代理苦」「奉仕」「彼岸の報酬」である。人類を贖うため、イエスはその罪を「代理」、つまり人類に代わって引き受けた。しかしこの教理を無批判に受け入れてはいけない。なぜならこの論理に従って、黒人女性も代理として苦しむことを強要されたからである。またイエスはいついかなるときも人々に仕えたという教えや、地上の苦しみは天国の彼岸で報われるとの勧めも鵜呑みにしてはいけない。それは社会の下層に置かれた人々の犠牲を宗教的に合理化する。イエスが人々に教えたのは代理苦でも犠牲の勧めでも彼岸の慰めでもない。イエスは経済的、社会的、政治的な変革へと人々を招いたのだ。

ウィリアムスに限らずウーマニストは、従来の教義学がイエスの男性性を強調してきたことにも疑問を投げかける。黒人神学ですらその例外ではなく、黒人神学者は「黒いキリスト」を肯定しながら、「女のキリスト」の概念には強く抵抗してきた。これまで黒人神学者たちは、アメリカ社会において黒人という存在がどれほど隷属と苦難、軽侮の対象になってきたかを口酸っぱく論じてきた。そして今こそイエスを黒人として描かねばならないと説いた。だが、黒人神学者はもう一歩前進しなければならない。もし「黒いキリスト」が苦しむ人々の象徴だというのなら、黒人男性だけではなく、黒人女性も含まれるはずだ。いや黒人女性こそ人種、階級、性の三重の抑圧に喘ぐ人々に他ならない。

ウーマニスト神学は現在までのところ、白人のラディカル・フェミニストのような、教会からの離脱、ないしキリスト教からの脱出を提唱していない。万一、そのようなことをすれば、それは黒人女性の経験と歴史を裏切ることになる。ウーマニスト神学は黒人コミュニティの日常生活と乖離してはならず、黒人女性は教会という共同体を拠り所にしてこそ、真に解放的・実践的になると考えるからである。(127)

贖罪論批判は女性神学の大前提か

もうひとつ、ウーマニスト神学の言説として、黒人女性にとっての十字架の意味を論じたジョアン・マリー・ターレルの『血の力とは何か――アフリカン・アメリカンの経験における十字架』（一九九八年）に言及しておこう。(128) 子どもの頃、家族と一緒に南部の綿花畑で働いていたターレルは、黒人教会の信仰を資料に、これまで述べてきたウィリアムスの贖罪論批判とまるで違った方向を目指した。

ターレルは「贖罪という福音のメッセージ、つまり十字架上のキリストの死によって救済が成就した、神と人類の和解が実現したという知らせは、罪人の烙印を押されたアフリカン・アメリカンにとってどのような意味があるのか」と自問して、ジェンダーと人種の両側面から贖罪論に挑んだ。その結果ターレルがたどり着いたのは「十字架の躓き」の概念だった。キリスト教の贖罪論は黒人女性にとって両義的である。それは闘いの表現にもなるし、差別を強いる働きにもなる。確かに十字架の象徴が自己犠牲を美徳にしてしまうなら、女性は男性に、黒人は白人に、自分を殺して仕えることを強いられる。黒人女性の苦しみは、抑圧の現実から目をそらせ、それを特権として甘受させることにもなる。したがってウィリアムスの「十字架の神学」批判は的を射ている。けれども十字架は黒人女性にとって希望の象徴にもなる。それを論証するため、ターレルは初期キリスト教から今日にいたるまでの十字架論を詳細に分析し、抑圧された黒人女性にとっていかなる十字架理解が解放的であり、エンパワーメントになるかを探求した。

そうすることでターレルはウィリアムスだけでなく、フェミニスト神学者に一種の戸惑いをもたらした。なぜならウィリアムスを含む多くのフェミニストたちがそれまで伝統的な贖罪信仰を女性差別のイデオロギーとして全面的に退けてきたからである。十字架の贖罪を説いたパウロへの批判は、リベラル・フェミニズムの大前提だった。ところがあろうことかターレルは贖罪信仰を跳躍台に神の解放の可能性を論じようとする。はたしてそんなことができるのか、フェミニストはまだ疑心暗鬼である。その結論を出すのはこれからとして、少なくともフェミニスト神学は十字架の神学、贖罪信仰が女性にとっては百害あって一利なし、そう切り捨ててきたことを再検討する必要があるようだ。パウロ批判はフェミニストの解放プログラムに欠かせないと言われてきたのだが、それは少なくとも再考の余地ありと言えそうである。

ムヘリスタ神学はヒスパニック女性のエンパワーを目指す

「ムヘリスタ神学」(Mujerista Theology)は、北アメリカのヒスパニック神学[129]の中から誕生した比較的若い言説である。当初は「ヒスパニックの女性解放神学」と呼ばれたものの、フェミニスト神学、特にウーマニスト神学の勃興に刺激を受け、北アメリカのヒスパニック系女性の経験に根ざし、アングロサクソンの白人文化に抗してラテン系女性の解放を目指した。

アメリカの西海岸や南部は、メキシコ系移民の巨大な人口を抱えた地域として知られている。八〇年代、アメリカ全体のヒスパニック人口は七〇年代に比べて三割以上増加した。このヒスパニック移民の「第二波」と呼ばれた事態に、北米のヒスパニック教会は根本的な宣教戦略の練り直しに迫られた。その必要を最初に指摘したのはフィグエロア・デックだった。[130] しかし彼の神学は、教会の小手先の対応に追われて、神学の批判的捉え直しに欠ける恨みがあった。それに危機感を覚えたカトリックの教職者、信徒、神学生が八〇年代に末に誕生させたのがヒスパニック神学であった。当時、ラテンアメリカの解放神学の影響は絶大だった。加えて黒人神学にも同じアメリカの少数者として大いに刺激を受けた。膨張する北米ヒスパニック社会において、教会にはいかなる神学が求められているのか。それを真剣に模索し、その神学運動を初期から支えて活発な動きをしたのが、多くの教会女性だったのである。

ムヘリスタ神学の起源は、キューバ人女性神学者アダ・マリア・イサシ・ディアスの、七〇年代の活動にまでさかのぼる。イサシ・ディアスは当時から「マッチョ」と悪名高いヒスパニック男性に、家庭と教会で女性差別をしないよう訴える論考を発表していた。それと同時に彼女は、白人女性がヒスパニック女性に向ける差別的まなざしと対応にも苛立ちをつのらせていた。白人女性は、人種的偏見と経済的優越感を抱いてヒスパニック女性を蔑む点では白人男性と同類ではないか。その事実を指摘して、不当な偏見や差別をはね返さなくてはいけないとイサシ・ディアスは感じていたのである。

キリスト教の預言者的声は中央ではなく、むしろ周縁から叫ばれる。ヒスパニック女性で亡命の知識人、アメリカのキューバ人社会に生きるイサシ・ディアスはその顕著な一例である。周縁から神学を構想する彼女の努力は『ムヘリスタ神学――二一世紀の神学』（一九九六年）となって結実した。[131] 彼女はこの著作の中で、修道院における静謐な日々を棄て、貧しい者と共に闘う霊性へと転換した自身の物語を綴った。そしてアメリカでヒスパニック女性として信仰的に生きようとする言説をムヘリスタ神学と名づけて、その素描をした。名称化は人間独自の強力な行為である。命名することで、それまでおぼろげだったものが姿をとり、輪郭を整えていく。アメリカに生きるラテン系女性は性差別、エスニック的偏見、経済的抑圧のもとでどんなに苦労させられていることか。ムヘリスタはそうした女性の総称であり、神が周縁の民を特別に愛し、人々を解放へのプラクシスへと招くことを告白する。イサシ・ディアスは、ムヘリスタ神学をヒスパニック女性の信仰のありかを究明し、彼女たちを解放の主体とする神学と定義した。

ムヘリスタ神学の草創期には、このイサシ・ディアスの他にヨランダ・タランゴ、アナ・マリア・ピネダ、グロリア・イネス・ロヤといった女性たちの名前が挙がる。北米ヒスパニック社会の宗教文化に着目したイサシ・ディアスとタランゴの共著『ヒスパニック女性、教会の預言者的声——ヒスパニック女性解放神学に向けて』（一九八九年）は、ムヘリスタ神学の存在根拠を示した最初の著作である。[132] この記念碑的作品は北米ヒスパニックのカトリシズム、ヒスパニック社会の動態、そこで話されるスペイン語の共同体的な役割、ヒスパニック系のアイデンティティなどを分析し、ヒスパニック・コミュニティを対象とした本格的な女性神学の始まりとなった。

イサシ・ディアスとタランゴはこの中で、まず（1）ヒスパニック女性の文化の多元性に着目した。ひと口に北アメリカのヒスパニック社会と言ってもそこには中米、カリブ諸国、南米と文化の差がある。そうした文化の多様性を無視してヒスパニックとキリスト教の問題を語ることはできないことを指摘し、次に（2）ヒスパニック社会には「マチスモ」と呼ばれる男尊女卑のイデオロギーが濃いことを認識し、そうした差別的な文化に打ち勝つための女性のエンパワーメントを目指さなければならないと述べた。そして（3）北アメリカ社会の政治経済構造の変革を目標にして、ヒスパニック・コミュニティ、特に移住して間もない社会的底辺の女性の解放に目を注ぐ必要性を訴えた。神学的に言えば、ムヘリスタ神学はヒスパニック社会のただ中に神の解放的顕現を見て、それを悦いつつ、解放の道へと歩んでいくということである。

このようにムヘリスタ神学はヒスパニック女性の解放に寄与する実践的な神学の構築を目指してきた。それゆえ、ヒスパニック女性の経験をマトリックスにして移住物語を分かち合わなければならない。そして、礼拝と祈りを共にして差別に抗する信仰運動を練りあげる。そうした中での神学者の役割とは、女性の声に耳を傾け、対話を促し、必要なときに助言する補助的な役割に徹することである。言い換えればムヘリスタ神学者は、神学、聖書学、語学、社会科学、歴史学の知識でもって女性コミュニティに奉仕する「技術的支援者」であって、プラクシスの主体はあくまで民衆女性にある。

このことからもわかるように、ムヘリスタ神学にはラテンアメリカ神学やマルクス主義からの影響が色濃い。ただしマルクス主義だけがムヘリスタ神学の方法ではない。イサシ・ディアスは一九九三年の『エン・ラ・ルチャ／闘いの中で――ムヘリスタ神学の深化に向けて』において、ヒスパニック女性神学者のすべてがそうした神学方法を採用しているわけではないと留保をつけた。(133)例えばヤネッテ・ロドリゲスはイサシ・ディアスとは別の方向を向き、宗教文化的な側面にいっそうの力点を置いていると言う。なるほどロドリゲスの『グアダルーペの聖母――メキシコ系アメリカ人女性の信仰とエンパワーメント』（一九九四年）は、メキシコの宗教文化が前面に押し出され、「グアダルーペの聖母」という女性イコンが、どのようにメキシコ系アメリカ人女性の日常生活に影を落とすかを詳細に分析している。(134)さらにユニークなのはそこでロドリゲスが女性解放と宗教の相関を探り、グアダルーペの聖母が女性を慰撫して大人しくさせるのではなく、伝統的ジェンダーを超えるよう挑発すると論じていることである。ここにはウーマニスト神学と同種の視点があっておもしろい。

他方、メキシコ系のマリア・ピラル・アキノは、北アメリカの社会文化的コンテクストの中でヒスパニック女性の解放を神学的に試みる。アキノがえぐり出したのはヒスパニック社会の複合差別もさることながら、解放神学者でさえ女性差別と人種的偏見、それに階級的な先入観を混在させている事実だった。アキノの『われらが命への叫び――ラテンアメリカのフェミニスト神学』は、男性の解放神学者に対して、ラテンアメリカの地において誰が真に社会経済的に「貧しい者」なのかを女性の視点から迫った異色の言説だった。[135]

現在までのところ、ヒスパニック神学にもムヘリスタ神学にも同性愛問題への言及はない。しかし早晩、ヒスパニック・コミュニティにおける同性愛者への偏見と差別を正すことを迫られる時がくるだろう。そのときムヘリスタ神学者は、避妊や中絶問題は言うまでもなく、セクシュアリティ、ジェンダー、性表現、性的指向の領域で頑なに保守的態度をとり続けるバチカン当局との対決を避けられないはずだ。

最後にアメリカ先住民の女性も、独自に女性神学を開始したことを付記しておこう。フェミニスト神学者やウーマニスト神学者と対話する中で、先住民女性のアイデンティティ、スピリチュアリティ、性の問題を問い直し始めたのは、メアリ・C・チャーチル、イネス・M・タラマンテス、ミシェレネ・ペサンテビーなどの北米先住民女性である。特にタラマンテスは伝統宗教を探る中で、これまでのアメリカインディアン研究なるものが、まったく誤読に満ちた、外部からの皮相的観察でしかないことを告発して現在に至っている。

6　ポストモダン時代の女性神学

父権主義社会の神話を撃つ

ここで九〇年代からとみに激しい論争の的となっている父権主義の問題を整理しておこう。この論争は、フェミニスト神学の階級性、人種的制約をどう克服するかという課題から生起した。

父権主義概念の見直しを求めたのは、アメリカの白人女性とは異なる文化を持ったアジア、アフリカ系、メキシコ系の女性、それとレズビアンの女性だった。彼女らは、そもそも父権主義の本質などというものがあるのかと疑問の声をあげた。フェミニスト神学の大前提が問われたのである。仮に一歩譲って父権主義という本質が社会にあったとしよう。しかしそれが諸悪の根源になるのか。それは歴史的に変わらないものなのか。父権主義は人種や階級とどのような関係にあるのか。いやもっと直截に問おう、そもそもフェミニスト神学は白人の知識的中産階級の枠を抜け出ていないのではないか、そしてそのために父権主義の「本質」などというリベラリズムの偏見を払拭できずにいるのではないか。

そうした批判を前にして、女性神学は大きく三つに分岐した。境界は曖昧にならざるをえないが、あえて整理すれば次のようになる。

第一に父権主義の本質という従来の議論に加わることを拒否して、階級、文化、地域、人種を絡めて差別の構造分析に重点をおこうとする女性たちがいる。この流れにはアダ・マリア・イサシ・ディアス、デローレス・ウィリアムス、スーザン・ブルックス・シスルスウェイトらがいる。特にラテンアメリカ女性のイサシ・ディアスは北米のフェミニズムには批判的で、北アメリカの白人女性は「家父長制の本質」だの「女性の本質」だのと抽象的なことばかり口にするが、それでは問題は片づかない。むしろ、フェミニスト神学は、ラテン系をはじめ異文化の女性の声にもっと真摯に耳を傾け、その上で「女たちの経験」へと解釈の視点を移すべきだという。北米の白人のフェミニストは「その倫理観と人種観の偏見を批判的に切開する責任を負っている」が、[136]それでもなお、白人のフェミニスト神学にヒスパニック女性の経験を含めようとするのは土台無理なことで、「焼きあがったケーキにもうひとつ飾りをつける程度のことでしかない」と、イサシ・ディアスのフェミニスト神学者への批判は厳しい。

第二に、父権主義をいっそう歴史的に再解釈しようとするフェミニスト神学者の群れがある。この群れの特徴は、父権主義論やジェンダー論を一応認めた上で、それらが時代によって変わるとするところにある。メアリ・マクリントク・フルカーソンの『主題を変える』[137]は、父権主義を歴史的視点から論じた典型である。そこではキリスト教が女の生き方に積極的な役割を果たした現実に焦点が当てられている。マクリントク・フルカーソンは父権主義のすべてが抑圧に働くということではない、抑圧に働いたとしても、それを変革できると考えるひとりである。

第三のグループは、それでも父権主義に女性の抑圧の本質を見て、それと闘う白人フェミニストたちである。この代表格は、言わずもがなメアリ・デイリーである。デイリーにしてみれば、父権主義こそ諸悪の根源なのだ。彼女は全力をあげて「男性中心主義」に反抗を試みてきた。だが今日、デイリーのようなラディカルな本質主義をとるフェミニスト神学者は少なくなった。その代わりに多数派になったのは父権主義の概念にこだわりながらも、それを広く「罪」の象徴として宗教的な再解釈を施す女性神学者である。例えばレベッカ・チョップは、強姦という行為を、男の「本質」的な残忍性、攻撃性として糾弾するよりも、そこに人間の「罪」が政治社会的にどう露わになるかという観点から論じようとする。彼女によれば、強姦は罪の多面性を映し出している。それは男性の罪であると同時に、それを常態化する社会構造的な罪でもある。アメリカは「暴行の文化」の虜になっているが、こうした文化がどう政治や社会に絡むのか、そうした複合汚染のひとつひとつを解析して撃たなければならない。彼女はデイリーのように父権主義に抑圧の「本質」を認めない。なんでもかんでも男が悪い、男の「本質」はもともと女性に抑圧的というのは間違いである。しかしそれでも父権主義は性差別社会の罪を撃つにはなお有効な概念と考えるのである。

ただしこうした分類は、問題の所在と戦略、女性神学の多様性を整理するのに有用な便宜上の事柄として了解しておいてほしい。いったい女性の抑圧はどこに由来するのか、何をもって解放の戦略にするのか。そうした問題について三つのグループはそれぞれに重点や見方が違うのである。

女性神学の評価と今後の課題

以上、六〇年代から九〇年代、そして今日と、女性神学の発展を概観してきた。フェミニスト神学のデイリー、リューリー、シュスラー・フィオレンツァ、ハリソン、ウーマニスト神学のウィリアムス、ムヘリスタ神学のイサシ・ディアスなどの言説を通して整理してきた。

さてその評価である。まずフェミニストが神学世界に女性の声を公然と響かせたことは、キリスト教史の一大転換であると積極的に評価できる。フェミニスト神学は、男性中心の神学の陥穽を明らかにした。神学に性、ジェンダーの概念を導入して、性差別の克服が教会の大きな課題であることを明らかにした。キリスト教フェミニズムの言説がどれほど衝撃的だったかは、今日、女性の視点を欠いては、聖書学はもちろん、神学も論じえなくなった事実からも明らかである。特に神論にジェンダー批判を導入したことは画期的で、フェミニストは男だけが神の似姿ではないと、まず「否定神学」（negative theology）を用いて異議を申し立て、「父なる神」の直解的理解を超える必要を説いた。聖書をそのままに読めば、神のイメージが男性であるのは明らかである。フェミニストはこれに異議を申し立てることを突破口にして、神論からキリスト論、聖霊論、教会論へと次々と批判を強め、キリスト教のイメージ、象徴、言説の修正ないし改変を迫った。男性に特化した象徴や言説の限界を暴き、「女性的なもの」が神認識を豊かにすることも明らかにした。フェミニストの作業は、従来の男性的神のイメージに女性的要素を加えればいいという単純なことではなかった。また男性的な神のイメージは抑圧的だから女性的神にすべしという裏返しの試みでもない。フェミニスト的解釈学が聖書学、歴史神学、組織神学、倫理学などの各分野で多大な貢献をなした事実は、キリスト教のここ三〇年ほどの間でもっとも重要な事柄である。

そうした象徴やイメージの変革がキリスト教に何をもたらすか、どこまで神学を変える力になるか。それらは今後の展開に注目して待つほかはないが、二一世紀が始まった現時点で、女性神学はいくつかの新たな展開を遂げつつある。

そのひとつは男性性（masculinity）の見直しであり、もうひとつはジェンダーの権力分析、脱構築と再構築の課題である。前者をめぐっては、女性の枠を超えてマーク・C・テイラー、フィル・カルバートソンといった男性の神学者が発信を始めている。女性が差別される社会では、差別に加担する男性も、性の偏見、ジェンダーの分業という伝統的抑圧から自由になれずにいる。したがって、女性の解放は同時に男性の解放でもあるというわけだ。ジェンダーの権力関係についてはデイリーの辛辣な批評に加え、シュスラー・フィオレンツァ、デローレス・ウィリアムスなどが積極的に発言をしていて、今後の深化に期待したい。

解放主義の観点から評価したいのは、女性神学が一様にキリスト教を「プラクシス宗教」として再解釈していることである。六〇年代末から、世界的に解放主義のキリスト教言説が誕生してきたが、女性神学もその重要な一部である。女性神学はキリスト教の象徴解釈に実践的契機を含めることで、キリスト者というアイデンティティに新しい意味をもたらした。女性神学が解放的なプラクシスとして今後どう発展していくのか、いっそうの挑戦的な言説を求めたい。

そうした観点からすると、さまざまなエスニック女性が、それぞれの経験をマトリックスに独自な神学を営み始めたことは注目すべき展開である。日本にはわずかにしか紹介されていないものの、マイノリティの女性神学は、白人主体のフェミニスト神学が彼女らの経験を十分に含みえなかった現実を指摘し、ウーマニスト神学、ムヘリスタ神学、さらにアジア系と新しいタイプの女性神学を誕生させている。こうした女性神学は、聖書の女性物語の再読をもって、白人フェミニスト神学とは別のパラダイムを試み始めた。例えばウーマニスト神学は、アブラハムの妻で女主人のサラではなく、女奴隷タマルの物語に目を向け、サラの「高笑い」を主題にしたフェミニストとは違って、タマルの「生き残り」という主題に着目した。そして、罪とは他者を対等に扱わない人間関係にこそ現れるものだと理解し、白人女性による黒人女性の周縁化を神の創造への違反の罪と解釈して、独自な神学構築に向かっている。黒人女性にとって解放とは、男性による性差別からの解放だけでなく、女性による階級差別、人種差別の複合的罪からの解放なのである。

マイノリティの女性神学は、アメリカの多元的社会と文化を反映して、アフリカ系、ヒスパニック系、インド系、中国系、韓国系、日系、[138] アメリカ先住民の女性、さらにレズビアンというように、いっそうの広がりを見せている。こうしたとき、女性神学がいかに利害の衝突と関心の差異を乗り越え、不毛な分派や分裂を避けて、多層的《ポリフォニック》な解放の声を響かせていくのかは重要な課題である。というのも、どのような運動も思想を高く掲げれば掲げるほど、同じ側にいる集団に対しても批判と糾弾を繰り返す党派主義の悪癖に陥る危険があるからだ。アメリカの解放主義の神学が「虹の統一戦線」（Rainbow Coalition）の構築に失敗した原因もここにあった。

　今後、多元化した女性神学が全体として解放主義の神学と統合の道を歩むのか、それとも女性だけの神学に特化していくのか。女性神学が女性に向けた言説に集約するのか、それとも他のマイノリティとの連携を目指すのかはアメリカだけでなく、世界の解放主義神学にとって大きな課題である。黒人神学にしても解放神学にしても、その初期には批判対象に果敢に戦いを挑んで、徹底してそれを糾弾することが自己の思想性の高さを示すのだと思い込む傾向があった。いや批判は同じ側にいる集団にこそいっそう厳しく向けることが正しいとさえ考えられた。女性神学も必ずしも連携できておらず、ラディカル・フェミニズムとリベラル・フェミニズムの確執は覆うべくもない。いずれにしても、二〇世紀後半、教会と神学はラテンアメリカの解放神学、黒人神学、そして女性神学、歴史社会的な解放を迫る言説にはげしく挑戦された。男性的な神理解に挑戦状をたたきつけた女性神学の諸潮流は、そのいずれもが伝統的キリスト教の性差別を批判して象徴を脱構築した点では共通するものの、神学の方法と資料をどこに求めるかでは多元化し、女性の解放理論もいっそう複雑になっている。

　すでに女性の聖職者はめずらしくなく、神学世界にも女性の進出がめざましい。フェミニスト神学者が、男が独占してきた神言説に挑戦して教会制度を「民主化」した甲斐あって、今日では多くの教派が女性に按手し、プロテスタントでは超保守の教会を除けばほとんどの教会が女性教職者を認めるまでになった。しかしその一方で二一世紀に入ってから女性神学は一種のバックラッシュに直面している。世界的に保守的キリスト教が勢力を伸張させた結果、女性に選択権を認めて胎児の生命権を疎かにする人工中絶を当然とするのは行き過ぎだとの批判が力を得るようにもなった。男女の機会均等は望ましいが、そのために家族が解体し、家庭や地域への関わりが疎かになるのはいかがなものか。フェミニストは男に噛みつくことで自己確認をしている、人を糾弾する攻撃性のみが強くて、何かと言えば差別だと一方的に男性をつるしあげるが、それこそ差別ではないか。男女の差異を無視するジェンダー・フリーは神の創造に違反するなどという批判が強まった。

確かに初期のフェミニズムは、男性から何か言われると過剰に反応する悪癖がなくはなかった。だがそれを割り引いたとしても、もはやアメリカの神学は女性神学の誕生以前に後戻りすることは許されないし、教会が女性神学者の挑戦から逃れられないことも確かである。

七〇年代から女性の政治、社会、文化への進出はめざましく、この歴史の時計を逆回しすることはできない。また、女性の各分野への進出を一過性のものとして脇に押しやることもできない。世界の半数を占める女性がその正当な配分を主張して文化と社会の再編を求める声をキリスト教も無視することはできない。女性の公平な配分を長い間拒否し続けてきたのがアメリカの宗教界であり、政治文化の領域よりも一歩出遅れたのがキリスト教の教会だったと言っても過言ではなかったのである。

〈文献〉

フェミニスト神学に関して

Carr, Anne E. *Transforming Grace: Christian Tradition and Women's Experience.* San Francisco: Harper San Francisco, 1988.

Hampson, Daphne. *Theology and Feminism.* Oxford: Blackwell, 1990.

Loades, Ann, ed. *Feminist Theology: A Reader.* Philadelphia: Westminster John Knox, 1990. 聖書、歴史、実践の三部から構成されたフェミニスト神学の基礎文献集。シュスラー・フィオレンツァ、ハリソン、ラッセル、デイリーらの論文を含む。
Parsons, Susan. *Feminism and Christian Ethics*. Cambridge: Cambridge University Press, 1996.
Clifford, Anne M. *Introducing Feminist Theology*. Maryknoll: Orbis, 2001.

メアリ・デイリー

The Church and the Second Sex. Boston: Beacon, 1968. メアリ・デイリー『教会と第二の性』岩田澄江訳（未来社、一九八一年）。
Beyond God the Father: Toward a Philosophy of Women's Liberation. Boston: Beacon, 1973.
Amazon Grace: Recalling the Courage to Sin Big. New York: Palgrave Macmillan, 2006.

ローズマリー・ラドフォード・リューサー

Liberation Theology: Human Hope Confronts Christian History and American Power. New York: Paulist, 1972. 『人間解放の神学』小田垣陽子他訳（新教出版社、一九七六年）。
New Woman, New Earth: Sexist Ideologies and Human Liberation. New York: Seabury, 1975.
Mary: The Feminine Face of the Church. Philadelphia: Westminster, 1977. 『マリア――教会における女性像』加納孝代訳（新教出版社、一九八三年）。
Sexism and God-Talk: Towards a Feminist Theology. Boston: Beacon, 1983. 『性差別と神の語りかけ――フェミニスト神学の試み』小檜山ルイ訳（新教出版社、一九九六年）。
Women-Church: Theology and Practice of Feminist Liturgical Communities. San Francisco: Harper & Row, 1986.
Gaia and God: An Ecofeminist Theology of Earth Healing. New York: Harper Collins, 1992.
Women and Redemption: A Theological History. Philadelphia: Fortress, 1998. 新約時代から現在のフェミニスト神学に至るまでのジェンダーと贖罪論を通史的に論じた組織神学書。アウグスティヌスから中世の女性神秘家、一九世紀の奴隷解放主義者、第三世界の女性神学者を網羅する。
Integrating Ecofeminism, Globalization, and World Religions. Lanham: Rowman & Littlefield, 2005. フェミニズム、エコロ

ジー、神学の相互関連性を探る。エコロジー神学と反グローバリズム運動論におけるジェンダー視点の欠如を批判。

Ruether, Rosemary Radford, ed. *Feminist Theologies: Legacy and Prospect.* Philadelphia: Fortress, 2007. 近年のフェミニスト神学の動向と、ユダヤ教、イスラム教、仏教のフェミニズムに言及する。

ローズマリー・ラドフォード・リューサーの二次資料

Ramsay, William M. *Four Modern Prophets: Walter Rauschenbusch, Martin Luther King Jr., Gustavo Gutiérrez, Rosemary Radford Ruether.* Atlanta: Westminster John Knox, 1986.

Snyder, Mary Hembrow. *Christology of Rosemary Radford Ruether: A Critical Introduction.* Mystic: Twenty-Third Publications, 1988.

Bouma-Prediger, Steven. *The Greening of Theology: The Ecological Models of Rosemary Radford Ruether, Joseph Stiller, and Jürgen Moltmann.* New York: Oxford University Press, 1995. 現代におけるエコロジー神学の可能性を探る。キリスト教は生態系を破壊してきたとの批判に応えて、キリスト教伝統に資料を探る。特にエコロジーを論じるリューサーの神論に注目。

エリザベス・シュスラー・フィオレンツァ

Aspects of Religious Propaganda in Judaism and Early Christianity. Notre Dame: University of Notre Dame Press, 1976.『初期キリスト教の奇跡と宣教』出村みや子訳（ヨルダン社、一九八六年）。

In Memory of Her: A Feminist Theological Reconstruction of Christian Origins. New York: Crossroad, 1983.『彼女を記念して――フェミニスト神学によるキリスト教起源の再構築』山口里子訳（日本基督教団出版局、一九九〇年）。

But She Said: Feminist Practices of Biblical Interpretation. Boston: Beacon, 1993.

Discipleship of Equals: A Critical Feminist Ekklesia-Logy of Liberation. New York: Crossroad, 1993.

Fiorenza, Elisabeth Schüssler, ed. *Searching the Scriptures: A Feminist Commentary.* New York: Crossroad, 1993.『聖典の探索へ――フェミニスト聖書注解』絹川久子・山口里子監修（日本キリスト教団出版局、二〇〇二年）。

Jesus: Miriam's Child, Sophia's Prophet: Critical Issues in Feminist Christology. New York: Continuum, 1994.

Bread Not Stone: The Challenge of Feminist Biblical Interpretation. Boston: Beacon, 1995.『石ではなくパンを――フェミニスト視点によるキリスト教起源の再構築』山口里子訳（新教出版社、一九九二年）。

Jesus and Politics of Interpretation. New York: Continuum, 2001.

Wisdom Ways: Introducing Feminist Biblical Interpretation. Maryknoll: Orbis, 2001.『知恵なる神の開かれた家』山口里子他訳（新教出版社、二〇〇五年）。

Democratizing Biblical Studies: Toward an Emancipatory Educational Space. Philadelphia: Westminster John Knox, 2009.

エリザベス・シュスラー・フィオレンツァの二次資料

Yamaguchi, Satoko. *Mary and Martha: Women in the World of Jesus.* Maryknoll: Orbis, 2002. 二〇〇三年度カトリック出版協会賞受賞作品。

Ng, Esther Yue L. *Reconstructing Christian Origins?: The Feminist Theology of Elisabeth Schüssler-Fiorenza: An Evaluation.* Cumbria: Authentic Media, 2004.

エリザベス・ジョンソン

She Who Is: The Mystery of God in Feminist Theological Discourse. New York: Crossroad, 1992.

Friends of God and Prophets: A Feminist Theological Reading of Communion of Saints. New York: Continuum, 1998.

The Church Women Want: Catholic Woman in Dialogue. New York: Crossroad, 2002.

Truly Our Sister: A Theology of Mary in the Communion of Saints. New York: Continuum, 2006.

その他フェミニスト神学者たち

Russell, Letty M. *Human Liberation in a Feminist Perspective: A Theology.* Philadelphia: Westminster John Knox, 1974.『自由への旅――女性からみた人間の解放』秋田聖子・奥田暁子・横山杉子訳（新教出版社、一九八三年）。

Trible, Phyllis, and Letty M. Russell, eds. *Hagar, Sarah, and Their Children: Jewish, Christian, and Muslim Perspectives.*

Philadelphia: Westminster John Knox, 2006.『ハガル、サラ、その子どもたち——ユダヤ教、キリスト教、イスラム教の対話への道』絹川久子訳（日本キリスト教団出版局、二〇〇九年）

ポスト・キリスト教的フェミニスト神学

Christ, Carol P., and Judith Plaskow, eds. *Weaving the Visions: New Patterns in Feminist Spirituality.* San Francisco: Harper San Francisco, 1989. ウーマニスト神学の論文（“Womanist Theology: Black Women’s Voices”）を含む。

——— eds. *Womanspirit Rising: A Feminist Reader in Religion.* New York: HarperOne, 1992.『女性解放とキリスト教』奥田暁子・岩田澄江共訳（新教出版社、一九八二年）。リューサー、デイリー、トリブル、コリンズなどアメリカの女性神学者一二人の論考を収録。

Graham, Elaine. *Making the Difference: Gender, Personhood and Theology.* London: Mowbray, 1995.

Jantzen, Grace. *Power, Gender and Christian Mysticism.* Cambridge: Cambridge University Press, 1995.

Trible, Phyllis. *God and the Rhetoric of Sexuality.* Philadelphia: Fortress, 1978.『神と人間性の修辞学——フェミニズムと聖書解釈』河野信子訳（ヨルダン社、一九八九年）。

———. *Texts of Terror: Literary Feminist Readings of Biblical Narratives.* Philadelphia: Fortress, 1984.『旧約聖書の悲しみの女性たち』河野信子訳（日本基督教団出版局、一九九四年）

「〈インタビュー〉フィリス・トリブル）女性神学のいま」『福音と世界』（一九九〇年一〇月号）六—一七頁。

ウーマニスト神学

Grant, Jacquelyn. *White Women’s Christ and Black Women’s Jesus: Feminist Christology and Womanist Response.* Atlanta: Scholars Press, 1989.

Townes, Emilie, ed. *A Troubling in My Soul: Womanist Perspectives on Evil and Suffering.* Maryknoll: Orbis, 1994.

Walker, Alice. *In Search of Our Mother’s Garden: Womanist Prose.* New York: Harcourt Brace Jovanovich, 1983. アリス・ウォーカー『母の庭をさがして』荒このみ訳（東京書籍、一九九二年）、『続・母の庭をさがして』葉月陽子訳（東京書籍、一九九三年）。

Williams, Delores S. *Sisters in the Wilderness: The Challenge of Womanist God-Talk.* Maryknoll: Orbis, 1993.

デロレス・S・ウィリアムス「ハガル――アフリカ系アメリカ人による聖書の取り込み」『ハガルとサラ、その子どもたち』二五九―二八〇頁。

奥田暁子「ウーマニスト神学」『福音と世界』（一九九〇年一〇月号）三〇―三七頁。

ムヘリスタ神学

Aquino, María Pilar. *Our Cry for Life: Feminist Theology from Latin America.* Maryknoll: Orbis, 1993.

Isasi-Díaz, Ada María, and Yolanda Tarango. *Hispanic Women Prophetic Voice in the Church: Toward a Hispanic Women's Liberation Theology.* San Francisco: Harper & Row, 1989.

———. *Mujerista Theology: A Theology for the Twenty-First Century.* Maryknoll: Orbis, 1996.

Jeanette Rodriguez. *Our Lady of Guadalupe: Faith and Empowerment among Mexican-American Women.* Austin: University of Texas Press, 1994.

〈注〉

（1）“Southern Baptists Declare Wife Should ‘Submit’ to Her Husband,” *The New York Times*, June 10, 1996. 〈http://www.nytimes.com/1998/06/10/us/southern-baptists-declare-wife-should-submit-to-her-husband.html?pagewanted=2〉〔二〇一七年七月六日取得。〕

（2）本章においては六〇年代以降の女性神学について論じるのが目的で、一九世紀から始まる女性解放運動の前史についても、女性によるキリスト教の捉え直し（例えばエリザベス・キャディ・スタントンの著名な『女性の聖書』〔*Woman's Bible*, 1895〕）の試みについても直接には触れない。こうしたフェミニスト神学前史については次の論考を参照にせよ。Lisa S. Strange, “Elisabeth Cady Stanton's Woman's Bible and the Roots of Feminist Theology,” *Gender Issues*, 17.4(1999), 15-36.

（3）奥田暁子「私たちのフェミニスト神学に向けて」『福音と世界』（一九九〇年七月号）五七頁。

（4）James C. Livingston and Francis Schüssler Fiorenza, *Modern Christian Thought: The Twentieth Century*, 2 vols. 2nd edition (Minneapolis: Fortress, 2006), 2.417.

（5）Rebecca S. Chopp, "Feminist and Womanist Theology," in *The Modern Theologians*, 2 vols. 2nd edition, ed. David F. Ford (Oxford: Blackwell, 1997), 2:389.

（6）アメリカの黒人女性は、昔から社会的労働力として就業するのが一般的で、例えば一八八〇年の統計では、白人女性の一五パーセントが「職業婦人」であったのに比して、黒人女性は五〇パーセントが何らかの労働に従事していた。Patricia Hill Collins, *Black Feminist Thought: Knowledge, Consciousness, and the Politics of Empowerment* (Boston: Unwin Hyman, 1990), 45. しかし戦後の五〇年代、すでにアメリカ産業界は女性の労働力なしには経済を維持することができなくなっていた。ちなみに八〇年代にはすでにアメリカ人成人女性の八割近くが何かしらの社会的労働力となって就業しており、いまだ職種には制約が残るものの、現在は女性の多数が経済的自立などの理由から家庭外で就労している。Nancy Fraser, "What's Critical about Critical Theory?" in *Feminism as Critique: On the Politics of Gender*, eds. Seyla Benhabib and Drucilla Cornell (Minneapolis: University of Minnesota Press, 1987), 42-43, cited in Chopp, "Feminist and Womanist Theology."

（7）シモーヌ・ド・ボーヴォワール『決定版 第二の性』、『第二の性』を原文で読み直す会訳、一・二巻〈上・下〉（新潮社、二〇〇一年）。

（8）Livingston and Schüssler Fiorenza, *Modern Christian Thought*, 2:417.

（9）John A. Noonan, *Contraception: A History of Its Treatment by the Catholic Theologians and Canonists* (Cambridge: Belknap, 1965).

（10）『フマーネ・ヴィテ（人間の生命）――適切な産児の調整について』神林宏和訳（中央出版社、一九六九年）。

（11）土井健司「神学の世俗化とバイオエシックスの誕生」『現代思想』第三六／二巻（二〇〇八年）二二一―二二二頁を参照。

（12）Charles E. Curran, Robert E. Hunt, et al., *Dissent in and for the Church: Theologians and Humanae Vitae* (New York: Sheed and Ward, 1970), 24-27.

（13）Betty Friedan, *The Feminine Mystique* (New York: W.W. Norton and Company, 1963). ベティ・フリーダン『新しい女性の創造』三浦富美子訳（大和書房、一九六五年）。

（14）「フェミニスト地理学」は比較的新しい学問分野で、デリダ、フーコーなどのポストモダン理論や批判理論を女性学に導入することによって女性空間の分析を目指すものである。Gillian Rose, *Feminism and Geography: The Limits of Geographical Knowledge* (Minneapolis: University of Minnesota Press, 1993); Pamela Moss, *Feminisms in Geography: Rethinking Space, Place, and Knowledge* (New York: Rowman & Littlefield, 2007).『ジェンダーの地理学』神谷浩夫編監訳（古今書院、二〇〇二年）、ジリアン・ローズ『フェミニズムと地理学——地理学的知の限界』吉田容子訳（地人書房、二〇〇一年）等も参照せよ。

（15）"Mary Daly, Pioneering Feminist Who Tussled BC, Died at 81," *The Boston Globe*, January 5, 2010.

（16）Mary Daly, *The Church and the Second Sex* (Boston: Beacon, 1968). メアリ・デイリー『教会と第二の性』岩田澄江訳（未来社、一九八一年）。

（17）Mary Daly, *Beyond God the Father: Toward a Philosophy of Women's Liberation* (Boston: Beacon, 1973)

（18）この間の事情は Mary Daly, *Amazon Grace: Recalling the Courage to Sin Big* (New York: Palgrave Macmillan, 2006) に詳しい。

（19）"Mary Daly," *The Boston Grove*.

（20）Daly, *Beyond God the Father*, 19.

（21）Isabel Carter Heyward, *Redemption of God: A Theology of Mutual Relation* (Washington: University Press of America, 1982); *Touching Our Strength: The Erotic as Power and the Love of God* (San Francisco: Harper & Row, 1989). イザベル・カーター・ヘイワード（一九四五年— ）は聖公会所属のレズビアン・フェミニスト神学者で、一九七六年にアメリカで初の女性聖公会教職者になった一一人のうちのひとりである。長年マサチューセッツ州ケンブリッジにある聖公会神学校で教鞭を執って二〇〇六年に定年退職。代表作には前記二点の他 *Saving Jesus*

From Those Who Are Right: Rethinking What It Means to Be Christian (Minneapolis: Fortress, 1999) がある。ヘイワードの神論によれば、神とは「関係性の力」の別名で、その「形は正義」であり、正義と愛が行われるところに「神自身の愛」が顕現するという。そうした点で神の人格性を維持する正統的神論と明瞭な一線を画し、ティリッヒ的な「存在の根底」としての神概念に近い。

（22） Susan Brooks Thistlethwaite, "Every Two Minutes: Battered Women and Feminist Interpretation," in *Feminist Interpretation of the Bible,* ed. Letty M. Russell (Philadelphia: Westminster John Knox, 1985), 96-110.

（23） Chopp, "Feminist and Womanist Theologies."

（24） Letty M. Russell, "Human Liberation in a Feminist Perspective: A Theology," in *Contemporary American Theologies II: A Book of Readings,* ed. Deane William Ferm (New York: Seabury, 1982), 185.

（25） Letty M. Russell, *The Future of Partnership* (Philadelphia: Westminster John Knox, 1979), 61.

（26） Roger L. Omanson, "The Role of Women in the New Testament Church," *Review and Expositor* 83 (Winter 1986), 15-16.

（27） Ann Loades, *Searching for the Lost Coin: Explorations in Christianity and Feminism* (Allison Park: Pickwick, 1987), 91.

（28） 日系女性神学者のリタ・ナカシマ・ブロックが特に関心を示すのはこの聖霊論の領域である。彼女は『心の旅』（Rita Nakashima Brock, *Journeys by Heart: A Christology of Erotic Power* [New York: Crossroad, 1988]）の中で、女たちのキリスト教コミュニティを癒しの場として描き出し、ケイティ・キャノンは『黒人ウーマニスト倫理』（Katie Cannon, *Black Womanist Ethics,* Atlanta: Scholars Press, 1988）で、ホワード・サーマン、マーティン・ルーサー・キングに加えて、黒人女性らを登場させて豊かな感性でイメージした黒人女性の倫理を提起した。キャサリン・ケラーはギリシャ、ヘブライ、キリスト教の創造神話を現代状況に編み合わせた『壊れた網から』（Catherine Keller, *From a Broken Web: Separation, Sexism and Self* [Boston: Beacon, 1988]）を書いて、男女の新しい関係を問いかけた。サリー・マクフェイグは『神の身体』（Sallie McFague, *The Body of God: An Ecological Theology* [Minneapolis: Fortress, 1993]）で神の身体を「多様な特徴を持つ諸個人の集合」として象徴化し、神の「身体」に世界と人間をつないでエコロジーの神学を拓いた。

(29) Patricia Wilson-Kastner, *Faith, Feminism and the Christ* (Philadelphia: Fortress, 1983), 102. ノリッジのジュリアンは一四世紀のイングランドに生きた神秘主義者である。幻視経験をもとに執筆された『神の愛の啓示』(*Sixteen Revelations of Divine Love*)が有名（川中なほ子訳「ノリッジのジュリアンの『神の愛の啓示』」『中世思想原典集成――女性の神秘家』第一五巻、上智大学中世思想研究所編、平凡社、二〇〇二年、八三九―八九〇頁）。ジュリアンについてはイギリスのフェミニスト、グレース・ジャンツェンの研究を参照。Grace Jantzen, *Julian of Norwich: Mystic and Theologian* (London: SPCK, 1987). また宮澤邦子「神を語る女性たち」『福音と世界』（一九九〇年一二月号、六三―六七頁）にもジュリアンに関する短い紹介がある。

(30) 「女たちの教会」のコンセプトと実態については以下の著作を参照。Rosemary Radford Ruether, *Women-Church: Theology and Practice of Feminist Liturgical Communities* (San Francisco: Harper & Row, 1986).

(31) Elaine Storkey, *What's Right with Feminism?* (Grand Rapids: Eerdmans, 1985), 47.

(32) Miriam Therese Winter, "The Women-Church Movement," *Christian Century* (March 1, 1989), 227.

(33) Winter, "The Women-Church Movement."

(34) Rosemary Radford Ruether, *Sexism and God-Talk: Toward a Feminist Theology* (Boston: Beacon, 1983), 60. ローズマリー・ラドフォード・リューサー『性差別と神の語りかけ――フェミニスト神学の試み』小檜山ルイ訳（新教出版社、一九九六年）。

(35) Chopp, "Feminist and Womanist Theologies," 595.

(36) 西洋文化の特徴である二元主義（dualism）の克服は、初期フェミニスト神学の重要な課題であった。Susan Hill Lindley, "Feminist Theology in a Global Perspective," *Christian Century* (April 25, 1979). 〈http://www.religion-online.org/showarticle.asp?title=1230〉〔二〇一七年七月六日取得。〕

(37) Rosemary Radford Ruether, *New Woman, New Earth: Sexist Ideologies and Human Liberation* (New York: Seabury, 1975); *Gaia and God: An Ecofeminist Theology of Earth Healing* (New York: Harper Collins, 1992).

(38) Susan A. Ross, *Extravagant Affections: A Feminist Sacramental Theology* (New York: Continuum, 1998).

（39）Nakashima Brock, *Journeys by Heart*, 3.

（40）Nakashima Brock, *Journeys by Heart*; Adrienne Rich, *Of Woman Born* (New York: Norton & Company, 1976).

（41）アリストテレス哲学の生物階層論が中世キリスト教に導入されて女性蔑視の基礎となった点はリューサーによっても指摘されている（リューサー『性差別と神の語りかけ』一七五頁）。

（42）Elisabeth Clark and Herbert Richardson, eds., *Women and Religion: A Feminist Sourcebook of Christian Thought* (San Francisco: Harper & Row, 1975).

（43）マクフェイグの生態論については、土井かおる「マクフェイグにおけるケアの倫理――環境問題へのキリスト教の可能性と課題」『神学研究』五〇（二〇〇三年）を参照のこと。

（44）Sallie McFague, *The Body of God: An Ecological Theology* (Philadelphia: Fortress, 1993), 112.

（45）Rosemary Radford Ruether, "What is Shaping My Theology: Social Sin," *Commonweal* 108 (January 30, 1981), 46; "The Development of My Theology," *Religious Studies Review* 15.1 (January 1989), 2.

（46）Ruether, "The Development of My Theology."

（47）Ruether, "The Development of My Theology."

（48）Ruether, "The Development of My Theology."「この会議の意味を完全に理解したわけではなかったが、そのさまざまなメッセージは私の意識に深く焼きついた」。リューサーに限らず、デイリーも第二バチカン会議から影響を受けた（Daly, *The Church and the Second Sex*, 10）。

（49）Ruether, "The Development of My Theology," 3.

（50）Rosemary Radford Ruether, *To Change the World: Christology & Cultural Criticism* (Eugene: Wipf & Stock, 2001).

（51）Ruether, *Women-Church*, 72.

（52）Mary Hembrow Snyder, "Rosemary Radford Ruether," in *A New Handbook of Christian Theologians,* eds. Donald W. Musser and Joseph L. Price (Nashville: Abingdon Press, 1996), 400.

（53）Rosemary Radford Ruether, "Future of Feminist Theology in the Academy," *Journal of the American Academy of Religion,* 53.4 (1985), 703-713.

（54）Ruether, *Gaia and God.*

（55）Rosemary Radford Ruether, ed., *Religion and Sexism: Images of Women in the Jewish and Christian Traditions* (New York: Simon and Schuster, 1974).

（56）Rosemary Radford Ruether, *Integrating Ecofeminism, Globalization, and World Religions* (Lanham: Rowman & Littlefield, 2004).

（57）Rosemary Radford Ruether, *America, Amerikkka: Elect Nation and Imperial Violence* (London: Equinox, 2007).

（58）Rosemary Radford Ruether, *Introducing Redemption in Christian Feminism* (Sheffield: Sheffield Academic, 1998).

（59）Rosemary Radford Ruether, *Women and Redemption: A Theological History* (Philadelphia: Fortress, 1998).

（60）Rosemary Radford Ruether, *Catholic Does Not Equal the Vatican: A Vision for Progressive Catholicism* (New York: New Press, 2008).

（61）Livingston and Schüssler Fiorenza, *Modern Christian Thought*, 424.

（62）Elisabeth Schüssler Fiorenza, *Der vergessene Partner: Grundlagen,Tatsachen und Möglichkeiten der beruflichen Mitarbeiter der Frau in der Heilssorge der Kirche* (Düsseldorf: Patmos-Verl., 1964). なお、この論文にはデイリーの『教会と第二の性』の深い影響があると指摘されている（Livingston and Schüssler Fiorenza, *Modern Christian Thought*, 424）。

（63）Elisabeth Schüssler Fiorenza, “Changing the Paradigms,” *Christian Century* (September 5-12, 1990), 797.

（64）Elisabeth Schüssler Fiorenza, *In Memory of Her: A Feminist Theological Reconstruction of Christian Origins* (New York: Crossroad, 1983). エリザベス・シュスラー・フィオレンツァ『彼女を記念して――フェミニスト神学によるキリスト教起源の再構築』山口里子訳（日本基督教団出版局、一九九〇年）。

（65）Schüssler Fiorenza, *In Memory of Her*, xiii. 飯野かおり「フェミニスト神学運動への貢献――フォイレンツァ『彼女を記念して』をよむ」『福音と世界』（一九九〇年一〇月号）。

（66）Schüssler Fiorenza, *In Memory of Her,* xiii.

（67）Schüssler Fiorenza, *In Memory of Her*, xiv.

（68）Schüssler Fiorenza, *In Memory of Her*, 41.

（69）Schüssler Fiorenza, *In Memory of Her,* 31.

（70）Schüssler Fiorenza, *In Memory of Her,* 92.

（71）Livingston and Schüssler Fiorenza, *Modern Christian Thought,* 423. シュスラー・フィオレンツァがリベラル・フェミニストとして出発した点はデイリーと同じである。

（72）Elisabeth Schüssler Fiorenza, *Discipleship of Equals: A Critical Feminist Ekklesia-Logy of Liberation* (New York: Crossroad, 1993), 284.

（73）Elisabeth Schüssler Fiorenza, *Jesus: Miriam's Child, Sophia's Prophet: Critical Issues in Feminist Christology* (New York: Continuum, 1994).

（74）Elisabeth Schüssler Fiorenza, *Jesus and Politics of Interpretation* (New York: Continuum, 2001), 95. これを敷衍すれば、帝王制が人種的、文化的、社会的理由で排除される下位集団の男性を包摂するという点で帝王制と家父長制は同義ではなくなる。この事情は、キリスト教倫理学者の金子啓一が「婚外子」の視点から家父長制の出自差別を論じる中で天皇制を批判することに通じるといってよい（「東アジアの『家父長制』と聖書の使音」『鼓動する東アジアのキリスト教』新教出版社、二〇〇一年、一〇四頁）。金子が批判する対象は「父」というより、婚外子を差別・排除する基盤としての天皇制、すなわちシュスラー・フィオレンツァの用語で言えば帝王制の男性的支配システムである。しかしデイリーの家父長制批判の論法からすれば、悪いのは婚外子を誕生させた実父そのものである。本質論に依拠して男性そのものを敵視するデイリーと一線を画するシュスラー・フィオレンツァは、社会、文化、政治のマクロ的構造を問題にする点で金子と近似的である。ついでながら触れると、シュスラー・フィオレンツァはデイリーの「ジェンダー本質主義」（gender-essentialism）に反対するとともに、デイリーの追随者らの「反知性主義」にも批判的である。Elisabeth Schüssler Fiorenza, "Changing the Paradigms," 798.

（75）「帝王制」の概念については次を参照のこと。Elisabeth Schüssler Fiorenza, *But She Said: Feminist Practices of Biblical Interpretation* (Boston: Beacon, 1993), 8, 117.

（76）Schüssler Fiorenza, *But She Said; Discipleship of Equals.*

（77）Elisabeth Schüssler Fiorenza, *Democratizing Biblical Studies: Toward an Emancipatory Educational Space* (Philadelphia: Westminster John Knox, 2009).

（78）Schüssler Fiorenza, "Changing the Paradigms," 798.

（79）Schüssler Fiorenza, *Discipleship of Equals*, 340.

（80）Schüssler Fiorenza, "Changing the Paradigms," 798.

（81）Schüssler Fiorenza, *Discipleship of Equals*, chapters. 2, 6, 10.

（82）Schüssler Fiorenza, *Jesus: Miriam's Child, Sophia's Prophet.*

（83）Beverly Wildung Harrison, *Making the Connections: Essays in Feminist Social Ethics* (Boston: Beacon, 1985), 18-19.

（84）Beverly Wildung Harrison, *Our Right to Choose: Toward a New Ethic of Abortion* (Boston: Beacon, 1983), 99.

（85）Harrison, *Making the Connections*, 229.

（86）Harrison, *Making the Connections*, 263.

（87）Beverly Wildung Harrison, *Justice in the Making: Feminist Social Ethics* (Philadelphia: Westminster John Knox, 2004).

（88）トリブル、シュスラー・フィオレンツァの大要については次を参照のこと。Ann Loades, ed., *Feminist Theology: A Reader* (Philadelphia: Westminster John Knox, 1990).

（89）トリブルについては邦訳がいくつかある。また聖書のフェミニスト的解釈の実際については次を参照。「〈インタビュー〉フィリス・トリブル――女性神学のいま」『福音と世界』（一九九〇年一〇月号）六―一七頁。フェミニストの聖書解釈については Anthony C. Thiselton, *New Horizons in Hermeneutics: The Theory and Practice of Transforming Biblical Reading* (London: Harper Collins, 1992) を参照。

（90）Phyllis Trible, *Texts of Terror: Literary-Feminist Readings of Biblical Narratives* (Philadelphia: Fortress, 1984). フィリス・トリブル『旧約聖書の悲しみの女性たち』河野信子訳（日本基督教団出版局、一九九四年）。

（91）トリブルに刺激をうけたタマル物語解釈として、F. van Dijk-Hemmes, "Tamar and the Limits of Patriarchy: Between Rape and Seduction," in *Anti-Covenant: Counter-Reading Women's Lives*, ed. Mieke Bal (Sheffield: Almond,

1989), 135-156 を参照。またトリブルの後に発表された「恐怖のテクスト」系列の主要な研究成果として J. Cheryl Exum, *Fragmented Women: Feminist (Sub)Versions of Biblical Narratives* (Sheffield: Sheffield Academic, 1993) がある。

（92）Ursula King, ed., *Feminist Theology from the Third World: A Reader* (Maryknoll: Orbis, 1994).

（93）チョンはニューヨークのユニオン神学校教授である。韓国の梨花女子大学大学院を卒業後、クレアモント神学校で修士号を、ユニオン神学校で博士号を取得。第三世界の女性神学、エコフェミニズムを研究し、キリスト教と仏教、儒教などの宗教間対話にも関わっている。

（94）Chung Hyun Kyung, *Struggle to Be the Sun Again: Introducing Asian Women's Theology* (Maryknoll: Orbis, 1990). チョン・ヒョンギョン『再び太陽となるために――アジアの女性たちの神学』山下慶親・三鼓秋子訳（日本キリスト教団出版局、二〇〇七年）。この開会礼拝は韓国伝統の巫女に扮したチョンが、「恨」を抱いた幾多の霊（朝鮮の従軍慰安婦、広島・長崎の被爆者、南京虐殺の被害者、強制収容所のユダヤ人など）を招き、その恨を晴らす儀礼を含んだことから、これはもはやキリスト教ではないとの反発を参加者の一部に巻き起こした。チョンは現在も、韓国、中国、日本、ベトナム、シンガポールなどの東アジアや東南アジアに流布する観音信仰に顕著な慈悲に、母性的神性の重要な要因を認めて、それをキリスト教フェミニズムにつなげようと努めている。

（95）過去二〇年ほどの間にめざましい活躍をしているのはアジア系女性神学者で、彼女たちは数多くのアジア的な女性神話や象徴、歴史などをキリスト教神学上に用いることで特異な貢献を果たしてきた。

（96）Ivone Gebara and Maria Clara Bingemer, *Mary, Mother of God, Mother of the Poor* (Maryknoll: Orbis, 1989).

（97）Ana María Tepedino and Margarida L. Ribeiro Brandao, "Women and the Theology of Liberation," in *Mysterium Salutis: Fundamental Concept of Liberation Theology*, ed. Ignacio Ellacuría and Jon Sabrino (Maryknoll: Orbis, 1993), 222-231; María Pilar Aquino, ed., *Our Cry for Life: Feminist Theology from Latin America* (Maryknoll: Orbis, 1993).

（98）歴史神学の領域において着目されたのが、主流のキリスト教よりも傍系とされてきたキリスト教セクトの中に女性解放ないし平等の要因が多くあることである。例えばクエーカーは女性説教者が活躍してきた長い伝統があり、クエーカーが女性解放に対して進歩的姿勢を保ってきたことが特筆すべきものとして論じられている。

（99）ここで示すのは筆者の分類であるが、フェミニストたちも、それぞれ三ないし四の範疇を設けて類型化を試みている。ちなみにレベッカ・チョップは四つの類型（平等主義的リベラル派、表現主義的ロマン派、セクト的分離主義、およびラディカル変革主義）を示している。〔Rebecca Chopp, "Feminist and Womanist Theology," 2:389-425.〕

（100）Elizabeth A. Johnson, *She Who Is: The Mystery of God in Feminist Theological Discourse* (New York: Crossroad, 1992). エリザベス・ジョンソン（一九四一年―）はニューヨークにあるイエズス会系のフォーダム大学神学部教授で、「ソフィア」概念を基礎にしてマリア論や宗教対話にも熱心である。*She Who Is* はジョンソンの代表作で、カトリックの神学伝統と女性経験の結合を企てた一冊。パウロ神学におけるプラトン主義など、古典的神論の二元主義をフェミニスト的視点から批判している。本書は版を重ねて二〇〇二年に一〇周年記念本が出版された。章末に挙げたジョンソンの他の著作も参照のこと。

（101）Linda L. Belleville, *Women Leaders and the Church: Three Crucial Questions* (Grand Rapids: Baker Academics, 2000).

（102）Daly, *The Church and the Second Sex.*

（103）Daly, *The Church and the Second Sex*, 118.

（104）Daly, *The Church and the Second Sex.* リベラル・フェミニズムの反省は一九八五年度版の五三、二二三頁などを見よ。

（105）Daly, *The Church and the Second Sex* の一九七五年改訂版の "With the Feminist Postchristian Introduction" ならびに一九八五年の "New Archaic Afterwords by the Author" および Daly, *Beyond God the Father* を参照。

（106）Sheila Collins, "A Different Heaven and Earth," in *Contemporary American Theologies II*, 197.

（107）なお最近は社会主義フェミニストの潮流もあり、彼女たちはマルクス主義の「疎外」論をマトリックスに社会的な次元に焦点を当てる。分類からすれば、この潮流はデイリーとポストモダン的脱構築の中間と位置づけられるだろうか。

（108）リベラル・フェミニズムに対する批判のひとつは、それがヨーロッパ近代主義の個人的主観性、普遍抽象的な人間論の枠を出ないということであって、むしろ焦点は歴史共同体の今に当てられるべき、ということである。共同体の積極的評価はポストモダンの特徴である。

（109）こうしたポスト構造主義的理解を含めた自身の立場をシュスラー・フィオレンツァは「批判的フェミニスト解放神学」と総称した（Elisabeth Schüssler Fiorenza, *Bread Not Stone: The Challenge of Feminist Biblical Interpretation,* [Boston: Beacon, 1995], 39）。

（110）Mary McClintock Fulkerson, *Changing the Subject: Women's Discourses and Feminist Theology* (Minneapolis: Fortress, 1994; repr., Eugene: Wipf and Stock, 2001). フェミニスト神学とポストモダンについては次を参照のこと。"Contesting the Gendered Subject: A Feminist Account of the Imago Dei," in *Horizons in Feminist Theology: Identity, Tradition, and Norms,* eds. Rebecca S. Chopp and Sheila Greeve Davaney (Minneapolis: Fortress, 1997), 99-115.

（111）Anna Case-Winters' Shorter Review. *Interpretation* 52 (January 1998) No.1, 104.

（112）初期フェミニスト神学における第二バチカン公会議の意義は次を参照。Ann Loades, "Feminist Theology," in *The Modern Theologians,* 2 vols, 1st edition, ed. David F. Ford (Oxford: Basil Blackwell, 1989), 2:238-240.

（113）同性愛者の権利が叫ばれ、もはや異性愛だけが選択ではないとの主張が起こって、レズビアン、バイセクシュアル、トランスセクシュアルの女性が「カムアウト」して性の風景を一変させたのは六〇年代後半である。彼女たちは、それまで当然とされた異性愛主義を問い直し、異性愛と同性愛のいずれを取るかの選択は、社会共同体ではなく個人に委ねられると主張した。紆余曲折はあったものの、六〇年代以降同性愛的関係を法的に容認する州も出て、建国以来のプロテスタントの家族イデオロギー、夫婦の役割分担と子どもの指導、養育義務などの伝統的家庭観は確実に変化した。

（114）Lucy Tatman, *Knowledge That Matters: A Feminist Theological Paradigm and Epistemology* (London: Sheffield Academic, 2001). 特にカーター・ヘイワードのレズビアニズムによるフェミニスト神学の批判を参照のこと。

（115）Jacquelyn Grant, *White Women's Christ and Black Women's Jesus: Feminist Christology and Womanist Response* (Atlanta: Scholars Press, 1989).

（116）最初の「フェミニスト神学宣言」をしたと言われるヴァレリー・ゴールドシュタインがそうである。彼女が開拓した地平は大きいが、「女性」を普遍的範疇で抽象的に論じた上、女性の「罪」を自己主張のなさに見出してそれを批判するなど、女性の側に欠点があると論じる点で制約を抱えていた。Valerie Saiving Goldstein, “Human Situation: A Feminist View,” *Journal of Religion* 40 (1960), 100-112.

（117）Alice Walker, *In Search of Our Mother's Garden: Womanist Prose* (New York: Harcourt Brace Jovanovich, 1983). アリス・ウォーカー『母の庭をさがして』荒このみ訳（東京書籍、一九九二年）、『続・母の庭をさがして』葉月陽子訳（東京書籍、一九九三年）。

（118）Alice Walker, *The Color Purple* (New York: Harcourt Brace Jovanovich, 1982). アリス・ウォーカー『カラーパープル』柳沢由実子訳（集英社文庫、一九八六年）

（119）Walker, *In Search of Our Mother's Garden*, xi

（120）Walker, *In Search of Our Mother's Gardens*, xi

（121）ウーマニスト神学はフェミニスト神学に比べてほとんど日本に紹介されていないが、奥田の評論はその数少ないひとつである。奥田暁子「ウーマニスト神学」『福音と世界』（一九九〇年一〇月号）三〇―三七頁。奥田はウーマニスト神学を日本で担えるとすれば、それはマイノリティとしての被差別経験を持つ在日朝鮮・韓国人によってであると指摘する。「ウーマニスト」概念以前の黒人女性の神学がなかったかと言えばそうではない。人種と性、階級の関連を問う以下の記事、論文を参照せよ。Frances Beale, “Double Jeopardy: To Be Black and Female”; Jacquelyn Grant, “Black Theology and the Black Woman”; Theresa Hoover, “Black Women and the Churches: Triple Jeopardy,” in *Black Theology: A Documentary History Volume I, 1966-1979*, ed. Gayraud S. Wilmore and James Cone Gayraud (Maryknoll: Orbis, 1993).

（122）従来のフェミニスト神学に黒人女性の経験として「ウーマニスト」概念を初めて導入したのはケイティ・キャノンである。Katie G. Cannon, “The Emergence of Black Feminist Consciousness,” in *Feminist Interpretation of the Bible*, ed. Letty M. Russell (Philadelphia: Westminster John Knox, 1985), 30-40.

（123）Linda E. Thomas, “Womanist Theology, Epistemology, and a New Anthropological Paradigm,” *Journal of Constructive*

Theology 2.2 (December 1996):19-31.

(124) ジャクリーン・グラントはアトランタの黒人神学校インターデノミネーショナル・セオロジカル・センター（Interdenominational Theological Center, ＩＴＣ）の教授で、前出『白人女性のキリストと黒人女性のイエス』（一九八九年）など題名からして挑発的な著作がある。テンプル大学で女性学を講じるケイティ・キャノンには『黒人ウーマニスト倫理』（一九八八年）などの代表作がある。エミリー・タウンズはヴァンダービルド神学校の教授である。代表作は『ウーマニスト倫理と悪の文化的産物』（Emilie M. Townes, *Womanist Ethics and the Cultural Production of Evil* [New York: Palgrave Macmillan, 2006]）。また、バークレーの神学校連合（Graduate Theological Union, ＧＴＵ）のシェリル・カーク＝ダガンなどの若手研究者もいる。Cheryl Kirk-Duggan. *Mary Had a Baby: An Advent Study Based on African American Spirituals* (Nashville: Abingdon, 2003)〔カーク＝ダガンは現在、南部の黒人大学のひとつであるショー大学（Shaw University）で教鞭を執っている。〕

(125) Delores S. Williams, *Sisters in the Wilderness: The Challenge of Womanist God-Talk* (Maryknoll: Orbis, 1993). またデローレス・Ｓ・ウィリアムス「ハガル――アフリカ系アメリカ人による聖書の取り込み」『ハガルとサラ、その子どもたち――ユダヤ教、キリスト教、イスラム教の対話への道』フィリス・トリブル、レティ・Ｍ・ラッセル編著、絹川久子訳（日本キリスト教団出版局、二〇〇九年）二五九―二八〇頁を参照のこと。

(126) Williams, *Sisters in the Wilderness*, 162.

(127) Kelly Brown Douglas, *Sexuality and the Black Church: A Womanist Perspective* (Maryknoll: Orbis, 1999); *The Black Christ* (Maryknoll: Orbis, 1993), 114を参照。ダグラスはホワード大学神学部准教授。聖公会に所属する神学者である。前者*Sexuality and the Black Church*は黒人教会でタブー視される「同性愛恐怖症」に切り込んで注目された著作、後者*The Black Christ*は奴隷制時代からの黒人教会のメシア観を分析した内容である。

(128) JoAnne Marie Terrell, *Power in the Blood?: The Cross in the African American Experience* (Maryknoll: Orbis, 1998).

(129) Luis G. Pedraja, *Theologia: An Introduction to Hispanic Theology* (Nashville: Abingdon, 2004).

(130) Figueroa Deck, *The Second Wave: Hispanic Ministry and the Evangelization of Cultures* (Mahwah: Paulist, 1989).

(131) Ada María Isasi-Díaz, *Mujerista Theology: A Theology for the Twenty-First Century* (Maryknoll: Orbis, 1996).

(132) Ada María Isasi-Díaz and Yolanda Tarango, *Hispanic Women Prophetic Voice in the Church: Toward a Hispanic Women's Liberation Theology* (San Francisco: Harper & Row, 1989).

(133) Ada María Isasi-Díaz, *En la Lucha/In the Struggle: Elaborating a Mujerista Theology* (Minneapolis: Fortress, 1993).

(134) Jeanette Rodriguez, *Our Lady of Guadalupe: Faith and Empowerment among Mexican-American Women* (Austin: University of Texas Press, 1994).

(135) María Pilar Aquino, *Our Cry for Life: Feminist Theology from Latin America* (Maryknoll: Orbis, 1993).

(136) Ada María Isasi-Díaz, "Toward an Understanding of *Feminism Hispano* in the U.S.A.," in *Women's Conscience: A Reader in Feminist Ethics*, ed. Barbara Hilkert Anderson, Christine E. Gudorf, and Mary A. Pellauer (Minneapolis: Winston, 1985), 59.

(137) McClintock Fulkerson, *Changing the Subject*.

(138) アジア系女性神学者の動向と言説については、「アメリカのアジア神学」の章で触れているので、そちらを参照のこと。アジア系女性の間ではポストコロニアル女性神学の試みもなされ始めた。香港系中国人女性のチンなどの論文を参照せよ。Wong Wai Ching, "Negotiating for a Postcolonial Identity: Theology of 'The Poor Woman' in Asia," *Journal of Feminist Studies of Religion* 16.2 (Fall 2000), 5-23.

（未発表論考）

第2章　アメリカのアジア神学とアジア系アメリカ神学

オリエンタリズムからポストコロニアルへ

1　はじめに――北米アジア神学の二つの流れ

現代神学は世界のグローバル化を反映して、いっそう多元化の度合いを深め、それと歩調を合わせて、これまではほとんど関心の蚊帳の外だった非欧米圏のキリスト教に関心が広がりつつある。エディンバラ大学で宣教学を教えるウォールズはこう解説する。

今日のキリスト教の特徴は、歴史上に前例を見ないほど、教会がさまざまな言語、民族、集団で構成されるようになったことにある。そうした現実の中で教会の神学は多彩な出発点と経験を含むようになっている。つまり、キリスト教の神学は今、キリスト教人口の多数を占めるアフリカ、アジア、ラテンアメリカ、太平洋諸島といったそれぞれの場において営まれる必要が生じたのである。(1)

ここに指摘されているのは世界のキリスト教の趨勢だが、それとまったく同じことが複合民族国家アメリカにもあてはまる。言い換えれば、数多くのエスニック集団を抱えたアメリカでもキリスト教は、プロテスタント、カトリックの別なくそれぞれの集団の背丈に合わせた神学を模索する時代になったのである。

　アメリカ合衆国で営まれるアジア神学は大きく二つの範疇に分けることができる。ひとつは、カナダを含む北米大陸に滞在して研究と著作活動に専念するアジア出身者の「アジア神学」（Asian Theology）の営みである。[2]もうひとつは、八〇年代に産声をあげて現在も成長過程にある、アジア系移民社会から発信される比較的若い世代の「アジア系アメリカ神学」（Asian American Theology）である。[3]

　まず前者のアジア神学のパイオニア世代を概観してみると、宋泉盛《ソンチュアンシェン》、小山晃佑、ジュン・ユン・リーなどよく知られた名が浮かんでくる。こうした人々は第二次大戦後にアメリカに留学し、さまざまなキャリアを経た後に東部や西海岸のリベラルな神学校や大学神学部で研究と講義に従事した経歴の持ち主である。ここでことさら「リベラル」な神学機関で研究と講義を、と言うのには理由がある。それは保守的な神学校は、たとえアジアから大勢の留学生を招き入れてきた実績があっても、また自教派の教理学や宣教学には熱心でも、アジア神学という範疇にはずっと否定的だったからである。[4]アジア的な神学なるものをあえて意図する必要はなく、伝道に役立つのであれば西欧の神学だろうと何だろうとかまわない。そんな考え方から、北アメリカのアジア系社会にある福音派の教会ですら、アジアの文化や経験を取り上げて神学を論じることなど埒外だった。[5]

　アメリカに東洋の宗教や文化に対する強い関心が起きてアジア系の神学者の言説が注目され始めたのは七〇年代初頭のことである。もちろん、それ以前にもアジアの神学やその教会動向に対する関心が皆無だったというわけではない。北森嘉蔵の『神の痛みの神学』がカール・マイケルソンの本を通して紹介され、[6]インドの著名な神学者M・M・トーマスのエキュメニカルな活躍がなにかと注目されたこともあった。しかしそうした関心はアメリカ神学界の全体からすれば、ごく一部の学者と宣教師に限られていた。ところが六〇年代末から七〇年代初め、福音の「文脈化」（contextualization）が世界教会協議会（WCC）で論議を呼び、キリスト教の非キリスト教圏への定着を主眼にした従来の「土着化」(indigenization)論の枠を超えて文脈化が叫ばれ、第三世界のキリスト教言説から学ぼうという雰囲気になった。(7)「土着民」とか「土民」という言葉からも嗅ぎとれるように、「土着化」の概念にはアジアやアフリカの人々を見下すニュアンスがどうしても付きまとう。(8)その反省もあって、福音の「文脈化」という概念が新しく提唱されることになったのである。

こうして七〇年代から在米アジア人神学者の活躍が始まった。その代表格が本稿で取り上げる小山晃佑であり、宋泉盛であった。二人は奇しくも一九二九年の同年に生まれ、第二次大戦後の五〇年代から六〇年代初頭にかけてアメリカで神学教育を受けた戦後の留学世代である。

もちろん、小山と宋以外にもアメリカで活躍するアジア系神学者は多い。(9)とりわけアジア神学の第二世代の活躍はめざましく、アフガニスタンやインド、パキスタンといった西アジア出身の学者もいれば、東南アジアのラオス、カンボジア、ベトナム出身の神学者もいる。ドルー大学神学部でエキュメニカル神学を講じるインド人神学者ウェスレー・アリアラジャはスイス・ジュネーヴでWCCの宗教間対話部門を担当した後、アメリカに渡ってヒンドゥー教とキリスト教のエキュメニカル神学を講じた。アトランタのエモリー大学には同じインド出身で宗教哲学や宣教学を講じるトマス・サンガラがいた。ナムスン・カンはテキサスのブライト神学校でポストコロニアル神学とフェミニズムを教える若手の韓国生まれの神学者だ。二〇〇七年にアジアの宗教をカトリック神学に導入したとの嫌疑でアメリカ司教会議とローマの教理省から審問されたピーター・ファンは、ジョージタウン大学で教鞭をとるベトナム人である。(10)

また第二世代の中で、過去二〇年ほどの間にめざましい活躍をしてきたのがアジア系女性神学者である。彼女たちはアジアの女性神話や象徴、歴史を神学上に加えることで特異な貢献を果たしてきた。とりわけ著名なのは現在ニューヨークのユニオン神学校で教鞭をとる韓国出身のチョン・ヒョンギョンである。(11)彼女は一九九一年、オーストラリアのキャンベラで開催されたWCC総会で、韓国の「恨《ハン》」を用いて開会礼拝を主宰したことで一躍脚光を浴びた。この開会礼拝は韓国の巫女に扮したチョンが、恨を抱いた多くの霊（朝鮮の従軍慰安婦、広島・長崎の被爆者、南京虐殺の被害者、強制収容所のユダヤ人など）を幽冥界から招き、その恨を晴らす儀礼を含んだことから、これはもはやキリスト教ではないとの反発を参加者の一部に巻き起こした。いずれにしてもチョンは韓国、中国、日本、ベトナム、シンガポールなど、東アジアや東南アジアに流布する観音信仰の「慈悲」に母性的神性の重要な要因を認め、それをキリスト教フェミニズムにつなげようと今日も努めている。

こうした神学者をひとりひとり概観するのは容易ではないし、そもそも筆者の手にあまる。そこで本章では前半で東アジア出身の神学者から小山と宋の二人を選び、その延長上に韓国の民衆神学を加えて限定的に論じることにする。そして後半でアメリカのアジア系コミュニティの中から誕生したアジア系アメリカ神学を取り上げて、その言説の今を紹介する。そもそも合衆国のアジア人コミュニティは実に多彩で、パレスチナやイスラエル、パキスタン、インド、インドネシア、ベトナムからの移民もアジア系だし、トンガ、サモアなどの太平洋諸島からの移住者もいれば、日本、韓国、中国系もいて、それらのエスニック神学を網羅するのは不可能に近い。そこで後半でも前半と同じく東アジア系、特に日系社会に誕生したキリスト教神学に注目してその動向を述べることにしたい。

２　アメリカのアジア神学――小山晃佑、宋泉盛、民衆神学

小山晃佑による東洋の文化神学

ニューヨークのマンハッタンを南北に走る地下鉄線ＩＲＴを一一六丁目で降りると、コロンビア大学の正門前に出る。そこから北に向かってブロードウェイ通りをバーナード大学沿いにしばらく歩むと、左手に堂々とした塔を備えたゴシック様式の建物が姿を現す。ユニオン神学校である。一八三六年に長老派教会によって設立され

たユニオンの歴史は、アメリカの自由主義キリスト教の歴史そのものである。そこで教鞭を執った学者は、思いつくままに名を挙げるだけでも、近代聖書批評学の導入者チャールズ・ブリッグス、教会史家のアーサー・マギファート、聖書文献学のジェームズ・モファット、高名なリヴァーサイド教会牧師のハリー・エマーソン・フォスディック、キリスト教社会倫理学のラインホールド・ニーバー、組織神学者のパウル・ティリッヒやジョン・マッコーリーと数限りない。[12]

隣接のコロンビア大学に神学部がないことから、コロンビアを卒業して入ってくる学生が多いが、自由闊達な学風を慕って世界中から大勢の留学生を惹き付けてきた。戦前、ボンヘッファーやブルンナーといったヨーロッパ組も留学先として迷わずここを選んだ。日本からも戦前では井深梶之助、大塚節治、魚木忠一、有賀鐵太郎、変わり種では日本生産性本部会長で経済同友会代表幹事を務めた郷司浩平、戦後NHKのラジオ英会話の人気講師になった松本亨などが学んだ。戦後も阿部志郎、野呂芳男、大木英夫、木田献一、清重尚弘と多くの俊才がその門を叩いた。まさにユニオンはアメリカの名門校だったのである。

小山がそんなユニオンに着任したのは一九八〇年である。それまでにも小山はエキュメニカルな国際会議では名の知られた人物だったとはいえ、アメリカではほぼ無名で、『水牛神学』の著者としてわずかに認知されるだけだった。[13] しかしこの独自な存在感あるユニオンに赴任したことは、小山の前途に大きく門を開くことになった。すでにリベラリル衰退の兆し大だったとはいえ、当時のユニオンはまだまだ元気で、[14] 黒人神学の第一人者ジェームズ・コーン、フェミニストでドイツ人神学者のドロテー・ゼレ、新進気鋭のコーネル・ウェストらがさかんに気を吐いていた。小山はそんな強烈な個性を持った教師に取り囲まれて、ロックフェラー財団が寄付したエキュメニカル神学講座の正教授として第一歩を踏み出した。その後の小山の活躍は目を見張るばかりで、次々と読者を魅了する神学書を刊行することになる。

小山は、東京神学専門学校（現在の東京神学大学）で神学の手ほどきを受けた後、奨学金を得てアメリカに渡り、ドルー大学、プリンストン神学校に学んで博士号を取得、新妻ロイスを伴って日本基督教団の海外派遣宣教師としてタイのチェンマイ神学校、シンガポールの東南アジア神学大学院などで経歴を重ねた。日本の派遣宣教師という身分から、経済的にずいぶんと苦しんだようで、欧米の宣教師は「ファースト・クラス」、自分は「セカンド・クラス」だったとこぼしている。(15) こんな話がある。小山は欧米人宣教師の家庭と自分たちとを比較しないように妻と取り決めたものの、仕事上ほとんど毎日のように彼らと顔をつきあわせるのだから、それをするなというほうが無理なのだ。あるとき小山はほとんど文無し状態になって食費にも窮し、恥を忍んでアメリカ人宣教師の事務所に行って助けを求めた。事務所のスタッフも哀れに思ったのだろう、そこで緊急に当日の礼拝説教をあてがわれて、いくばくかの謝礼を得た。やれやれこれで米が買えると安堵したものの、三等列車の乗客が一等室を覗いた時のようなみじめさを抱いて事務所を出た。するとそこで、アメリカの同じ神学校で学んだ同級生にばったり出くわした。事情を聞くと、宣教師として数週間前に着いたばかりだという。ところが肩越しに見ると、着任したばかりの新米なのに、彼が運転するフォルクスワーゲンの車は買い物袋でいっぱい。「私たち一家の神経を一番いらだたせたのは同輩のもっとも尊敬すべき西洋人宣教師たちでした！」小山は同じ宣教師ながら、日本人と欧米人の格差の大きさに苦い思いを味わった。(16) 小山は宣教師として日本を出立する前、恩師の神学者、桑田秀延から「君は流れ矢となってどこまでも飛んでいくのだ」と激励され、その気概をもってタイに赴任したのだが、(17)「流れ矢」の悲哀をつくづく味わったのである。

しかし「流れ矢」の経験はむだではなかった。欧米の宣教師がフォルクスワーゲンやフォードを駆って買い出しに忙しいとき、小山は中古の日本製オートバイに乗って村々を巡回し、現地の人々と同じ貧しさに立って福音の意味を考えようとした。トマス・アクィナスの『神学大全』やバルトの『教会教義学』から神学をするのではなく、タイ農民の日常感覚と結んで聖書を読んだ。後に開花する小山の神学の素地はこのときに醸成した。彼は聖書の身近な解釈や随想といったスタイルを駆使し、暗喩、連想をふんだんに散りばめるという独自な文体を編み出し、やがてアジアの文化神学の先駆者になっていくのである。

郊外にある教会への道すがら、私はきまって水田にいる水牛の群れを見た。この風景はいつも私を考えさせる。なぜならそれは、私がこれからキリストの福音を伝えようとする人々が、日々水田の中でこれら水牛と一緒にいる人たちだということを思い起こさせるからである。水牛は、私が農民たちにもっとも簡潔明快な言葉と思考をもって語らねばならないことを告げる。水牛は、わたしにあらゆる抽象的思考を捨てて、直接に理解できる事物だけを用いて語るよう求めている。「米」「バナナ」「胡椒」「自転車」「梅雨」「雨漏りする家」「魚釣り」「闘鶏」「宝くじ」「腹痛」――農民にとって、これらこそ意味ある言葉である。「今日はひとつ」と、私は独り言を言ってみる。「闘鶏からキリストの福音を話してみようか」と。(18)

だが小山の著作は、欧米の神学書に慣れた日本の読者、とりわけアカデミックな学者にはあまり評判はよくない。(19)ヨーロッパ神学の基準からすれば、小山の言葉や連想はあまりに飛躍的で、論理を追おうとすると無理があって、神学の体裁に当てはまらないのである。言い換えれば、小山は西洋のロゴス中心の、まず概念を定義して、それから綿密に推論を重ねていく学術流儀に合わないということである。しかし小山はアジア神学は欧米神学の模倣であってはならないと主張した。アジア人にとっての宗教は市井人の日常に語りかけうる場合にのみ妥当する、キリスト教はアジアの文化を重く受けとめたときにだけ可能になる。アジアの神学は東洋文化に根を張る諸宗教、東アジアであれば仏教や儒教文化の学びを通して始まるのであって、神学はそれに聞く耳を持たねばならない。神学という学問は文化の中に受肉する。アジアでは塩胡椒をしないまま「生のキリスト」を味わえと言っても無理がある。しかしアジアという塩胡椒がきつすぎると、キリストという素材が台無しになる恐れがある。だから塩胡椒をいかほどふりかけるかを慎重に見極めねばならない。神学という学問は「神の言葉」と人間の文化との躍動感あふれる弁証法であって、アジアでも現地に合った「独自な味付け」が欠かせない。[20]

先にWCCの土着化論から文脈化論への転換について少し触れた。しかし、小山の考える「土着化」と「文脈化」はそれとは少々色合いが違ってくる。小山によれば、「土着化の神学」はキリスト教をアジアに根付せようとする熱心のあまり、地域の文化に呑みこまれて根を腐らせてしまう場合がある。他方、「文脈化の神学」は、アジアという「文脈の内に根をはりながらそれを超えて神学していく」営みである。正しく文脈化が行われたときには、キリストの福音は地域文化に深く根を下ろすとともにそれに呑みこまれず批判的、預言者的になる。土着化は地域の現実を批判できず、そのまま融和していく。しかし正しい文脈化はキリストの十字架を忘れない。神は十字架を通して人類の歴史に参与された。それと同じようにキリスト教神学はアジアの文脈の中に十字架を見出し、十字架が表象する希望に参与するものでなければならない。

言い換えれば、福音が真にアジア的となるためには、神学は東洋人の「心」と「肝臓」の深い場において、イエスの十字架を担う覚悟を持たねばならないということである。神学は「十字架の神学」になったとき、初めてアジアに根を下ろすのであって、イザヤ書五三章の「主の僕《しもべ》」に倣って、アジア人の苦しみを悶え、十字架にかけられたキリストと共に歩む時、真にアジアの神学になる。新プラトン主義を核にしたヨーロッパのキリスト教の概念を儒教や仏教、ヒンドゥー教の用語に置き代えたからといってそれで「中国の神学」ができるわけではない。もしそれで済むなら文脈化も土着化もいかにたやすいことか。だが実際にことはそんなに簡単ではなく、「十字架に架けられた中国民衆の心で神学を営むときに」神学は真に中国の神学となる。[21]

以上の端々からもわかるように、小山の神学は「十字架の神学」であって、その意味では実に正統的でそれほどの違和感がない。では、なぜ彼の神学はそれほど評判なのか。その秘密は小山が駆使するユニークな発想と比喩、物語にある。例えば小山は十字架の意義を論じる時、十字架には「ランチボックスと違って手提げがない」と言い出して読者の意表を突く。[22]デリカテッセンの店員にサンドウィッチを頼めば、取手がついた紙箱に詰めて渡してくれるが、十字架は人の手で簡単に持ち運びもできなければ、統制されもしない。十字架に架けられたイエス・キリストに激しく揺り動かされた心のことである。十字架の心は人間が自分で操作したり統制したりすることができない。だからそれは十字軍のように自己の利益を図って他者を征服する攻撃的な心のことではない。キリストを信じるとは、十字架に架けられたキリストの心を自分の心として、他者に仕えることである。とすれば、十字軍の聖戦はもっとも非キリスト的な行いであり、キリスト教徒はイスラム教をはじめとする他宗教を見下したり、キリスト教のほうが優っていると驕ったりしてはならない。宗教を格付けする客観的基準はどこにもない。いや、それどころか、キリストの「完全」(finality)は、人々から侮られたときに現れた。それと同じくキリスト者の完全は優越や栄光ではなく、十字架に架けられたイエス自身にある。神の「現前」(presence)はキリスト教以外にも、例えば法然や親鸞が説いた他力念仏や仏陀の慈悲の中にも目撃される。

「ところが」と小山は言葉を継いで、アジアのキリスト教はこれまで地域の宗教に注意を向けることをほとんどしなかったと批判する。それは宣教師が説くキリスト教によって自分の文化と共同体から離脱するよう教え込まれたからであって、アジアのキリスト教徒は自国の中でまるでよそ者のように振る舞うことを強要された。キリスト教徒になって教会に通うとは、東洋の文化から離れて西洋の精神と習慣を身にまとうこととほぼ同義だった。宣教の開始以来、アジア人牧師は欧米の宣教師に「教師コンプレックス」を植え付けられ、神学者も欧米の神学に倣うことが正しい信仰のあり方だと考えて、アジアから学ぶ努力を怠ってきた。だが、もはやそれではやっていけない。真に福音が根を下ろすためには、東洋のキリスト教は東洋人の物語に率直に耳を傾けねばならない。

アジアの文化を身にまとわないキリスト教は観念的ドケティズムであって、神の愛が普遍的であることを無視して唯我独尊の勝利主義となり、アジア社会に福音を根付かせる努力を失わせる。しかし実のところ、仏教徒が渇望する「現世からの解脱」を誰にもまして熱心に成就したのはキリスト教ではなかったか。アジアのキリスト教はこの世の問題に触れず、教会内で自己満足したまま外を眺めてきた。この数世紀間というもの、アジアのキリスト教指導者は、すぐ傍に生きる同輩の声に耳を貸そうとせず、遠くにいる西洋の神学者、司教や牧師、伝道募金局の担当者の声だけを熱心に聞き取ろうとしてきた。それでは福音は少しもアジア世界に受肉しない。「十字架に架けられたキリストを、十字架に釘付けにされたキリストと取り違えたこと、それが今日もアジアにおける最大の宣教活動の欠陥である」と、小山は論じたのである。(23)

「東洋」と「西洋」を正す十字架

小山のもっともよく知られた象徴化のひとつに、「富士山」と「シナイ山」との対比がある。(24) 日本の霊峰富士は東洋人の心を象徴する。富士山はモーセが神と契約を交わした聖なるシナイ山とは精神において対照的である。なだらかにそびえる富士山は、現実を自然の延長として見るようわれわれの心に迫り、あらゆる自然の出来事を連続と調和でもって説明する。東洋の心とは自然をあるがままに受け入れる心であって、救済もこの「天と地」、自然の内からもたらされる。他方、荒涼とした砂漠の中のシナイ山はどうか。シナイ山の思想は自然の中に救済を見ず、歴史終末的な視点から考える。神と人間の間には深い断続があって、救済は自然の内からではなく、世を越えた彼方、天と地の「創造者」からやってくると考える。富士山は不連続よりも連続、時間よりも空間、歴史終末論よりもコスモロジー、厳しさよりも自然の美や暖かさを志向する。これに対して、シナイ山はそのまったく逆をいく。二つの山は完全に対極的である。

ではは何をどうすればいいのか。小山はここで「十字架の神学」によって両者の統合を試みる。シナイ山であろうと富士山であろうと、そのどちらにも限界があるのは明らかである。富士山のコスモロジーは、歴史的視点を人間に備えることができず、一切を規制制度、国家や皇帝に隷属させて国家主義のイデオロギーと皇帝崇拝を育てあげる。他方、シナイ山の歴史終末的な世界観は、神を独り占めにして自己崇拝に陥りがちである。奇しくも第二次大戦では、コスモロジカルな神道国家の日本と、歴史終末的なキリスト教国家ドイツとが、考え方では対極にありながら同じ側に立った。それは両者ともに、富士山とシナイ山がもつそれぞれの限界を克服できず、真の神と偽りの神との区別に失敗したからである。

真の神と偽りの神を区別する規範はイエス・キリストの十字架にある。コスモロジカルなものの見方は、人間をありのままに抱擁するあまり、少しも悔い改めを求めない。他方、終末論的なものの見方は、人を抱擁せず断罪することに忙しい。どちらも短所と長所がある。「イエス・キリストの物語（キリスト論）とは、こうした頭痛の種の提示に他ならない」[25]。だが、終末論的でありながら同時に愛の抱擁があるのは十字架である。こうして小山は、富士山とシナイ山という二つの東西的価値を対比し、十字架に架けられたキリストを中央に置いて、これこそが両者の偶像性を暴いて審判する規範になるのだと結語する。

「十字架の神学」は歴史的に言えば、西洋のキリスト教、それもルター以来のプロテスタント神学の特徴で、小山が論じるのも正統的なプロテスタントの信仰理解である[26]。ということは、小山は西洋の十字架の神学をもって、富士山という東洋思想とシナイ山というユダヤ教思想の両方を裁いていることになりはしないか。キリスト教の教会を上において、神社とシナゴーグの双方を下に置いていることにならないか。だとすれば、なんのことはない、これまでのヨーロッパの正統主義と同じではないか。表面はアジア風に「黄色」でも中身はヨーロッパの「白い」神学ではないかとの批判も出てくる[27]。

しかしそれはそれとして、要約すれば今論じたような内容になるのだが、なかなかどうして小山の筆運びは一直線には進まない。論理を厳密に積み重ねて推論していくのではないから、欧米神学に馴れた者には小山の筆の運びには常に戸惑いがある。小山の著書はどれひとつを取ってみても主題的一貫性を欠いていて、何を言いたいのかさっぱりわからない。確かに『水牛神学』も『富士山とシナイ山』も文化評論としてはおもしろい。だが、だからどうだというのか。どれもこれも思いつきといった内容で、随想の寄せ集めではないのか。

しかし小山はそういった批判にあえて反論しなかった。いや次に論じる宋の場合もそうだが、小山は直感的な語り口のスタイルに意識的にこだわった。もちろん論理を敷き詰め、分析を積み重ねていく場合もないわけではない。しかし問いを幾重にも重ね、自らでは結論を出さず読者に考えさせるところに小山独自の修辞法がある。物語に限らず、場合によっては詩、歌、俳句、さらに自筆の人物や風景のスケッチを挟んで自由に連想させるのが小山の手法である。つまり特定の命題を掲げて論理の限りを尽くして読者を説得していくのとは違った方法なのであって、読者はしばしば説教や講話を聴いているかのごとき印象を受ける。語り口は洒脱かつ軽妙で情熱的であり、注意深く論理を積み重ねていく神学議論とはまったく違うのである。

小山は生涯そうした手法にこだわり続けた。一九九六年にユニオン神学校を定年退職した後も著作や講演活動に専念して論文、随筆の多くをものにしたが、基本的なスタイルは変わらなかった。(28) 二〇〇九年三月末、小山がマサチューセッツ州スプリングフィールドの病院において七九歳で亡くなったとき、ニューヨーク・タイムズ紙は「キリスト教のヴィジョンをアジアの伝統につないだ国際的神学者」と報じてその死を悼み、ユニオン神学校で長く教鞭をとった小山は「キリストの教えを、福音の本質を損なうことなく、アジア文化に意味あるものとする努力をした」と賛辞を送った。とりわけ『水牛神学』は「アジアの農村のただ中で真摯に神学する最初の試みのひとつだった」とのユニオン神学校の元学長D・シュライヴァーのコメントを添えて、小山の生涯を顕彰したのである。(29)

東洋文化で神学を修正する宋泉盛

メリル・モースは小山を「アジア神学の先頭を走る」神学者であると高く評価する。(30) この小山と同じく、アメリカでアジア神学のパイオニアとして知られるのは「物語の神学」（Story Theology）の提唱者、台湾出身の宋泉盛である。彼の神学のスタイルも小山とよく似ていて、ヨーロッパ流の組織的で体系立ったものの書き方ではなく、短いエッセイ風のスタイルで、「あえて言えば文学的」と指摘される通りである。[31] 一九八五年以来、カリフォルニア州バークレーの神学大学院連合（Graduate Theological Union, ＧＴＵ）とそれに参画する太平洋神学校（Pacific School of Religion, ＰＳＲ）でアジア神学を講じてきた宋は日本文化にも精通した知日派で、同志社大学で客員教授を務め、講演のためにしばしば来日したことから日本にもファンが多い神学者である。

一九二九年、日本の植民地下にあった台湾の台南市に生まれた宋は、台湾国立大学の哲学科で学んだ後、イギリスのエディンバラ大学のＴ・Ｆ・トーランスのもとで研鑽に励み神学修士を、アメリカのユニオン神学校で旧約学を専攻して博士号を取得した。台湾に帰国後、神学教育に従事して台北の台湾神学院院長を務めたことがあったが人権絡みの問題で国民党政権の不興を買い、一九七一年に渡米した。その後ジュネーヴでＷＣＣの信仰職制部会の副幹事として働いていた間、プリンストン神学校に客員として招かれたのを機に本格的にアジアの神学の創作に携わるようになった。それからも東南アジア神学院で教授を、世界改革派教会連盟（World Communion of Reformed Churches, ＷＣＲＣ）の会長を務めるなどいろいろな要職について、エキュメニカル運動に華やかに関わった。著作活動はとても旺盛で、初期からの著作を眺めているとその時々の神学動向をいち早く捉え、それとの対話を通して自身の神学を形づくっていくスタイルが見える。

代表作は邦訳された『民話の神学』をはじめとして、[32] アジア的キリスト論を構想した「蓮世界の十字架」（The Cross in the Lotus World）シリーズの『イエス――十字架につけられた民衆』（一九九〇年、邦訳一九九五年）、『イエスと神の支配』（一九九三年）、『聖霊の力におけるイエス』（一九九四年）の三部作で、今もいくつも意欲的な著作をものにして活躍中である。[33]

宋が生涯にわたって目指してきたのは、東洋の文化と宗教を手がかりにしてアジア人の背丈に合わせたキリスト教の神学を作り出すことだった。東洋とキリスト教両方に確固とした根を生やすために、神学者はアジアの市井人の経験に習い、その文化的範疇をもってアジアの「胎内」から神学を紡ぎださねばならない。意識的にアジアの現実に身を置き、神学に人々の期待と苦しみを「受肉」させ、文化的にも宗教的にもアジアに語りかけるものにならねばならない。

宋によれば、東アジアのキリスト教神学者の課題は、世界とイエス・キリストによる贖罪との関係を再考することにある。欧米キリスト教は自然と神の救済の間に深い断絶を置き、自然には贖罪の力はなく、贖罪はイエスを救世主と告白するキリスト教会を通してのみ可能であると唱えて、救済の範囲を教会の内に限ってきた。確かに西洋神学も、キリストの特殊啓示とは別に自然にも一般啓示という可能性を認めないわけではない。しかしほとんどの神学者は自然の啓示にはとても世界を贖罪するまでの力はなく、自然も人類もそのままでは深い罪のもとにあると考える。キリスト教以外の宗教はすべて偶像崇拝、神の怒りの対象でしかない。もし人が真に救いを願うのなら、おのれの罪を認め、キリストを神の子と告白して洗礼を受けて、教会に連ならなければならない。欧米人宣教師はアジア人に向かってそのように救済の排他的理解を教えてきた。しかしアジア人はヨーロッパ経由の福音理解をそのままに受け入れる必要はない。東洋には東洋の心がある。われわれはそれをもって、神の普遍的な贖罪愛を理解すべきである。自然も人間もすべては神の普遍的愛のもとにあると宋は力を込めて主張したのだった。

宋はもともと、改革長老派の教会信仰によって育てられた生粋のプロテスタントである。だから、堕落、偶像崇拝、罪、審判などのカルヴァン主義の教義にはいやというほど精通している。にもかかわらず、宋は台湾系の中国人神学者として人間の善性を信頼する。自然を愛し、いろいろな真理の共存を認める東洋の寛容的精神性を無視することができないとも言う。もちろん東アジアの歴史にも悪がはびこってきた現実があるから、手放しで人間を賛美するわけではない。人間の本質を悪とする理解もあれば、自然に対する厳しい見方もある。しかしそれでも東洋では対立や悪が最後の言葉ではない。聖書が語る神の救済の愛は、人間と自然の罪を凌駕してあまりある。そんなことからすれば、バルト、クレーマー、ブルンナーといったヨーロッパの新正統主義神学者の歴史と自然に対する見方はあまりに悲観的であって、非キリスト教世界に対しても非寛容であり、正さなければならない。行き過ぎた悲観主義は神の豊かな愛を見失わせ、キリストにおける贖罪のわざを損ねる。欧米神学は欧米文化の言説であり、それでもって東洋人の心を十分につかむことができるかと言えば大いに疑問である。それに対して、アジアのキリスト教は、もっと神に創造された世界に信頼を置いて、神の愛が神の怒りを凌駕すること、恵みが審判に勝ることを積極的に告げるべきだ。そうすれば人は最初から自然に対して否定的な判断をするようなことはせず、もっと素直に神の創造、神の真実、善、高貴さを東洋文化の内にも見出せるようになる。神の贖罪愛を欧米宣教師の救済史観から解放すること、そのためにもアジアの人間経験を神学の資料に含めていくことが課題なのだ。

宋の立場は、宗教多元主義の議論の中では進歩的でリベラルな包括主義に立つと言ってよい。彼によれば、アジアにはキリストに啓示されたのと同じ聖霊がそれ以前からすでに働いてきた。神の救済の歴史はヨーロッパ経由でもたらされるのではなく、すでにすべての被造世界を贖ってきた。そう考えることは従来の神学の方法にコペルニクス的転回をもたらすことになる。もしそうであれば聖書の救済史だけに神学の根拠を求める必要も、三位一体、キリスト論、教会、儀式、宣教など西洋神学の主題だけを後追いする必要もなくなる。神論は言うに及ばず終末論や救済史においても欧米神学の解釈から自由になれる。アジアの神学に必要なのは聖と俗、個人と社会、宗教と政治、キリスト教徒と非キリスト教徒という西洋の二元主義を超え出ることであって、そうした転換はアジア神学の関心事を、狭いヨーロッパの教会史やキリスト教史に限らずもっと豊かで広い神の世界的な救済に振り向けさせてくれるに違いない。

こうして宋は正統的キリスト教の排他主義、つまりキリスト教の絶対性と救済の独占、キリスト告白の不可欠性を退けた。神の救済のわざは全世界に及び、あらゆる被造物がその救済の計画の中に含まれる。神の救済の力はヨーロッパだけではなく、全世界に普遍的に働いてきたし今日も働いている。文化は、そこを通して神の救済的働きが顕わになる領域であるから、どんな文化にも神のメッセージが込められている。神が創造した世界はもともとは善であって、神は創造のわざを終えられたとき、「それは極めて良かった」（創世記一・三一）と満足された。確かにそれから人間が罪を犯すことで人類は堕落し世界も腐敗した。にもかかわらず世界は贖罪的な神の愛を受けとめて、それを積極的に文化としても表現してきた。

宋は中国の民話もそのひとつだと考えた。彼は中国の民話をキリスト教の贖罪物語に結びつけて、「孟姜女《モンジャニュイ》のなみだ」という珠玉の一篇をものにした。主人公は秦の始皇帝によって夫を奪われた女性で、彼女は皇帝の意のままにならずに大河に身を投じ、その亡骸が銀色に輝く小魚の群れになって今も生き続けているという民話である。それを宋は以下のように読む。

> 孟夫人の民話で語られているのは、情念にみちた政治神学である。その物語は、私たちを、皇帝とその宮殿における真実との出会いへと導くのである。しかし物語はそれで終わらない。真実との出会いは、ほとんど自動的に死と復活へと私たちを導いてゆくのである。ここで演じられるドラマは、悲劇的であるとともに崇高であり、きわめてアジア的であるとともにキリスト教的である。[34]

神の啓示を文化に対立させるだけでは神学的には十分ではなく、福音は文化を超越すると唯我独尊的に繰り返すだけでもいけない。リチャード・ニーバーの類型を借用すれば、キリストは「文化に対立する」だけでも「文化を批判し変革する」だけでもなく、文化の内に受肉するとともに、それを超える「文化の完成者」である。[35] キリストはあらゆる文化の中に聖霊を通して現れ、人々に働きかけて文化の短所と不備を改めさせる。キリスト教の役割は文化を外から変革するのではなく、文化の内に宿る変革の力を聖霊の働きによって刺激することにある。神の恵みはキリスト教の独占物ではなく、あらゆる文化の中に働いており、いかなる文化であろうと完全に神性を欠くことはない。神の力はあらゆる文化に救いをもたらす。神の創造的で贖罪的な働きは、西洋文化に限らずあらゆる文化に内在してきたし、今日もそうなのだ。

イエスを救世主と告白することが救済の不可欠な条件であるという主張は、信仰者の強い信念の表れと認めたとしても、他宗教に対する不寛容を作り出して対話を不可能にし、アジアの文化や精神性を蔑視するなら不毛である。キリストは神の重要な啓示である。しかし贖罪的な神の言葉としてのキリストは、キリスト教会だけではなく他の文化や宗教にも現前する。人が「絶対なるもの」「永遠なるもの」を希求するところにはどこでもキリストは聖霊を通して救済を啓示する。

宋の「宗教の神学」は、キリスト教外にも神の啓示と救済の可能性を示唆する。また、多元的な包括主義であることも特徴的で、ヒックの多元主義とラーナーの包括主義の中間あたりに位置すると言っていい。宋によれば、仏教、儒教などの東アジアの宗教も独自な救済的価値を持っている。それゆえに、キリスト教に従属させる仕方で諸宗教を取り扱うのは不当である。こうして宋は、キリスト教の顕在的キリストと、非キリスト教の潜在的キリストを互いに関わらせる弁証法を提案した。キリストへの信仰は神の神秘を理解する唯一のものではない。それは他宗教を抑圧することがあってもならない。キリストへの信仰は、そこから歴史を解釈する言わば「焦点」であって、排他的ではない。非キリスト教文化においても神に応答する独自な力がある。キリスト教以外の宗教は「福音を理解するための下準備」ではないし、キリスト教の宣教に道を備える脇役でもない。神の贖罪愛は他宗教にも現前する。人はそれぞれの文化とそれが培ってきた宗教性において救済される。仏教も儒教も宇宙の「絶対なるもの」すなわち神の現実への真摯な応答である。宗教は客観的にあれこれ優劣を論じることはできず、それぞれの文化価値によって評価されるものである。

『信じる心――物語神学への招待』(一九九九年)の中で宋は、生命、希望、信仰、愛などのキリスト教の中核概念をアジアの民衆物語に相関させて探求を試みた。[36] そこで活用されたのは台湾の市場や、パレスチナの占領地の文脈、仏教や儒教の物語だった。宋は、イエス・キリストに受肉して聖書に証しされた恩寵の神は、特にこの世の貧しい者によって知られると確信する。この確信をもって「下からの」神学を試みた彼は、恩寵で始まる神の物語が常に人間の物語となって語られると論じた。もし物語が受肉したキリストの光のもとにあるならば、それはまずもって権力から排除された者、不正義な経済制度、人種主義、性差別によって抑圧された人々の物語として浮かび上がってくるはずだ、と言うのである。

宋がイメージする教会は既成の権力を疑い、その偶像崇拝を批判する教会である。これはプロテスタントのラディカルな宗教改革伝統を継ごうとする人々には当然とされるべき事柄だろう。アジアの文脈における解放の主題をもって展開する物語神学者、キリスト教とアジアとをつなぐ宋の「文化内化」（inculturation）の神学方法は、「物語」を活用するということであり、「物語の神学」はアジア系アメリカ神学の、特に解放主義の潮流に顕著に見られる手法である。[37] アジア系アメリカ神学は、伝統的な西洋神学が「過度に合理主義的で想像力を欠く」と挑戦し、「物語」の使用と民衆経験を神学資料にすることを特徴とする。アジア系アメリカ人にとって、物語はアジア文化の固有な一部であって、アジア系アメリカ神学は、アジア系市民の周縁性、寄留性、苦難、解放の経験について語ろうと試み、そうした人々の生の声に聞くこと、しかもそのときに共感と想像力を働かすことが、神学の営みに大切であることを強調する。そのように共感的想像力を神学者が抱いて物語に聞こうとするとき、奥に隠れていた深い真理に到達する。そうした想像力を宋は「第三の眼」（the third eye）と呼んだ。[38] それが神学者の「頭」に「心」を備えてくれるというのである。

アジアの文化神学はオリエンタリズムか？

小山や宋の言説は体系的でもないし内容も横滑りすることがしばしばある。だから、欧米神学の基準に照らせばけっして論理的とは言えない。だがそれがかえってアメリカの読者には新鮮でおもしろく映る。欧米の神学なら数行にわたって論旨を展開しなければならないところを、たったひとつのセンテンスで、つまり「俳句」的な東洋の技法で終わらせてしまう。だから人はなぜそんなことが言えるのか、その続きを自分でしばし止まって考えてみなければならなくなる。これが、ときとして思いがけない連想を生み出し、行間の読み取りがおもしろいゲームになる。

和訳された著作のひとつ『民話の神学』という小さな作品の中で宋は、芭蕉の「響は打てばひびくがごとし」という『去来抄』の言葉を引いて、俳句はアジアの民衆の心を映し出すばかりでない、俳句は「自然の奥底に存在するもののひびき」の表現であると言う。そして、ひびきのない神学は「生命なき神学」であって、キリスト教は俳句を作る術から、もっとひびきを学ぶべきだと推奨する。

俳句は、神秘的な宇宙に包まれた生命のひびきである。……たとえの精神もまたひびきであろう。それによって私たちは人間の生の深みを打ち、即座にそのひびきを心で感じるのだ。この意味で神学の核心もひびきに違いない。[39]

宗教には体系的省察だけが必要なのではない、美的感覚も大切だ。そう考える小山や宋のユニークなところは、アジア文化の象徴やイメージ、物語を駆使して、聞く者に意外性を感じさせる点にある。その意味ではチャールズ・ハーツホーンが喝破したように、[40]神のイデアは論理や分析よりも、いっそう感情や直感、実際的生の形式をとって人間の意識に達するものなのかもしれない。すでに触れたが、宋のキリスト論三部作は全巻で九〇〇頁ほどの大作である。ここには欧米神学におけるキリスト論のさまざまな論争はほとんど登場してこない。キリストを論じるのであれば、近年の聖書学や教義学で大きな争点になった、福音書の史的イエスの問題に触れないわけにはいかないが、宋にはそんな議論はほとんどない。イエスの復活を実存・内面的に理解するべきか、それとも歴史・科学的に説明すべきかの方法論もない。古代教父時代から中世、そして近代にいたるキリスト論の論争史に注釈を加えることもなければ、イエスの神人両性説を取り上げることもない。いや実際、邦訳の『イエス――十字架につけられた民衆』を手にとっても、読者は教会の説教や講話を読んでいるような印象で、熱を込めて語っているなとの思いは湧くものの、緻密に論理を組み立てているとはとうてい思えないだろう。そこには、あえて論理的な整合性にはこだわらないという構えがある。宋は、学術的な聖書学、形而上学的な教理学を持ち込むことは、アジアの文脈には百害あって一利なしと考える。なぜかと言えば、ヨーロッパの「物事の背後に〈実体〉を想定する概念的で理性的な認識とは対照的に、アジア人特に中国人と日本人には、直感的に物事を把握するという方法がある」からだ。[41] 禅宗の「悟り」とはそんな直感方法の典型で、アジア神学はこうしたアジア的特質を尊重すべきだ、と言うのである。[42]

しかし直観的な方法が「アジア的特質」だとは言い切れない。ヨーロッパでも神秘主義やロマンティシズムはさかんに直観を用いた。小山と宋がアジアの文化と宗教を高く評価し、それをキリスト教の解釈につなげようとしたことはすでに触れた。二人は共に「アジアの心」を持ったキリスト教、アジア人の特質に根ざした神学を懸命に訴えた。それがアメリカで多くの聴衆をうならせ、熱心なファンを作り出してきた。

しかしその反面、そうしたアジア的文脈化の神学に戸惑いが起こるのも事実である。小山や宋はエキゾチックな東洋というイメージを強化するだけに終わってはいないか。ことさらに「アジア的」であることを強調しすぎてはいないか。いわゆるアジア神学がアジアの教会やキリスト教に根を下ろしているかというとこれは疑わしい。結局のところ彼らはアジア的香りをふりまいて欧米人が頭の中に描いたオリエンタリズムを満足させているだけではないのか。[43]

オリエンタリズムとはもともと欧米に流行した東洋趣味の文学や芸術を示す用語である。しかしエドワード・サイードが『オリエンタリズム』を発表して、[44] これを欧米人がもつ東洋世界へのステレオタイプな思考ならびにそれを通しての支配の様式と定義したことから、俄然新しい議論を呼ぶようになった。サイードによれば、西洋人はオリエント世界すなわち東洋を自分たちとは正反対の「他者」として捉えた。世界をキリスト教的西洋と非キリスト教的東洋と二項対立的に区分けした。そして東洋的なもの一切に曖昧模糊、非合理、奇矯、後進的とレッテルを張り、結局のところ東洋は西洋には理解しえないものであり、欧米に敵対的なものだと負の符号を押し付けて西洋人による東洋の植民地支配を正当化した。そして政治経済的のみならず、文化的にも支配を貫徹した。それが梃子になって、キリスト教の宣教師は「異教主義の忌まわしい虜」になっているオリエントを文明的な西洋キリスト教でもって救済するとの虚構を、心を煩わすことなく推し進めることができたというのである。

確かに欧米宣教師の伝道の熱意は疑いえない。それこそ命を賭して海外へキリストの福音を述べ伝えようとした善意も疑えない。しかし、アジアやアフリカといった地で、滅びに定められた異教徒をイエスの真理のもとに導こうという強い使命感があることの裏には、そうした異文化への軽蔑が存在したことも否めない。

「東洋」と「西洋」を対立的に比べる理由は、そのほうが物事を説明するときにわかりやすいし、てっとり早いからだ。確かに物ごとを考えるときいろいろと多様性を捨てて「東洋」はこれこれ、「西洋」はこれこれと単純化し、整理したほうが便利である。だがそれを続けていると陥穽にはまって、多様性を認識する能力が衰え、説明も平板になる。

小山も宋も、そうしたアジア宣教の歴史を批判的に見直して、欧米宣教師の「上からの」目線、アジアを見下すような解釈の押し付けを覆そうとした。西洋列強による植民地化と、それと歩調を合わせたキリスト教伝道がアジアの固有文化を無視ないし破壊してきたことをえぐりだし、神学にアジア人の考え方や感情、文化を回復すべきことを提唱した。小山の『水牛神学』『時速五キロの神』(45)は、アジアの民謡、物語、伝説、演劇、詩、格言を積極的に活用して物語を綴り、アジアの市井人の生を描いて、それを聖書物語と織り合わせた労作である。宋の『第三の眼の神学』や『キリスト教宣教の再建』『民話の神学』も、ヨーロッパ中心主義を批判的に乗り越えて、アジア文化を肯定的に位置付けようとする営みだった。その意味ではアジア文化の再解釈の労作で、「文脈化の神学」、神学の「文化内化」の先駆けと言ってもいい。確かに両者のこうした解釈学的視点は評価できるし、アジアの文化を小馬鹿にした心の狭い宣教師の不遜を打ったことも重要である。

しかし、「東洋的」な心はこう、それに対して「西洋的」なものの見方はこうと、両者を異なった「本質」を持つものとして区分し、前者を積極的に論じて後者を正すというのは、オリエンタリズムの裏返しではないのか。(46) アジア人と西洋人の思考はこのように違うと論じるのは確かにおもしろい。だが実際のアジアはもっと複雑であるし、これこれがアジア文化の特質であるとはとても言えない。なぜ富士山が日本人の特質になり、はては太平洋戦争の原因になったりするのか。欧米には富士山的な思考がないのか。日本人と言っても多様なのに、「日本の心」とひと括りにしていいのか。それに、日本の言語は物事を婉曲的に、もっと言えば曖昧にしようとするというのもどうだろう。どんな言語にも婉曲語法というのがあって、英語にもユーフェミズム（euphemism）がある。表現を曖昧にしておくほうがいいときは曖昧なままにする、というのは西洋でも行われることである。

煎じつめて言えば、小山も宋も西洋キリスト教のヘゲモニーに対抗しようとするあまり西洋的なものをステレオタイプ化し、それに東洋的なものを対置するという「二項対立主義」と「本質主義」の陥穽を逃れていない。アラン・トーランスは、アジア神学の反西洋的言辞に「微妙なナルシシズムを嗅ぎ取」って、アジア神学者がもっぱら欧米を舞台に欧米人に向かって自らを際立たせている現実を指摘し、そうした言説も「結局のところ、西洋によって規定され、西洋に向かって語られる」ものなのではないかと疑問をぶちまけた。(47)

西洋の近代が失ってしまった平和で素朴な生活を今なお営む東洋人、という幻想。もし東洋人に素朴さがあるというのなら、それは自足している素朴さ、伝統的生活の他に選択肢があるとは考えない人間の美しさである。タイの農村ではすでに農耕トラクターが当たり前なのに、小山の『水牛神学』の二五周年記念版の表紙は相変わらず水牛が耕地で鋤を引く絵が使われている。宋の『第三の眼の神学』も、わら傘を被った農民が牛を追い立てる絵を配している。そこにあるのは、アメリカ人が抱く、近代化に毒される前の豊かで平穏な東洋への憧れ、そしてその裏返しの蔑視である。

筆者はアメリカ留学中の七〇年代末、戦後の日本にしばらく滞在したというアメリカ人宣教師が、神学校で日本を紹介するというので覗いたところ、人糞桶を運ぶ馬車とか、芸者の半裸姿の写真を得々としてスクリーンに映し出したので、辟易したことがあった。肥桶も、外国人向けにポーズする女性のヌードも戦後の貧しさの中では当たり前だったろう。しかしそれらはすでに姿を消して久しく、アメリカ人の頭の中にあるエキゾシズムを満足させるものでしかない。

いや、エキゾチックなオリエントの強化以上に大きな疑問符がつくのは、小山と宋両者の、とりわけ小山における解放性の希薄さである。小山も後期には民衆神学などの解放主義に言及するものの、(48)やはりパンチに欠けていて、いまいちの感があるし、プラクシスが少ないことも気にかかる。両者の「西洋的なもの」と「東洋的なもの」を織り合わせた文化神学は、神の知識を通俗的な文明評論に落ち込ませる危険があり、プラクシスを欠いた神学はアカデミックな知的満足の作業となる。また東洋的なものを過度にロマン化してしまう危険もある。例えば小山のように、「富士山」と「シナイ山」を足して二で割り、両者を統合するものとして「キリストの十字架」を語れば、それで決着がついたと言えるのか。そのことはどうアジアやアメリカの抑圧された者や周縁化された集団の解放につながるのか。

その問いに答えるかのように、小山や宋にやや遅れてアメリカに紹介されたのが、韓国生まれの民衆神学だった。民衆神学は、アジア神学がプラクシスを抜きにしたものであってはならないこと、神学の営みは学者の頭の体操ではなく歴史社会的な行為であって、民衆の意識を覚醒させ、理論と実践の統合が重要なことを韓国の経験をもって明らかにしたのである。

民衆神学のアメリカ上陸

八〇年代初頭のアメリカで注目を集めたアジア神学は韓国の民衆神学（Minjung Theology）である。[49] 七〇年代後半から八〇年代にかけて、アメリカには韓国系移民の大きな波があって、教会が次々と各地に立てられ、韓国人の学生が多数神学校に入ってきた。アメリカの韓国系教会は本国の有力な教勢を背景に、優秀な神学生を経済的にも支えて勉強させた。七〇年代、韓国政府は国民の積極的なアメリカへの移住政策を推し進め、やがて二一世紀初頭には全米で二〇〇万人の韓国系人口を擁するまでに成長したが、アメリカの教会の積極的な後押しもあって、二〇〇七年時点でカナダを含め、アメリカ各地に四〇〇〇もの韓国系教会が設立されることになった。そんなわけでアメリカ国内の教会の牧師養成のためにも、神学校はどこへ行っても韓国人学生で溢れかえった。その多くは福音派の信仰者だったが、中には韓国で民主化運動を経験し、民衆神学の紹介にあたった学生も少なくなかった。[50] 当時はラテンアメリカの解放神学がまだまだ意気軒昂だったことから、貧しい者の先頭を担った韓国神学者や教会への関心はいやが上にも高まったのである。

民衆神学は七〇年代初頭、韓国の朴正熙大統領の軍事政権下で、人権の抑圧に抗議して社会的正義を求めた広範な大衆運動を背景に誕生したユニークな言説である。民衆神学を理解しようとするなら、韓国のキリスト教が独裁政権下で民主化運動を繰り広げた社会的背景をまずは知っておかねばならない。一九六一年、軍事クーデターによって権力を掌握した朴正熙大統領は、内政において典型的な開発独裁主義を敷いて、韓国の経済基盤の強化を最優先にし、そのため数々の人権抑圧を行って民主化運動を弾圧し、拷問や不当逮捕を含む強権政治を続けた。これに抗議して民主化運動の砦になったのがキリスト教の教会であり、その経験の中から生まれたのが民衆神学だった。

民衆神学を担った代表的な神学者としては安炳茂《アンビョンム》、徐南同《ソナムドン》、玄永学《ヒュンヨンハク》、金容福《キムヨンボク》[51]といった多彩な人々があげられるが、その多くがアメリカで神学教育を受けたことも民衆神学への関心を助けた。ドイツのハイデルベルク大学で学んだ安炳茂は別として、徐南同はアメリカ南部の名門ヴァンダービルド大学、玄永学はニューヨークのユニオン神学校、金容福はプリンストン神学校の出身であった。彼らはアメリカに多くの友人や知人がいたことに加えて、多くの民衆神学者が投獄され拷問を受け、大学から追放されて辛苦をなめているというニュースも伝わって、アメリカ国内で民衆神学への関心が高まった。

民衆神学は当初モルトマンの政治神学や、ラテンアメリカの解放神学の影響を受けていたから、民衆神学を韓国スタイルの政治神学、解放神学と呼ぶこともできないではなかった。しかし民衆神学者は、軍事独裁下の開発主義の犠牲になった都市労働者や農民の権利擁護の闘いの中で、ラテンアメリカやドイツの神学の焼き直しでは民衆の心に響かないこと、韓国のコンテクストから紡がれた民衆の心に響く新しい神学が求められていることを強く意識し、試行錯誤を繰り返しながら、やがて独自な言説を備えるようになった。こうして欧米の借り物ではない、民衆と苦難を共にする預言者的神学、小山や宋の言説とはひと味もふた味も違った、アジアの政治的文脈から発信された特異な神学としての民衆神学がアメリカ神学界で大いに注目されたのである。

民衆とは誰のことか

アメリカで民衆神学に共鳴したのは、当然のことながらリベラルな社会進歩派の神学者である。ロバート・マッカフィー・ブラウンは「北米の人間は民衆神学から何を学べるか」と題した論考を書いて、[52]アメリカの「民衆」と連帯した神学の構築を訴えた。プロセス神学のジョン・B・カブ・ジュニアは、社会正義を掲げるアメリカの神学者は政府に圧力をかける方法を韓国の神学者から学びとる必要があると主張した。[53]ハーヴィ・コックスも、アメリカには「市井人の信仰はあるが、民衆の神学がない」と述べて、アメリカ版の民衆神学の創造を提唱した。[54]次世紀にはキリスト教人口の比重は第一世界から第三世界にシフトする。ところがアメリカの神学者は、こうした世界的動向にとんと無関心で、象牙の塔にこもりがちであり、その点で韓国の神学者から学ぶことが大であると結語した。民衆神学に衝撃を受けたのはリベラルな白人男性の神学者ばかりではなく、フェミニスト神学のレティ・ラッセル、黒人神学のロバート・デオティス、ジェームズ・コーンらもそれぞれに女性解放や黒人解放の観点から民衆神学に強い関心を示したのである。[55]

リベラルを中心にした人々が韓国の神学に興味を持ったのは、韓国の独裁政治がアメリカの外交、政治経済と密接につながっている現実を理解したからに他ならない。彼らは民衆神学の言説と教会の活動を知れば知るほど、アメリカの政府が独裁政権を後押しし、多国籍企業の活動をスムーズにさせている現実に疑問を持ったのである。

こうしてアメリカのリベラル派は、民衆神学者が信仰の証しとして軍事独裁に激しく抵抗したことを高く評価した。とりわけ彼らが強い印象を受けたのは、民衆神学のキーワード「民衆」である。民衆神学者は、民衆とは「政治的に抑圧され、経済的に搾取され、文化的には疎外され、社会的には片隅に追いやられた人々」であると定義した。民衆はマルクス主義者が言う社会経済的な意味での労働者階級、「プロレタリア」のことではないし、欧米社会の「市民」とも同じではない。社会学の「群集」や「大衆」とも違うし、北朝鮮が用いる「人民」という集合概念でもない。人民というのは上から規定された概念だが、民衆は「下からの呼称」である。こうして民衆神学者は、神学的カテゴリーとしての「民衆」は、支配者ではない、抑圧されたすべての人々を指すと論じた。民衆は権力を掌握したひと握りの支配者によって弾圧されている。しかし民衆は泣き寝入りしてばかりはいない。いや彼らこそ「歴史の主人公」、躍動的で変革的な集合体である。闘いと苦しみを重ねながら、自身を解放する力を蓄積している。[56]イエス・キリストにおいてすでに「神の国」は始まっている。民衆は貧困や人権の弾圧下で苦しめば苦しむだけ、それをばねにして自分を解き放そうとするエネルギーがどんどん増してくるというのである。

この「民衆」と共に「恨《ハン》」もすぐれて東アジア的な概念としてアメリカの神学者に注目を浴びた。恨とは不正義に対する怒りの感情、どうにもならない絶望の感覚、道徳的矛盾の板ばさみの概念であって、不満や諦念、やるせなさの深い感情として民衆間にくすぶりながらも、ついに抑えきれずに正義実現への起爆力になるものである。民衆神学者によれば、朝鮮の民衆は国外からは中国と日本に侵略され、国内では封建制の呪縛の下に置かれ「恨」をつのらせてきた。[57] 問題はこの民衆の恨をどう晴らすかにある。アヘンのように現実から逃げて意識を麻痺させるのでも、憎悪の怒りに身をゆだねるのでもなく、義憤のエネルギーを自らの解放へと導く回路はどこにあるのか。

この問いに答えて民衆神学者は、神学者の任務はこの「恨」を正面から受けとめることにあると主張した。まず西洋神学が論じる「罪」理解を踏襲するのを止め、民衆の恨を晴らすためには何をすべきかを考えなければならない。罪の概念は、「上から」定義して押し付ければ、抑圧や不正義を覆い隠して人々を慰撫するイデオロギーになる。しかし恨はそれとは異なって、韓国民衆の経験を基礎に罪の概念に批判的に「下から」対決する。民衆という概念が民衆神学の方向を決定づけているのは明らかで、民衆神学者にとって、神学とは民衆のために神の解放を実践的に省察することに他ならなかった。神学は「神学のための神学」、つまり民衆の生活から遊離した机上の空論であってはならず、意識的に民衆の恨に連帯して、社会に公平と正義をもたらす言説にならねばいけない。そう考えた民衆神学者が、神の解放的福音を政治的実践の中に試みたのは当然と言えば当然だった。

恨を晴らすという課題を前に、民衆神学者は解放神学者とほぼ同じように、出エジプト物語、イエスの十字架と復活に聖書的な基礎を置き、歴史における神の解放行為を韓国社会に読み取る努力を重ねた。神の概念は歴史を離れた形而上学ではあってはならない。形而上学の「神」は、永遠と今、聖と俗の二元主義、静的な存在論に堕する。しかし聖書の神は哲学者の神ではなく、矛盾と緊張が渦巻く韓国の歴史の中にも自らを啓示される神であって、偏った愛をもって抑圧された者を愛し、彼らを解放しようとされる。教会の使命はこの神の「決意」に参与することだが、しかし神の決意に参与するのはただキリスト教の教会だけではない。徐南同は、聖霊の働きを再解釈して、伝統的キリスト教の境界線を踏み超え、神の聖霊は民衆の辛苦のあるところにはどこでも働く、終末に向かう歴史の中ではあらゆる変革的な人間集団の内に働くと唱えた。

今述べてきたことからもすでに類推できるように、民衆神学者は神の三位一体であろうとキリスト論であろうと、西洋の形而上学的な教義には関心を示さない。彼らはキリストの神はギリシャ哲学の思弁の対象ではなく、歴史における「事件」として啓示されたと論じた。イエスの生涯も抽象的教義の対象ではなく、民衆の解放的な「事件」であって、歴史的イエスはイスラエルのアウトカーストと共に苦しんだ「苦難の僕」そのものだった。いや、徐南同によれば、イエスは民衆を取り次ぐ存在にすぎず、聖書に登場する多くの群集はイエスを説明するためにそこにいるのではなく、むしろ民衆を説明するためにイエスがいる。こうして徐南同は正統的なキリスト論から大きく軸足をずらし、重要なのはイエスを歴史の中に据えて、当時のパレスチナで辛苦した民衆の時代状況から理解することであると論じるようにさえなった。イエスを精神化して礼拝儀式の祭壇上に祭り上げてはならず、民衆の中で見極めるべきだというのである。

徐南同と共にアメリカの聖書学者の目を引きつけたのは、安炳茂によるマルコ福音書のキリスト理解である。[58] 徐と肩を並べて民衆神学の形成に大きく貢献した新約学者の安は、マルコ福音書ほどにイエスが民衆と共に生きた現実を鮮明にするものはないと断定した。マルコ福音書はその意味で「民衆の福音書」であって、マルコ記者は社会的に疎外された人々を「群集」（オクロス）という政治的範疇でもって描きだした。オクロスは「民族」（ラオス）とは異なった概念で、イエスが身を置いたのはラオスではなくこのオクロスのほうだったからこそ、彼はローマの政治権力のみならず足元のファリサイ派や弟子間に生まれた権威主義に批判のまなざしを向けた。ギリシャ語のオクロスとは、韓国語で言えば「民衆」そのものであって、イエスは民衆であり、民衆もまたイエスである。イエスと民衆が同じ範疇にあるならば、イエスの神も明らかに民衆の側、すなわち貧しい者や弱者の側に立つ。神は民衆を偏愛される。

安炳茂がイエスの「事件性」を強調したことからも理解できるように、民衆神学者一般に共通するのは、キリスト論においてもイエスの歴史的生に着目した点で、[59]伝統的な欧米神学がキリストのケリュグマに重きを置くのに対し、民衆神学は歴史の中の「キリスト事件」を重視した。イエスがキリストとして実際に何をし、人々の間で何が起きたのか、その現実のほうが原始教会の信仰定式よりもいっそう重要である。とりわけ十字架上のイエスの死と復活はキリスト事件の中核であって、キリスト教神学は聖霊を通して今日もなお民衆の中で事件が生起していることを証ししなければならない、と言うのである。

ということは、民衆経験は神学上の規範になるということである。民衆神学者は聖書の規範性を否定しないものの、聖書やキリスト教伝統だけでなく、それを神の解放的わざとみなしうる限り一切の歴史上の出来事を「論拠点」として選択する。そこには当然教会だけでなく世俗的な民衆運動も他宗教や文化も含まれて、イエスの霊は民衆と今日も苦楽を共にし、死に、そして復活を繰り返す。キリスト教の宣教師がアメリカやヨーロッパから大挙して押し寄せてくる以前から、韓国に神の聖霊が注がれてきたのは当然で、韓国人神学者の営みは、そうした朝鮮史上に働いてきた聖霊の現実を発掘すること、韓国民の中に民衆イエスを見出すことに他ならない。

こうして「文脈化の神学」としての民衆神学は、神の救済のわざ、解放のしるしを韓国民衆の中に見出し、民衆の恨に神学的意味を備えようと努力を重ねた。そしてその成果が、民衆的視点から韓国史を再読することだった。植民地勢力に抗する東学党革命（一八九四年）、[60]一九一九年三月一日の抗日独立運動、一九四五年八月一五日の復光節の解放、李承晩の独裁に抗議する一九六〇年四月一九日の学生革命など、こうした事件が神学的にも再評価されるようになったのである。

もうひとつアメリカ人神学者の目に新鮮に映ったのは、東アジアの民俗芸能の活用である。仮面劇、パンソリ、民衆劇、シャーマニズムや天道教などの韓国の大衆芸能は従来、欧米宣教師の目にはおどろおどろしい異教的遺物と映って否定されてきたのだが、民衆神学者はそれらを解放の潜在力を秘めているものとして積極的に再解釈した。[61]ニューヨークのユニオン神学校の公開講演会で、客員教授として招かれていた玄永学は、仮面劇やシャーマンの儀式に独自な解釈を施し、それらが民衆の「恨晴らし」の解放的要素を含むことを熱情を込めて紹介した。[62]「恨」と「断《タン》」は実に危うい関係を含む。しかし仮面劇や民衆劇の中では、諧謔、笑い、シャーマンの陶酔的儀礼を通して、人々の魂は慰撫され、それとともに権力者への批判的精神を生んで、恨を「断」していくと論じて聴衆を唸らせたのである。[63]

最後に民衆神学の教会論に短く言及しておこう。というのも、民衆神学はアメリカ神学界でカトリックの儀礼的教会、プロテスタントの福音告知の教会という伝統的なモデルを超えて「民衆の教会」という第三のモデルを提示したと積極的に評価されたからである。

徐南同はヨアキム・フィオレに触れながら、「民衆教会」の概念こそが「聖霊の第三時代」の教会のイメージをもたらすと主張し、安炳茂も民衆教会を史的イエスにもっとも忠実な教会の姿であると論じた。[64]徐南同にせよ安炳茂にせよ、民衆神学者に共通するのは、教会が聖のヒエラルキーや巨大な建物を指すのではなく、イエスと民衆との「事件」の現場の中で民衆が集まっては語り、語っては闘いへと参与していく共有空間だとする点である。教会は日常の闘いから身を遠ざけて、しばしの安逸を愉しむ場ではない。教会は民衆が主人公になる場であって、社会の身分や地位、家柄や地縁のヒエラルキーによって振り回されることのない平等な空間、聖と俗、牧師と信徒の垣根を取り除いた共同体である。教会は完全に対等なコミュニティとなって、いかなる社会的な区別も階層や職業や性による差別も設けない。教会は「神の国」を待望する終末論的な共同体であって、メタノイア（悔い改め）を通して自己を革新し、神の国を先取りする祝祭空間である。神の国の到来を貧しい人々に告げる神の砦、解放的なプラクシスを重ねて神の国の理想に仕える預言者的なコンミューンである。民衆神学者たちはそう熱情を込めて論じたのである。[65]

一九九三年、韓国では軍事独裁が終わって文民政権に代わり、韓国の近代化のスローガンが叫ばれていた六〇年代とは様相を異にして、七〇～八〇年代に奇跡的な経済成長をして「豊かな社会」へと変貌した。それと歩調を合わせて、九〇年代に入ると韓国教会は大衆消費社会の到来の前に、民衆神学を「古い時代」の神学として忘れ去った感があった。[66]しかし民衆神学は現在、世代の交代を完了して若い世代の人々が新しいパラダイムで民衆神学の再構築に挑んでおり、後述するように民衆神学の貴重な試みと「民衆」「恨」などのユニークな概念はアジア系アメリカ神学によって新しいコンテクストにおいて引き継がれることになるのである。

アジア神学からアジア系神学へ

以上、アメリカにおけるアジア神学を概観してきた。西洋神学からの脱却を掲げたアジア神学のパイオニア世代にあたる小山や宋の言説は、いまだ「発展途上（via）の神学」だったとはいえ、[67]自覚的にアジアの文化に焦点を当てたことでアメリカの神学界に新鮮な風を吹き込んだ。ことさら「アジア神学」と銘打って持ち上げられるのは、アメリカの神学者の自信のなさの表れとの冷めた見方もあるが、むろんそれだけでは片付けられない。

他方、民衆神学もアメリカで誕生したのではないものの、アメリカに多くのファンを輩出した。これも「解放神学のアジア版」と括られることがあるが、「民衆」や「恨」のユニークな概念の紹介を通してアメリカにアジア神学の新しい息吹をもたらしたことは積極的に評価されていい。

すでに論じたように、小山や宋と民衆神学者とでは、前者がアジアの文化、後者がその社会と、神学の方法も対象も異なっていた。しかしそれでも両者にはいくつかの共通項が認められる。

そのひとつは、欧米神学からの自立、特にロゴス中心主義からの脱却という姿勢である。欧米神学の流儀とカテゴリーの踏襲は長い間アジアのキリスト教の常道だった。しかしともすればそのことによってアジアの教会と神学からアジア的なものの考え方が疎外されてきた。小山にも民衆神学者にも、アジアの神学となるためにはまずもって欧米神学一辺倒の態度を改めなければならないという自立志向が顕著である。

次に共通するのは、意識的にアジアという「文脈《コンテクスト》」に関心を向けた点である。小山や宋の文化神学にしても、韓国生まれの民衆神学にしても、それぞれ違った領域からではあるものの、共にアジアの文脈にこだわった。前者は文化や宗教の現実から、後者はアジア民衆の政治経済的解放という視点からだったが、双方の視点はまったく切り離されるということはなかった。宋が解放を論じることは少なくなかったし、民衆神学者も様々に民衆文化を取り上げた。その意味では、双方ともアジアの政治批判と文化評価は別々に論じることはできないと考えていたことがわかる。

さらに第三として、アジア神学者がキリスト教の「教会中心主義《エクレシオセントリズム》」に異議を唱え、その排他的な救済史観の超克を試みたことがあげられる。欧米宣教師のキリスト教は、教会に連なってキリストへの信仰告白をしなければ神の救いにあずかることができないと教会中心の救済観を説いてきた。言い換えれば、西洋キリスト教の歴史上に神の救済を置き、アジアの文化、宗教を蒙昧、偶像、罪と退けてきた。だがそれはもはや通用しない。小山が西洋を越えた包括的文化の視点を求めて、従来の教会中心主義を批判する一方、宋も正統神学の「キリスト単神主義《クライストモニズム》」を改めて、アジアの諸宗教に神の啓示を認めて、後年にはいっそう幅ある「神中心主義《セオセントリズム》」への傾斜を深めた。また民衆神学者も、当初は西洋聖書学の延長上で史的イエスの探求に熱心だったものの、やがてそれを越えて、イエスを韓国の「民衆」（オクロス）と捉えてそれを社会的解放につなげ、現代のアジアで解放的なわざをなす聖霊論をクローズアップさせていった。聖霊はヨーロッパの教会だけに働いてきたのではない。神はいかなる歴史にも普遍的に顕現する。そうした神論や聖霊論を基に、新しいアジアのキリスト論、アジア宗教との対話、解放に向けた教会宣教の役割と、神学項目の再構築を目指した。

とはいえ、アジア神学が欧米神学から自立するにはまだまだ多くの課題が山積しており、これからも欧米神学に謙虚に学んでいく必要があるのは言うまでもない。欧米キリスト教の概念やカテゴリーからの独立を目指すのはいいが、それでも欧米の神学カテゴリーにまだ学ぶところは大なのである。

そもそもアジア神学とは何なのか。アジアの神学者にとって欧米神学はどこまでの役割を果たすものなのか。

どこまで欧米のキリスト教に倣い、どこから別の道を歩むのか、そうしたことはまだアジア神学者自身にも明確ではない。

加えて、アジアの「文脈」ということも問題である。在米のアジア出身の神学者がキリスト教をアジアの文化、宗教、政治経済的な文脈に根付かせようと提唱するのはよい。しかし当の神学者がアジアの現実をいかほど射程に入れているかは不明瞭である。アジア神学者がこうだと論じる仏教や儒教、東洋精神なるものの理解は本物なのか。アジアの表層文化は論じられても、下位文化には理解が届いていないのではないか。抜け落ちているものがあるのではないのか。「アジアは美しい」式の議論から脱落しているのは、アジアの民衆宗教の多様性である。蔵田雅彦が小山を評して「西洋でもてはやされる一面を持っている」としながらも、アジア神学を説く対象がアジア人ではなく、アメリカ人であることに疑問を持つ理由がそこにある。[68] また岩橋常久が小山に共感しながらも、小山の「神学作業の基礎となる経験が外国にあり、日本の教会の現場とは乖離がある」と論じるのもあながち的外れではない。[69] 民衆の心を真に理解しているか、アジアというコンテクストを「救済論的な深み」（ピエリス）にまで理解しているかどうかは、その神学がどれほどコミュニティに根付くかによってはかられる。

さて、八〇年代以降、保守、進歩主義を問わず、焦点となったのは神学とコミュニティの関係だったが、そうした時代的な関心を背景にして、神学の聴衆をアカデミズムとは別の場所に求めたアジア神学の営みが始まった。それがアメリカのアジア人コミュニティの中から誕生した「アジア系アメリカ神学」である。アジア系アメリカ神学は、アジアの文化神学とは異なった課題を持ち、ある意味ではアジア神学を越えてアイデンティティを確立しようとする。アメリカのアジア系市民の神学は、文化や精神性の面でアジアの影響を受けているから、アメリカで活躍する小山や宋といった神学者のアジア文化の神学言説と無縁ではない。しかし視点においても主題においても文脈においても、また方法と対象においても、そうしたアジア神学とは異なっている。小山にしても宋にしても、その語りかける対象はアメリカの学会や教会、あえていえば主流の白人層なのだが、これから取り上げるアジア系神学は、アジア系市民の必要に応えて創造された言説なのである。

3　アジア系アメリカ神学――周縁性とポストコロニアル

アジア系アメリカ神学の「二重性」と「周縁性」

アメリカが移民国家の性格を色濃くもってきたことは、ここで改めて言うまでもない。しかし建国以来ほぼ二世紀間というもの、アメリカという国がヨーロッパからの白人入植者を主流にしてきたのは歴史の教える通りである。特に一九二〇年代にアジア系移民の排除を目的にした移民規制法が施行されてからというもの、移民の数は年間二〇万人ほどで推移し、そのほとんどはイギリス、アイルランド、ドイツ、スウェーデンなどのヨーロッパ移民によって占められた。ところが六〇年代中頃、状況が劇的に変わり、「不法」入国者を差し引いても年間五〇万の人々が欧州以外の地からアメリカに押し寄せてきた。その最大が「第二の波」（the second wave）と言われたメキシコ、キューバ、プエルトリコ、エルサルバドルなど中米やカリブ海諸国からのヒスパニック系移民である。一九六五年の改正移民法の施行でそれまで厳しく規制されていた入国審査が緩和され、九〇年代に入ると、アジア系の移民人口は前年代の一・五倍、二一世紀初頭になると、ついに総人口で一〇〇〇万の大台を越え、「アメリカの褐色化」（the browning of America）の一翼を担うまでに成長した。[70] そんなアジア系人口の台頭を背景にして誕生したのが「アジア系アメリカ神学」（Asian American Theology）である。

アジア系アメリカ神学の誕生に貢献したのは、七〇年代から八〇年代にかけてのブラックパワー運動と黒人神学の勃興である。黒人神学は、同じマイノリティであるアジア系の教会に、福音をコミュニティの必要に絡めて解釈するという新しい意識をもたらした。アジア系アメリカ人の歴史は数々の抑圧を受けてきた歴史で、主流社会からの差別は政治経済上だけでなく、文化や個人の心理の奥深くに及んでいた。そうした現実が多くの教会人を黒人神学者の言説に目を向けさせたのである。

少数者の神学の構築に拍車をかけたのが、一九七五年にデトロイトで開催された「アメリカ神学会議」（Theology in the Americas, ＴＩＡ）だった。これは、チリの解放神学者セルジオ・トレースやフィリピンのメリーノール修道女ヴァージニア・ファベラによって組織されたエキュメニカルな神学会議で、北アメリカだけでなくラテンアメリカ、アフリカの教会活動家、神学者、社会学者らが一堂に会して催され、そこに北米アジア系の神学者、牧師、信徒の有志が、黒人、アメリカ先住民、ヒスパニック系の人々と共に招待されたのである。しかしこの会議はラテンアメリカ神学との対話に熱心な白人リベラルや進歩派によって独占された感があり、議論がマルクシズムの是非をめぐる問題に集中して、アメリカ国内の人種差別問題は脇に追いやられがちだった。これに抗議の声をあげたのが黒人神学者であった。この異議申し立てによって会議は中盤から仕切り直しされ、少数者の文化、政治、経済を含めて、アメリカ国内の抑圧と差別に教会がどう向き合うかの討論がなされることになった。そのイニシアティブをとったのは黒人神学者だったが、ヒスパニック系、アメリカ先住民に加えて、アジア系分科会も発足し、そこで日系人も自らの課題を探ることになったのである。[71]

北米アジア系教会は東アジアに限っても、日系、韓国系、中国／台湾系、フィリピン系、ベトナム系と多岐に分かれる。が、それでもアジア系にはいくつかの共通したキーワードが認められ、[72] その大きなものが「二重性」（hybridity）と「周縁性」（marginality）の概念である。

アメリカに生きるアジア系市民の神学は自覚的に「周縁の神学」となるべきであると論じたのは、韓国系神学者のユン・ヤン・リーである。リーは朝鮮戦争の混乱の中を北から南に逃れ、その後アメリカに渡って神学の研鑽を積んで多くの著作と評論をものにした神学者である。在職中に死去するまでドルー大学の組織神学教授の職にあった。リーを特異なアジア神学者にしたのは、米国にほとんど知られていなかった朝鮮の文化、伝統の紹介に努めたことに加え、リー自身の在米経験から抽出された「周縁性」というユニークな概念である。

彼は在米アジア人の生がアジアとアメリカの「狭間」(in-between) にあって、そのどちらにも完全に同一化できない二重性を帯びていることを、『周縁性――多文化神学の鍵』(一九九五年) と『周縁の旅――アジア系アメリカ人の自伝的神学に向けて』(一九九九年) において指摘した。[73] 例えば、韓国系アメリカ市民が韓国の親戚や知人を訪ねたとする。遠来の客を歓待するのは東アジア社会の習慣で、もちろん大歓迎されるが、歓待されつつも自分たちがすでによそ者と見られていることは否めない。他方、アメリカに帰れば帰ったで、白人が主流の社会では頭上に「目に見えない天井」すなわち人種の壁があってよそ者扱いされる。どちらの世界でも居心地は良くない。「狐には穴があり、空の鳥には巣がある。だが、人の子には枕する所もない」(マタイによる福音書八・二〇) と言ったイエスと同じく宿なし状況の中にいる。[74] 特に移民の第一世代はアジアの文化に精神的愛着を持ち、故国の伝統を忘れまいとする傾向が強い。言い換えれば、新天地のアメリカに十分に根を下ろせないまま、言葉や肌の色の違いから主流社会にも溶け込めない「寄留者《ディアスポラ》」の性格が色濃い。[75] そうした二つの国、二つの文化の狭間にあるという意識は、程度の差はあれ、二世、三世にも垣間見ることができる。

しかし、アジアとアメリカの「双方」(in-both) に生きるという、この二重性を積極的に受けとめるなら、それは「複眼的な視点」でもってアメリカを相対化するという強みになる。主流社会の人々はアメリカこそナンバーワン、世界で一番優れた強国だと自負する。しかし複眼的な目をもって見れば、その自負がいかに独善的であるかがわかろうというものだ。白人はアメリカ社会の周縁で労苦する人々がいるという現実を見ようとせず、人種差別の重大さにも目をつぶりがちである。だが、そうした「中央」の驕りを指摘して、その虚偽意識を正す役割を秘めているのも、アメリカ社会の「周縁」である。人種差別のアポリアから白人を解放することなしに、アジア系市民の解放もない。アメリカを真に多元的な国へと転換するためにも「周縁」の眼が必要で、そうした批判的まなざしを共有することによって、エスニック・マイノリティ間の連帯も可能になる。畢竟、アジア系という「強いられた周縁性」は、アメリカの「内にあって超越する」(in-beyond)との積極的な意味を帯びている。[76]

「内にあって超越する」とは、周縁から中央に進んで権力を奪取する営みではない。また、痛めつけられてきたから今度は痛めつけてやるという「裏返しの人種主義」でもない。イエスはイスラエルの周縁の地ガリラヤで生まれ、成長してからガリラヤとエルサレムという二つの世界の「狭間」に生きた。そこでイエスが教えたのは、「内にあって超越する」との積極的なパラダイムである。イエスは、イスラエルの民に愛を説いて憎悪を退け、権力を志向するのではなく奉仕を勧め、そのことで新しい神の国の未来を示した。イスラエルの内にありながら、イスラエルを越えて普遍的な愛を説き、正義のわざを行った。

そもそもキリストという象徴そのものが「神人両性」というイエスのハイブリッド性を言い表している。カルケドン信条によれば、イエス・キリストは「真の神にして真の人」であって、二つの世界を橋渡しするという性格を持っている。こうしてリーは、在米アジア人がこのキリストに倣い、強いられた周縁性とハイブリッド性であっても、それらを活かして、アメリカとアジアの懸け橋になるべきこと、アジア系少数者の存在意義を、イエスに従うアメリカ社会の周縁的共同体として再構築すべきことを主張したのである。[77]

強制収容所体験と日系神学

では、積極的にアジア系社会の二重性と周縁性を生かすために神学は何をすべきなのか。「祖先の地とその歴史に敬意を払いながら、同時にアメリカ的」な、二つの文脈が交じり合う「交差路の神学」(a theology of intersection)[78]となるためには、何を「出発点」(the point of departure)にすればいいのか。

アジア系アメリカ神学を志した人々がまず行ったのは、苦渋に満ちたアジア系移民史を振り返ることだった。アジア移民史は一九世紀後半、アメリカに「自由の新天地」を求めて多くの人が貨客船のタラップをのぼったときに始まった。彼らは船底に押し込められても夢を語り続けた。しかし、船を降りてアメリカ西海岸に一歩を踏み出したとき、彼らが発見したのは夢の国とはほど遠い現実だった。人種差別の巨大な壁が彼らの前に立ちはだかった。確かにアメリカン・ドリームを実現した者も少なくなかったが、そうした人ですら支払った代償は大きかったのである。[79]

アジア系アメリカ神学の特に若手世代が始めたのは、アジア系移民の苦難のライフストーリー、経験や物語を拾い上げて、それに神学的注釈を加えることだった。特に期待されたのは、人種差別に抗してエンパワーメントの源泉になる信仰証言で、そうした痛苦な過去の掘り起こしから改めてアジア系アメリカ人のアイデンティティを探ろうと試みたのである。そんな試みのひとつが、日系社会の「集合的記憶」(collective memory)、第二次大戦下における迫害経験を取り上げた日系アメリカ神学だった。フミタカ・マツオカによれば、第二次大戦勃発直後に起きた日系市民の強制隔離は、日系人とは何か、そのアイデンティティを探るための「解釈学的レンズ」である。[80] 収容所の記憶を呼び覚ますことは、過去を記録に残すという歴史の興味をはるかに越える。社会のヘゲモニーを握る白人が「古き良きアメリカ」の記憶を紡ぐのとは対照的に、歴史の下側に埋もれた日系人の「痛苦に満ちた記憶を掘り起こすこと」は、日系神学の構築にあたって避けることのできない手続きだった。[81]

日系人の歴史がアメリカの傍系の歴史として語られるという現実は今も昔もそれほど変わりはない。アメリカへの移民は後着であればあるほど「その存在を望まれず」、さまざまな不利益をこうむってきた。そして人種差別の対象になって過酷なハンディを背負わされた。[82] むろん、そうしたことは日系人に限らず、他のアジア系市民にも多かれ少なかれ共通している。中国人もインド人も韓国人の移民もそれぞれ白人社会の中で、有色人種に対する偏見と差別に遭遇した。しかし、そんな中でも日系人の歴史が際立つのは、戦前の排日移民法における苦難もさることながら、第二次大戦中の強制隔離の苦い経験であった。

第二次大戦が始まって収容所行きが決まったとき、私の家族は両手で運べるものしか所持を許されませんでした。はげ鷹のような人々が、父の経営する二つの雑貨ストアと宝飾店、そして一〇セントショップに群がって、父の一生の仕事を食い荒らしたのです。(83)

日本との戦争が始まるやアメリカに住む日系人一二万人はカリフォルニア西海岸からオレゴンやアリゾナの内陸の不毛な地へと強制的に移動させられ、収容所に押し込められた。日系人の六割以上が、すでにアメリカで生まれた二世で市民権を有していたにもかかわらず、敵性の疑いありとして一世と共に家を追われて鉄条網に囲われた収容所への道を歩んだのである。そして戦争が終結した後になっても、接収された財産の返還も補償もないまま、ゼロからの再出発をしなければならなかった。日系市民にとってこの歴史は忘れることのできないものだった。実にアメリカにおいて日系人ほどに疑惑と不信と敵意をもって扱われた集団も稀で、日系一世が長く収容所体験を語ろうとしなかったのも、二世の多くがアメリカへの同化を懸命に目指して日本的なもの一切を棄てようとしたのも、偏見と迫害に晒された日系コミュニティの深いトラウマを表している。

しかしそうした過酷な収容所経験も、若い世代の意識覚醒にとっては欠くことのできない原点である。九〇年代、強制収容に対する謝罪と補償を求める運動の高まりの中で、三世、四世といった新世代を中心に新しいエスニック意識が芽生え、日系コミュニティの歴史の見直しを行おうと、一世や二世からの聞き取り、口伝の記録化が意欲的になされた。当初、一世、二世の多くは心の古傷に触れられるのをためらい、傷が深ければ深いほど実体験や過去については寡黙になって、寝た子を無理に起こすことはするなと多くを語ろうとはしなかった。辛い記憶、差別された過去を忘れ去ってしまいたいのは当然だが、しかし三世や四世による熱心な聞き取り運動に背を押されるように、ようやく自分たちの歴史を振り返り物語るようになったのである。

北森神学と日系人の「砕かれた心」

日系アメリカ神学の構築を模索してきたひとりに、太平洋神学校で長く教鞭をとり、「北米アジア太平洋宗教研究所」（The Institute for Leadership Development and Study of Pacific and Asian North American Religions, PANA）の所長を務めたフミタカ・マツオカがいる。マツオカは戦後になってアメリカに渡ったいわゆる「新一世」である。ベサニー神学校、ヴァージニアのユニオン神学校で学んだ後、インドネシア、日本で宣教師となった。その後、再びアメリカに渡り、カリフォルニアで牧会した経験もあるため、西海岸の日系人教会の事情に詳しい。そんなマツオカの目に映った日系人社会の課題は「どうすれば日系人は自分たちの市民権と人間的尊厳を踏みにじったアメリカ社会に前向きになれるのか、ますます多元化する人種とエスニック集団の中でいかに存続していけるか」にあった。マツオカは、日系市民のアイデンティティの原点は収容所体験であると考えた。[84]「日系人のアイデンティティの源は実に収容所経験の集団的記憶にある。その記憶を次世代に語り継ぐことが日系人とは何かの理解を深める。この点で、第二次大戦下の収容所で被った被害に対する補償請求運動と、その結果制定された一九八八年の市民的自由法は……日系人とは何かを再認識する上で、強力な手がかりである」。[83]

アンドヴァー・ニュートン神学校で牧会学の教鞭をとるシャロン・ソーントンは日系人ではないものの、大戦中の日系社会の歴史に深い衝撃を受けたひとりである。[86] 一時期、日本人教会で牧師をした経験を持つソーントンは、日系二世が欧州戦線で「当たって砕けろ」（go for broke）を合言葉に突撃を繰り返したことを長い間疑問に思っていた。二世の多くはヨーロッパ戦線に送られ、二世部隊の第一〇〇歩兵大隊と第四四二連隊戦闘団はアメリカの軍隊史上もっとも過酷な戦いを強いられた部隊として名を残し、戦死者数は群を抜いていた。いったいなぜ二世はアメリカ軍に志願したのか。アメリカは彼らを収容所の鉄条網の中に送り、その存在を拒絶したではないか。それなのになぜ。そうしたソーントンの疑問を解いたのは、ひとりの二世が家族と日系社会の「誇り」を維持するために死を覚悟で戦地に赴いたということを知った時だった。[87]

友人と家族が僕のすべてです。僕が学業を断念して、好きでもない戦争に行く理由がそこにあります。僕たちの国が戦争をしている。いや、日本が僕たちの国を攻撃したことで、日本人を祖先とする市民が袋叩きにされている。じっとしているわけにはいかない！　僕は生きて戻れないかもしれません。でもそれは問題ではない。家族と友人がその事実でもって反駁できる。誇りを持つことができる。実際、僕たちは最前線に送られて、生きて戻ってこないほうがいいのかもしれない。それがたしかな証拠になって、家族や友人たちが助かるのですから。(88)

日系二世は、収容所の家族や隣人が非国民の汚名を受けないよう、彼らに代わって自分の命を投げ出した。その事実を知ったソーントンは心を揺さぶられ、日系二世の自己犠牲をイエス・キリストの贖罪死につないだ。日系兵士の戦場での犠牲死もイエスの十字架上の犠牲死も、後に続く世代が希望を持ち、より豊かでより完全な生を享受できるようにとの贖罪的動機に基づいてなされた覚悟の死であった。両者は共に自分を犠牲にすることの重さを熟慮し、それがもたらす結果を慎重に推し量った。恵みは安価ではない。しかし死を賭すだけの価値があることを理解していた。「一粒の麦は、地に落ちて死ななければ、一粒のままである。だが、死ねば、多くの実を結ぶ」（ヨハネによる福音書一二・二四）。戦場に散った日系兵士の自己犠牲は、イエスの十字架の贖罪死を指し示してあまりある。ソーントンは贖罪論を手がかりに、「つらさ」を中核にした日本人神学者北森嘉蔵の『神の痛みの神学』を読んでこう解説する。

日本の北森嘉蔵は、広島、長崎の被爆経験を持つ日本人の視点で十字架の神学を理解した最初の神学者である。独創的な『神の痛みの神学』において北森は、愛をもって人間を包み、痛みに耐える神を語った。北森にとって痛みは砕かれた人間の現実を示すものであった。壊滅した日本にあって、痛みは唯一の神学的真理だったのである。(89)

ソーントンが深く印象づけられたのは、福音の心が神の痛みとして示されたとする北森が戦後の荒廃のただ中にあって、神が愛をもって砕かれた日本人の魂を包み込むと理解したことだった。(90) 一切を包みこむ愛が神の痛みの中にあって、神は痛みをもって人間を愛そうとする。北森は神がそうした愛によって自らを苦しむ神であること、神の愛は葛藤する愛であることを明らかにし、真実な愛は痛みと苦しみを伴うことを指摘した。神の愛は、ボンヘッファーが批判した「安価な恵み」ではなく、莫大な自己犠牲を伴う愛であって、そうした愛は出征した二世にとっては、アメリカという「痛みに値しない対象を包みこむことを意味していた」。それは高価な、しかも深い痛みの代償を払っての恵みだった。「痛み」は日本人の悲劇の理解に深く根を下ろした独自の概念で、北森は大胆にも神の痛みを「つらさ」という独特の日本語で表した。日本人の「つらさ」という概念は英語の「にがい思い」(bitterness) とも「悲しい思い」(sadness) とも異なっている。日本人はヨーロッパ人のように大声で非を鳴らさず、むしろそれを耐えることのほうを選ぶ。他者を愛し、他者を生かそうとして自ら苦しみ、死さえ覚悟して甘受する。そうした「つらさ」を神は知りたもう。いや神ご自身が、本来愛するに値しないものを、それでもなお愛そうとされる。十分な理由もあり、けっして赦すことのできない人間を神は愛して赦そうとされ、そのとき神の痛みは極限にまで深まる。そうした神の「つらさ」がキリスト教の罪の赦しの中核にある。

アメリカ政府は戦時中、日系市民に対して過酷な仕打ちをして、赦すべからざる罪を犯した。アメリカは日系市民にとって愛に値しない。にもかかわらず、日系人はアメリカを赦し、アメリカを愛そうとしてきた。ソーントンは、日本人がもつ「つらさ」の感覚とは、痛みのゆえに痛もうとするマゾヒズムではなく、家族と隣人を生かそうとする愛、理不尽な仕打ちをする国をなお愛そうとする「砕かれた心」(broken heart) であると結語する。[91]

「つらさ」を越えて「恨」の解放へ

アメリカ国民でありながら市民としての権利を否定され、それでもアメリカのために戦おうとした日系二世。彼らは生き残りを賭けて戦場におもむき、血みどろになって闘った。そして彼らは復員してからも勤労と名誉を重んじて、アメリカの少数者の模範になった。確かにそれはそうだった。しかし、そこには模範的マイノリティにならねばならないという圧力と、いつ後ろ指をさされるかわからないという緊張感が絶えずあった。そんな日系人の労苦を知って、ソーントンが北森神学の「つらさ」「痛み」に着目したのはよく理解できる。バルトはドイツ教会闘争において「ドイツ的な神学」に反対した経験から、北森の神の痛みの神学をそれと同類に置いて「日本的な神学」というものはありえないと一蹴した。[92] ソーントンはそんなバルトを一歩も二歩も突き抜け、日系市民の「痛み」を神学の貴重な資料として共感を持って理解しようとした。しかしだからといって、これを全面的に受け入れることには躊躇がある。

それは、ソーントンも「寡黙で」「忍耐強い」日本人というステレオタイプの罠にはまっているからである。「つらさ」を日本人独自の感情としてロマン化するきらいがあるからである。広く括れば、北森の神の痛みの神学は、聖書（ないしは神学）と日本人の精神文化との間で、共鳴する概念（あるいはテクスト）を探り、両者を橋渡しすることに目的があった。[93] どんな文化にも、その文化ならではの言葉と表現がある。他言語では伝えられない微妙なニュアンスを持つ概念がある。北森がユニークなのは、「我腸《はらわた》かれの為に痛む」（文語訳、エレミヤ書三一・二〇）とある神の受苦を、「つらさ」という日本語をもって示したことにある。納得できないことを日本語では「腑《ふ》に落ちない」と言う。人間の内臓、「腑」には、胆、小腸、胃、大腸、膀胱、三焦の六腑があるが、腑は主として消化や吸収に関わる臓器のことである。そこで物がすとんと収まらないことを、納得できないとの意味を込めて、腑に落ちないと言うのである。北森は神の痛みを、日本人の腑に落ちるよう「つらさ」でもって説明した。ローカル言語で聖書の言葉や概念を表現する努力は、現代で広く行われている文脈化のひとつである。例えば、フィリピンの神学者ホセ・デ・メサは、神の愛を「寛大」や「豊穣」を意味するタガログ語の「カガンダハン・ロプ」で説明をするが、それと北森の試みはほぼ同じである。

「つらさ」は日本人に独特の感情なのか。他の文化にはないものなのか。その議論はさておき、問題は「つらさ」でもって日系人の歴史的苦痛を説明することがはたして正しいかどうかである。「包むべからざるものを包む」神の痛みで、収容所への強制移住というアメリカ政府が犯した過ちを贖罪できるか。強制隔離は戦争という非常時に起こった。望ましいものではないとしても、戦争だから仕方がないとあきらめて済ませることは正しいことなのか。日本も戦時中は在日のアメリカ人を迫害した、強制収容は言わば人間の避けることのできない「罪」で、服従するしか道はない。そうした論法が日系社会の中にもあったのは事実である。しかし、「つらさ」をひたすら耐えたから、戦後アメリカの模範的市民になれたと単純に総括していいのだろうか。

北森神学の「神の痛み」と「つらさ」を批判する神学者は少なくない。[94] 東海林勤は、北森が「つらさ」に着目したことを評価しながらも、その理解が「心理的、個人的次元に制限され」、神の救済も内面心理だけで決済されると危険があることを指摘した。[95] 野呂芳男はもっと率直に、北森の神学が「政治的、また社会的生活上に生じる悪に抗する力を与えず」、「悪によって引き起こされた痛みにとどまるべきである、と勧めているかのごとき印象がある」と批判した。[96]

北森には直接言及していないものの、リタ・ナカシマ・ブロックの日系神学はその点で示唆的である。[97] ナカシマは伝統的な贖罪苦のイメージを取り上げて、罪は人が誕生した瞬間から不可避にまとわりつくものでも、どんな人間にも本質的にあるものでもない、と痛烈に批判する。そうではなく罪とは「他者を傷つけ、他者からも傷つけられるという人間の関係性から生じる病徴」である。[98] 罪は避けられないからといって、それに対して呆然と立ちすくむのであってはならず、傷つけ傷つけられるという社会関係を少しでも改善し、「癒しの可能性を求めて」正義の実現に努めることこそ肝要である。「罪」とは実に諦念をもって忍従すること、それを改善しようともしないことである。罪は存在論的には人間関係に起源があり、人間関係の破れとして現れる。罪は人間同士の「心の破れ、傷ついた魂」の表現であって、伝統的キリスト教が言うような「神に対する根源的な人間の不従順」から出発するものでも、イエスが人類に代わってそれを負ったという代償説で解決されるのでもなく、徹底して人間関係の癒しとして解決されるべきものだというのである。[99]

そんなナカシマ・ブロックの理解を引き継ぎ、罪を北森の「痛み」と「つらさ」ではなく、社会的な「恨」の概念に結んだのは、韓国系神学者のアンドリュー・スン・パクである。「アジア系アメリカ人として罪の概念、ならびにその犠牲になった人々の衝撃的深さに注目してきた」[100]というパクは、民衆神学の「恨」を「犠牲者がこうむる深い傷」と捉えて、キリスト教の「罪」との相関を試みた。パクによれば恨は、社会的、経済的、文化的、心理的に不当に取り扱われるところでは、韓国人に限らずどんな人にも生まれる癒しがたい傷の概念である。キリスト教の罪は何か抽象的な概念でも神学者の頭の中でひねり出されたものでもなく、文化と社会に深く絡んでおり、そのことの理解の助けになるのが「恨」である。[101] 畢竟、罪とはそれを作りだす側に関わる概念であり、それに対して被害を受けた者たちの概念が恨である。人が罪を犯せばそれによって被害をこうむる者が必ず出る。すると被害を受けた者には傷つけられたという恨の思いがふつふつと湧いて、それがまた罪を形づくっていく。罪が恨を生み、恨が罪の温床になる。

支配する側の罪が明らかになるのは、個人、集団、構造の三つの次元である。個人の次元では罪は他者を支配する欲望、搾取する欲望、統御、そして自身の優越感となる。これが集団レベルになると、支配する罪は文化的ヘゲモニーの掌握、自民族中心主義、愛国主義といった集合意識や無意識になって姿を現す。そして構造的な場面における罪は人種差別、性差別、民族排外主義といったシステム上の悪となって立ち現れる。支配する側からすれば、人種差別も性差別もすべて彼らに「罪」を犯させる社会構造であり、他方、抑圧される人々からすれば、それらは彼／彼女らに深い「恨」を生み出す制度である。

この罪の三つの次元に対応して、恨もそれぞれ個人、集団、制度の三つに分かれる。個人レベルの恨は、怒り、あきらめ、やるせなさ、絶望の感情で、どれをとっても抑圧に対する個人的な反感であり溜め息である。次の集団的次元の恨は、自分の属する集団やエスニシティの文化的劣等、民族的諦観や「恥」の集合意識になる。構造的レベルでの恨は、主流社会を前にしての無気力、何をやっても変わらないというあきらめで、性差別や人種差別への無抵抗になって現れる。このように罪と恨は互いに関連して理解される必要がある。支配する側の罪は、支配される者の恨と表裏である。罪が恨を生み、恨が罪を育てる。教会の使命は、罪と恨のドラマにおいて恨を負わされた人々の恨を晴らし、罪を犯す人々を正しい方向へと向けることに他ならない。(102)

もし私たちがパクの言説を説得的なものと考えるならば、北森神学は日系人にとって十分ではないということになる。「つらさ」にひたすら耐えるのではなく、「恨」を晴らすというのであれば、「正義を洪水のように、恵みの業を大河のように、尽きることなく流れさせる」（アモス書五・二四）政治的プラクシスが重要になる。この点でアジア系アメリカ人神学に示唆を与えたのはやはり解放主義の黒人神学だった。日系コミュニティの三世、四世を中核とした若い神学世代が黒人神学に触発されてきたことはすでに触れたが、黒人神学のパイオニアであるジェームズ・コーンは、抑圧された者の苦しみも怒りも忍従すべきものではなく、声に出して不義に立ち向かっていくべきものと論じて、それを「義憤」（righteous anger）と表現した。(103) 義憤は不当に処遇された者の正当な怒りであって恥ずべきものではない。いや、神はそうした義憤に耳を傾け、抑圧された者を解き放つ神である。神は「追い使う者のゆえに叫ぶ彼らの叫び声を聞き、その痛みを知った。それゆえ、わたしは降って行き、エジプト人の手から彼らを救い出し」（出エジプト記三・七―八）と語られる神である。もし抑圧された者に解放を告げる神を告知しないならば、それはキリスト教の神学ではない。「黒人神学は生き残りのための神学であり、それは非存在の力に脅かされる者たちの共同体の神学的意味を解釈することを試みる」。コーンの戦闘的な言葉は多くの白人の反感を招いたものの、白人による抑圧下で苦しんできたアジア系少数者には少なからぬ共鳴者を得たのである。

ポストコロニアル神学への関心

ではアジア系アメリカ人の恨を晴らし、「正義を洪水のように流れさせる」ためには何をどうすればいいのか。忍耐強く文句を言わない模範的市民という「模範的少数者」（model minority）の神話、アメリカ主流社会から押しつけられた「同化」のパラダイムを克服するために、神学はどこに手がかりを求めるべきなのか。ステレオタイプのアジア系市民観の克服、周縁的な移民社会の解放という課題の中で、にわかに注目され始めたのが近年のポストコロニアル理論である。韓国系のナムスン・カンはオリエンタリズムやネオ・オリエンタリズムを批判的に越えた、アジア系コミュニティのポストコロニアル神学を構想しようと奮闘中である。[104] また、中国系の女性神学者クォック・プイ・ランはアジア系女性の視点からポストコロニアル論を家父長主義の克服につなげようと試みる。[105] 他にもアン・ジョは解放主義と文化批判の双方を含めたポストコロニアル・キリスト論を、[106] フィリピン系のエレアザル・フェルナンデスはポストコロニアルによる白人優越主義の「悪魔払い」を提唱する、[107] といった具合で、多くの神学者がポストコロニアル理論を手がかりに神学を試みている。

ポストコロニアル神学はポストコロニアル理論を受けた、現代神学の中ではもっとも新しい潮流である。[108]「植民地以後《ポストコロニアル》」はもともと歴史学の分野で用いられた概念で、第二次大戦後、アジアやアフリカの諸国がヨーロッパの旧宗主国から独立していく現代史の重要なひとこまを指す概念であった。しかしポストコロニアル神学が問題にするのは、そうした時代区分もさることながらキリスト教を非欧米圏の民衆、それも非主流の下位集団の視点でもって捉え直そうとする方法のほうである。キリスト教神学という学問がヨーロッパに起源を持ち、今もなおそこに大きな価値があることは明らかである。だが、それだけが神学の方法だろうか。アジアでは今日も欧米の神学が支配的という現実は、結局のところアジアのキリスト教徒を文化的にも政治的にも欧米に依存させ、「植民地メンタリティ」を維持することに寄与しているのではないのか。

例えば従来の欧米神学はアジアの諸宗教に対して否定的評価ないしはまったくの無関心の態度をとり続けてきた。欧米の宣教学は、宗教を「世界宗教」と「民族宗教」（あるいは「土着宗教」）に二分した。そして「世界宗教」を普遍的な儀礼と教義を持ち、人種、民族、国境を超えた優れた宗教、「民族宗教」を特定の民族に制約された普遍性のない劣った宗教と仕分けした。彼らはキリスト教が世界宗教の中でもトップの座を占めるのは言うまでもなく、キリスト教徒になるとは民族の狭い枠から抜け出ていっそう自由で優れた普遍的宗教の最高の一員になることだと言って憚らなかった。

しかしポストコロニアル理論はこれに大きな疑問符をつけた。[109] わざわざ宗教を世界的と地域的と二分して、キリスト教をその最上位に掲げて、他を低くランク付けしていくのはいかがなものか。そうした仕分けこそ実に恣意的で、欧米の優越主義の表れではないか。一六世紀から始まり、一九世紀に頂点をきわめたヨーロッパ列強によるアジア、アフリカ、ラテンアメリカの植民地支配においてキリスト教が果たした役割は小さくない。宣教師が露払いをした後、商人と軍隊が乗り込んできて世界各地を植民地化する。確かに宣教師の大多数は熱意に燃えて福音の伝道を志したに違いない。だが、そうした宣教師も「西洋の物語」を語るだけで、アジアやアフリカの物語を無視し続けたではないか。キリスト教が世界人口の三割を占めて最大の宗教となったのは、非キリスト教世界の物語を根絶やしにした欧米の覇権主義、帝国主義の結果ではなかったか。エドワード・サイードのこうした文化帝国主義批判をきっかけに、神学の世界でもキリスト教と植民地支配との負の関係が見直され、宣教師の異文化への無理解が改めて批判に晒されるようになったのである。[110]

アジア系アメリカ神学にポストコロニアル理論への先鞭をつけたのは、北アメリカのアジア系聖書学者である。

そのひとり、香港出身のカナダ人ウェン＝イン・ングは次のように述べる。

世界の植民地主義の長い歴史の後、アメリカ大陸を含めて、勝者の目、言い換えれば神が自分の側にいると物語る人々の目でもって聖書を読み続ける限り、われわれは「征服者」のメンタリティにとらわれ、帝国主義的傾向に手を貸して、人種差別を維持する危険を冒すことになる。われわれは、従来の西洋的解釈方法に従えば、聖書でさえ、西洋拡張主義史と歩調を合わせた「帝国主義者のテキスト」に変容することを知った。とすれば、聖なるテキストにも「パラダイム・シフト」、いやコペルニクス的革命を施して、植民地主義の偏見が西洋に存続している事実を暴き、その矛盾した性格を白日のもとに晒す必要がある。(111)

ポストコロニアル聖書学の方法とは、端的に言えば、征服者でなく被征服者の側から、すなわち侵略して土地を占拠した勝者イスラエルの視点（ヨシュア記一―六章）からではなく、土地を失って隷属化した敗者カナン人の目で聖書を再解釈していくということである。

ポストコロニアルに共鳴する聖書学者は大勢いる。その中でとりわけ著名なのは、イギリスのバーミンガム大学で教鞭をとるスリランカ生まれのR・S・スギルタラージャである。(112) スギルタラージャは、西洋世界がアジア人の「メンタリティを植民地化する」方法は歴史的にさまざまだったと振り返る。一九世紀に始まるヨーロッパの東洋学はアジアの文化を一方でロマン化し、他方でそれを野蛮、劣等、暴力的、性的逸脱といった概念でもって貶めてきた。また、無理に西洋思想にこじつけてその土地の文化を高揚するふりもしてきた。だが、こうしたことには終止符が打たれなければならない。

そうした課題に向けてスギルタラージャは、声を奪われてきたアジア人に声を発する機会を備えようと、三人の僕《しもべ》の譬え、放蕩息子の譬えなど、アジアのキリスト教徒にもよく知られた聖書箇所に独自な解釈を試みる。すなわち、聖書学者にはアジア人の物語、感情、情緒、詩、ことわざ、比喩、暗喩を積極的に活用して西洋の学術釈義と異なる道を歩むよう求める。そして、アジア民衆には読み手としての積極的な役割を割り振るのである。それも、ただ仏教やヒンドゥー教の主流伝統や正典解釈にとどまらず、これまで無視されてきた集団の傍系文化、インドの被差別民、ダリットや下位カーストの視点から積極的に再読するよう要請する。(113) そうした読解の方法は、アジアをロマン化して欧米知識人の注意を引きつけようとするオリエンタリズムの作法とはまったく別な、アジアの貧しい者が自らを解放するために不可欠な手続きである。むろん、西洋的な聖書学をまったく捨てて、近代の聖書批評学以前に戻れというのではない。アジアの聖書学者には、聖書批評の知識を活用して民衆と協働し、解放的な解釈を進めるようにと求めるのである。(114)

スギルタラージャに限らずポストコロニアル聖書学者は、イエス時代のローマ帝国、旧約聖書の中近東の古代王政と、近現代における帝国主義とを類比し、権力と宗教との絡み合いを検討することにおいても、ポストコロニアル理論から学ぶ点が多いと考えている。確かにこれまでにもラテンアメリカの解放神学が、ポルトガル、スペインの植民地支配の中で、キリスト教会が先住民インディオの抑圧に加担した歴史を掘り起こし、支配・被支配の関係に焦点を当てた先例がある。しかし解放神学者はマルクス主義に引きずられ、土着的な文化や宗教の意味を軽視する傾向があった。一方、文化の文脈化を唱える神学者の多くは、アジア、アフリカの文化の重要性を説く積極さがありながらも、社会政治的プラクシスに欠ける憾みがあった。そんな事情から、第三世界の神学会議では両者が互いに相手を激しく批判する事態がしばしば起きた。この亀裂に心を痛めた者にとって、ポストコロニアル論は解放主義と文化主義の双方を橋渡しし、グローバル世界の宗教対話や多元主義に道を拓く要素がある上、キリスト教の救済論、終末論、世界宣教論を批判的に再構築する点で大きな神学的可能性を秘めていると受けとめられている。

アジア系アメリカ神学者がこうしたポストコロニアルの言説に敏感に反応したのは十分に理解できる。アジア系アメリカ人はこれまで社会の周縁に置かれ、「成功したマイノリティ」「模範的なアジア移民」の神話のもとで、ひたすら主流社会への同化を求められてきた。そこではアジア的な価値、文化を低いものとして捨て去ることが当然とされ、いくら模範的と褒められても、自分を白人より劣った存在として見ることでは変わりがなかった。また、特に移民一世はアジアとアメリカのどちらにも属せないというアイデンティティの揺らぎがあった。(115)

ポストコロニアル神学はそうしたアイデンティティの二重性を「サバルタン」という新たな概念で積極的に位置づけ直す。サバルタンとは「下層民」「従属民」といった意味で、もともとはイタリアのマルクス主義者アントニオ・グラムシの『獄中ノート』に出てきた言葉だが、ガヤトリ・スピヴァクによって広く知られるようになった。(116)サバルタンは寡黙を強いられて「自らを語ることができない」人々なのだが、しかし彼らは叩かれるだけの存在ではない、支配者にチャレンジして自分をも変容させる創造的な「二重性」を秘めているとスピヴァクは考えた。(117)

はたしてポストコロニアル聖書学の方法と欧米神学への批判的捉え直しがアメリカのアジア系コミュニティの神学にとって有用なものとなるかどうか。ポストコロニアル論を援用した聖書解釈の労作がぽつぽつと現れてはいるが、(118)それらが本当にアジア系移民社会のエンパワーメントとなるかどうかはなお未知数である。しかし、旧宗主国イギリスに在住するスギルタラージャが、イギリスとスリランカの境界上に生きて、そのどちらにも安住の地を求めないという自覚的姿勢を保ってきたことは、アメリカのアジア系神学者にとっても示唆深い。広い枠で括れば、ポストコロニアル神学はポストモダン神学を裏からうがつ言説と言える。それはポストコロニアル理論がなんでもありのポストモダンの相対主義を超えて、明らかに欧米の「ポスト・キリスト教時代」を視野に入れているからで、帝国主義以後のキリスト教を政治社会的なプラクシスを通して解放主義へと転換する道を模索することではポストモダンを越える可能性を秘めているからだ。スギルタラージャは「いったいどの言葉が本当の土地の言葉なのか」「誰が誰に向かって土地の言葉を使うのか」を問題にして、本当の意味の「土地の言葉」

（vernacular language）で聖書を翻訳して解釈しようとした。この一見地味な試みも、アジアの文化的解放を目指すものに他ならない。なぜならスギルタラージャは、問題はアジアの言葉で聖書を読めばよいという単純なものではなく、言語選択において「中央」すなわち欧米に向けて語る姿勢から脱却しなければならないと考えたからだ。[119]

アジア系アメリカ神学のこれから

アメリカにおけるアジア神学は、アジア出身の神学者によって、東洋的なものと西洋的なものを対比的に論じて、前者を積極的に再評価する方法をもって始まった。アジア神学のパイオニア世代は、神学がアジアの文化とそこに生きる人々の生に根ざすものでなければならないことを主張した。西洋のロゴスを中心にした言説ではなく、詩、歌、瞑想、随想、演劇や美術を含め、アジアの独自なイメージが神学において重要な役割を果たすべきことを提唱した。それは十分に傾聴に値するが、東アジアの言語が含蓄を重んじるとか、余情を大切にするとかいった議論には疑問を感じる。はたして日本語は小山が言うほどに「曖昧」で「非論理的」かどうか。チョムスキーの生成文法においては、どんな言語も普遍的構造を持っていて、特定の言語が非論理的であることはないとされている。また歴史的にも文化的にも社会階層的にも複雑に入り組んでいるものを、「アジアの心はこれこれである」と単純化するのは雑駁とのそしりを免れない。

欧米神学があくまで理論の整合性で相手を屈服させようとするとの批判も正鵠を射ていた。だが残念なことに、その語りかける対象がアジアやアフリカというよりも、むしろアメリカの中央、リベラルな白人であったことも否定できない。アメリカの教会事情に詳しい古屋安雄が、アジア出身の神学者が欧米に留学したまま帰国しないで残ってしまう現実を取り上げ、彼らにとって「これがキリスト教信仰のアジア化なのか」と皮肉ったのも根拠がないわけではない。古屋によれば、北アメリカで教える中国人神学者はアジア全体の中国人神学者より数が多

いのである。(120)

そうした「輸入」された神学者の言説とは異なって、「周縁」のアジア系コミュニティから生まれたのがアジア系アメリカ神学だった。そのきっかけは、黒人神学や解放神学が興隆して、従来の神学の枠を超えたマイノリティや第三世界の神学に関心が集まり、アジア人キリスト教徒のコミュニティの中にもそうした挑戦を受けとめて、自身の文脈で神学を試みる者が出るようになったことだった。端的に言えばアジア系アメリカ神学とは、アメリカに根を下ろそうと苦闘を重ねた移民の歴史的経験を神学の出発点にし、そうしたコミュニティの必要に応えようとする言説である。

ポストモダン神学の興隆に比べると、ポストコロニアル神学に意欲的に関わっている人の数はまだまだ少数である。しかし今日アジア系のアメリカ神学者は、ポストコロニアル論に触発されつつ、解放主義を軸足にして周縁性、二重性などの文化・社会的概念の積極的活用を試みて歩を進めている。同じ少数者とは言っても、アジア系アメリカ人社会は黒人やヒスパニックとは歴史的にも社会的にも様相が異なる。アジア系はアメリカ社会のマイノリティの中でもさらにマイノリティで、文化の面はともかく政治的な力はまだ弱く、発言が極端にかぼそいのが実情なのだ。

だからこそ日系を含めたアジア系移民社会が互いに協力し、さらにアジア系以外の他の少数者コミュニティとの連携を強めていくことが課題となる。ロサンゼルスの下町にあるリトルトーキョーは、かつては数万人の日系移民が住むアメリカ最大の日本人街だった。街には教会も仏教寺院もあり、日曜日になると人々が集まってお茶を飲んだり、和菓子を食べたりして談笑するのを楽しみにしていたという。そんな街も今では日系の住民は少なくなって、韓国系や中国系の人々であふれている。ロサンゼルスにはタイ移民のタイタウンもあり本格的なタイ・レストランでの食事が楽しめるが、ここでもタイ人ではない他のエスニック人口が増えている。一九九二年のいわゆる「ロス暴動」では、サウスセントラル地区にある多くの韓国人商店が黒人の群衆によって襲撃された。

引き金になったのはロドニー・キング事件の裁判で、黒人市民に暴行を加えた白人警官への無罪判決だったのだが、アフリカ系市民の不満はそれまで黒人が経営していた酒屋や雑貨店、八百屋を買い取って商売を始めていた韓国系移民に向けられたのである。異なるエスニック間の交流が少ないままでは、少数者が互いに猜疑心に苛まれることが多い。ロス暴動の例は少数者がいかに他の少数者の利害に神経を苛立たせているかを物語っていると言えよう。それぞれの少数者共同体は対話による連携を通してのみ他者の歴史、経験、問い、関心へと導かれる。アメリカのアジア系教会は宗教多元主義や宗教間対話の問題にも対峙せざるをえない現実下にある。概してアジア系キリスト教のコミュニティでは福音派ないし原理主義的教会が強いのだが、そうした教会が保守的信仰の形式を維持しながら他宗教集団といかに折衝していくかは今後の大きな課題である。

最近のアメリカでのテロ事件、そしてアフガンやイラク戦争、アメリカの単独主義、覇権主義的な世界の一極支配といった情況は、「植民地主義」「帝国主義」「ポスト植民地主義」「新植民地主義」などの概念を神学的にも再読する必要性を浮き彫りにさせた。

アジア系アメリカ神学の「周縁性」の概念は重要である。アジア系コミュニティはひとつは一世の祖国、もうひとつはアメリカという二つの文脈を持っており、そのどちらも無視することはできない。周縁的な存在者は中央の社会の不遜を預言者的に批判する視点を備えている。そうした営みは、たとえ強いられた周縁性から出発したとはいえ、アメリカの未来に向けてますます貴重である。アメリカの白人指導層の基本的世界観に野党的な批判を投げかけることでは、アメリカが抱える矛盾に対して有効な批判となる可能性を持つ。強いられた周縁性を克服して、真に自身の解放を勝ち取る道がそこにある。そうした批判の定式化の作業は、神学という学問の思考方法を転換させるだけでなく、神学者そのものをもラディカルな仕方で回心させる潜在力を持つ。周縁性の概念は、アジア系アメリカ人の経験と聖書的メッセージとを相関させ、前者をもって聖書の解釈を豊かにすると同時に、アジア系アメリカ人に境界性を積極的に理解させる。

二一世紀は「環太平洋の時代」と言われるが、もし東アジアに属する日本の神学も東アジアの現実の奥深くにまで根を張って、真実「肉となる」（宋）ことができたならば、そのときには太平洋を挟んでアメリカのアジア系神学とも数々の連携が可能となり、主題においても神学の書き方においても真にアジア的となることができるに違いない。

〈文献〉

小山晃佑

Water Buffalo Theology. Maryknoll: Orbis; London: SCM, 1974; 25th Anniversary Edition, Revised & Expanded, Maryknoll: Orbis, 1999. 小山晃佑『水牛神学――アジアの文化のなかで福音の真理を問う』森泉弘次訳、教文館、二〇一一年。

No Handle on the Cross: An Asian Meditation on the Crucified Mind. Maryknoll: Orbis, 1977. 小山晃佑『十字架につけられた精神――アジアに根ざすグローバル宣教論』森泉弘次訳、教文館、二〇一六年。

Fifty Meditations. Maryknoll: Orbis, 1979.

Three Mile and Hour God: Biblical Reflections. Maryknoll: Orbis, 1980. 小山晃佑『時速5キロの神』望月賢一郎訳、同信社、一九八二年。

Mount Fuji and Mount Sinai: A Critique of Idols. Maryknoll: Orbis, 1984. 小山晃佑『富士山とシナイ山――偶像批判の試み』森泉弘次訳、教文館、二〇一四年。

『裂かれた神の姿』岩橋常久訳、日本基督教団出版局、一九九六年。

『神学と暴力――非暴力的愛の神学をめざして』森泉弘次訳、教文館、二〇〇九年。

同信新書シリーズとして以下のエッセイ、講演記録、説教がある。

『愛は裏口ではありません』（同信新書、一九八四年）。

『しばしあなたをすてたけれども』（同信新書、一九八四年）。

『落ちつかない夜』（同信新書、一九八五年）。
『助産婦は神を畏れていたので』原みち子訳（同信社、一九八八年）。
『人類の将来とキリスト教』（同信社、一九九〇年）。
『その町が平安であれば』（同信社、二〇〇二年）。
『逆コース』（同信社、二〇〇七年）。
『視よ、この人なり』（同信社、二〇〇七年）。

小山に関する論考

Morse, Merrill. *Kosuke Koyama: A Model for Intercultural Theology*. Frankfurt: Peter Lang, 1991.
Irvin, Dale T, and Akintunde E. Akinade, eds., *The Agitated Mind of God: The Theology of Kosuke Koyama* (Maryknoll: Orbis Books, 1996).

宋泉盛

The Tears of Lady Meng: A Parable of People's Political Theology. Geneva: WCC, 1981.『民話の神学』岸本羊一・金子啓一訳、新教出版社、一九八四年（*The Tears of Lady Meng* の講演原稿 "Tell Us Our Names, Theology from the Womb of Asia" の一部を含む）。
The Compassionate God: An Exercise in the Theology of Transposition. Maryknoll: SCM Press, 1982.
Tell Us Our Names: Story Theology from an Asian Perspective. Maryknoll: Orbis, 1984.
Theology from the Womb of Asia. Maryknoll: Orbis, 1986.
Jesus, the Crucified People. New York: Crossroad, 1990.『イエス――十字架につけられた民衆』梶原寿監訳、新教出版社、一九九五年。
Jesus and the Reign of God, Minneapolis: Fortress, 1993.
Jesus in the Power of the Spirit. Minneapolis: Fortress, 1994.

民衆神学

Commission on Theological Concerns of the Christian Conference of Asia, ed. *Minjung Theology: People as the Subject of History* Maryknoll: Orbis, 1983. キリスト教アジア資料センター編、李仁夏・木田献一監修『民衆の神学』教文館、一九八四年。

CCA都市農村宣教部編『民衆の神学をめざして』新教出版社、一九八三年。

徐南同『民衆神学の探究』金忠一訳、新教出版社、一九八九年。

富坂キリスト教センター編『民衆が時代を拓く——民衆神学をめぐる日韓の対話』新教出版社、一九九〇年。

安炳茂『民衆神学を語る』趙容來・桂川潤訳、新教出版社、一九九二年。

朴聖焌『民衆神学の形成と展開——一九七〇年代を中心に』新教出版社、一九九七年。

論文など

徐南同「民衆神学の方法論」『福音と世界』（一九八三年三月号）。

玄永学「苦難の僕——民衆と希望」『福音と世界』（一九八三年三月号）。

玄永学・梶原寿「解放の神学と民衆神学との接点」『福音と世界』（一九八四年三月号）。

安炳茂「イエスの出来事の伝承母体」『福音と世界』（一九八六年七、八月号）。

金容福「メシア宗教」『福音と世界』（一九八八年六月号）。

金容福「契約に関する聖書の思想」『福音と世界』（一九九〇年二月号）。

民衆神学に関する著作・論考

Lee, Jung Young, ed. *An Emerging Theology in World Perspective: Commentary on Korean Minjung Theology.* Mystic: Twenty-Third Publications, 1988.

Schuttke-Scherle, Peter. *From Contextual to Ecumenical Theology?: A Dialogue between Minjung Theology and "Theology after Auschwitz."* Frankfurt am Main: Verlag Peter Lang, 1989.

金子啓一「『恨の神学』への応答」『福音と世界』（一九八二年一〇月号）

「特集　民衆神学との対話」『福音と世界』（一九八五年四月号）木田献一、鈴木正三、金子啓一、犬養光博、モルトマンなどの諸論を掲載。

「民衆神学の現在」『福音と世界』（一九八八年一一月号）。

石井千恵美「韓国民衆神学の動向――九〇年代に向けて」『福音と世界』（一九九一年二月号）。

アジア系アメリカ神学

Brock, Rita Nakashima. *Journeys by Heart: A Christological of Erotic Power*. New York: Crossroad, 1988.
Brock, Rita Nakashima, and Jung Ha Kim, eds. *Off the Menu: Asian and Asian North American Women's Religion and Theology*. Philadelphia: Westminster John Knox, 2007.
Lee, Jung Young. *Marginality: The Key to Multicultural Theology*. Minneapolis: Fortress, 1995.
Liew, Tat-Siong Benny, *What is Asian American Biblical Hermeneutics?: Reading the New Testament*. Honolulu: University of Hawaii Press, 2008.
Matsuoka, Fumitaka, and Eleazar S. Fernandez, eds. *Realizing the America of Our Hearts: Theological Voices of Asian Americans*. St. Louis: Chalice, 2003.
Matsuoka, Fumitaka. *Out of Silence: Emerging Themes in Asian American Churches*. Cleveland: United Church Press, 1995.
Matsuoka, Fumitaka. *The Color of Faith: Building Community in a Multiracial Society*. Cleveland: United Church Press, 1998.
Park, Andrew Sung. *The Wounded Heart of God: The Asian Concept of Han and the Christian Doctrine of Sin*. Nashville: Abingdon, 1993.
Phan, Peter, and Jung Young Lee, eds. *Journeys at the Margin: Toward an Autobiographical Theology in American-Asian Perspective*. Collegeville: Liturgical, 1999.
Tan, Jonathan Y. *Introducing Asian American Theologies*. Maryknoll: Orbis, 2008.

ポストコロニアル神学

Joh, W. Anne. *Heart of the Cross: A Postcolonial Christology*. Philadelphia: Westminster John Knox, 2006.

Keller, Catherine, Mayra Rivera, and Michael Nausner, eds. *Postcolonial Theologies: Divinity and Empire*. St. Louis: Chalice, 2004.

Kwok, Pui Lan. *Postcolonial Imagination and Feminist Theology*. Philadelphia: Westminster John Knox, 2005.

Nirmal, Airvind P., ed., *A Reader in Dalit Theology*. Madras: Gurukul Lutheran Theological College and Research Institute, 1990.

Prabhakar, M. E., ed. *Towards a Dalit Theology*. Delhi: Christian Institute for the Study of Religion and Society and Christian Dalit Liberation Movement, 1988.

Rajkumar, Peniel, ed. *Asian Theology on the Way: Christianity, Culture, and Context*. Philadelphia: Fortress, 2015.

Sugirtharajah, R. S., ed. *Voices from the Margin: Interpreting the Bible in the Third World*. 1st edition. London: SPCK; Maryknoll: Orbis, 1991, 25th Anniversary Edition, Maryknol Orbis, 2016. 第三世界の視点から聖書解釈の記念碑的論集。25周年版は大幅に改訂され、第一版にはなかったポストコロニアルやサバルタンといった用語が見られる。

志村真編著『平和をめざす共生神学――スリランカの「対話と解放の神学」に学ぶ』新教出版社、二〇〇八年。

〈注〉

（1）Andrew F. Walls, *The Cross-Cultural Process in Christian History: Studies in the Transmission and Appropriation of Faith* (Maryknoll: Orbis, 2002), 47.

（2）本章で論じるのはアジアのアジア神学でも、欧州のアジア神学でもなく、「アメリカの」アジア出身神学者と、アジア系アメリカ市民の間から誕生した神学の概要である。アメリカのアジア神学を取り上げた著作としては、森本あんり『アジア神学講義――グローバル化するコンテクストの神学』（創文社、二〇〇四年）がある。これは宋泉盛、小山晃佑、ジュン・ユン・リー、アンドリュー・パクの四人の神学概要を述べた内容で、著者がアメリカの神学校で、アメリカ人や留学生を対象にして行った講義の記録である。対象となった神学者は、いずれもアジアの文化と宗教性を意識的に神学に取り込むことを試みた人々で、この点、森本の意欲は評価できる。ただし森本が言う「アジア神学」のカテゴリーが曖昧なことは随所で指摘されてきた（例えば宮本憲「読書室　森本あんり『アジア神学講義』」『福音と世界』（二〇〇四年一〇月）七二―七四頁。〈http://subsite.icu.ac.jp/people/morimoto/Texts/Miyamoto.pdf〉（二〇一七年六月二八日取得。））。理由は、森本が取り上げたアジア神学者がいずれもアメリカに根を下ろし、神学も主としてアメリカ人に向けて書いたものであって、神学の「アジア性」に疑問が起こるからである。森本のアジア神学は実際には「アジアのアジア神学」ではなく、「アメリカのアジア神学」であって、例えば、ヨーロッパ圏でアジア神学者と言えば多くはシリア、イラン、イラク、レバノンから移住して欧州の大学、研究機関で教鞭をとる研究者だし、東アジアの神学者で著名なのは北森嘉蔵に加え、八木誠一、滝沢克己、小川圭治、ソンウォン・パクなどドイツやスイスに留学してドイツ語で著作を発表してきた人々である。S. Fritsch-Oppermann, “Eine Reise in den Widerspruch—oder eine typisch japanische Theologie,” *Oekumenische Rundschau* 37 (1988); Catalino G. Arévalo, *Den Glauben Neu Verstehen: Beiträge zu einer Asiatischen Theologie,* (Basel: Herder Verlag, 1981) を参照。テオ・ズンダーマイヤーの『解放としての十字架――日本・韓国・アフリカ』前田保・鈴木啓順訳（日本基督教団出版局、二〇〇一年）に登場する神学者は滝沢克己、北森嘉蔵、遠藤周作であって小山ではないし、アンドリュー・パクではなく安炳茂である。

（3）Miguel A. De La Torre, ed., *Handbook of U.S. Theologies of Liberation* (St. Louis: Chalice, 2004), 179.

（4）アメリカの福音派は「アジア神学」の試みには否定的で、そのひとりW・エルウェルは、アジア神学を四つのタイプ（折衷的神学 syncretistic theology、調停神学 accommodation theology、状況神学 situational theology、聖書的神学 biblical theology）に分類し、小山や宋を「調停タイプ」とし「七〇年代から八〇年代にかけてアメリカでもっとも活躍が目立った神学」と好意的に解説した。ただし、福音派の視点からすれば「折衷的」「状況的」神学には否定的な意味合いが強く、結局正しいのは「聖書的神学」であるとする。Walter A. Elwell, *Evangelical Dictionary of Theology* (Grand Rapids: Baker Academic, 2001); B. R. Ro, “Asian Theology,” *Elwell*

Evangelical Dictionary 〈http://www.mb-soft.com/believe/txo/asian.htm〉〔二〇一七年六月二八日取得。〕ただし最近は福音派も、多元主義と異文化世界を意識して、伝達可能な福音を目指す文脈化にも肯定的になり始めた。Phil Paschal, *New Paths in Muslim Evangelism: Evangelical Approaches to Contextualization* (Grand Rapids: Baker Academic,1980); Bruce C. E. Fleming, *Contextualization of Theology: An Evangelical Assessment* (Pasadea: William Carey Library, 1980).

（5）最近ではだいぶ事情が変わって、福音派最大の神学校であるフラー神学校でも、アジア系教会のアメリカ神学を目指すシンポジウムが開催されるようになっている。Young Lee Hertig, "Report on the Asian American Symposium at Fuller Seminary," November, 2009.〈https://isaacblog.wordpress.com/2009/11/23/report-on-the-asian-american-symposium-at-fuller-seminary-young-lee-hertig/〉〔二〇一七年六月二八日取得。〕

（6）Carl Michalson, *Japanese Contribution to Christian Theology* (Philadelphia: Westminster, 1960).

（7）「文脈化」（contextualization）が提唱されたのは一九七二年のＷＣＣの「コンテクストにおける宣教」（Ministry in Context）が最初だった。それまでの「土着化」（indigenization）論が地域文化のニーズに合わせた宣教を主題にして、教会堂のスタイルや礼拝における伝統文化の取り入れなど、主として伝統的文化の摂取を焦点としていたのに対し、「文脈化」論は地域の言語と思考様式をもって福音を受肉させることに加えて、現代社会、歴史、科学技術、正義、経済などの生活領域を視野に入れて論じるところに特徴がある。一九六八年のＷＣＣウプサラ会議において発議され、一九七三年のバンコク会議では「人間化」が主張されて福音の社会改革的要素を強めた。

（8）Daniel Franklin Pilario, "Mapping Postcolonial Theory: Appropriations in Contemporary Theology," *Hapag*3.1-2 (2006), 40.

（9）Anselm Kyongsuk Min, "Asian Theologians," in *A New Handbook of Christian Theologians*, ed. Donald W. Musser and Joseph L. Price (Nashville: Abingdon, 1996), 22-48.

（10）John L. Allen Jr,"Why is Fr. Peter Phan under investigation?" *National Catholic Reporter* (September 14, 2007). ファンは宗教対話にも熱心な、日本でもよく知られた神学者のひとりである。ピーター・C・ファン「神の国―

─アジアにとって神学的シンボルか？」『神学ダイジェスト』第八六号（一九九九年）六─二五頁、「解放の神学の方法」『神学ダイジェスト』第九一号（二〇〇一年）一八─三九頁などを参照。
（11）チョンの代表作は Chung Hyun Kyung, *Struggle to Be the Sun Again: Introducing Asian Women's Theology* (Maryknoll: Orbis, 1991).『再び太陽となるために──アジアの女性たちの神学』山下慶親・三鼓秋子訳（日本キリスト教団出版局、二〇〇八年）。欧米で高い評価を得ると出身の国でも高く評価されるのが常だが、チョンの場合は、保守的なキリスト教の強い韓国での評判は芳しくないようだ。
（12）Robert T. Handy, *A History of Union Theological Seminary in New York* (New York: Columbia University Press, 1987).
（13）Kosuke Koyama, *Water Buffalo Theology* (Maryknoll: Orbis; London: SCM, 1974).『水牛神学』がアメリカで発刊されたのは一九七四年である。以来この著作は小山のもっとも知られた作品となり、一九九九年には二五周年記念改訂版が出版されたが、邦訳はされないままに終わった。なお『福音と世界』誌上に「水牛の神学」の連載があるのでそれを参照（一九七二年二月号、四─一二月号）。〔小山晃佑が亡くなった二〇〇九年以降、森泉弘次訳による小山の邦訳書が次々と出版されている。『水牛神学』森泉弘次訳、教文館、二〇一一年〕
（14）八〇年代以降、リベラル退潮の煽りを受けてユニオン神学校は衰退の一途をたどった。古屋安雄『キリスト教国アメリカ再訪』（新教出版社、二〇〇五年）、大林浩「ニューヨークのキリスト教」『CISMOR VOICE』Vol.3（同志社大学一神教学際研究センター、二〇〇五年）八頁などを参照。
（15）Jonathan J. Bonk, *Missions and Money: Affluence as a Western Missionary Problem* (Maryknoll: Orbis, 1991), 55.
（16）Bonk, *Missions and Money*, 55.
（17）持田勝「小山晃佑兄と『流れ矢』の生涯」『福音と世界』（二〇一〇年四月号「特集　小山晃佑とは誰だったか」）三三頁。
（18）Koyama, *Water Buffalo Theology*, vii-viii.
（19）森本あんりは小山が「なぜ国内では読まれることも評価されることもなかったのか」と問い、その理由を小山本人に求め、彼が日本で評価される可能性がないことを自覚してそれを最初から放棄していたと興味深い説明をしている（森本あんり「コヤマコウスケ」『福音と世界』二〇一〇年四月号、四八頁）。ドイツ神学がまだまだ幅を利かせている日本の神学事情を考えれば、これは納得のいくところである。日本語で出版されたのは『時速五キロの神』望月賢一郎訳（同信社、一九八二年）、『しばしあなたをすてたけれども』（同信社、一九八四年）、『愛は裏口ではありません』（同信社、一九八四年）の小作品と、『裂かれた神の姿』岩橋常久訳（日本基督教団出版局、一九九六年）などがある。章末の文献表を参照。

（20）Koyama, *Water Buffalo Theology*.

（21）Koyama, *Water Buffalo Theology*, 24.

（22）Kosuke Koyama, *No Handle on the Cross: An Asian Meditation on the Crucified Mind* (Maryknoll: Orbis, 1977).

（23）Koyama, *No Handle on the Cross*, 109.

（24）Kosuke Koyama, *Mount Fuji and Mount Sinai: A Critique of Idols* (Maryknoll: Orbis, 1984).

（25）Koyama, *Mount Fuji and Mount Sinai*, 254.

（26）小山の「十字架に架けられた心」（crucified mind）の概念や十字架理解が、基本的にはルターの「十字架の神学」に依拠することを指摘するのはメリル・モースの小山論である。Merrill Morse, *Kosuke Koyama: A Model for Intercultural Theology* (Frankfurt: Peter Lang, 1991). ただし小山がルターの神学を「比喩的に解釈するのははたして正当か」と疑義を唱える向きもある。大川和彦「国際的キリスト者の原点――小山晃佑『Mount Fuji and Mount Sinai』」『福音と世界』（一九八九年八月号）七八頁。

（27）ホワ・ユンは小山の神学が欧米的二元主義にとらわれた「バナナ」的な言説であって真にアジア原産の「マンゴー」になりえていないと批判する。Hwa Yung, *Mangoes or Bananas?: The Quest for an Authentic Asian Christian Theology* (Oxford: Regnum Books International, 1997). ホワはアジア神学のパイオニア世代に批判的な福音派のメソジストで、宋はアジア文化に妥協し過ぎ、民衆神学は西洋のパラダイムで、D・T・ナイルズは福音を忘れた普遍主義、M・M・トーマスは宣教的教会論が弱いと保守的立場から一刀両断する。賀川豊彦を社会派の行動主義と断じて福音伝道の視点が弱いと評価する点は大いに疑問だが、小山が西洋神学の克服を唱えながらも「西洋的関心と方法」をもって「表面的にアジアの文化や精神をなぞっている」と批判していることは知っておいていい。

（28）小山の遺作は日本で出版された『神学と暴力——非暴力的愛の神学をめざして』森泉弘次・加山久夫訳（教文館、二〇〇九年）である。小山を批判的に論じた論文著作に Dale T. Irvin and Akintunde E. Akinade, *The Agitated Mind of God: The Theology of Kosuke Koyama* (Maryknoll: Orbis, 1996) がある。

（29）ドナルド・W・シュライヴァー・ジュニア「小山晃佑名誉教授——異文化間の神学者」『福音と世界』（二〇一〇年四月号）三五—三七頁。"Kosuke Koyama, 79, an Ecumenical Theologian, Dies," *The New York Times* (April 1, 2009).

（30）Morse, *Kosuke Koyama*, 263.

（31）宋泉盛『民話の神学』岸本羊一・金子啓一訳（新教出版社、一九八四年）、二一〇頁。*The Tears of Lady Meng: A Parable of People's Political Theology* (Geneva: WCC, 1981).

（32）宋『民話の神学』。

（33）C. S. Song, *Tracing the Footsteps of God: Discovering What You Really Believe* (Minneapolis: Fortress, 2007). この著作においても宋の神学手法は従来と変わらない。創造と終末、イエスの復活、教会、死後の生命など、一〇項目の教理を解説する内容は、世界各地の物語とそれらを綴り合わせて読者自身に自由に連想させる形式を踏襲する。

（34）宋『民話の神学』一九五頁。

（35）〔H. Richard Niebuhr, *Christ and Culture* (New York: Harper, 1951).〕

（36）C. S. Song, *The Believing Hearts: An Invitation to Story Theology* (Minneapolis: Fortress, 1999).

（37）Seung Ai Yang, "Asian Americans," in *Handbook of U.S. Theologies of Liberation*, ed. Miguel A. De La Torre. (St. Louis: Chalice, 2004), 178.

（38）〔Choan-Seng Song, *Third-Eye Theology*, Revised edition (Maryknoll: Orbis, 1991, originally 1979), 37.〕

（39）宋『民話の神学』一九頁。

（40）Bryan S. Rennie, *Reconstructing Eliade: Making Sense of Religion* (Albany: State University of New York Press, 1996), 2.

（41）C. S. Song, *Christian Mission in Reconstruction: An Asian Attempt* (Madras: Christian Literature Society, 1975; Maryknoll: Orbis, 1977), 62.

（42）宋の「アジア的な直感思考」と「ヨーロッパ的なロゴス思考」の差異についてはシリーズの第二作 *Jesus and the Reign of God* の序論（x-xii）を見よ。宋のアジア的キリスト論の批判的解説については、Peter C. Phan, *Christianity with an Asian Face: Asian American Theology in the Making* (Maryknoll: Orbis, 2003) のうち、第七章「中国人の顔を持つイエス」（"Jesus with a Chinese Face"）を参照せよ。

（43）Alan Torrance, "An Open Question to those Engaged in the Development of an Asian Theology: The Enquiries of a Theological Imagination," in *Doing Christian Theology in Asian Ways*, ed. Chok Lak Yelow (Singapore: ATESEA, 1993), 54-58.

（44）エドワード・サイード『オリエンタリズム』板垣雄三・杉田秀明監修、今沢紀子訳（平凡社、一九九三年）。

（45）小山『時速五キロの神』。Kosuke Koyama, *Three Mile and Hour God: Biblical Reflections*, (Maryknoll: Orbis, 1980).

（46）アジアもまた「西洋」をステレオタイプ化する誘惑から逃れられていない。Ian Buruma and Avishai Margalit, *Occidentalism: The West in the Eyes of its Enemies* (New York: Penguin Press, 2004).

（47）Alan Torrance, "An Open Question."

（48）Kosuke Koyama, " 'Building the House by Righteousness': The Ecumenical Horizons of Minjung Theology," in *An Emerging Theology in World Perspective: Commentary on Korean Minjung Theology,* ed. Jung Young Lee (Mystic: Twenty-Third Publications, 1988), 137-152.

（49）キリスト教アジア資料センター編『民衆の神学』（教文館、一九八四年）〔Commission on Theological Concerns of the Christian Conference of Asia, ed., *Minjung Theology: People as the Subject of History* (Maryknoll: Orbis Books, 1983)〕をはじめとして、アメリカで発表された民衆神学関連の書物は多い。Jung Young Lee, ed., *An Emerging Theology in World Perspective*; S. Arokiasamy and G. Gispert-Sauch, eds., *Liberation in Asia: Theological Perspectives* (India: Gujurat Sahitya Prakash, 1987); G. H. Anderson, *Asian Voices in Christian Theology* (Maryknoll:

Orbis, 1976).

(50) 韓国メソジスト神学大学の組織神学教授、徐昌源《スーチャンウォン》、延世大学のキリスト教社会倫理学教授、盧昌宣《ノジョンソン》などがその典型で、七〇年代後期からの留学生は民衆神学を取り扱った論文、著作を積極的に発表した。Changwon Suh, *A Formation of Minjung Theology* (Seoul: Nathan Publishing, 1990); Jong Sun Noh, *Religion and Just Revolution* (New York: The Pana Press, 1984).

(51) Kim Yong Bock, "Minjung and Power: A Biblical and Theological Perspective on Doularchy (Servanthood)," in *Revolution of Spirit: Ecumenical Theology in Global Context: Essays in Honor of Richard Shaull*, ed. Nantawan Boonprasat-Lewis (Grand Rapids: Eerdmans, 1998), 215-230. 金容福は「政治的メシアニズム」と「メシアニズム的政治」を区別し、前者は支配者が統治のために使うイデオロギー、後者は民衆への奉仕というキリスト教的概念とする。金容福「メシア宗教」『福音と世界』（一九八八年六月号）、同「契約に関する聖書の思想」『福音と世界』（一九九〇年二月号）なども参照のこと。

(52) Robert McAfee Brown, "What Can North Americans Learn from Minjung Theology?" in *An Emerging Theology in World Perspective*, 35-47.

(53) John B. Cobb, Jr., "Minjung Theology and Process Theology," in *An Emerging Theology in World Perspective*, 51-56.

(54) Harvey Cox, "The Religion of Ordinary People: Toward a North American Minjung Theology," in *An Emerging Theology in World Perspective*, 109-114.

(55) Letty M. Russell, "Minjung Theology in Women's Perspective," in *An Emerging Theology in World Perspective*, 75-95; Deotis J. Roberts, "Black Theology and Minjung Theology: Exploring Common Themes," in *An Emerging Theology in World Perspective*, 99-105.

(56) 「民衆」が分析用語として大雑把であることは多くの識者が指摘してきたが、いったい「民衆」とは誰のことかという点が民衆神学の第二、第三世代によって批判され、いっそう厳密に分析されていくまでには長い時間を要した。

(57) 朝鮮民衆の「恨」に呼応する日本人の神学論考は少なくない。金子啓一「『恨の神学』への応答」『福音と世界』（一九八二年一〇月号）。さらに『福音と世界』（一九八五年四月号）の「特集　民衆神学との対話」には木田献一、鈴木正三、金子啓一、犬養光博、モルトマンなどの諸論が掲載されている。Ishida Manabu, “Doing Theology in Japan: The Alternative Way of Reading the Scriptures As the Book of Sacred Drama in Dialogue with Minjung Theology,” *Missiology* 22 (1994), 55-63.

（58）安炳茂「イエスの出来事の伝承母体」『福音と世界』（一九八六年七、八月号）などを参照。CCA, *Minjung Theology*, 136-151.〔二〇〇六年から『安炳茂著作選集』がかんよう出版から刊行されている。〕

（59）Lee ed., *An Emerging Theology* に収載の安炳茂の解説および安炳茂『民衆神学を語る』趙容來・桂川潤訳（新教出版社、一九九二年）を参照。

（60）東学党のキリスト教的な再読については、池明観「東学農民革命とキリスト教」『聖書と教会』（一九八二年七月号）を参照。

（61）Hong Jung, Lee. “The Minjung Behind the Folktale: An Example of Narrative Hermeneutics,” *Asia Journal of Theology* 8.1 (1994), 89-95.

（62）Younghak Hyun, “A Theological Look at the Mask Dance in Korea,” presented at the Asian Conference at Seoul, Korea in 1979.

（63）東アジアの宗教性、シャーマニズムの積極的評価、仮面劇などの韓国民衆文化の論考を参照せよ。Younghak Hyun, “Minjung Theology and the Religion of Han,” *East Asia Journal of Theology* 3.2 (1985), 354-359. 玄永学「苦難の僕——民衆と希望」『福音と世界』（一九八三年三月号）、玄永学・梶原寿「解放の神学と民衆神学との接点」『福音と世界』（一九八四年三月号）なども参照。

（64）徐南同『民衆神学の探究』金忠一訳（新教出版社、一九八九年）、同「民衆神学の方法論」『福音と世界』（一九八三年三月号）などを見よ。

（65）保守的な福音派からすると、民衆神学は韓国の民衆そのものよりも欧米のマルクス主義や政治神学、解放神学にあまりに大きく依存しているということになる（Hwa, *Mangoes or Bananas?*）。ただしホワが、韓国のコンテクストではマクロ的な社会分析よりもミクロ的なレベルで民衆の身体性を述べるべきだとするのは傾聴に値する。

(66)「民衆神学の現在」『福音と世界』（一九八八年一一月号）、石井千恵美「韓国民衆神学の動向――九〇年代に向けて」『福音と世界』（一九九一年二月号）などを参照せよ。

(67) Morse, *Kosuke Koyama.*

(68) 蔵田雅彦「アジア神学への招き」『日本の神学の方向と課題』（新教出版社、一九九三年）、三八頁。

(69) 岩橋常久「小山神学は神学か」『福音と世界』（二〇一〇年四月号）。

(70) 今でも人口の七割弱が白人種によって占められているものの、移民の動態は大きく変化し、アメリカは多元的な「複合民族国家」の色合いを濃くしている。二〇〇〇年の国勢調査によるアジア系アメリカ市民の現状については「アジア系市民の人口動態と分布」〈http://www.asian-nation.org/population.shtml〉〔二〇一七年七月一日取得。〕を参考にせよ。これによると、中国系が二三〇万、フィリピン系一八〇万、インド系一六〇万、ベトナム系一一〇万、そして日系八〇万、韓国系一〇〇万であり、その他のアジア系を含めた、全人口に占める割合は四パーセント強の約一二〇〇万人である。これを一九九〇年の調査と比較すると、実に増加率六三パーセントのめざましい伸張ぶりで、エスニック別の増加率から見れば、最高の延びを記録した。全人口に占める割合では微弱なものの、その割合に比して、社会的、文化的に活躍が目立つのがアジア系アメリカ市民の活躍である。二〇一〇年の国勢調査では、アジア系は一四六七万人と全人口の五パーセント近くを占める。"2010 Census Shows Asians are Fastest-Growing Race Group," Census Newsroom, March 21, 2012.〈https://www.census.gov/newsroom/releases/archives/2010_census/cb12-cn22.html〉〔二〇一七年八月二一日取得。〕。

(71) この会議の準備として、日系人参加者もアメリカにおける自身の歴史や状況を省察する分科会に連なった。各々の状況を分析した後に、参加者はキリスト教の福音、伝統、そして神学のもとでそれを考察した。そしてその次の段階として変革のための行動へと要請されたのである。とはいえ、アジア系コミュニティは黒人ともヒスパニック系とも異なった性格と歴史を持つので、神学の課題や方法も異なって意識されるのは自然な流れである。確かに黒人への差別は厳しいが、それだけがアメリカの人種差別ではない。アジア系アメリカ神学は、まず白人／黒人の二極化という問題設定に対して、独自な存在理由を明らかにしなければならなかった。先住民インディオやヒスパニック系アメリカ人も「見えざる」差別の壁に遮られているが、アジア人も同様の経験をしている。黒人神学やヒスパニック神学に比較すれば、アジア系アメリカ神学に従事する神学者、牧師の数は圧倒的に少ない。加えて黒人やヒスパニックのほとんどはプロテスタントかカトリック信者であるのに比して、アジア系はすべてがキリスト教徒というわけではない。彼らはヒンドゥー教、仏教、イスラム教、儒教、道教、ジャイナ教など、多数の宗教的背景を持つ。その意味ではいっそう多元的な文化と歴史を背景にする。

（72）日系神学の特徴は他のアジア系アメリカ神学にも共通するものである。オオヤの論文（Jessica Oya, "Asian American Christian Theology," *PANA Institute Voices* [December, 2007]）ではこうした特徴がアジア系アメリカ神学のそれとして掲げられているが、ここでは日系神学の特徴として論じることにする。

（73）Jung Young Lee, *Marginality: The Key to Multicultural Theology* (Minneapolis: Fortress, 1995); Peter Phan and Jung Young Lee, eds., *Journeys at the Margin: Toward an Autobiographical Theology in American-Asian Perspective* (Collegeville: Liturgical, 1999).

（74）これに輪をかけて「周縁化」され「寄留者」扱いをされて深い孤立感をもつのがＬＧＢＴ（レスビアン、ゲイ、バイセクシュアル、トランスジェンダー）のアジア系アメリカ人である。彼らは同性愛を「家の恥」とする東アジア文化の犠牲者でもある。ＬＧＢＴアジア系アメリカ人についてはQuang Bao and Hanya Yanagihara, eds., *Take Out: Queer Writing from Asian Pacific America* (New York: Asian American Writers' Workshop, 2000); Russell Leong, ed., *Asian American Sexualities: Dimensions of the Gay and Lesbian Experience* (New York: Routledge, 1996) などを見よ。

（75）「寄留者」の概念は在日韓国人の神学にも共通する。李仁夏『明日に生きる寄留の民』（新教出版社、一九八七年）参照。

（76）Timothy S. Lee, "From Coerced Liminality to In-Beyond the Margin: A Theological Reflection on the History of Asian-American Disciples," *Christian Unity* (September 2008).

（77）Seung Ai Yang, "Asian Americans," 179.

(78) Oya, "Asian American Christian Theology."

(79) Fumitaka Matsuoka and Eleazar S. Fernandez, eds., *Realizing the America of Our Hearts: Theological Voices of Asian Americans* (St. Louis: Chalice, 2003), 1.

(80) Fumitaka Matsuoka, "Creating Community Amidst the Memories of Historic Injuries," in *Realizing the America of Our Hearts*, 29. 戦時中の日系人の信仰証言については、ヴィクター・N・オカダ『勝利は武器によるものではなく――日系アメリカ人キリスト者戦時下強制収容の証言』今泉信宏訳（新教出版社、二〇〇二年）を参照せよ。

(81) 日系アメリカ人神学の展開は、日系人の収容所経験を中核にするとほぼ三期に分けられる。一期は第二次大戦が終わって強制収容所から解かれてから六〇年代半ばまでの、日系人神学の「揺籃期」であり、この時期は日系人へのさまざまな偏見に対する抗議がその中心だった。第二期は七〇年代に「戦時市民転住収容に関する委員会」が設置されてから八〇年までで、この時期は日系神学の形成期である。そして第三期は八〇年から現在までである。そうした中で、ロイ・サノ（Roy Sano, 1931-）はアジア系アメリカ神学の歴史を語るとき、忘れてはならない存在である。カリフォルニアに生まれたサノは、第二次大戦中、ポストン収容所に家族と共に隔離された経験をもつ日系二世で、合同メソジスト教会監督・神学者として太平洋神学校でも牧会学などを講じてきた。サノのアジア神学への貢献は、アジア系アメリカ人に神学活動の場をそなえたことにあり、七〇年代に創設したバークレーの「太平洋アジア神学戦略センター」（The Pacific and Asian Center for Theology and Strategy）はその神学展開と、アジア系市民の人権運動への教会的中核になった。〔二〇〇二年、同センターは活動を停止した。〕一九七六年に編纂した『アジア系アメリカ人と太平洋地域民の神学』（*The Theologies of Asian Americans and Pacific Peoples: A Reader*, Berkeley: Pacific School of Religion, 1976）は、エスニック意識の必要、物語神学や自伝的神学の方法、神学の文脈化、エキュメニカル神学の必要性、アジア系の女性神学など今日のアジア系アメリカ神学者間で論じられる主要テーマを先駆的に扱っている。

(82) Seung Ai Yang, "Asian Americans," 173-174.

(83) "Justice," in NAPAD Ministry Week Materials for September 12-18, 1999. Cited by Lee, "From Coerced Liminality to

In-Beyond the Margin," 3.

(84) Matsuoka, "Creating Community Amidst the Memories of Historic Injuries," 29.

(85) Matsuoka, "Creating Community Amidst the Memories of Historic Injuries," 36.

(86) Sharon G. Thornton, "America of the Broken Heart," in *Realizing the America of Our Hearts*, 200.

(87) Thornton, "America of the Broken Heart," 200.

(88) Ronald Takaki, *Strangers from a Different Shore: A History of Asian Americans* (New York: Penguin, 1980), 402.

(89) Thornton, "America of the Broken Heart," 210.

(90) Thornton, "America of the Broken Heart."

(91) Thornton, "America of the Broken Heart."

(92) カール・バルト『福音主義神学入門』（カール・バルト著作集第一〇巻、新教出版社、一九六八年）二〇三―二〇五頁の「日本語への序文」を参照。カルヴァン主義のバルトと異なって、ルター派出身の北森は、人間の感情や神秘的次元に前向きの理解があり、バルトの神はあまりに厳しく人間と対立する神であると苦言を呈した。

(93) R・S・スギルタラージャは、従来のアジア神学のスタイルを三種類に分類し（概念的対応 conceptual correspondences、物語的エンリッチメント narrative enrichments、儀礼的パラレル performantial pararells）、北森の「神の痛みの神学」を「概念的対応」の例としてあげている。R. S. Sugirtharajah, *The Bible and the Third World: Precolonial, Colonial, Postcolonial Encounters* (Cambridge: Cambridge University Press, 2001), 175-202; Daniel Franklin Pilario, "Mapping Postcolonial Theory: Appropriations in Contemporary Theology," *Hapag*3.1-2 (2006), 9-51.

(94) 栗林輝夫『荊冠の神学』（新教出版社、一九九一年）三九三―三九八頁。

(95) Tsutomu Shoji, "The Church's Struggle for Freedom of Belief: An Aspect of Christian Mission," in *Living Theology in Asia*, ed. John England (New York: Orbis, 1978), 56.

(96) Yoshio Noro, "Impassibilitas Dei" (Ph. D. dissertation, Union Theological Seminary, 1965), 99.

(97) ナカシマ・ブロックは、カリフォルニア・バークレーのスター・キング神学校の研究員を務め、大学や宣教研究所で宗教学、哲学、女性学の講師をしており、関心はフェミニスト神学をはじめさまざまな分野に広がる。

(98) Rita Nakashima Brock, *Journeys by Heart: A Christology of Erotic Power* (New York: Crossroad, 1988), 7.

(99) Nakashima Brock, *Journeys by Heart*, 7. ナカシマ・ブロックのフェミニスト神学者としての面目躍如は、人種主義や個人の欲望、疎外、傲慢、悪、戦争などを論じるとき、「家父長制 patriarchy」を根源的な悪として名指しすることにある。罪は家父長制という悪の姿をとって現れる。ところが教会は、家父長制の深刻な悪にさほど目を向けない。家父長制がいかに家族を苦しめ、どれほど社会を歪めているかを見ようとしない。「幼児虐待、家庭暴力、強姦、近親相姦、出産強要、不妊強制」はアメリカにおいても日常的にわれわれを傷つける。その根にあるものこそ家父長制であって、それが罪の教理を現実的にするのである。

(100) Andrew Sung Park, "Sin," in *Handbook of U.S. Theologies of Liberation*, 115-116. アンドリュー・パクは北朝鮮の出身で、現在はオハイオ州デイトンのユナイテッド神学校教授。

(101) Andrew Sung Park, *The Wounded Heart of God: The Asian Concept of Han and the Christian Doctrine of Sin* (Nashville: Abingdon, 1993); "A Theology of the Way (Tao)," *Interpretation*, 55.4 (2001): 390 における「恨」の解説を参照せよ。

(102) Park, *The Wounded Heart of God*, 116.

(103) 〔James Cone, *Black Theology and Back Power* (New York: Seabury, 1969), 138-139.〕

(104) Namsoon Kang, "Who/What is Asian?: A Postcolonial Theological Reading of Orientalism and Neo-Orientalism," in *Postcolonial Theologies: Divinity and Empire*, ed. Catherine Keller, Mayra Rivera and Michael Nausner (St. Lois: Chalice, 2004).

(105) Kwok Pui Lan, *Postcolonial Imagination and Feminist Theology* (Philadelphia: Westminster John Knox, 2005).

(106) W. Anne Joh, *Heart of the Cross: A Postcolonial Christology* (Philadelphia: Westminster Jon Knox, 2006).

(107) Eleazar S. Fernandez, "Postcolonial Exorcism and Reconstruction," in *Realizing the America of Our Hearts*, 75-98. ポ

ストコロニアル理論の独自な解釈を試みるのはフィリピン系アメリカ人神学者エレアザル・フェルナンデスである。アメリカのフィリピン系コミュニティはキリスト教が多数派であり、教会が社会的にも政治的にも強い影響力を持つ点では東アジア移民の中でも特異である。文化的にも人種的にも元来マレー系であるものの、スペインの長い植民地統治は苛烈をきわめ、またスペインに代わってアメリカの政治的影響下に組み込まれたことでフィリピン人の独自文化はずっと周縁化されてきた。彼らはカトリシズムとアメリカ文化の混合の中で自身のアイデンティティを立てようとしている。

（108）主要な提唱者はボツワナのムサ・デューベ（Musa Dube）、ロシアのローラ・ドナルドソン（Laura Donaldson）、イギリスのR・S・スギルタラージャ（R. S. Sugirtharajah）、カナダのグリーア・アン・ウェン＝イン・ング（Greer Anne Wenh-In Ng）など。Musa W. Dube, "Postcolonialism and Liberation," in *Handbook on U.S. Theologies of Liberation*. アメリカではキャサリン・ケラー他編の『ポストコロニアル神学』の発刊をもって嚆矢とする（*Postcolonial Theologies*, 2004）。アメリカにおけるポストコロニアル論の展開については同書、マーク・テイラーの「聖霊と解放――アメリカでポストコロニアル神学を探る」（288-294）を参考のこと。また同書に掲げられた文献表も参照せよ。ケラーの『神と権力』（*God and Power: Counter-Apocalyptic Journeys*, [Minneapolis: Fortress Press, 2004]）にもポストコロニアル神学の試みが紹介されている（98-134）。ポストコロニアル論がその性格上、宣教学や聖書学、さらに女性神学の分野でよく扱われるのは理解できよう。フェミニスト神学者のレティ・ラッセルにポストコロニアルの論考がある。Letty M. Russell, "Cultural Hermeneutics: A Postcolonial Look at Mission," *Journal of Feminist Studies on Religion* 20.1 (Spring 2004), 23-40; "God, Gold, Glory and Gender," *International Review of Mission* 93 (2004), 39-49. 南メソジスト大学の神学教授イェルグ・リーガーはポストモダンや解放神学に共鳴してきた進歩的な神学者だが、彼もポストコロニアリズムの動向に関心を示すひとりである。Joerg Rieger, "Theology and Mission between Neocolonialism and Postcolonialism," *Mission Studies* 21 (2004), 201-226.

（109）J. McLeod, *Beginning Postcolonialism* (Manchester: Manchester University Press, 2000); B. Ashcroft ed., *Post-Colonial Studies: the Key Concepts* (London: Routledge, 1998).

（110）欧米の宣教師が派遣先の地域で、欧米的価値でもってローカル文化の「格付け」（ordering）をした点では、世俗的な植民地主義と同じだった。すなわち、自分たちの基準に従って現地の宗教や風俗、生活習慣を秩序づけて、これは役に立つから残そう、あれは有害だから捨てさせようとした点は、宣教師も植民地政務官も変わらなかった。ポストコロニアル神学者は今日、そうしたランク付けと分類双方が神学上でも「脱秩序化」（disordering）されなければならないと主張するのである（Mario I. Aguilar, "Postcolonial African Theology in Kabasele Lumbala," *Theological Studies* 63.2 [June 2002]: 302-323.）。

（111）Greer Anne Wenh-In Ng, "Reading through New Eyes: Post-Colonial Theology," *Catholic New Times* (January 16, 2005). 〈https://www.highbeam.com/doc/1G1-127194286.html〉〔二〇一七年七月二日取得。〕

（112）スギルタラージャはキリスト教ポストコロニアリズムの指導的役割を担うひとりで、『周縁からの声』（*Voices from the Margin: Interpreting the Bible in the Third World* [London: SPCK, 1991]）の編集から始まって『ポストコロニアルの聖書』（*Postcolonial Bible* [Sheffield: Sheffield Academic, 1998]）、『アジアの聖書解釈学とポストコロニアリズム』（*Asian Biblical Hermeneutics and Postcolonialism* [Sheffield: Sheffield Academic, 1999]）、『聖書と第三世界』（*The Bible and the Third World: Precolonial, Colonial, Postcolonial Encounters* [Cambridge University Press, 2001]）、『ポストコロニアル批評と聖書解釈』（*Postcolonial Criticism and Biblical Interpretation* [Oxford: Oxford University Press, 2002]）と次々に発表して注目をあびた。これらのポストコロニアリズム論はほとんどが英語圏の第一世界に向けて書かれたもので、アジア系アメリカ神学の文脈においても多くの貴重な諸点を持つと受けとめられている。日本では志村真のポストコロニアル聖書学の紹介によって知られるようになった。志村真『平和をめざす共生神学——スリランカの「対話と解放の神学」に学ぶ』（新教出版社、二〇〇九年）を参照。

（113）ダリット神学は、インドの「不可蝕民」と呼ばれたアウトカーストから誕生した最近の神学潮流である。インドではキリスト教人口の少なからぬ数がアウトカースト層で占められている。彼らはヒンドゥーのカースト制度による圧迫を逃れようとキリスト教に改宗したのだが、インドのキリスト教会の支配は上級カーストの有産知識階層の手に委ねられたままで、M・M・トーマスをはじめエキュメニカルな神学世界で知られたインド人神学者はそのほとんどが上級カースト出身者によって独占されていた。そのため、カースト制度によるダリットの抑圧問題は世界の教会でもほとんど知られることがなかった。これに抗議の声をあげたのが、ダリット出身の神学者であった。ダリット神学の誕生の契機になったのは、ヒンドゥー教徒に疎外されたマハラストラ州のアウトカースト間で起きたダリット・パンサー運動だった。当初ダリット神学は、六〇年代アメリカの黒人神学の影響を色濃く受けていたが、その後ラテンアメリカの解放神学からも大きな刺激を受けた。ただし、解放神学と異なって、ダリット神学の焦点は経済的貧困もさることながら、尊厳の回復といった宗教文化上のスティグマの克服にも置かれたのが特徴的だった。伝統的ヒンドゥー社会ではアウトカーストや低カーストは宗教儀礼的に「穢れ」を背負っている。ダリット神学はそうした事情から、穢れの差別意識からの解放と、卑賤視を土台にした社会ヒエラルキーへの抵抗を重要な課題にする。Airvind P. Nirmal, ed., *A Reader in Dalit Theology* (Madras: Gurukul Lutheran Theological College and Research Institute, 1990); M. E. Prabhakar, ed., *Towards a Dalit Theology* (Delhi: Christian Institute for the Study of Religion and Society and Christian Dalit Liberation Movement, 1988) などを参照。

（114）これについてはゲラルド・ウエストの論文〔Gerald West, *The Stolen Bible: From Instrument of Imperialism to African Icon* (Leiden: Brill, 2016) など〕を参照。R. S. Sugirtharajah, *Vernacular Hermeneutics* (Sheffield: Sheffield Academic, 1999), 49.

（115）「境界性」（liminarlity）をアジア系神学の解釈学上のキー・コンセプトにしたのは、プリンストン神学校で組織神学教授を務めた韓国系神学者サン・ヒュン・リー（Sung Hyun Lee）である。リーはアジア系アメリカ人の経験の分析にあたっては「境界性」、それも「強いられた境界性」（coerced liminarity）の概念がもっとも有効であると考える。Sung Hyun Lee, "Marginality as Coerced Liminality: Toward an Understanding of the Context of Asian American Theology," in *Realizing the America of Our Hearts*, 11-28.

（116）「サバルタン」の概念についてはさしあたって、ガヤトリ・C・スピヴァク『サバルタンは語ることができるか』上村忠男訳（みすず書房、一九九八年）、『スピヴァクみずからを語る——家・サバルタン・知識人』大池真知子訳（岩波書店、二〇〇八年）を参照。

(117) 日系市民の神学形成に助力となったのは黒人神学の他、ヒスパニック系のムヘリスタ神学がある。「境界性」と「ハイブリディティ」はムヘリスタ神学にも共通する概念で、ヒスパニック系ではアダ・マリア・イサシ・ディアス（Ada Maria Isasi-Díaz）を筆頭に、少数市民のハイブリディティや社会辺境性の問題に焦点を当てた言説が築かれてきた。ヒスパニック系市民もまたアメリカと、メキシコ、カリブなどの「先祖の地」の二つの「境界」（border）上に暮らす。「私は二つの世界の狭間に生きている。そのどちらにも完全に属さないかわりに、どちらもが私の部分である」と、イサシ・ディアスは『ムヘリスタ神学――二一世紀の神学』（*Mujerista Theology: A Theology for the Twenty-First Century* [Philadelphia: Westminster John Knox, 1996]）においてヒスパニック移民が経験する二重性について述べている。

(118) Tat-Siong Benny Liew, *What is Asian American Biblical Hermeneutics?: Reading the New Testament* (Honolulu: University of Hawaii Press, 2008).

(119) Sugirtharajah, *Vernacular Hermeneutic*, 107.

(120) 古屋安雄『現代キリスト教と将来』（新地書房、一九八四年）二三二頁、註一四。

（本論考は関西学院大学キリスト教と文化研究センター発行『キリスト教と文化研究』第11号、二〇一〇年三月掲載の論文「アメリカのアジア神学と日系神学（上）」に大幅な加筆がなされたものである）

第3章　ポストモダン神学の航海図

1　ポストモダンという時代

『タンポポ』はポストモダン映画である

二〇世紀もそろそろ幕を閉じようとする八〇年代中頃、アメリカ、イギリス、フランス、ドイツの欧米圏はもちろん、日本でも〈ポストモダン〉とか〈ポストモダニズム〉といった言葉が流行し、思想界を賑わせた。[1] 浅田彰、中沢新一、栗本慎一郎、柄谷行人、東浩紀など、ニューアカデミズム、略して「ニューアカ」の旗手の著作がブックマートの棚に所狭しと並び、[2] 哲学者、社会学者、小説家、文芸評論家、美術批評家、はてはポップ・ミュージックの作曲家までがポストモダンを口にするようになった。日本の論壇は日頃キリスト教と縁遠いのに、いたるところで学者、批評家が口角泡を飛ばして「神の死」「不在の神」「否定神学」などと語り出した。キリスト教ヨーロッパを支配した二〇〇〇年の思惟を「脱構築」、つまりいったんそれを取り壊すということは大変な作業なのだが、日本ではその辺を素通りして、いとも軽々と語られた。さすがに今はだいぶ下火になったが、それでも「ポストモダン」は、現代を読み解くワードとして市民権を得た。だが、このポストモダンとはいったい何のことなのだろうか。

「ジュウゾウ・イタミの映画はポストモダンである」。九〇年代の初め、アメリカの大学の現代思想の講座においてしばしば言及されたのは、伊丹十三の映画『タンポポ』（一九八六年）だった。この映画は、宮本信子演じるラーメン屋の女主人タンポポの前に、山崎努演じるトラック野郎のゴローがあらわれて、店の盛り立てに手を貸し、飄然と去っていくという筋書きである。どことなく往年の名作『シェーン』のラストシーンを髣髴とさせる和製ウェスタン風の作品で、他のラーメン店のスープの味を盗もうと厨房を覗くシーンがあるかと思えば、唐突に高級ホテルでのテーブルマナーの講習会が始まるといった具合で、コミカルで機知に富み、アメリカではインテリ好みのスラップスティック作品としてずいぶん評判をとった。(3)

ちなみに筆者が本稿の下書きを抱えて呻吟していた二〇〇〇年の初め、カリフォルニア大学バークレー校に程近いレストランのメニューに掲げられていたのが、タンポポという名のラーメンだった。窓辺の品書きを読んでいると、「ジュウゾウ・イタミの『タンポポ』に忠実な日本正統派のヌードル」と麗々しく綴られているではないか。ものは試しと入ってみると、映画の場末のラーメン屋とは大いに違って、給仕が真新しいテーブルクロスのかかった席に案内してくれ、ラーメンができるまで食前酒としてカリフォルニアの白ワイン、前菜としてボールいっぱいの枝豆が供された。隣のテーブルを見ると大学教師らしい老紳士がワインと枝豆を終えて、神妙な箸さばきで麺と格闘している。いやな予感がしたが、いまさら取り消すわけにもいかず、待つことしばし、給仕がうやうやしく運んできたラーメンは麺が伸びきって、とても喰える代物ではなかった。

いったい伊丹映画のどこがどうポストモダンなのか。映画評論家によると、『タンポポ』は「現代のポストモダン的消費文化を赤裸々に暴き出し」、日本人の「自己同一性をドラマチックに再フィギュア化した」作品で、高度情報化社会の「多元主義的文化のディスクールを見事に映像化した」内容なのだという。(4) つまり、この映画には複数のシナリオが準備されていて、互いに脈絡のないエピソード、遊び、感覚的欲望、軽快さが織り綴られている。映画を見る観客と映画のなかの登場人物との境界が曖昧で、冒頭シーンのように、観られているはずの登場人物が実は映画館にいる観客を観ているという逆転の仕掛けがあって主客関係が転倒され、観客は自分の「見られる身体性」に向き合わざるをえなくなる。また、ストーリーが展開するさなかでも、スムーズな流れを中断する仕掛けが随所にあって、それが意外性、断片性、遊戯性を観客に引き起こして、従来の映画作法にはない卓越したポストモダン意識が表出する、と言うのである。

ポストモダンの技法は遊戯的

なにやら煙にまかれた気がしないでもない。が、そんな伊丹の作品を論じるまでもなく、ポストモダンと評判をとった映画は、ウディ・アレンの『アニー・ホール』(一九七七年)、メリル・ストリープの演技が光る『フランス軍中尉の女』(一九八一年)、フィリップ・カウフマン監督作品でミラン・クンデラの小説を映画化した『存在の耐えられない軽さ』(一九八八年)など、数え上げれば限りがない。

だが、ポストモダンはそんな映画の興隆よりもずっと以前、建築学やデザイン批評の領域ではずいぶん古くから使われていた概念である。(5) 二〇世紀の代表的プロテスタント神学者のひとり、パウル・ティリッヒは『文化の神学』の中で、ニューヨークの幾何学的なビルディング街を評して、そこに「民主的なモダニズム」の理想が如実に表現されていると論じたことがあった。(6) 二〇世紀の近代建築を支えた思想は、建物から余計な装飾を剥ぎ取って、実用的機能を専らにしていて、それが合理的にものを処理し効率よく生きる現代人の「自律的《オートノマス》」で民主的な精神に合致した建築様式だというのである。ヒトラーのファシズムを逃れて亡命同然でニューヨークにやってきたティリッヒの目には、マンハッタンの碁盤の目に仕切られた空間に整然と立ち並ぶ高層ビルディングは、輝かしいアメリカの民主主義の象徴と映ったのである。

ちなみにもうひとつ、アメリカの民主主義を象徴すると言われるものに野球がある。野球はどのチームにも総当たりで攻撃の機会が平等に与えられ、ピッチャーにも野手にも平等に打順がめぐってきて、言わば民主主義の精神が詰まった競技である。自由と平等を掲げてイギリスからの自立を目指した独立戦争時でも、ジョージ・ワシントン指揮下の民兵は戦闘の合間をぬってさかんに野球に興じた。しかしさすがのティリッヒも野球にはお手上げだったようで、あるとき友達に誘われてヤンキー・スタジアムで観戦した後、感想を聞かれても終始無言、日頃の饒舌ぶりに似合わず、いったい何がおもしろいのかわからないといった風だったという。(7)

閑話休題。ティリッヒが賞賛したそんなモダンで機能的、等質的な構造とはがらりと様相を変え、二〇世紀末の建築はどれも不均等で、ときにわざとらしい装飾をいたるところにほどこし、人の意表をつくユーモラスな外観と内装を意識的に目指すようになった。建築デザイナーは建物に「こうでなければならない」という規範はないと公言して、あえて奇抜な意匠を前面に押しだした。ポストモダンの空間に出入りするのは、もはや機能性を重視して生真面目に働く人間ではなく、遊び心をもって細部のコラージュにこだわる、いっそう自由で軽々とした人間だから、と言うのである。(8)

「近代《モダン》」や「近代性《モダニティ》」を、一七世紀ヨーロッパに誕生した啓蒙主義の理性と個人主義、産業革命を生み出した科学技術の進歩を特徴にした歴史概念であるとひとまず定義してみる。すると近代とは、建築のデザインだろうと哲学や文学あるいは思想だろうと、ある種の明確なスタイルと内容を持った合理主義的精神の時代のことである。ところがポストモダンの時代ともなると、人の思惟は掴みどころのない「リゾーム（根）」に変貌をとげる。(9)

ジル・ドゥルーズ、フェリックス・ガタリといったフランス現代思想家によると、大地に拡がる樹の根こそ、これまでの形而上学に取って代わる新しい知のイメージであるという。天を目指して一直線に伸びる樹木とは対照的に、地下の茎はひとつにまとまることがなく、終わりもなければ始まりもなく、あるのはただ中央から四方八方に自在に伸びていく無数の根である。(10) ニュートンやライプニッツといった啓蒙主義の知識人は偶然を許さない法則性と確かな客観性を尊び、ヘーゲルは歴史の果てに壮大な統合を夢見、ダーウィンは種の自然淘汰と漸進的発展を基に進化論を構想した。マルクスも資本主義から共産主義への人類の歴史的移行の必然性を確信した。しかしそうした「大きな物語」は今や音を立てて崩れ去り、代わりにクシリー・カンディンツキーの絵画の色彩の氾濫、リカルド・ボフィルやピーター・アイゼンマンの奇抜な建築様式、ニーチェの「神なき世界」の不条理が、まるで地下茎のように無秩序に世界のあちらこちらに自由奔放に伸び始めたのである。(11)

自律的で合理的な主体としての人間、すべてを網羅した大きく正しい体系のモダンから、非合理的な人間と無秩序なポストモダン世界への変遷。いったいなぜそんな人間観や世界観が唱えられるようになったのか。二〇世紀末の人間はなぜ奇異で無定形な絵画や建築に魅せられるようになったのか。

歴史の仕切り直しをする

振り返れば、ヨーロッパ近代とは「歴史の発見」、言い換えれば強烈な歴史意識を人々に生んだ時代であった。この時代に歴史はもはやとりとめもなく流れる時間の単位ではなくなった。むしろ歴史は大きなブロックに区切られ、事件や出来事は互いに原因と結果を探られて、合理的に整理され説明されるようになった。一八世紀以後のヨーロッパ人は、こうした歴史意識に次第に慣らされ、あらゆる事象を歴史法則の流れの中で客観的に考察する仕方に馴染んでいった。いや、それはなにもヨーロッパだけに限らず、一九世紀末にはヨーロッパの真反対に位置する遠い東アジアの日本においてでさえ、人々は歴史を古代、中世、近世、近代、そして現代と時代ごとに文節化して整理する方法をごく当然のこととして受け入れるようになった。

さて問題は、約二世紀半にわたるヨーロッパ起源の「近代《モダン》」がついに終焉を迎え、今や「近代以後《ポストモダン》」の時代が幕開けしたとの解釈が登場したことである。近代や近代性といった概念は、「新しい」とか「今」を意味するラテン語の「モデムス」(modemus)に由来しており、元来は西ヨーロッパの時代区分の概念だった。(12)そうした西欧発祥の歴史意識が日本に紹介されたのは、新しい西洋の文物に驚愕して夢中にその摂取に努めた「文明開化」の明治期である。あるいはカルチュラル・スタディーズ風に論ずれば、時代を少し下げて大正から昭和の初頭、「モボ」(モダン・ボーイ)だの「モガ」(モダン・ガール)だのが銀座の煉瓦街を洋風姿で闊歩する頃からとしてもいい。いずれにしても、ヨーロッパでは近代はそれよりずっと早く、一七世紀末から一八世紀初期、いわゆる啓蒙主義の時代に始まった。啓蒙主義は理性を中央に置いて世界を合理的に捉え、歴史を限りない進歩と位置づけて、ヨーロッパの新興都市市民の生活と意識を大きく変えたのである。(13)

ヨーロッパ人は近代に入ってからというもの、自分という存在がかけがえのない個人であることに気がついた。そしてその意識を「主観」とか「主体」とかの名称で呼び慣わすようになった。理性を尊重すれば、個人も社会も歴史の未来に向けて絶えず進歩していく。人類はいっそう豊かになり、繁栄し、未来を掌中に収めることができる。そういう確信のモデルが「われ思う、ゆえにわれ在り」(cogito ergo sum) のデカルト的精神だった。

デカルトは合理的に事象を処することが、戦火に明け暮れたヨーロッパを再建する最善の道と信じた。一六世紀の宗教改革以来、ヨーロッパはプロテスタントとカトリックの二つに分裂して血を血で洗う争いを続け、癒しがたい傷を負った。それもこれも、理性を尊重せず、激情の赴くままに偏狭な振る舞いをしてきた結果である。人はローマ教皇に忠誠を誓うのであれ、ルターに味方するのであれ、自分の狭い認識に固執して、少しも相手に聞こうとしなかった。これではいつまで経っても不幸が続くだけである。しかし人間は幸いにして「理性を持った生き物」(animal rationale) である。これからの時代、人は理性に信頼し無知蒙昧から自由にならなければいけない。宗教は人々を敵と味方に分裂させる紛争の火種だったが、これからはそうであってはならない。合理的な思惟、科学的な精神、明晰な英知が人々を反省させ、やがて連帯させてくれるに違いない。こうして啓蒙主義の合理的精神はフランス革命に端的に見られるように、中世の独善的な信仰と教会制度を退け、その代わりに理性を振興市民社会の玉座にすえた。合理性と客観性に信を置けば人類はうまくやっていける、理性が新しい時代を拓く導きの星になるはずだと信じられたのである。(14)

ところが今日、理性への信は崩れ去ってしまった。大きな理論的体系、グランドセオリーを胡散臭いものとして退けたポストモダンの旗手は、あからさまに宗教を蒙昧とは見なさない。マルクス、フロイトはもちろんのこと、啓蒙主義からこのかた、哲学者と思想家は異口同音に宗教の蒙昧性と非合理性を責め、その終焉を宣言してきた。人類が理性に目覚めるにしたがって宗教は衰え、遠からずして宗教の終焉の時代がやってくるに違いない、と。ところが今、ベクトルは一八〇度変わって、神を放逐した近代が批判に晒されるようになった。ポストモダン思想は特にキリスト教を擁護するわけではない。しかし、宗教見直しの機運が澎湃として高まり、これまで脇に押しやられてきたスピリチュアルな次元、非合理性や不可知の宗教言説に再び光が投げかけられるようになった。現代人は科学主義にアポリアを感じとり、オカルトやスピリチュアル・ヒーリングといった「陰の宗教文化」にさえ、それなりの論理があることを知ったのである。

二〇世紀終盤になって世紀末の雰囲気が色濃く漂う中、ポストモダニズムの哲学者らは、二〇世紀後半、爛熟したポスト産業化社会において、哲学、宗教、芸術、科学はもとより、価値や日常の生の規範において人々の意識は以前とはまるで変わってしまったと論じ始めた。もはやモダンやモダニティの範疇で括ることのできない新しい精神文化が始まっている。とすれば、今日を言い表すには、これまでのモダンという枠組みを棄て、はっきりと差別化したほうが賢明ではないのか。「ポストモダン」、すなわち近代以後の新たな時代として今を仕切り直し、歴史をそこから再出発させたほうが適切ではないのかというのである。

2　ポストモダンの観測チャート

実体なぞありはしない・形而上学批判

ポストモダンは近代理性を痛烈に批判する。が、だからといって、近代以前に戻ればいいというのではない。つまり、啓蒙主義以前を黄金時代と見て、それに逆戻りすればすべてが解決するというのではなく、啓蒙主義を越えて歴史の前方に広がる可能性を、新しい角度から見つめ直してみようというのである。では、「近代以後《ポストモダン》」

は「近代《モダン》」とどう違うのか。その節目になっているのは何なのか。

ポストモダンという言葉を聞くと、六〇年代末、世界を席捲した学生反乱やデリダ、フーコー、レヴィナス、ラカン、ボードリヤール、リオタールなどフランスの華やかな思想家がまず頭に浮かぶ。またドゥルーズ、ガタリ、ネグリ、ロラン・バルト、バフチン、クリステヴァ、ジジェクといった今をときめく人々の刺激的な言説が想い起こされてくる。しかしポストモダンの思想は何かまとまりのある運動や学派を形成してきたわけではない。そこにはある種の共通した問題意識はあったが、「これがポストモダンだ！」という了解はない。そのことを断った上でポストモダニズムの共通項を探ってみると、そこに反理性、反形而上学、反進歩などいくつかのキーコンセプトが浮かびあがる。近代の延長としての今日の世界が行き詰まっていることは明らかであり、それを支えてきた知のシステムも終焉を迎えている。西洋近代の合理性、論理性、法則性に依拠してきた言説では、もう今の世界を説明しきれないというのである。

ポストモダンの思想家が一致して退けるのは、一八世紀以来の啓蒙的理性と進歩の概念である。ヨーロッパの啓蒙主義は、人間を、理性的に世界を捉える主人公として、他者の言いなりにならず、自身の意志と知を働かせる自律した「主体」として解釈した。まさに堂々たる人間観である。しかしポストモダニストに言わせれば、そんな主体的で自律した人間はどこにも存在しない。いや一歩譲って、仮にそうした人間の誕生が近代にあったとしても、それは実に短命で、後に理性は歴史の中で修復できないほどに腐食した。啓蒙主義者は、明晰なカテゴリーと理性を働かせれば世界の真理をわがものにすることができると素朴に信じた。透徹した論理をもってすれば、普遍的な真理の言説化も可能と確信した。だが結局、そんな真理の言説はどこにも実現せず、マルクス主義をはじめ世界統合の試みはことごとく失敗した。マルクスはヘーゲルの弁証法を一捻りして、歴史は一定方向に向かって進歩すると楽観的だった。歴史は異なる階級間の闘争史で、奴隷制から封建主義、資本主義、そして共産主義のユートピアへと発展していくはずだと確信した。だが、そんな弁証法は世界の歴史にはなかった。世界を解く絶対的な言説は存在しない。あるのはさまざまな真理という多元性の事実だけである。

こうしてポストモダニストは、啓蒙主義以来のヨーロッパ、いや一九世紀以降にはほぼ全世界的に理想とされた近代的人間観とその形而上学を退けた。普遍的理性をもって世界を説明する歴史のありかたに疑問符が投げかけられ、事象を合理的に処置する「自分」や「主体」のコンセプトにも終止符が打たれた。揺るぎない内面性を持った主体的人間になること、それこそが自己を成就するという近代人間観がほぼ全面的に否定されたのである。

哲学の入門書をぱらぱらとめくると、近代的な人間観はデカルトとカントをもって始まると述べられている。デカルト、カント、ヘーゲルなど、ヨーロッパの経験主義、理想主義の思想家は、人間を、自分を自分でコントロールする主人公、合理的に物事を考える理性的存在として華やかに描いた。人は上からの権威によってではなく理性の命じるところに従う自由人であって、人類の歴史はそうした自由な主体としての人間の完成を目指して発展してきた。大切なのは科学的な知識と合理的な思惟、人が持つべきなのは合理的な判断と普遍への熱情だというのである。

ところが今日、「理性は腐食し、熱情は枯れはてた」(ホルクハイマー)。理性に全幅の信頼を置いた人間という定義は色褪せ、自由な人間、理性を持った主体、あるいは歴史的な普遍性や世界の法則性といった概念一切が揺らぐ時代になった。なぜなら二〇世紀後半になって人類の手元に残ったのは、理性の荒廃と科学的合理性への幻滅だけだったからである。

アウシュヴィッツ、そして広島・長崎

現代という時代は社会的にも政治的にも文化的にも深刻な危機を迎え、もろもろの価値が崩れ去りつつある。この危機に直面して、従来、我々が拠り所としてきた思惟はすでに賞味期限切れになり、それをもって将来を語ることができなくなった。もはや真理を虚偽から、善を悪から、正常を異常から区分けすることができず、すべ

てが不明で曖昧模糊となった。多くのポストモダニストたちがそんなふうに辛辣に考えるようになったのも無理はない。なにせ人類は二〇世紀だけでも、二つの世界大戦、ホロコースト、広島・長崎と大量殺戮に狂奔してきたのだから。ヨーロッパでは一九一四年に勃発した第一次大戦が、近代というプロメテウス的企ての夢を打ち砕き、人類の進歩と調和という楽観的イデオロギーに終止符を打った。もう戦争はこりごりだ、二度と悲劇を繰り返すまいと人々が決意したのも束の間、ドイツはナチスのファシズムを誕生させて六〇〇万のユダヤ人を絶滅収容所に送り、アメリカは戦争とはいえ、一瞬のうちに十数万の無抵抗な市民を殺戮する原爆を日本の上空に炸裂させた。「アウシュヴィッツ以後に詩を綴ることは野蛮である」（『ミニア・モラリア』）と言ったのはフランクフルト学派の社会哲学者アドルノだったが、二〇世紀の悲劇を目の当たりにしたとき、アドルノならずとも、現代のどこに理性があるのか、人類史に進歩はあるのか、という疑問が湧くのは当然である。いやむしろ、輝かしい啓蒙主義精神なぞ夢物語だったのではないのか。理性による人類の進歩と調和は幻想でしかなく、そのことをまず認めることが誠実さというものではないのか。道具的理性によった世界の客体化と、ヒエラルキー的思考、冷めた合理主義は反省されねばならない。ポストモダンが今日これほど喧騒されているのは、ただ第三〇〇〇年紀を迎えたという時代の区切りに敏感なゆえだけではない。トラウマに満ちた二〇世紀を振り返ったとき、人類はいったい近代とは何だったのかとの問いに直面せざるをえなくなっている。

振り返ってみると、二〇世紀は悲劇の世紀、死が蔓延した一〇〇年間だった。巨大なスケールで、しかも効率的に大量死をもたらすという科学技術の恐怖は第一次大戦で幕を開け、ソヴィエトのスターリン主義下の人民抑圧、六〇〇万ユダヤ人のホロコースト、南京虐殺、広島・長崎への原爆投下と続いた。第二次大戦以後も、東西冷戦、核開発競争、食糧危機、エコロジー危機、民族紛争と、人類はひたすら破壊の道を驀進してきた。それが啓蒙主義以来、近代が数世紀にわたって目指してきた科学の進歩、人類の発展という夢物語の帰結だった。(15) まさにこうした巨大な死の連鎖が、二〇世紀の終焉を目前にして、近代が孕む思想と歴史を人々に問い直させた。モダンは終焉した。まだそれが続いているというのであれば、今こそ明確に我々の手で終焉させ、それに代わる新しいパラダイムを求めよう。そうポストモダニストは呼びかけたのである。

言語への転換、歴史的客観への異議

こうしてポストモダンの提唱者たちは、進歩という二〇世紀の「大きな物語の終焉」(リオタール)を宣言し、世界を「局所的、断片的」に考え直すことから思想の再構築を開始した。人間のあり方ひとつをとってみても、人は理性的というよりも、もっと非合理的で無意識な領域と深く関わる存在として再解釈されるべきではないのか。我々はモダンが定義したような「個人」としてばらばらに生きているのではなく、社会、言語、文化が複雑に絡み合う中で「脱中心的」に生きている。いや実際、啓蒙主義が唱えた「普遍」や「主体」という概念はまったく幻想でしかなかった。真理と呼ばれるものすら、絶対的、客観的にあるのではなく、言語を媒介に歴史的、文化的に条件づけられている。物事を「実体」だの「本質」だのと存在論的に定義するのは、もとよりできない相談で、人間の知は本質的でも普遍的でもなく、現象的、局所的である。知識は昔の哲学者たちが夢みたように、存在そのものとしてあるのではなく、人間同士の権力関係や支配文化の有様と密接に絡まっている。絶対、不動、確実で永遠なことは、何ひとつとしてない。それを得ようとするのは木に縁って魚を求め、無いものを有ると言い張る稚児のわざに等しい。

物事を本質的な実体ではなく可変的な現象の総和として捉えようとするポストモダンの思想において、とりわけ興味深いのは「言語への転換」である。ポストモダニストによれば、言語を操ることで、夥しい数の記号と象徴の「テクスト」の挟間に生きているのが人間である。テクストの解釈は一筋縄ではいかず、逆説と論理的矛盾を孕んでいて、そもそも何が真実で、どこに真理があるのかも定かではない。ひとつのテクストが正しいと論じても、そこにもうひとつのテクストをもちだして付きあわせれば、また新しい矛盾と齟齬が生まれるから、テクスト解釈はそれこそ無限に続いて終わりがない。

とすれば、残った選択は人間の言説をいっそうプラグマティックに扱うこと以外にない。いや、言語が物事を「真理」や「本質」でもって客観的に表現できると考えること自体がそもそも無理であって、まずは絶対的な真理、最高の善、究極的実在といった本質を前提にした、従来の思考の妥当性が退けられなければならない。そう考えられた結果、現代の哲学はプラグマティズムに取って代わられ（ローティ）、「脱構築」が唱えられ（デリダ）、「パラ論理」が論じられ（リオタール）、「系譜学」（フーコー）が日の目をみることになった。

ポストモダニストらが、近代主義の歴史の概念に深い疑惑のまなざしを向けたことはすでに触れた。従来、歴史学はごく当たり前のように歴史を一本の線でもって直線的に理解し、そこに統合的視点を織り込んで、それを軸に歴史の起源を説き、究極的な「目標」（*telos*）を論じてきた。しかしポストモダニストはそうした方法に疑問符を付し、「歴史の終焉」を宣言したのである。ポストモダニズムの先駆者とも予言者とも言われるニーチェが「神は死んだ」と言ったとき、そこで退けられたのは「神」だけではなく、歴史的な絶対性や真理性を含め、人類誕生から現在に至る一切の確信的な言葉だったのであり、ニーチェは歴史に確固とした現実など何ひとつとしてないと叫んでいたのである。

マルティン・ハイデッガー、ミシェル・フーコー、ジャック・デリダなどの哲学者が、ポストモダニズムにおいて試みたのは、ニーチェの確信的なニヒリズムをさらに一歩前進させるという壮大な思想の実験である。「事実そのもの」の叙述も、歴史に学んでそこから教訓を引き出すという近代の「積極主義」も虚妄だった。客観的な歴史の記述は不可能というポストモダニストの作法は、歴史と創作、フィクションとノンフィクション、事実と虚構の境界を限りなく不透明なものにした。もちろん、これまで通り歴史の実証性や客観中立的な記述を信奉する学術家はこれに猛反発した。しかしポストモダニストに言わせれば、そもそも歴史とは、過去を現在の想像力でもって再解釈する営みであって、客観的事実の叙述というよりも、むしろ小説の作法に近いと一歩も後に引かなかった。言い換えれば、ポストモダニストは、従来歴史学者が疑うことのなかった「公平な記述」「価値中立的なものの見方」「客観的事実の尊重」すべてを覆し、近代主義の歴史学者が尊重する「事実」がいかに危うく、問題を孕んでいるかを暴きだしたのだ。歴史家の善意は疑いえない。だが善意をもって歴史的な客観性を尊重しようとしたところで、資料の読み込みにせよ、叙述にせよ、そこには歴史家の「偏見」が織り込まれるのが常であって、歴史家のそうした偏見は時代のイデオロギー、文化、所属する集団の政治社会的利害に密接に絡んでいるという現実をポストモダニストは暴露したのである。

現在はモダン「後」か、モダン「末」か?

と、ここまでポストモダンの特徴を述べてきた。もちろんポストモダンの旗手たちが、今まとめたようなことで正しいとするかどうかは議論の余地がある。ポストモダンの定義は百人百様で、ポストモダンの確定した定義というものはなく、人によっては、もっと他のところにポストモダンの特徴を求めるかもしれない。しかし少なくとも、従来常識とされていた言説や概念が疑われ、歴史の「事実」とか学問の「客観性」や「中立性」とかを尊んだ近代思想が今日根底から揺さぶられているのは論じたとおりである。[16] とすれば、欧米の精神文化の基礎をなしてきたキリスト教も揺らぎ、新しい局面に立たされているということになる。[17]

だが、そんなポストモダニズムの提唱に疑問を持つ人々もいた。学問の中立客観性への不信はもっともだし、理性の腐食もそのとおりかもしれない。しかし近代が矛盾や不備を孕んでいるからといって、ポストモダンを唱えるのは時期尚早で、現代はまだまだ近代のパラダイムの上にある。モダンに批判すべき諸点が多々あると認めることはやぶさかでないが、今という時代は近代を継続しているさなかにある。近代という進歩的で統合的な歴史を全否定するのは意味がなく、まだまだやるべきことは多くある。やみくもにポストモダンを唱えるより、当面はモダンの枠組みを維持しながら、そのつど不備を正していくほうが賢明ではないか。合理主義の齟齬、進歩主義の虚構を重く受けとめながらも、近代が終焉したとすることには躊躇する思想家は意外に多いのである。

ユルゲン・ハーバーマス、ハンス・ガダマー、ポール・リクール、アラスデア・マッキンタイアはそんな慎重な見方に立ち、キリスト教神学にも少なからぬ影響を与えてきた知識人である。つまり彼らは、近代の知になおも軸足をとっていて、ポストモダニズムではなくレイトモダニズム、「近代以後」ではなく「近代末」の思想家と名づけたほうが良いかもしれない人々である。[18] 特に先年他界したハーバーマスは、デリダやフーコーと一緒くたにされてはかなわない、自分は彼らのような反近代主義者ではないと一線を引いた。ポストモダンの提唱が「爛熟した資本主義の矛盾」を隠蔽するイデオロギーになっているのではないかと疑ったハーバーマスは、既存の体制に浸りながら、口先だけで近代の終焉を説教するポストモダニストに我慢がならなかったようだ。性急に近代を批判して、あらゆる悪を近代のせいにするのは、啓蒙理性がこれまでなしてきた貢献を不当に貶めるものである。教会の権威主義とその正統主義を批判してきたハーバーマスのそんな疑問は、[19] ユルゲン・モルトマン、ヨハン・バプティスト・メッツ、ドロテー・ゼレ、グレゴリー・バウムといった政治神学者、カトリック修正神学のデイヴィッド・トレーシーにも深い影響を与えている。

さて、今は近代末なのか、それとも近代以後なのか。現代をモダンの延長上に括るのか、それともモダンを抜け出た時代と見るのか。そういった議論はともかく、問題はキリスト教がこうした近代批判をどう受けとめるかである。なるほどポストモダンの議論がこれまで当然とされてきた近代ヨーロッパをさまざまに疑わせ、欧米知識人に反省を迫っていることはよくわかった。ではキリスト教神学はこうした近代批判をどのように受けとめたらいいのか。神学はそれに捉われず、従来通りに神を客観的な論理や概念でもって開陳すべきなのか。それとも詩的ないしは審美的な想像力を活用して、神の啓示をもっと言語と文法へと転じるべきなのか。神学は厳密な論理で普遍性をこれまで以上に求めるべきか、それとも普遍性を放棄して、特殊で局所的な知を真実にすべきなのか。近代が理想とした永遠、不動な実体を探求すべきなのか、それとももっと現象学的な方向をとるべきなのか。

そうした問いが今、回答を迫られている。

ポストモダン神学のさまざまな意匠

だが、ポストモダンの提唱なぞ少しも目新しくない、我々の間では前々から自明だったと喝破するのはイギリスの神学者ダニエル・ハーディである。ハーディはフランス、ドイツの大陸神学と違って、イギリスの神学ははじめからポストモダンだったと主張する。[20] 確かに近代は偉大な統合体系の時代だった。キリスト教も啓蒙主義から大きな挑戦を受け、明晰かつ普遍的な神学の創造を目指した。中でもドイツの神学はカントの超越論的哲学、ヘーゲルの絶対理性の弁証法を積極的に取り入れて、神学の中心を誇った。神学的思惟には体系性が必要だと言って、あれこれとグランドセオリーづくりに熱中してきた。ところが今、事情が一変して、グランドセオリーの抽象的思弁性が疑われだし、神学者は猫も杓子も、普遍ではなく局所、体系ではなく個別、抽象ではなく実証、「大きな物語」ではなく「小さな物語」が大切だと大騒ぎしている。[21] しかしそんなことはドイツやフランスの神学には当てはまっても、イギリスには妥当しない。同じヨーロッパとはいえ、イギリスのキリスト教とはまったく違う歴史を歩んできた。イギリスの神学者はドイツの講壇神学のように言葉を弄ぶドイツのキリスト教とはまったく違う歴史を歩んできた。イギリスの神学者はドイツの講壇神学のような形而上学には関心を持たず、きわめて現実的かつ個別的だった。神学の世界制覇を目指さず、アングリカニズムの枠の中で神学を作ってきたイギリスの神学は、最初からポストモダン的で、今さら大慌てする必要はどこにもない、と言うのである。[22]

どんなに新しい思想や言葉が興っても、古典のあれこれを引っくり返していれば、似ている思想のひとつや二つに必ず行き当たるものである。筆者は以前、新正統主義の北米神学者から、ラテンアメリカの解放神学を作ったのはグティエレスでもラス・カサスでもなく、カール・バルトだと言われて仰天したことがあった。自分の世界で満足する学者の目には、天下に新奇なことはひとつとしてない。ハーディの言いたいこともわからないではないが、イギリス神学は最初からポストモダンだったというのは、その程度に受けとっておいたほうが無難である。これに比べれば、ホワイトヘッド思想に共鳴する人々の間から、プロセス神学がもっともポストモダンに適うキリスト教の言説との声が上がったのには、まだしも説得性がある。というのは、一七、一八世紀以来の主体／客体、実体／現象の分裂をそのままにしておいて神を論じることはできないと訴えてきたのが他ならぬプロセス神学者だったからだ。[23]

さて、ポストモダン神学はヨーロッパでも論じられないことはないが、主導してきたのはアメリカとイギリスの英米圏の神学者で、その代表格と目されてきたのはマーク・C・テイラー、ロバート・P・シャーレマン、チャールズ・ウィンキスト、デイヴィッド・レイ・グリフィン、トーマス・J・J・アルタイザー、イギリスのドン・クピッド等である。[24] 彼らはラディカル神学の範疇で括られることもあって、ニーチェの「神の死」、ティリッヒの内在的神論、ブルトマンの実存的解釈をさらに先鋭化させたところに特徴があると言われてきた。しかしグリフィンのように、ティリッヒやブルトマンの神学に加え、ホワイトヘッド哲学を取りこむ者もいて、その枠組みけ一様ではない。いずれにしても、マーク・テイラーを筆頭に、ポスト構造主義のテクスト論、近年の言語理論をキリスト教に導入する一群の人々の言説をポストモダン神学とするのが従来の捉え方だった。

しかし、これには異論も出た。ポストモダンを現代の表象として理解すれば、今あれこれと営まれている神学は、すべてポストモダン神学ではないか。ポストモダンを「現代《コンテンポラリー》」とするなら、それこそ目下、熱い論争を繰り広げている神学全体がポストモダンの範疇に含まれてしかるべきだというのである。[25]

そうした広く括る仕方で、ティレイは最近ポストモダン神学を五つに分類してみせた。すなわちポストモダンの構築神学（ハーバーマス、グリフィン、トレーシー）、脱構築神学（アルタイザー、テイラー、イーデス・ウイショグロッド）、ポストリベラル神学（リンドベック、ハワーワス）、プラクシス共同体神学（グティエレス、シャロン・ウェルチ、J・W・マクレンドン）、そして宗教多元主義の神学である。だが、構築神学の範疇にフランクフルト学派の社会学者ハーバーマスを入れるのはいかがなものかと思われるし、変革的共同体の神学に分類されたウェルチが、いかほどポストモダンなのかも首をひねってしまう。脱構築神学ではウィショグロッドの名があげられているが、一読した限りは退屈で、なぜとりたててワイシュグロドが言及されるのかがわからない。しかし、そんな個々の疑問はともかく、ティレイが論争的な解放神学をポストモダンに含めていることは、議論をアカデミズムに限らない点からも好感がもてる。[26]

ポストモダンの思想もいろいろあって一筋縄にいかない。それと同じく現代神学も多彩である。その事情は、高柳俊一が論考の中で、ポストモダン神学は今ひとつはっきりしない、それぞれ別々の背景と出発点を持っていて、援用する哲学も関心も違う、と指摘するとおりである。[27] そこで本章の以下の論述では、高柳の指摘を考慮して、ティレイの広い括りを採用し、まず（1）もっともポストモダンとされるラディカル神学の今を、テイラーを中心に素描する。次いで（2）ポストリベラル神学のリンドベック、（3）リベラル修正神学のトレーシーを取り上げて、ポストモダン時代のキリスト教の争点を解題することにしたい。と言うのも、解放神学はひとまず脇に置いて、八〇年代から九〇年代にポストモダン論争の際立った対立軸をなしたのはリンドベックとトレーシーの二人であり、その両者を比較すれば、ポストモダン神学の保守陣営と進歩陣営との違いが鮮明になると思われるからである。

3　ラディカル神学のポストモダン

「神学の終焉」を告げる脱構築神学

ポストモダンの哲学、特にジャック・デリダのポスト構造主義を神学に採用して、ついには「神の死」と「歴史の終焉」にむけてキリスト教を「脱構築《デコンストラクション》」しようと謀るのはマーク・C・テイラーである。[28] なにせ神学者でありながら「死にたる神」（deus mortuus）、神学は終わったと宣言するのだから反発は大きく、テイラーは神学者ではない、ニヒリズムをキリスト教に持ち込んで神を貶めただけだ、といった辛辣な批評が山をなす。特に福音派の反発が激しいが、日頃、宗教的寛容を旨とするリベラル派の神学者も、テイラーには開いた口がふさがらないといった困惑の様子である。しかしそんな反発と困惑を尻目に、テイラーは少なからぬ信奉者にとっては今をときめく前衛的な神学者で、そのひとりであるラシュケは、テイラーの言説は「二〇世紀後半の神学の頂点」であると絶賛する。(29) テイラーこそ「ポスト宗教」「ポスト・キリスト教時代」の壮大なデザインを描いてくれる知の巨人、実存主義の衰退から久しく絶えていた哲学的神学を復興したスーパースターだというのである。(30)

キリスト教だけでなく最近のアメリカの新宗教ブームを論じ、現代のポップカルチャーやサブカルチャーについても果敢に発信する戦後団塊世代のテイラー。その彼が現代アメリカ文化の特徴として真っ先にあげたのは「神の大きな物語」が終焉したということだった。かつて神を冒瀆することは最大の罪だったが、今は違う。神は死んだ。その神の死とともに冒瀆者たちも死んだ。テイラーは「神の死」を論じたニーチェに満腔から同意するが、テイラーの場合、神の死がフォイエルバッハ流の人間中心主義、楽観的な無神論に帰着するかというとそうではない。テイラーに言わせれば、有神論／無神論、神を信じる／信じないという踏み絵を踏ませて、そのどちらか一方を選ばせたのが、そもそもキリスト教の大失敗だった。あれか／これかの同一性思考はこの際すっぱりと捨てなければならない。そんな枠組みで考えているから世界の実相が見えてこない。

テイラーは今、ニューヨークのコロンビア大学宗教学部の花形教授である。それまでマサチューセッツのウィリアムズ大学で長く教えていたテイラーを、コロンビア大学は二〇〇七年に三顧の礼をもって迎え入れた。なにしろ、神学、哲学、美学、建築論、メディア論、科学技術、経済から自然科学と縦横無尽に語るマルチタレントぶりだから、学生からの人気は圧倒的で、大学も招聘したのは大成功と鼻高々である。

テイラーが生まれたのは第二次大戦が終わった一九四五年で、その思想的遍歴は日本の団塊世代、それも時代に敏感な秀才がたどった軌跡をなぞるようでおもしろい。一九六三年、ウェスレヤン大学に入学して哲学の道に進んだテイラーはまず実存哲学に、特にキェルケゴールに魅せられた。『死に至る病』から始まって『あれか、これか』『哲学的断片』と、キェルケゴールの著作を手当たり次第に読んだ。そんな彼がヘーゲルの観念論哲学に転じたのは、ハーヴァードで宗教哲学の博士論文に没頭していた七〇年代、世界的にはヘーゲル復興が起きていた時期だった。テイラーがどんなに深くこの両哲学者に傾倒していたかは、処女作『キェルケゴールの偽名著作』（七五年）に続いて『自我に向かう旅――ヘーゲルとキェルケゴール』（八〇年）を書いた事実にも伺える。(31)キェルケゴールとヘーゲルでは方向が一八〇度違うではないか、二足のわらじをはいて大丈夫かと戸惑う読者がいるかもしれない。しかし、テイラーに言わせればそんな危惧は無用で、自分はキェルケゴールから孤独な思索者の道を、ヘーゲルからは歴史の偉大な弁証法を学んだという。キェルケゴールからは真の預言者になるためには俗世と決別する覚悟が必要なことを教わり、ヘーゲルからは歴史に人類の救済を見るという哲学の壮大な夢を育まれたというのである。(32)しかし八〇年代の中葉ともなると、アメリカではドイツ語圏の哲学はまったく人気がなくなった。特にヘーゲルへの風当たりは強く、「ヘーゲル的」と批評されれば、言われた方は気まずく沈黙せざるをえないような雰囲気に一変した。こんな事情は日本でも同じだったが、ドイツに代わってアメリカの思想世界を制覇したのはソシュール、フーコー、リオタール、ラカン、バルトなどの煌びやかなフランス哲学だった。特にテイラーの心をとらえたのは脱構築論を引っさげて華々しく登場したデリダで、以来、今日にいたるまで「差異《デフェレンス》」「差延」「ロゴス批判」「エクリチュール」といったデリダの哲学概念がテイラーにとっての血肉の一部になっている。(33)

キェルケゴールからヘーゲルに転じて、それからデリダの哲学へ。こう書くと、いかにもテイラーが流行を追う「哲学おたく」のような印象を与えかねない。しかし決してそうではなく、彼がデリダに惹かれたのは、年来、頭を悩ませてきた神学のアポリアの突破のためにはそれがもっとも有効と信じたからだった。その証拠にキェルケゴール、ヘーゲル、ハイデッガーは、デリダと共に今日もテイラーの重要な解釈枠であり続けている。

テイラーの関心領域の広さはすでに論じたが、コロンビア大学に移籍してからは、神学、現代哲学、芸術論や科学技術論に加えて、ビデオゲームのサブカルチャー論にまで手を伸ばして次々に著作をものにするマルチタレントぶりである。それでも、テイラー自身は、自分の本領はあくまで宗教哲学と神学にあると言っているのがおもしろい。

テイラーが本格的な神学の学びに入ったのは六〇年代前半、新正統神学がアメリカで最後の輝きを放った時代である。しかし、六〇年代末、学生運動や「対抗文化《カウンターカルチャー》」に激しく危機感を揺さぶられて正統神学に見切りをつけ、ゴードン・カウフマンの指導のもと、ハーヴァードでひたすら哲学的神学の研鑽に励んで博士号を取得した。(34) そんなテイラーがさまざまな思索の「彷徨」のすえ、ついに「神学ゲームの終わり」にたどり着いたのは八〇年代、神の死の神学者トーマス・J・J・アルタイザーが「神の死」を唱えて華麗なデビューを遂げていた六〇年代、若かったテイラーがそれをどう受けとめていたかは興味あるところである。が、それはともかく、時が熟したのだろうか、テイラーはデリダの脱構築論を手がかりにしてアルタイザーを再読し、目から鱗が落ちる経験をした。アルタイザーの「神の自己破壊」に天空が開ける衝撃を覚えて「神学の終焉」に到達したのである。以来、テイラーの書斎の中央にアルタイザーの作品が飾られることになった。しかし、テイラーは決してアルタイザーの亜流ではない。「神を語るとは言葉を無限に連辞させ、その片端から消去することである」。テイラーの言語文法への転換は、賛同するしないは別として、アルタイザーには見られないテイラー独自の神学解釈である。

キリスト教を脱構築する――「無／神学」

神学とは神を語る学問でありながら、結局人が語ることができるのは「神の不在」だけである。そんなふうに神認識の限界と神の不在を指摘したのはなにもテイラーが最初ではなく、古代ユダヤ教のタルムードの編纂者も、キリスト教中世の否定神学者も等しく唱えてきたところである。テイラーはこの否定神学の匂いをユダヤ人デリダに鋭く嗅ぎ取った。デリダの「脱構築《デコンストラクション》」は何がなんでも伝統を否定せよ、批判し尽くしてぶっ壊してしまえという単純な反逆ではない。脱構築は批判の対象にこだわって内側からそれを浸蝕する知の戦略である。伝統を重く受けとめつつも同時に侵犯し越境する。[35] テイラーはこの知の戦略をキリスト教神学に援用した。キリスト教の内に留まりつつも、その形而上学を徹底的に批判し、ついにはキリスト教の解体を試みる。テイラーが、ラディカル神学の異端児アルタイザーと運命的な出会いをしたのは、ウィリアム大学でデリダを講じていた時分である。そしてそのことがテイラーを、宗教哲学の一教師から、キリスト教にあって神の不在を語る「ポストモダンの無／神学」（postmodern a/theology）へと華麗な変身を遂げさせることになった。[36]

テイラーによれば、神学という学問は神を書き綴るそばから、それを抹消する「無／神学」の営みである。神学者の務めが神を言葉に綴ることにあるのは言うまでもない。しかし神を「綴る」という行為そのものは、神を文字に書きとめた瞬間、その実体を消去していくことである。――テイラーに、こうした解釈を促したのはデリダである。デリダは、西洋形而上学には「書かれた言葉」（エクリチュール）よりも「語られた言葉」（パロール）に真理を認めるという長い習慣があったと指摘する。ヨーロッパでは、真理が解き明かされたとの深い感動を人に与えたのは常に「話す」という行為においてだった。つまり、「真理」（あるいは「実体」「本質」）は、言葉にして語ることで人間に明らかにされるものであり、言葉の中に真理があると考えられてきた。言葉と言っても書かれた言葉と語られた言葉とでは歴然とした違いがある。音声を通した言葉は文字の言葉よりも格段に優れていて、真理の「現前」は音声によってである、と信じられてきた。「現前は非現前よりも優れている」。真理は語られた言葉の中に現前する。それに比べれば、紙に書き写された文字は真理の色褪せた残骸にすぎない。人々は語られる言葉を通して、真理をわがものとする。古代から中世において、そもそも文字を読める人はそう多くはなかったし、文字を書きとめる羊皮紙も貴重で、なかなか手に入らないことを考えれば、これは十分に納得できる。

「ところが」とデリダは続けた。紙の製法がオリエントから伝わり、グーテンベルグが印刷機を発明して紙に印字するようになってからというもの、事情は一変した。文字が音声言葉に取って代わったのである。例えば今本書を手にしている読者は、印刷文字を通してアメリカ現代神学の情報を得、頭を整理しながら、本当だろうかと疑ったり納得したりしながら読んでいる。文字を紙上に追い、ときには前の頁に戻って論旨を確かめて、自分なりに考えている。しかし昔はそうではなかった。「聞け、イスラエルよ」（申命記六・四）。イスラエルの預言者たちはもちろん、キリスト教の教会の牧師も人々に直接語りかけることで神の言葉を「現前」させていた。つい数世紀前に、近代神学の父シュライアマハーは『宗教について――宗教を侮蔑する教養人のための講話』（一七九九年）の中で、文字として書き止められた言葉は宇宙の偉大な宗教感情の残骸にすぎないと述べている。つまり、西洋神学の長い伝統からすれば、文字に書くという行為は、本来的な神の現前を「語っていない」。それでも神学者は文字を書き連ねてやまない。とすれば、書く行いは、書くそばから、神の不在を暴露していることになる。書物が説く神の現前は、それがたとえどんなに臨在感あふれる内容であったとしても、文字にした時点でもはや生きたものではない。文字にするということは、生き生きした神の現前を消去し、殺すことなのである。

終末的な黙示録の雰囲気を漂わせる『神学を脱構築する』（八二年）の終章「空虚な鏡」において、テイラーは、人が言語によって知るのは実体ではない、言語が実体を作り出すのだとそっけなく述べる。[37] 人は「シニフィアン」（signifiant, 意味するもの／語や音形）を書き綴って、それを無限に連辞させるにすぎない。神学の場合もそうである。神学者はあれこれ言葉を駆使するだけで、言葉に神の実体を捜しても見つかるわけではない。ならばいっそのこと、言葉が神の実体の何かを指示するという発想そのものから自由になって、言葉の連辞と暗喩、「シムラクラ」の終わりない奔流に身を委ね、言葉の響きを愉悦すればいい。現代に神が喪われているとか、聖書というテクストの権威がなくなったとか嘆くのを止め、ひたすら言葉の差異、差延に戯れればいい。キリスト教は昔から「ロゴス」をもって営みを続けてきた。だが今からはそうではない。体系的な言葉の神学は終焉し、残るのは散文としての神言説だけである。今の時代、システムを立てようとするのがそもそもの抑圧の始まりである。生きる意味が見えない、何が幸せなのかもわかりにくいという時代の不幸の理由がそこにある。ならば、過剰な言葉に身をゆだねて快楽を得、彩なす言葉に酔いしれよ。そこにこそ、西洋を冷たく閉ざしてきた形而上学の重圧、ロゴス信仰をはねかえす自由、脱自の快楽の道がある。自由の愉悦の経験は人に深い陶酔を与え、快感は余韻となって後々にまで思い出となって残るだろう。人はその経験がもたらした解放感と、明るい光に照らしだされて心から愉悦する。新しく生きる意味に開かれて、苦悩しつつも喜びに浸れるだろう。もはや後戻りはできない。「虚ろな鏡を覗いた者は、もう前のように神と自分を見ることはない」。[38] 神の死とは、これまで西洋形而上学を統御してきた実体的な神、超越的な「シニフィエ」(signifié, 意味されるもの／概念）の死である。歴史に大きな「目標」（テロス）はない。神の死は同一性の死、局所的な知を除いた一切の死である。神の死こそ「空の御蔵」「永遠の彼方にいます」神の虚構から人間を自由にし、豊かな内在性、奔流する物質と身体、魅惑的な欲望への扉を開く福音である。今こそあらゆる瞬間の生を肯定し「祝祭、喜劇、身体の愉悦」に入る時がきたのだ、と。

こうしてテイラーは徹底して神の内在を肯定し、人間と世界の豊穣さを楽しむことこそポストモダン時代のキリスト教であり、重たい形而上学の幻想から神学が解き放たれる唯一の方法なのだと主張した。

二〇世紀に神は二度死んだ？

イアン・フレミング原作の映画『００７は二度死ぬ』（一九六七年、ルイス・ギルバート監督）は、日本を舞台に英国諜報部員のジェームズ・ボンドが一度目は中国女性リンに、二度目はオーサト化学の裏組織に殺されかける、という筋書きである。日本人になりすまし、九州にあるスペクターの秘密基地に乗り込んだボンドは、甲冑で身を固めて日本刀を振りかざすスペクターの首領ブルフェルドと最後の戦いに臨み、すんでのところで死を免れた。

他方、アメリカの神学界ではこの約半世紀の間、神は二度死にかけた、いや殺されかけた。一度目はアルタイザー、ハミルトン、ヴァン・ビューレンらが「神の死」を宣言して正統神学に挑戦した六〇年代中葉である。このときは福音派の信徒たちが「神は死に給うことなし」と大書したプラカードを掲げて抗議デモをしたり、「われらは生ける神を賛美する」と唄う賛美歌が作られたりと、全米で大騒動になった。次いで二度目の「神の死」が起きたのは、八〇年代のポストモダン神学の渦中なのだが、実は今回の神の死も先回のそれとは無縁ではなかったのだ。

テイラーの神学、それも後期でいっそう顕著になったのは、神の「全的な現前」(total presence) という徹底した内在神論であった。あらゆる超越性の消滅を説くこの特異な神論は、系譜をたぐっていくとアルタイザーにたどり着く。[39]

アルタイザーはイエスの受難、十字架の出来事をキリスト教の根幹に関わる大事件と捉えた。もちろんイエスの十字架は伝統神学にとっても最大の出来事である。だがアルタイザーが伝統神学と異なるのは、イエスの死を「事実上」(de facto) の神の死としたことである。神はイエスに受肉し、そしてイエスが処刑されたとき神は死んだ。この神の死の事実は原始キリスト教以後、聖なるものの「不在」という形をとって西洋キリスト教史に「黙示録的に刻まれてきた」。つまりアルタイザーは神の受肉と贖罪死というキリスト教の救済論の中に、神がこの世に下ったばかりでなく（神のケノーシス）、さらに死すら引き受けて世界に「完全な現前」を遂げたのだと考えた。

このアルタイザーの思惟を、テイラーはそのまま言語構造の中に据え直した。[40]「受肉とは書き込みである」

（“Incarnation is inscription”）。神が世に受肉したと見るアルタイザーに対して、テイラーのほうは神が言語の中に一〇〇パーセント書き込まれたとした。テイラーの記号論的な表記に従えば、キリストの十字架の「処刑《しょけい》」（crucifixion）とは、神のシニフィエがテクストに「書形《しょけい》」（fix ion）したことに他ならない。「言《ことば》は神であった」（ヨハネによる福音書一・一）。この「言葉である神」は、キリスト教の正統主義者が信じるような、形而上学的実体として聖書に漂っているのではない。また聖書の背後に神が存在しているのでもない。「言語（ラング）には差異しか存在しない」（ソシュール）。在るのは実体としての神ではなく、ただの言葉の差異と連鎖だけである。

　テイラーにとってもアルタイザーにとっても、神の死とは神が言葉（ロゴス）になった現実そのものをさす事件だった。言葉になった神は、もはや教義学者の抽象的で思弁的な対象とはならずに、むしろテクストに「書き込まれた」ことで「差異」「差延」を無限に紡いでいく。しかも書き込まれた言葉はそのまま不変ではなく、前後関係によって意味を変えていく。ある頁で意味された「神の言葉」も、次の頁では他の言葉との関係の中で解体されて別の意味へと変貌する。あらゆる書物は脱構築的である。

　ここにあるのはデリダの言語論である。デリダにとっての問題は言語そのものというよりも、「書かれた言葉」つまりテクストである。書く行いは文字の「現前」（presence）の永遠な消去である。そのことは聖書、「聖なる神の言葉」を綴った書物の場合でも同じだとデリダは言う。テイラーはそれをもうひとひねりして、書くということそのものが神の啓示の帰着点になる、と言うのである。神の「完全な現前」という構造ではアルタイザーと同じであっても、その結末は「神の不在」と「あらゆる言葉の黙示」になる。実のところ「他者」である神は、徹底して我々の言葉の解釈を超え出ているのである。

　こうして、テイラーによるキリスト教の脱構築の試みは、「神の不在」に行き着いた。とすれば、神学とは結局、神の死を綴る「言葉の戯れ」ではないか。『さまよう――ポストモダンの非／神学』（一九八四年）の中でテイラーは、独特な記号論を駆使してそのように問いかける。神学は絶えず逸脱し、「さまよう」営みであって、神学者とは流浪するドン・キホーテである。神学者は人の子イエスがそうであったように、安住の地を得ることもなく、レトリックと無限に拡がるテクストの間をさまよい、「シニフィアンの連鎖」（ラカン）の荒野を放浪する。しかもそれが書き綴る「対象は決して理解できない他者」（神）である。放浪し絶えず逸脱していくことで、神学を綴る者もそれを読む者も、沈黙と狂気の「深淵」へと駆り立てられる。

神の死、自己の喪失、そして歴史の終焉、によって、恩寵あふれる〈優雅な・品位ある〉さ迷い、の時間と空間、とが開かれる。不確実で、不安定で・危険で、めまぐるしい・めくるめくような、ポストモダンの諸々の世界、の中で、放浪者たちは、繰り返し問いを発し続ける、「我々は一体どの方向に進みつつあるのか？　……無限の虚空を〈さ迷うように〉、さ迷っているのではないのか？」と。(41)

近代のキリスト教は中世の暗い闇を払拭し、神と世界の真理を見出そうと新規まき直しを企てた。だがそれも徒労に終わった。とすればなおさらのこと、ポストモダンの今日に必要なのは、あらゆるものが不確実であり、絶対的な真理はひとつとしてないことを勇気をもって承認することである。神は「存在するとも、しないとも言える」。そのどちらも証明することはできず、目前にあるのはテクストとそれが織りなす無限な言葉の連鎖だけである。「神の場」（divine milieu）は、あるとすればそうした無秩序で過剰な言葉の挟間にある。現代に神の正統的知はありえない。現在、正統的と言われている信仰が真実正しい信仰であるという保証はどこにもない。ポストモダンの時代において、人は神を信じると言って祈りながらも、それが虚構であることを知っている。無／神学者はテクストと象徴の間で言葉の遊戯を愉しみ、そうした遊戯のルールに則って「大きな物語」の誘惑、壮大な体系、秩序化というモダンの抑圧に抵抗し続けなければならないとテイラーは言うのである。

他のラディカル神学者たち

テイラーは実に筆達で、著作は優に二〇冊を超えるが、その主題は広く、神学だけでなく哲学、芸術、建築学、メディア論、技術論、経済、自然科学と実に貪欲である。そしてそのどれにも通奏低音として響いているのが超越的な神の死であり、神の内在化である。例えば、『非フィギュア化——絵画、建築、宗教』（一九九二年）では、テイラーはポストモダンの芸術を神学のイディオムでもって解読するという、ティリッヒの芸術論に似た試みをした。[42]モダニズムの抽象画法の数々は、人物でも風景でも、そこから一切の具象性を消し去って、どこにもない「神の国」として、この世に存在しないまったくの他者として描いた。

こうしたモダニズムの絵画に神学的に対応するのが新正統主義である。新正統主義の神学者は、終末的な「神の国」を論じるとき、それを人間の手では決して実現できない、ただ神のみによる「不可能の可能」として説いた。だがポストモダンが到来した今、ポストモダンの芸術家たちは、この世の「あらゆるところに」イメージをもとめ、キャンベルスープの缶からアメリカの星条旗、マリリン・モンローから街の落書きまでと、およそ美の対象とならないものはないと考えた。これに対応するのがアルタイザーの、徹底してこの世的な「内在神論」であって、それこそ神はどこにも生きている、というわけだ。

テイラーは長らく教鞭をとったウィリアム大学を離れて、ニューヨークのコロンビア大学に宗教学主任教授として迎えられた後も旺盛な研究活動を続け、『神の後に』（二〇〇七年）は、[43]「『テイラー神学大全』（summa theologiae tayloriensis）のすべてを披瀝する作品」（ジョン・カプート）と激賞されている。[44]

そんなテイラーと一緒になって、言語への転換によってポストモダン神学を構想するのはロバート・シャーレマンで、彼も形而上学的重圧からキリスト教を一日も早く解放することが現代神学の急務であると考えるひとりである。人々はいまだに、神が「いる／いない」という存在／非存在のカテゴリーを引きずっているが、それこそ誤りというものだ。我々は神という言葉に何かの超越的な実体を求めてはいけない。言葉が織りなす世界があるだけという事実に目覚めなければならない。言語（ラング）は実体を指示しない。むしろ言語は差異と差延とによって無限に連辞を繰り返すのみ。言語哲学者のソシュールが明らかにしたのは、言語のシステムとは実体を持たない言葉の広がりであるということ、言葉の意味はそれに前後する言葉との関係によって初めて明らかになるということだった。神学者はこの言語の性格にもとづいて、神の言葉を実体からひとまず切り離して新しい可能性を探るべきだ。

ヴァージニア大学で宗教学を教えるシャーレマンはテイラーと同様、デリダを懸命に勉強した人である。しかし、現代のフランス哲学というより、むしろ古典的存在論を批判したハイデッガーの現象学、ティリッヒの神学、シュライアマハーの解釈学、ブルトマンの実存的神学のほうから多くを学んだ。だからテイラーとは違ってシャーレマンは、キリストの歴史的啓示がキリスト教の根本であるとの思いをどうしても捨てきれない。聖書テクストの中にいかなる意味も認めない、無限な解釈に身を委ねればそれでいいとは突き放せない。ということは、神学の体系化を斥けて、言葉の過剰に遊んで「漂流する」テイラーや、超越性の解体を前面に押し出したクピッドやアルタイザーよりも、神学の枠を踏まえた上で議論ができる、ということである。実際シャーレマンは、ロゴス・キリスト論、神のケノーシス、教会論と、伝統的なパラダイムでもって議論を展開していて、ティリッヒに似た関心も随所に見てとれる。(45) 少なくとも聖書をはじめ、宗教的テクストは、ある種の超越性を啓示していると認める点で、言葉は言葉だけで終わっていない。(46)

他方、プロセス神学者のデイヴィッド・レイ・グリフィンが企てたのは、テイラーともシャーレマンとも違って、啓蒙理性の批判を通してデカルトの「コギト」以来の正統神学を「脱中心化」することだった。カリフォルニアのサンタバーバラにポストモダン研究所を設立したグリフィンは、ポストモダニズムの遍在論、「量子力学」（quantum mechanics）のダイナミックな概念、プロセス理論などをキリスト教に導入することにずっと心血を注いできた。世界の森羅万象には、それこそ無機的な石くれから有機的で複雑な認知力を持った人間にいたるまで、すべてに創造的エネルギーが満ちている。(47) ポストモダンの思考はそうした自然の生成と人間の進化を、エネルギーの過剰によって増殖するプロセスとして捉えている。とすれば、ポストモダニズムはアニミズム宗教や自然主義的神論（naturalistic theism）と思いのほか近い距離にあるはずだとグリフィンは言うのである。(48)

こうした中でイギリスのドン・クピッドは、プロセスというよりいっそう「生の哲学」に依拠するものの、グリフィンに似た神の遍在の考え方を最近さらに強めている。クピッド自身の説明によれば、その神学は「単神論的であると同時に自然主義的」(49) で、エコロジーや、文化における「生の充溢」に大きな比重が置かれているという。

最後にチャールズ・ウィンキストである。アルタイザーを二〇世紀末でもっとも重要な神学者と評価したウィンキストには、当然アルタイザーの影が終始付きまとう。しかしアルタイザーにはない面もあって、ウィンキストはまずは神学とは自由に書き綴ることであるとして、神真理の客観的保持を唱える伝統神学を脱構築する。そして次に神学に「間テクスト性」（intertextuality）を認めて、結局、言葉とは「意味」と「欲望」のせめぎ合いの弁証法ではないかと問いかける。もし言葉の意味が常に変遷万化すると捉えれば、言葉が神的実体を再表示するという伝統神学の重圧から神学そのものを自由にすることができる。意味を客観性でもって定義するのではなく、もっと多彩に綴ることこそ今日の神学に肝要ではないのか。

ウィンキストは自身を神学の専門家とはみなさず、彼が試みている神学の脱構築は、そもそも神学考察を可能にする条件探究という「副次的批判」（second-order critique）(50) にすぎないと謙虚である。そしてテイラーとは一定の距離を置き、いかに神学テクストが不十分であっても、そこにはなお「宗教経験」の余地があるとの立場をとる。神学テクストに述べられたこと、考えられたことの奥に、いまだ述べられていないこと、考えられていないことが潜んでいる。その間隙にこそ神が「おぼろげに顕れる」可能性があると考えるのである。

善と悪、光と闇、聖と俗、華麗と野卑との交錯するポストモダンの大海原の中で、人は問い、また誘惑される。善悪の彼岸、理性と秩序、主観と客観という文明の彼方を目指して、宗教はどこまでも言葉の戯れである、と言い切ったテイラー、アルタイザーの否定神学の方法は実に大胆である。しかし、正統主義のキリスト教批判にはそれなりの根拠があるものの、これは教会にとってはポストモダンの「あまりに過激な解釈」(hyper appreciation)である。確かにアルタイザーにもテイラーにも、十字架と復活に関するキリスト教的言説は存在する。しかしそれらはもはや従来の意味とは遠く離れ、ほとんど別物にさえなっている。そこからしてラディカル神学は神学ではなく哲学だ、キリスト教ではなく文化批評だといった非難も出てくるのである。[51] 次に、これとは対極に位置する、教会的立場を尊重するポストモダン神学者らの声を聞くことにしてみよう。当然のことながら、こうした人々はテイラーとはまったく違った視角からポストモダンの言説に切り込んでいく。[52]

4　ポストモダンの保守的解釈（ポストリベラル神学）

教義は共同体の教則本である

仮にポストモダンの最大の特徴を言語への転換や局所的な知のあり方に求めたとする。すると、ポストモダンと対話してローティやデリダ、フーコーの哲学をキリスト教に橋渡しするのは自分たち以外にない、そう自負するのはジョージ・リンドベック、スタンリー・ハワーワスなどポストリベラルの神学者である。[53]

一般にキリスト教で、ポストモダンの保守的解釈者とみなされるのは、カトリックではフランスのジャン＝リュック・マリオンやミシェル・ド・セルトー、プロテスタントではリンドベック、ハンス・フライ、ハワーワスなど、アメリカのポストリベラル神学者たちである。このうち特に評判が高いのはリンドベックで、リンドベックはあらゆる神学の古典を葬り去ろうとした近代合理主義が衰退した今こそポストリベラルがもっとも可能性のある未来をキリスト教に拓くと鼻息荒い。

ではリンドベックの言説のどこがポストモダン的なのだろうか。ポストリベラル神学運動のきっかけを作った『教理の本質』（一九八四年）で、リンドベックは次のように論じている。――教義の役割とは正しい信仰の教え、普遍的な神真理を解き明かすことであると正統的神学者は思ってきたが、それは間違っている。また正統神学者とは逆に、リベラル神学者のように、教義を人間の「宗教経験」や敬虔感情の表出として考えるのも間違いだ。そうではなく、教義のもっとも重要な役割とは宗教コミュニティ（キリスト教なら教会）に向けて、そこに属する人々が何をどう信じ、いかに生活の中に信仰を反映させていくべきか、そのガイドラインを示す教則本（rule book）となることである。

例えばこういうことである。キリスト教には神を、父、子、聖霊として論じる三位一体の重要な教義がある。しかしこれを神の実体を客観的に述べたもの、神には三つの様態とひとつの本質があると字義通りに受けとる必要は必ずしもない。言い換えれば、三位一体を普遍的で絶対的な真理とする必要はない。むしろ、教義としての三一神論は、イエス・キリストを告白するキリスト教共同体が、神については何を語り、何を語るべきでないかという、信仰コミュニティの約定を述べたものと捉えたほうがいい。キリスト教と言っても実に数多くの教派と教団がある。そうした諸教派、諸教団がその内側で取り決めたルール、自分の教派ではこのように信仰を告白して、こう生活に表すべしと取り決めた内容を綴ること、それが教義の役割なのだとリンドベックは言うのである。

したがってリンドベックは、どの教派、どの教団にも普遍的に当てはまる信仰の真理はない、と断言する。あるのはただ特定のコミュニティ、特定の信者間で信じられている「真理」だけであって、真理はそれを奉じる共同体から離れては論じられない。教義において決定的なのは、それが信仰者コミュニティの規範になるということである。

また、これに関連してリンドベックが、ポストモダンの特徴である言語論において言葉を経験に先行させ、言語の優位性を唱えたことにも注目しておかねばならない。よく知られているように、近代神学の父シュライアマハーは宗教を、人間の敬虔感情、畏怖経験の表出と定義した。これに対してリンドベックはそんな定義はナンセンスと一蹴する。そもそも経験というのは、言葉に書き綴ることによって初めて経験らしい経験になる。言葉をさまざまに連辞させ、言葉と言葉の差異に気づくことによって、人はようやく宗教的な畏怖や敬虔の感情を「経験」として理解する。言葉があって経験が生まれる。したがって神学は経験から出発しない。大切なのはまず言葉、キリスト教で言えば聖書の言葉から出発し、それでもって人間経験を逆照射することだ。リベラル神学のように経験から出発してそれを聖書に無理やり読み込み、あれこれ論じるのは本末転倒である。人間経験をもとに聖書の意味を推し量るのではなく、聖書の言葉を先に立てて、そこから我々の生き様を解き明かすべきだ、と言うのである。

共同体、キリスト、そしてバルトの再評価

こうしたリンドベックの神学的思惟は、ポストモダンの議論とどう交わるのだろうか。

ポストモダンの哲学者は、言葉の外部に実体を探らないことを提唱する。彼らは言葉を実体に照応させて考えるプラトン以来の言語論を退けて、言葉を実体から独立させ、言葉は実体を直接指示しないと考えた。言葉の意味は、言葉と言葉を連辞させ、その差異によって初めて明らかになる。こうしたポストモダンの言語理解を、リンドベックは積極的に採り入れた。そして「事象を聖書内にまず探究して、外部から解釈し直さない」という「テクスト内的神学」（intra-textual theology）を唱えて、キリスト教の正統主義の実体信仰を退けた。(54)

つまりリンドベックは一方で（1）神論、キリスト論、終末論など重要なキリスト教の教義は真理を客観的に定式化したものだとする正統主義の見方を退ける。そして他方で（2）正統主義と対極にあるリベラルの立論、すなわち教義を人間の畏れやおののきといった宗教感情の表白と捉える仕方も、実体を前提にした古い形而上学の推論方法だとして否定した。これがまずもってソシュールやデリダの現代哲学の、言語への転換と軌を一にし

たポストモダン的な神学である。

次に普遍性や一般性という近代の真理概念を退けたことでもリンドベックらポストリベラル神学者たちはポストモダン的であると考えられる。普遍性や一般性の代わりに、彼らはキリスト教の特殊性、教会コミュニティの個別性に光をあてる。例えばフライは「寛容な正統主義」を唱えて、開かれた正統神学を目指したが、その彼が強調したのはキリスト教のかけがえのなさとユニークさ、(55)もっとはっきり言えば教会の共同体、ナザレのイエスの特殊啓示という固有性である。同じくポストモダンに取り組みながら、アルタイザーやテイラーにはほとんど共同体的視点、つまり教会の視点はない。しかしフライはそんな彼らとはまったく違って、共同体の伝統、教え、儀礼に「キリストの体」を見ることで徹底した教会神学を目指した。そうした流儀はまさしく一般性や普遍的知を排して、個別と特殊に集中するポストモダニズムと同じ立場に立つ、というわけだ。(56)

確かに言われてみれば、リベラル神学が目指したのは、近代の宗教哲学を援用しながら、キリスト教信仰を抽象化、一般化、普遍化することだった。個よりも普遍、特殊よりも一般がいっそう正しいと論じ、ときにはキリスト教そのものではなく、宗教という普遍的範疇でキリスト教神学を論じたほうがより高等で好ましいとする雰囲気さえあった。そうした近代主義のパラダイムは、キリスト教を数ある宗教のひとつ、イスラム教やヒンズー教、仏教と同列に並べる傾向があった。いやそうした諸宗教ですら抽象化されて、哲学的な象徴や形而上学的概念で取り扱ったほうが、高度な知であるかのように論じられたものだった。ポストモダンがひっくり返したのは、日頃からリンドベックやフライが苦々しく思っていたこうした知の解釈学だったと言えなくもない。

ポストリベラル神学者がポストモダンに親近感を抱く理由には、聖書の内側からの解釈に加え、教会伝統にも「テクスト」としての積極的評価を与えられることがあげられる。さらにまたポストモダンが二〇世紀のトラウマ、ホロコーストや原爆の悲劇を強烈に意識したこと、それが改めて人間の深い罪を教え、キリストの十字架の重要性を浮き彫りにしたことも入るに違いない。

ポストリベラル神学者たちが口をそろえてカール・バルトを高く評価したのはこうした諸点である。彼らによれば、バルトは第一次世界大戦後にいち早く近代の危機の本質を見て取り、啓蒙主義の果たすべき役割は終わったとして、リベラル神学に引導を渡した第一級の思想家である。バルトは近代と結託した自由主義的キリスト教を徹底して批判し、近代を超克するためにキリスト教神学をイエス・キリストの特殊啓示へと大転換した。今日しなければならないのは、このバルトを継いで、キリスト教を教会の物語へと語り直すこと、神学の言説を徹底して教会コミュニティへと集中させることだ、と言うのである。(57)

5　ポストモダンの進歩的解釈（修正神学）

キリスト教を現代的に軌道修正する

バルトを高く評価して教会の物語へと転じたポストリベラル神学に対し、ポストリベラル神学はポストリベラル、ポストモダンどころかプレモダン（近代以前）への退行だ、過去への先祖返りだと手厳しく批判する人々は、ポストモダン現象に別の角度から切り込んだ。そのひとりがリベラル修正神学のデイヴィッド・トレーシーである。

トレーシーは、ティリッヒの「相関の方法」を発展させることにキリスト教の未来を見る現代カトリックの先駆的神学者である。彼はリンドベックとは別な問題意識と切り口をもって、リベラル・キリスト教の修正、発展こそが真にポストモダン的だと主張する。(58) 洛陽の紙価を高めた『秩序への祝われた怒り』（一九七五年）の中で、いち早くポストモダンの枠を用いてモダニズムの超克を唱えたが、その論調は決して近代主義の一方的糾弾というわけではない。トレーシーが目指すのは、古典的リベラリズムを批判的に乗り越えて、モダンの遺産を現代に生かしつつ、それを真にポストモダン的にすることだった。(59)

キリスト教神学は教会だけでなく、現代に向けて広く発信されなければならない。内向きの教会論に安住することなく、キリスト教の真理を現代人に再解釈して示さなければならない。そのためには近代というパラダイムを性急に否定せず、その優れた点を継ぐべきである。そう主張するトレーシーは、ポストモダンにいったいどのような糸口を見つけるのだろうか。

トレーシーはポストモダンとの関連で、正統神学、リベラル神学、新正統神学（ここにはリンドベックのポストリベラル神学、ハワーワスの物語解釈学など、いわゆる「新保守」キリスト教も含まれる）、ラディカル神学の四つを俎上にあげ、それぞれの長所、短所を腑分けしてみせた。[60]

まず（1）古典的な正統主義のキリスト教であるが、これは近代以降の「学術成果を神学に取り込むのを怠った」ため、現代人に語りかける手がかりを失って破綻したままだ。現代世界の諸問題に取り組もうとする神学的試みを、正統主義は枝葉のことだと軽視した。そしてそれを現代に制約された人間経験の表現と一蹴して、まともに考えようとしてこなかった。正統神学は「近代が問いかけた知、倫理、人間の実存的課題」にそっぽを向き、堅い個人の道徳や、教会内で聖書を金科玉条に読むことだけで満足してきた。結局近代の問いかけに、信仰の内面化をもって対応する以外に術を持たなかったのが正統主義だ。[61]確かに個人への集中にしても信仰の内面化にしても、それらは元を正せば近代性の特徴である。だが、正統神学は悪いことに中途半端に個人と内面を尊重して、近代が終焉しようとする今もそれを払拭できずにいる。ポストモダンの時代、正統神学は早晩、歴史の表舞台から消え去っていくに違いない。[62]

では（2）正統主義と対極にあるリベラル神学はどうだろうか。これは現代が提起する諸問題に熱心に応答しようとしてきた。だが残念なことにリベラル神学も十分ではない。リベラル神学は徹頭徹尾モダニズムに浸りきり、近代が抱えた矛盾をそのままキリスト教に持ち込んでしまった。近代に柔軟で開かれた利点はあったものの、キリスト教にも両面性、光だけではなく闇があることを洞察できなかった。したがってリベラル神学の限界は明らかで、未来を担う力はほとんどない。

ならば（3）リベラル神学の限界を手厳しく批判したバルトの新正統主義はどうだろうか。それだけ辛辣に批判したからには、近代を超えてポストモダンを展望する視野がそこにあるのではないか。この当然な問いに対し、トレーシーはなかば肯定的、なかば否定的に答える。確かに新正統神学は正統主義そのままではない。新正統主義は批判があっても、近代を受けとめたリベラル神学に一定の理解を示した。そのことは正しかった。だが惜しいかな、新正統主義は現代の人間経験を神学資料とすることを頑なに拒んで、これが致命的な欠陥になった。新正統神学は「神の言葉という信仰の賜物だけがキリスト教神学の土台」であるとして排他的になり、「最後の決定的な場面で、それまで果敢に遂行してきた批判的営みを突如として中止してしまった」[63]。リンドベックのポストリベラル神学も、この点でバルトと同じ弱点を抱え込んでいる。これでは真にポストモダンを担うことはできない。

最後に（4）テイラー、アルタイザーなど、ラディカル神学者たちはどうだろうか。形而上学的な神概念の終焉、ニーチェの「神の死」という現代的主題に取り組む彼らこそ、本当の意味でポストモダンではないのか。だがトレーシーはまったく否定的である。ラディカル神学者は世界の「世俗性」に根拠を求めて、神の言説を端から認めようとしない。だが世俗性はモダニズムの利点ではなく欠点である。いったい、神を語らない神学などありえるだろうか。そのことひとつをとってみても、その欠陥は明らかだ。アルタイザーやテイラーのように「神の実在性に何らの意義も認めないのであれば、神学は神学とは言えない」[64]。確かに「神は死んだ」というニーチェの言葉を大前提にして始まった。だが、それと一緒になって神を否定してしまっては、神学どころの話ではない。非宗教的な「神の死」をポストモダン神学の最大の特徴にする限り、人は神学的な議論などできない。ポストモダン神学は神の死ではなく、他の要素に展開を求めるべきだ。こうしてトレーシーはラディカル神学のポストモダン論を一蹴する。

はたしてトレーシーが正統神学、リベラル神学、新正統神学、ラディカル神学それぞれの潮流を正しく理解しているかには異論もあるだろう。他に議論の仕方や選択肢はないのかという点も評価が分かれるだろう。しかしトレーシーは、だからこそリベラル修正神学が近代を超克するパラダイムになるとの自信を示す。その根拠になるのは、ポストモダンの二つの大きな主張、多元主義と両面性をしっかり神学の中心に据えているという自負である。

キリスト教史の光と影――「両面性」

「多元主義と両面性の深い意識、これこそが従来の狭い枠組みを克服して『他者』『異者』の発見へと連なったポストモダンの優れた特徴である」。[65] トレーシーの多元主義についてはリベラル修正神学の章でも論じたので、ここではポストモダンのもうひとつの特徴、「両面性」(ambiguity)に焦点をあてて述べてみよう。

トレーシーが痛切に感じるのは、進歩、発展、調和を無垢に信じることができた時代は終わった、ということである。大きな物語を語った近代は幕を閉じた。近代の歴史を振り返ってみればそれも無理はない。世界は二〇世紀になってからも二つの大戦、スターリン主義やファシズムの悲惨、ユダヤ人のホロコースト、広島・長崎への人類初の原爆投下、生態系の破壊、民族紛争などを性懲りもなく続けてきた。こうした近代の恥部を知ってしまえば、もはや理性を働かせて人類社会を無限に発展させようなどという能天気な言説は頓挫せざるをえない。いやむしろ積極的に近代主義を「中断」し、ひとまずその諸矛盾に目を注ぐことこそ必要ではないか。トレーシーが抱くのはそんな痛苦に満ちた反省である。

しかしだからといって、保守的な復古主義者のように近代のすべてを否定し尽くすのは早急すぎる、そうトレーシーは釘を刺すのも忘れない。自由、平等、連帯、科学技術、人権、平和など、近代理性は人類に高い理想を示して計り知れない貢献をした。だからとるべきは近代の否定ではなく超克である。啓蒙的理性の批判すべきところは批判し、そのうえで良い面を継いでいくことこそが肝要だ。

近代を超克する試みは、ただモダニズムを批判するだけに終わらない。近代と歩調を合わせてきたキリスト教の「両面性」をも暴きださなければならないとトレーシーは主張する。近代の欧米キリスト教には光だけではなく、おどろおどろしい闇、抑圧的で破壊的な裏面がある。正しいと思われていた表の顔の裏に、もうひとつの闇の顔を隠していた。近代の楽観的な時代ならばそういった悪や罪を、思慮が不足していたせいだとか道を外しただけだとか弁明して片付けることもできただろう。だがポストモダンの時代にそんな言い訳は通じない。いまや悪は近代そのものの「構造的欠陥」「体系的な抑圧」として捉えられねばならない。理性、対話、理解、解釈、実践、それらすべてが近代の過程で腐食し、人間の感性は麻痺して、他者を抑圧してもそれを抑圧だとすら意識できていない。事実は巧妙に隠蔽され、醜悪な罪の現実がこぎれいに飾り立てられ、進歩の美名によって手際よく合理化される。こうした現実に直面して、もはや罪や悪の議論は安穏とした従来の神義論の枠には収まりきらない。議論の焦点はもはや、全能にして善なる神の概念と悪の現実にどう折り合いをつけるか、といった形而上学的なことではなくなった。現実の悪は廃絶されねばならず、世界は贖われねばならない。現代にとって救済とは、構造的な罪／悪からの解放である。キリスト教に求められているのは抑圧の無限連鎖を打ち破る実践的な方策である。時代は構造的抑圧からの自由、解放の具体的な理論を求めている。(66) 声なき人々の声に聞くことが神学的にも必須になった。

（西洋キリスト教の）物語と歴史によって犠牲にされていた人々が、自分の物語を自分の口で語り始めている。その語り口はまだ訥々としている。我々にとってそうした人々の物語は従来、まるで他人事だった。だが我々は今、他者の戦慄を知り始めた。他者の物語に耳を傾けることで、我々は我々自身の物語に覆い隠されていた他者の声を知った。そのとき聞き取れるのは、饒舌の彼方で夢想もしなかった我々の物語でもあった。[67]

トレーシーはキリスト教の光と闇、両面性の議論を「批判的多元主義」という戦略と絡めた。そして犠牲となって寡黙を強いられた「他者」（レヴィナス）に心を開いて、キリスト教の裏面を知ろう、西洋社会の闇の部分を真摯に反省し、ポストモダンの時代に向けて新しいキリスト教の地平を開拓しよう、と呼びかけるのである。

6 ポストモダン神学の観測チャート

それぞれのポストモダニズム

以上、ポストモダンの議論が現在、キリスト教神学にどうか関わっているのかを概観した。問題の所在はどこか、何が焦点でどう決着されようとしているのか、そうした事柄をラディカル神学、ポストリベラル神学、リベラル修正神学の三つの潮流において駆け足で見てきた。

ポストモダン神学は現在もっとも熱い議論の中にあり、著作や論文が次々に発表されている。ケンブリッジ大学出版局が『ケンブリッジ・ポストモダン神学概説』（二〇〇三年）[68]を出したのに続き、神学書出版で定評のあるブラックウェル・プレスは『ブラックウェル・ポストモダン神学概説』（二〇〇四年）[69]を出版した。二〇〇五年には、カナダの神学者マイロン・ペンナー（プレイリー大学）の編集による『キリスト教とポストモダンの転換』[70]が出版されて、キリスト教をポスト東西冷戦、ポストコロニアル、ポスト宗教時代の中に位置付け、この数十年の間で西洋キリスト教文化が「劇的転換を経験した」ことを跡付けようとした。それよりも前にはグラハム・ワードの『ポストモダンの神』（一九九七年）や、フィリップ・ブロンドの『世俗以後の哲学——哲学と神学の間で』（一九九八年）が、問題はすでにポストモダンの是非ではない、それを前提にした「ポストセキュラー」（世俗以後）にあるとさえ論じた。両者は神が世界に戻ってきた、それが証拠に二〇世紀末、全世界的に宗教復興があり、神学だけでなく哲学にも神の問題が復活していると断言する。[71] はたして現下の宗教復興は本物なのか、それとも過渡的な現象にすぎないのか。それは今後の動向に注目するしかない。

しかし、その一方、今日の世界は「世俗以後」どころか「近代以後」ですらないと見て、なおポストモダンへの関わりを躊躇する人々も少なくない。近代そのものにずっと否定的だった正統的キリスト教は別にしても、特にリベフリズムの維持をなお掲げる人々の間にその空気は特に強い。彼らは近代の欠陥を反省するものの、なお近代の積極性、批判的理性に信頼して、それをキリスト教の今後に意識的に生かそうとする。トレーシーら修正神学者たちはほぼこの路線だが、カトリックのエキュメニカル神学者ハンス・キュンクもそのひとりで、そうした意味では彼もポストモダニストというより、ハーバーマスやラングドン・ギルキーとともに「近代末」（late modern）の神学者と見立てたほうがいいかもしれない。[72]

キリスト教は「近代末《レイトモダン》」にあるのか、それともすでに「近代以後《ポストモダン》」、さらには「世俗以後《ポストセキュラー》」にあるのか。問題は尽きないが、その認識の正否はひとまずおいて、次にこれまで概観してきたポストモダン神学の諸潮流が、今の段階でどういう評価を得ているか、また互いをどう批判的に見ているかを紹介しておこう。

ラディカル・ポストモダン神学の評価

「神の死」の解釈学、「書物」となった神の死を論じたテイラー、クピッド、アルタイザー、シャーレマンなど、一軍のラディカル神学者たちは、デリダを中心にしたフランス哲学の脱構築理論を活用し、神の死を積極的にキリスト教に導入しようとしてきた。そして、ポストモダンの特徴を形而上学の解体に見て、神、キリスト、終末といったキリスト教の教義を非指示的（ノン・レフェラント）視点によって再読しようと試みてきた。彼らによれば、キリスト教は近代の合理主義によってすっかり冷え込んでエネルギーを枯渇させ、遊戯や祝祭、聖や神秘的なものを追放して、人間の生の充実をおろそかにした。その代償は大きく、人はそれまで持っていた自然との共存感覚さえ失ってしまった。だがあきらめるのはまだ早い。神はこの世界を愛して、すでに言葉となって内在化したからだ。超越論的な神はとうの昔に死に、そのメッセージを解き明かす黙示録的な時代が今だ。人間には大きな物語の数々、抑圧的な形而上学の言説から自由になれる可能性がある。人は望めばいっそう美的で、より横溢的な生を愉しむことができる。これまで人間はありもしない幻をずっと追いかけてきた。だが神はいない。歴史にも人生にも目的（テロス）はなく、あるのはただ「今とここ」を生きる生命の奔流である。

「ユートピアを否定することがユートピアとなり、救いの夢から覚めることが救いになる。未来には和解も復活（resurrexit）もない。扉は固く閉ざされた。天上の世界などありはしない」[73]。テイラーは『非フィギュア化する――芸術、建築、宗教』（一九九二年）でそう述べた。そして新正統神学が説く神、「完全他者」による神の国の成就もない、いかなるユートピア的観念も捨てよと迫った。ユートピア的思想の否定こそが黙示録的時代の今にふさわしく、すべてはそこから始まる。こうしてテイラーは、ポストモダンの「神の死」が逆説的に、キリスト教に新しい可能性を開くのだと言い切った。

ここに複雑に絡んでいるのは、現代解釈学の大きな争点、実在と非実在の問題、「実在主義」（リアリズム）と「反実在主義」（アンチ・リアリズム）の闘争である。そもそも神は実在として認識できるのか。それとも神は非実在として理解されるべきなのか。もし神を実在とするなら、神を認識する回路は何なのか。我々は感覚を通して神を心で知るのか。心で知るとして、人間の主観はどこまで感覚に関わるのか。いや、神は感覚的ではなく、客観的に知られるというのであれば、人間を超越する神をどう客観化できるのか。言葉によってか。では、人間の言葉は神の実在にどこまで対応できるのか。このような解釈学的な問いは信仰にとって避けることのできない問いである。しかしあまりにこれに関わると、袋小路に入って、どこから出ればいいのか皆目わからなくなる。そんなことから、解釈学の重要性は十分知りながらも、これを棚上げにする学者は少なくない。ポストリベラル神学派のキャサリン・タナーもそのひとりで、彼女は、「解釈学上の実在主義と反実在主義の論争は神学的に誇張されすぎ」であるから、これに関わらないと宣言し、ハワーワスも「解釈学には手をふれない」と、これをパスした。

そんな論争はあるものの、実のところラディカル神学には、どこか人をほっとさせるものがある。教会の言葉に重圧を感じてきた人の肩の荷をおろしてくれる要素がある。例えば、教会の礼拝説教を聞くたびに自分がどれほど罪人であるかを知り、意気消沈してしまう人は少なくない。教会へ行って元気をもらおうとするのに、罪だの絶対他者だのといった言葉をシャワーのように浴びせられ、気落ちして帰るというのは冗談ではなく、よくあることだ。良い知らせであるはずの福音がちっとも良い知らせではなく、悪い知らせになる。そんな人にとって形而上学的な「神」の死は、まさにテイラーが説くように重圧からの解放である。聖書テクストの言葉ひとつひとつも、教会の権威によって閉ざされたものではなく、もっと自由に読んでいいのだから。ここでは聖書のテクストが「無の鏡」になって、言葉に神はいないことを知らせるものになる。

テイラーの「無／神学」には、どこか東洋の「無」の思想に通じるものがある。テイラーは、ロゴスをもって神認識のすべてを支配してきたキリスト教西洋の発想に挑戦した。言葉や概念で神を説明することに反旗を翻した。むしろ「無」に入り込んで、そこに浸りきることが解放になり愉悦になる。

だが、ラディカル神学に対する批判は厳しい。特に脱構築的な「無／神学」を唱え、ニーチェの神の死を字義通りに推し進めようとするテイラーには、彼がいかなる意味で神学者と言えるのか、という疑問の声が一斉にあがった。テイラーの「神」はもはや信仰や告白、祈りの対象ではない。生の横溢や過剰、遊戯といった言葉で紡がれる「神」なぞ無意味な言葉の羅列にすぎない。ラディカル神学のポストモダン論は独りよがりな一知半解のこじつけだ、と。

保守的なポストモダン神学者からすれば、テイラーだろうとアルタイザーだろうと、その言説はモダンの行き詰まりそのもので、とてもポストモダンと呼べる代物ではない。ラディカル神学者が唱える人間の自由や自立への欲望、神の超越性の解体などは、近代主義のパラダイムをそのままキリスト教に追認しただけだ。アルタイザーはポストモダンを「まったく新しい歴史」の幕開けと言い切った。[75] だがその内実と言えば、単に時代の風向きに合わせて、キリスト教を懸命に装わせているだけではないか。「時代精神(Zeitgeist)と契った者は早晩寡婦になる運命にある」。かつてケンブリッジ大学の偉才、プラトン主義神学者のW・R・イングはそう言ったことがあったが、まさにアルタイザーは世俗化に幻惑されて時代精神と契ったリベラル神学の落とし子にすぎない、というのだ。

厳しい批判は、同じリベラル陣営からも寄せられた。ラディカル神学者らが正統的キリスト教を「脱構築」しようとした志は良しとしよう。しかしその意図とは裏腹に、彼らは脱構築するどころか「表象」の危機、代替案のなさを露呈し、まさに近代の袋小路に嵌まっている。リベラルな相関方法を選んでキリスト教の現代への弁証を試みたものの、結果は大失敗、一九世紀モダニズムの歴史主義、ロマン主義、観念主義、ネオ経験主義などをあれこれ焼き直しして十把一絡げにしたにすぎなかったのではないか、と。つまるところラディカル神学者とは、高みから物事を論評していれば暮らせる大学教員の集まりだ、といった辛辣な批判も山をなしている。壊すのはうまいが何も生み出さず、高度な消費社会の恩恵を蒙ってマスメディアに書き散らしている売文の徒だと、まるで否定的である。[76] 確かにラディカル神学者たちの言説は、大学や神学校の教室では扱えても、教会や教区では困るだろう。しかし、たとえそうだとしてもこれほど辛辣な批判は妥当するのだろうか。

一般的にポストモダンはきわめて反宗教的な色彩が強いものと理解されてきた。それは、ポストモダニズムが文化や精神領域における意味の不確実さを強調する、中心を持たない多元主義であると介されてきたからである。ポストモダンはあらゆる大きな物語を相対化する。そして主義主張をニヒリズムの混沌に投げ込んで、言葉の構造にすべての問題を還元する。特にポストモダンの背後に控えた西洋キリスト教の重大さの認識に乏しい日本では、こうしたポストモダン理解が大勢を占める。デリダやレヴィナス、フーコーがどれほど執拗に宗教や神の問題と格闘してきたか、そこのところは日本の思想界ではほとんど素通りされたままなのだ。

残念なことに、ラディカルキリスト教のポストモダン論、テイラーの「無／神学」は、こうした表層の印象と何ら齟齬がないように見える。シャーレマンをのぞいたラディカル神学者の多くが神の死、暴力のオントロギー、存在の弁流といったポストモダンのキーワードを連ねていることで、皮相な理解は否定されるどころかいっそう確信されるきらいがある。

価値と無価値の混沌、善悪の彼岸、官能の回復と形而上学からの自由など、テイラーの議論からは漠然とした西洋文明批評は引き出せても、実践を伴う真剣な倫理がほとんど出てこないではないか、という批判は多い。その意味ではテイラーの終わりのない「逸脱」も「復活という出口なし」(no resurrexit) とのキャッチフレーズも、まさにモダンの絶望そのもので、少しもポストモダン的ではない。虚無と没価値、神の不在、自己の解体、歴史の終焉、それらは道徳上のニヒリズム、出口なしの近代的思惟の行き詰まりを表すにすぎないという批判も、もっともな気がする。

確かにラディカル神学のポストモダン論は、あまりに講壇的な知でありすぎて、倫理や教会につながりそうには見えない。欧米はともかく、今日のアジアや第三世界のキリスト教が直面している諸問題には、理論上も実践上もほとんど関わりが見出せない。もし人が真剣に抑圧された者たちとの連帯を目指し、キリスト教の解放的共同体を形成しようとするなら、その人の解釈学は単なるテクストからの「逸脱」ではすまされないはずだ。聖書の中に神の解放の指針を読み取ってそれを公の場で対話の糧としようとするなら、行間を「さまよう」以上のものが求められる。むしろ今必要なのは、聖書を貧しい者の必要のもとで神学的に読むことではないのか。テクスト上に従来の解読の脱構築を試みるだけでなく、社会経済的に周縁化された人々の視点において脱構築し、彼らの福音書として再読されることこそが必要なのではないか。テイラーらのラディカル神学には、ポストコロニアル神学者が批判するように、[77]「非歴史的」（アヒストリカル）というポストモダニズムの悪いところが出てしまったように見えてならない。ラディカル神学のポストモダン論は、政治社会的な意味ではほとんど「ラディカル」の名に値しないように映るのだ。

保守的ポストモダン神学の評価

他方、ポストモダン神学の保守的なキリスト教は、ラディカル神学者たちとはまったく違った回路でポストモダンの現象を解釈して、いっそう共同体の伝統や狭義の役割に注目し、ポストモダンの時代にはリベラルの普遍性や一般性ではなく、個別的で特殊な知こそが望まれると主張した。そうした人々はまた啓蒙主義の前提を退けて、キリスト教をイエス・キリストの啓示に基礎付けたバルトを再評価して、彼を「最初のポストモダン神学者」とさえ称賛した。

しかし、ポストモダンの最左翼を自認するラディカル神学者からすれば、伝統の復旧、キリストへの集中を企てるこうしたポストリベラル神学の言説はとうてい容認できない。ポストリベラル神学などとの呼称すらそぐわない。ポストモダンどころか、モダンを飛び越えてそれ以前に先祖返りしているだけではないのか、と批判したのである。

こうした批判はラディカル神学者だけではなくリベラルな神学者にも共通する。[78]修正神学のトレーシーは、保守的なポストモダン神学の理解は近代の成果を捨て去っただけではない、近代そのものとさえ格闘していないと否定的である。ポストリベラル神学者たちは近代によって荒廃したキリスト教を、初期の教会共同体の信仰に立ち返ることで解決しようと試みる。だがその言説を追っていると、ポストモダニズムの到来はプレモダンへの回帰とほぼ同義になっている。たとえポストモダンが「宗教復興の時代」となったとしても、人々は無邪気に近代以前に戻りはしない。たとえ再び超越者にまなざしが注がれるようになったとしても、教会堂がいっぱいになるわけでも、古い信仰告白が唱えられるわけでもない。天国と地獄という古代の世界観、天使や悪魔が飛び交い、祈りによって奇跡や治癒が起こるなど、そうした聖書の記事が額面通りに受け入れられることなどありえない。確かに、フライが卓越した仕方で論じたように、近代以前の人々は神の存在を疑いなく信じていただろう。だがそれと同じことを今できるとは思えない。聖書の世界は超自然的な神の力が世界に働くことを当たり前だとみていた。だが今日、人は日常の出来事を神の働きではなく自然の法則性のもとで読む。天空を駆け抜けるのは天使ではなくジェット機である。人々はもはや、聖書の世界そのままを受け取ることはできない。言い換えれば、ポストモダンの時代にあっても、モダンと同じく聖書の象徴世界と人間との間には破れがあって、そこに解釈が必要になる。リンドベックが教会を基礎に内向きに考えているより、現実はもっと複雑なのだ。テクストそのものも、フライが受け取ったほど単純に、ひとつの主題をめぐってあるのではなく、いっそう複層的に絡まっている。[79]

修正主義者による保守的ポストモダンの批判は、すべてではないにしろ、かなりの部分で的を射ている。確かにリンドベックが言うように、教会は教会の物語の視点から世界と人間を解釈することがゆるされている。だが解釈は教会神学だけに限られた営みではない。例えば出エジプトという聖書物語がアメリカの黒人奴隷、あるいは日本の被差別部落民によって読まれたとき、そこには教会の正統信仰では決着のつかない解釈の幅と方法が確かにある。いったいこの種の省察はどこに位置付けたらいいのか。それはリンドベックが言う純粋な「テクスト内的」読解ではない。またリベラル神学が言う外部の解釈枠への依存でもない。抑圧された者による再読はそれら以上のもの、本来のテクストが意味したことの再発見、いや実に聖書世界そのものの「発見」であるかもしれないのだ。

進歩的ポストモダン神学の評価

最後にリベラルで進歩的な神学によるポストモダン理解はどうだろうか。

トーマス・オーウェンはリベラル修正神学者に一定の共感を寄せながらも、トレーシーのポストモダンの受けとめ方、とりわけその多元主義や現代への関わりの仕方は、ポストモダンというよりモダンの域を出ないと批判する。トレーシーは確かに現代の多元性を論じていて、それは十分に評価に値する。だが問題は多元的と言いながらフェミニスト神学や黒人神学、解放神学など、対抗文化的な神学への意識が希薄なことである。いったいトレーシーの多元主義は本当に開かれているのか、知的アカデミズムの狭い範囲でしかものを見ていないのではないか、そうトマスは論難する。[80]

しかし、これはやや性急な批判かもしれない。というのもトレーシーの後期著作では、多元主義や両面性の議論が示すように、トマスの指摘したような解放神学やフェミニズムへの言及が多くなされているからだ。トマスは、トレーシーをハーバーマスの公的な啓蒙主義理性の捉え方と重ねて考えているきらいがある。つまり、トレーシーがポスト構造主義の近代批判をわきまえていることを無視して、トレーシーとハーバーマスの違いを見ようとしない傾向がある。にもかかわらず筆者にはトマスが取り上げた問題は重要だと思える。トレーシーは初期、バーナード・ロナガンを批判する中でヨーロッパの啓蒙主義的な理念に立って自分の神学の企てをしているからである。ポストモダン思想やポスト構造主義理論を取り入れることで、トレーシーはいっそう状況的、局所的な理性、世界、神学の理解をしているようだが、[81]それもやはり欧米知識人の問題意識の枠をそれほど超えていないように見える。

他方、日本にも多くのファンがいる宗教社会学者のピーター・バーガーは、トレーシーだけではなく、ギルキー、オグデンも「シカゴ学派」と十把一絡げにして、そのポストモダン理解を批判してきた。バーガーの目にはトレーシーら修正神学者らの企てが現代への屈服に映っているようだ。彼らがしているポストモダンのリベラルな解釈は還元主義的であって、モダンの世俗性に心を奪われるあまり、少しもそれを超え出ようとしない。(82) 評判をとったトレーシーの著作『秩序への祝われた怒り』は、現代人の宗教的経験に拘泥するリベラル神学の典型である。トレーシーは宗教言語の役割が超自然的世界の提示ではなく、現代文化の最良な宗教価値を明らかにすることだと主張する。だがそれこそ、超越を忘れたモダンの欠陥であり、キリスト教神学の平板化に他ならない、とバーガーは言う。

これに対してトレーシーは、カール・ラーナーやトマス・アクィナスの超自然の概念を用いて、自分の超自然というコンセプトはそれに沿ったものだと弁明し、自然と超自然を二元的に峻別するバーガーのほうこそ旧態依然でおかしいと反論しているのだが、それにつけてもバーガーの修正神学やリベラル神学一般への批評は辛辣なものがある。

7　日本の神学にとってポストモダンとは?

普遍から個別な神学知へ

それでもポストモダンの進歩的理解、トレーシーの試みには、解放という神学的主題においても汲むべき洞察があるのは否定できない。

周知のようにミシェル・フーコーは、ヨーロッパの精神病院や刑務所、性の歴史の実証研究をする中で、西洋近代が「正常」と「狂気」、「理性」と「非理性」の区分に鋭い疑問を投じた。そして世界を一元的に説明しようとする営みは規格に合わない少数者を抑圧すると論じて、言語や表象がはらむ政治性や権力性を暴いた。こうしたポストモダンの営みは、解放主義の視点からも積極的に評価し、その言説を神学上につなぐことができるのではないかと筆者には思われる。

「隠れた神がいまや苦しみの記憶、すなわち近代という大きな物語によって周縁化され征服されてきた人々の口を通して顕わになる」[83]。トレーシーは最近の著作『現在を名づける』(一九九四年)で「積極的に論ずれば、ポストモダン神学は神を再び神とする試みである」[84]と前置きして、地上の「他者」の発見の必要性を説いた[85]。トレーシーとて、リベラル神学が決して「無実」ではないことはよくわかっている。それが近代と安易に野合したことを認めるのもやぶさかではない。しかしリベラル・キリスト教の系譜は、神の現実について多くの洞察を与えてきた。いまでもプロセス的な万有内在神論や、フェミニストの関係的神論、あるいは政治神学の社会的三一神論など、思いつくままに挙げるだけでもリベラリズムは数々の挑戦と貢献をしている。そして今日、ポストモダンの神学の中心的な議論は、普遍性と中立/客観性を前提にした近代のロゴスを超えて、真実な神の回復にあるとトレーシーは言う。言い換えれば、近代市民主義のブルジョア的な言語に幽閉された神の実体を明らかにすることで、奇しくも現代に真実な神の帰還を促したというのである。

もっともな主張である。個人的な例で恐縮だが、筆者は十数年前、被差別者の解放を論じた『荊冠の神学』を上梓したとき、特定の社会集団の救済を論じる神学に妥当性はないとの冷ややかな批判を多く浴びた。神学者は自身の環境がどうあれ、普遍的な人間の普遍的な救済を目指すべきだ。被差別部落の解放と課題を限定してしまっては少しも普遍的ではない、正しい神学の名に値しない、と言うのである。

しかしトレーシーのポストモダンの認識からすれば、「普遍的」な言説こそ、歴史的共同体に関わることのできない、問題だらけの方法だった。「普遍」「一般」「客観」を装う神学は、そうすることで既成の政治構造を隠蔽し温存する。そのことを大胆に暴露したのがまさしくポストモダンだったのである[86]。

他方、同じリベラルなキリスト教を究極にまで突き詰めた展開だったとはいえ、筆者がいまだに評価を留保するのは、ラディカル神学、特にテイラーの「無/神学」の試みである。

テイラーという人はどこか円月殺法の使い手、孤高の剣士の眠狂四郎を連想させる。狂四郎は、表向きは医師ながらその実「転びバテレン」の宣教師ジュアン・ヘルナンドを父に、幕府大目付の松平主水正の娘千津を母にして生まれ、その複雑な生い立ちを背負って生きる、虚無感あふれる剣の使い手である。彼の円月殺法は、刀をだらりと降ろしてまったく構えず、相手が攻撃を仕掛けてくるや、円を描くようにして相手の攻撃を封じて、すれ違いさまに打ち込んで相手を倒すというもので、自分のほうから体を崩して敵の正眼を誘い込み、必殺の一撃を打ち込む。正統派の剣法とは体の使い方がだいぶ違って、声も出さず、優雅とすら言える動きである。テイラーの思索にはそんな狂四郎のような身のこなしを感じる。

テイラーの脱構築の神学から、何かの倫理を引き出そうとしても徒労だった。確かにテイラーのポストモダン的言説は神学に幾多の新たな光を投げかけた。だが「無目的」な歴史の中を「さまよう」ことで、過去と未来から解放されるというのはあまりに思弁的にすぎる。今日の教会と世界が直面する諸問題に、この神学は個人の倫理としてもまた教会や社会といった共同体の広がりの中でも、何ら実践的な指針は提供できない。とりわけ神学が抑圧された者との連帯、辺境に追いやられた人々の解放を目指すとき、テクスト本文の間を「逸脱」し「愉悦」する以上の具体的な戦略と戦術が必要だ。「祝祭、喜劇、肉体の悦び」を謳歌するテイラーの流儀は、地上の多くの人々が日々蒙っている抑圧の苦しみ、支配の構造にほとんど手を触れえないのではないか。けだし、日本のカトリック神学の重鎮高柳俊一が、明らかにテイラーを念頭に置きながら、そのポストモダン神学が「神学の領域から外に出て」「根底なしであることを恥としない遊び」と切って捨てた理由もそこにある。[87]

たとえテイラーにも「苦しみ」があるとしても、それは飽食した白人知識層の知的苦しみだと言ったら言い過ぎだろうか。なるほど近代以後の欧米に意味の喪失、孤独と空虚感の苦々しさが蔓延しているのは事実である。だがそれを治癒する処方箋がブルジョア的な彷徨や言葉の遊びにあるとは思えない。解決の糸口は、何らかの変革的なプラクシスに関わって、知的／中産／白人という袋小路を自ら脱構築することではないのか。

貧しい者の視点を採って世界を見回してみれば、大切なのはディオニソス的な身体の享楽ではなく、人類が共生しうる場へと世界を転換しようと身体を動かすことである。そうすればそこで「無／神学」が唱える「神の死」ではなく、生きて歴史に働く解放的な神を見出すことができるはずだ。少なくとも圧倒的な困難に抗して人間の尊厳が回復されようとする現実、あらゆる抑圧的構造は「永劫回帰」に終わらない真実に気づかされよう。それを神学上にロゴス化することこそ、テイラーが言う「困惑」（maze）を「驚愕」（amaze）に変える神の恵みではなかろうか。

ポストモダンとポストコロニアルの間で

今日もなお、ポストモダンについての神学論議は花盛りである。しかし、そうしたアメリカ神学の議論は日本のキリスト教にとってどんな意味があるのか、最後にそのことに短く触れて結語にしよう。

まず押さえておくべきは、テイラー、リンドベック、トレーシーらの言説は大部分アメリカやヨーロッパの歴史的展開に関わるもので、ポストモダンが持つ批評的役割はそのまま日本には通用しないという自明のことである。西洋が自身の歴史／社会的な現実をポストモダンと名づけ、モダンの限界を反省して理論上も実践上も超克しようとする、そのことにあえて異論はない。しかし欧米と同じく高度に資本主義化したとはいえ、日本は宗教的にも精神史的にもまったく違う環境を持っている。それを忘れるとポストモダンの神学も、哲学や文学と同じように消費される知的ファッションのひとつでしかなくなってしまう。

おそらくこの点で傾聴すべきは、ポストコロニアル神学の声ではなかろうか。(88) ポストコロニアル神学者は、モダンもポストモダンも、結局のところ欧米の内向きの議論にすぎないと辛口である。つまりどちらに転んでも、欧米キリスト教の覇権主義、政治経済的な帝国主義が世界で続いていくことに変わりはない。欧米社会の外側でポストモダンに熱をあげるのは欧米崇拝の知識人だけで、民衆の現実はもっと他のところにある。畢竟、アジア、アフリカ、ラテンアメリカのキリスト教にとって、問題はポストモダンではなく、「ポストコロニアル」（植民地主義以後）にある、[89]とポストコロニアリストによるポストモダンへの批判は辛辣である。

すでにラテンアメリカの神学者は、世俗化や「神の死」は欧米神学だけの限られた問題であって、しかも帝国主義的なモダニズムの枠に留まっていることを早くから指摘してきた。そしてラテンアメリカだけではなく、グローバルな世界の真の問題は「神の死」などではなく、権利を奪われた「人間の死」であると論じ、神学課題は欧米社会の世俗化や人々の宗教的無関心にあるのではなく、圧倒的な人類の困窮、抑圧、慢性的飢餓や貧困にあると告発してきた。それは欧米と非欧米のキリスト教の間に、神学的関心の大きな乖離が存在することの痛烈な指摘だった。

西洋近代が世界を席巻してきたこの数世紀間、ヨーロッパと北アメリカは、自身の政治、経済制度、宗教、文化、言語や価値の一切が、他より格段に優れていると自負してきた。非ヨーロッパ世界は「野蛮」「未開」「後進」の烙印を押され、欧米列強は帝国主義の野心をもってアジア、アフリカの征服と分割に狂奔してきた。それに歩調を合わせたのがキリスト教の宣教だったと言っても過言ではなく、キリスト教文明の拡大という大義名分のもとで、西洋キリスト教は諸大陸の自然の搾取を合理化し、「発見」された住民を異教徒、偶像崇拝者、いやときには動物同然にさえ扱った。それはなにも帝国主義のイデオロギーのもとで、植民地争奪戦が激しかった一九世紀や一〇世紀前半までのことではなく、欧米とそれに新たに日本を加えた「中央」は今日も新植民地主義に装いを変えて、グローバリズムのかけ声のもとで世界を再編し、「周縁」の従属化を試みているではないか。

ポストモダンの神学論議の落とし穴は、日本も含めた中央世界のキリスト教が、グローバルな抑圧に背を向けて、内向きの議論に専念しがちなことにある。価値の相対化だの公開性だの（リベラル派の神学の場合）、信仰共同体の伝統だのテクスト内的読解だの（保守的神学の場合）と神学者がいくら議論しても、世界的な貧困、飢餓、差別に抗する公共倫理、社会構造が孕む悪に無関心なままならば、それは結局のところ周縁の収奪を容認して抑圧に手を貸す旧来の宗教的イデオロギーに他ならないだろう。

こうした中でモダニズムとポストモダニズムの双方を批判的に乗り越えようとするポストコロニアル神学が誕生した。[90]ポストコロニアル的視点からヨーロッパの近代主義を俎上に載せるなら、ことは理性批判や形而上学的偏重の反省だけでは済まされない。いや批判の中心は、そうした欧米の近代理性が世界的な規模で展開されて非欧米地域を抑圧してきた現実にある。今日の神学に必要なのは、欧米世界の優越意識がいかに捏造されたかそのルーツを探ること、そして欧米がそうした優越意識をもとにして非欧米地域の人々に信仰や神学、教会制度を押し付け、欧米のキリスト教を再生産してきた歴史を批判的に切開することである。第一世界と第三世界、「中央」と「周縁」の変革を同時に展望することこそ、ポストモダンならぬポストコロニアル神学の目的である。

東アジアに位置する日本の神学課題とは、欧米のポストモダニズムが明らかにした言語の特異性、思想の多元主義を、ポストコロニアル世界の課題、正義や解放に対処しえるよう組み直すことではなかろうか。リンドベックの教会コミュニティの強調も、ハワーワスのキリスト教的「美徳」の復興も結構なことである。しかしそこには「他者」たる神への信仰を、「他者」とされた人間への正義につなぐことが欠かせない。ポストコロニアル神学による第一世界批判に耳を傾ければ、言葉の消費といった贅沢なテイラーの議論に終わらない、解放に向けた一歩を踏み出すことができる。それが「重厚長大」から「短小軽薄」へという空虚なポストモダン論とはひと味もふた味も違った、キリスト教独自な社会への貢献の道を拓くのではないか。

いずれにせよ、日本のキリスト教は、第一世界による第三世界の搾取の恒常化ではなく、グローバルなコンテクストの中で共同体として共生するにはどうすればいいのか、そのことを倫理的にも実践的にも究める解放的な課題を負っている。ポストコロニアルな視点からすれば、ポストモダニズムの問題は、その公開性や局所性の高揚をいかにして現代世界の道徳的な正義の課題に応えられるように組み替えられるか、ということである。ポストコロニアルの批判に耳を傾け、アジアの植民地主義の犠牲者、新植民地主義下の民衆と連帯することこそ、日本のポストモダニズムの方向をいっそう豊かなものにし、特権的第一世界の仲間内の消費をめぐる贅沢な議論に留まらない、解放に向けた一歩を実践的に推し出す契機になるのではなかろうか。

〈文献表〉

トーマス・アルタイザー

Altizer, Thomas J. J., ed. *Toward a New Christianity: Readings in the Death of God Theology*. New York: Harcourt, 1967.

Total Presence: The Language of Jesus and the Language of Today. New York: Seabury, 1980.

Altizer, Thomas J. J., and Carl A. Raschke eds. *Deconstruction and Theology*. New York: Crossroad, 1982.

History as Apocalypse. Albany: State University of New York Press, 1985.

Scharlemann, Robert P., Mark C. Taylor, Charles Winquist, and Thomas Altizer. *Theology at the End of the Century: A Dialogue on the Postmodern*. Charlottesville: University of Virginia Press, 1990.

マーク・C・テイラー

Kierkegaard's Pseudonymous Authorship: A Study of Time and the Self. Princeton: Princeton University Press, 1975.

Raschke, Carl A., James A Kirk, and Mark C Taylor. *Religion and the Human Image*. Englewood Cliffs: Prentice Hall, 1976.

Taylor, Mark C., ed. *Unfinished...: Essays in Honor of Ray L. Hart*. Chico: Scholars Press, 1981.

Deconstructing Theology. Chicago: Scholars Press, 1982.

Erring: A Postmodern A/Theology. Chicago: University of Chicago Press, 1984. 井筒豊子訳『さまよう――ポストモダンの非／神学』（岩波書店、一九九一年）。宗教をポスト構造主義哲学から論じたテイラー初期のポストモダン神学の作品。ポストモダン神学の最高の教科書と考えられているが、訳は難解である。

Deconstruction in Context: Literature and Philosophy. Chicago: University of Chicago Press, 1986.

Altarity. Chicago: University of Chicago Press, 1987.

Tears. Albany: State University of New York Press, 1990.

Disfiguring: Art, Architecture, Religion. Chicago: University of Chicago Press, 1992. 二〇世紀の宗教芸術を神学的視点

から批評した作品。八〇年代、テイラーはポストモダンの建築やヴィジュアル・アートの評論に熱心だった。旧帝国ホテルを設計したフランク・ロイド・ライト論を含む。

Nots. Chicago: University of Chicago Press, 1993. 浅野敏夫訳『ノッツ nOts――デリダ・荒川修作・マドンナ・免疫学』（叢書ウニベルシタス）、法政大学出版、一九九六年。無と有の狭間（ノット）にポストモダンを読み解く。

Imagologies: Media Philosophy. New York: Routledge, 1994.

Hiding. Chicago: University of Chicago Press, 1997.

Forster, Kurt, Jacques Derrida, Bernhard Schneider, and Mark C. Taylor. *Daniel Libeskind: Radix Matrix*. New York: Prestel, 1997.

Taylor, Mark C., ed. *Critical Terms for Religious Studies*. Chicago: University of Chicago Press, 1998. 奥山倫明監訳『宗教学必須用語22』（南山宗教文化研究所企画）、刀水書房、二〇〇八年。

The Réal, Las Vegas. Williamstown: Williams College Museum of Art, 1998.

About Religion: Economies of Faith in Virtual Culture. Chicago: University of Chicago Press, 1999.

Journeys to Selfhood: Hegel and Kierkegaard. Berkeley: University of California Press, 1980. Repr., New York: Fordham University Press, 2000.

Ward, Frazer, Mark C. Taylor, Jennifer Bloomer, and Vito Acconci. *Vito Acconci*. London: Phaidon, 2002.

Grave Matters. Chicago: University of Chicago Press, 2002.

The Moment of Complexity: Emerging Network Culture. Chicago: University of Chicago Press, 2003.

Confidence Games: Money and Markets in a World without Redemption. Chicago: University of Chicago Press, 2006.

Mystic Bones. Chicago: University of Chicago Press, 2006.

After God. Chicago: University of Chicago Press, 2007. 須藤孝也訳『神の後にI〈現代〉の宗教的起源』、『神の後にII 第三の道』（ぷねうま舎、二〇一五年）テイラー自身の解説によれば「もっともヘーゲル的な作品」。

テイラー関連の二次資料

小田垣雅也「神学と脱構築」『キリスト教学』第二七号（一九八五年）一—二〇頁。

——『現代のキリスト教』（講談社学術文庫、講談社、一九九六年）。

——『現代思想の中の神　現代における聖霊論』（新地書房、一九八八年）。テイラーの解説あり。またこの本に対する高柳の書評（『日本の神学』二八号、一九八九年、一一六—一二一頁）がある。

高柳俊一「神学とディコンストラクション——マーク・C・テイラーの思想をめぐって」『日本の神学』二七号（一九八八年）四九—六四頁。

デイヴィド・グリフィン

Griffin, David Ray, ed. *Spirituality and Society: Postmodern Visions*. Albany: State University of New York Press, 1988.
Griffin, David Ray, and Houston Smith. *Primordial Truth and Postmodern Theology*. Albany: State University of New York Press, 1989.
God and Religion in the Post-Modern World: Essays in Postmodern Theology. Albany: State University of New York Press, 1989. ポストモダン的状況に対するグリフィンの構築神学的応答。
Griffin, David Ray, William Beardslee, and Joe Holland. *Varieties of Postmodern Theology*. Albany: State University of New York Press, 1989. ポストモダン神学の入門書。マーク・テイラー、ハーヴィ・コックス、コーネル・ウェストへの評価と応答を含む。

ロバート・シャーレマン

The Reason of Following: Christology and the Ecstatic. Chicago: University of Chicago Press, 1992.
The Being of God: Theology and the Experience of Truth. New York: Seabury, 1981.
Inscriptions and Reflections: Essays in Philosophical Theology. Charlottesville: University of Virginia Press, 1989.

デイヴィッド・トレーシー

Plurality and Ambiguity: Hermeneutics, Religion, Hope. New York: Harper & Row, 1987. ポストモダンそのものを論じた

著作ではないが、伝統的神学に替わるモデルを現代の時点に探るという意味で、トレーシーらしい特徴が表れた必読書。

グラハム・ワード

Barth, Derrida and the Language of Theology. Cambridge: Cambridge University Press, 1995. バルトが保守的形式のポストモダン神学から再評価されることは本文に言及した。グラハムはここでバルトをレヴィナスやデリダのポストモダン哲学につなげることを試みる。

"Postmodern Theology." in *The Modern Theologians*. Edited by David F. Ford. Oxford: Basil Blackwell, 1997, 585-601.

Ward, Graham, ed. *The Postmodern God: A Theological Reader*. Oxford: Blackwell, 1997. バルト、フーコー、デリダ、イリガライ、クリステヴァなどフランスのポストモダン思想家の宗教論、神学論のテクストを含む。ワードの「サイバースペース時代の神学思考への招き」もおもしろい。

チャールズ・ウィンキスト

Epiphanies of Darkness: Deconstruction in Theology. Minneapolis: Fortress, 1986.

Desiring Theology. Chicago: University of Chicago Press, 1995.

ポストモダン神学の二次資料

Berry, Philippa, and Andrew Wernick, eds. *Shadow of Spirit: Postmodernism and Religion*. London: Routledge, 1992.

Hart, Kevin. *The Trespass of the Sign: Deconstruction, Theology, and Philosophy*. New York: Cambridge University Press, 1990.

Hoesterey, Ingeborg, ed. *Zeitgeist in Babel: The Post-Mondernist Controversy*. Bloomington: Indiana University Press, 1991.

Lakeland, Paul. *Postmodernity: Christian Identity in a Fragmented Age*. Minneapolis: Fortress, 1997. 神、人間、キリストといった教義項目に対するポストモダンの意味を詳論する。

Lyotard, Jean-François. *The Postmodern Explained*. Translated by Don Barry, et al. Minnesota: University of Minnesota Press,

1992.

Peters, Ted. *God—the World's Future: Systematic Theology for a New Era*. Minneapolis: Fortress, 2000.〔二〇一五年に全面的に改訂された第三版が出ている。〕

Tilley, Terrence W. *Postmodern Theologies: The Challenge of Religious Diversity*. Maryknoll: Orbis, 1995. ポストモダン神学の概説と批判。グリフィン、トレーシー、アルタイザー、テイラー、ウィスコグロッド、リンドベック、グティエレス、ウェルチ、マクレンデンなどを紹介する。

Wright, T. R. *Theology and Literature*. Oxford: Blackwell, 1988.

佐藤啓介「マーク・C・テイラーにおける解釈学評価の変貌を巡って」〈http://www.h7.dion.ne.jp/~pensiero/study/taylor.html〉〔二〇一七年六月二六日取得。〕

〈注〉

（1）八〇年代日本の「ニューアカ」とポストモダニズムに関する思想状況や主要な関心事は以下の入門的著作を参照のこと。仲正昌樹『集中講義！　日本の現代思想――ポストモダンとは何だったのか』（日本放送出版協会、二〇〇六年）、浦達也・松村洋・宇佐見亘『感覚の近未来――浮遊するポストモダン』（新曜社、一九八六年）。

（2）浅田彰『構造と力――記号論を超えて』（勁草書房、一九八三年）、中沢新一『チベットのモーツァルト』（せりか書房、一九八四年）、栗本慎一郎『パンツをはいたサル――人間は、どういう生物か』（光文社、一九八一年）、四方田犬彦『クリティック』（冬樹社、一九八四年）など。浅田彰の『逃走論』は羽根が生えて飛ぶように売れたとの都市伝説を持つ。

（3）Dennis Washburn and Carole Cavanaugh eds., *Word and Image in Japanese Cinema* (Cambridge: Cambridge University Press, 2000), 126, 133-137; Charles Shiro Inouye, *Evanescence and Form: An Introduction to Japanese Culture*

(London: Palgrave Macmillan, 2008), 185-187, 202-220.

（4）John Bruns, "Refiguring Pleasure: Itami and the Postmodern Japanese Film," cited in Joy Palmer, "Conventionalizing the Postmodern," *Film-Philosophy* 4.1 (January 2000). 〈http://www.film-philosophy.com/vol4-2000/n1palmer〉〔二〇一七年五月二三日取得。〕

（5）Barry Smart, *Postmodernity: Key Ideas* (New York: Routledge, 1993).

（6）Paul Tillich, *On Art and Architecture* (New York: Crossroad Publishing, 1987); "Existential Aspects of Modern Art," in *Christianity and the Existentialists*, ed. Carl Michalson (New York: Scribner, 1956). 邦訳としては、ティリッヒの「文化の神学」『ティリッヒ著作集』第七巻（谷口美智雄他訳、白水社、一九七八年）のうち「科学技術のロゴスとミュートス」「象徴としての科学技術都市」「造形芸術と建築との神学について」、また前川道郎訳『芸術と建築について』（教文館、一九九九年）などを参照。

（7）ティリッヒの学生だったロバート・マッカフィー・ブラウン教授の懐古談。

（8）Charles Jencks, *The New Paradigm in Architecture: The Language of Postmodernism* (New Haven: Yale University Press, 2002). ポストモダンについての一般的解説については David Harvey, *The Condition of Postmodernity: An Enquiry into the Origins of Cultural Change* (Oxford and Cambridge: Basic Blackwell, 1989); Ihab Hassan, *The Postmodern Turn: Essays on Postmodern Theory and Culture* (Columbus: Ohio State University Press, 1987) 参照。またポストモダンと宗教、キリスト教に関しては David Lyon, *Jesus in Disneyland: Religion in Postmodern Times* (Cambridge UK: Polity Press, 2000); Paul Lakeland, *Postmodernity: Christian Identity in Fragmented Age* (Minneapolis: Fortress, 1997) を参照。

（9）Graham Ward, "Postmodern Theology," in *The Modern Theologians: An Introduction to Christian Theology in the Twentieth Century*, ed. David F. Ford, 2nd editon (New York: Blackwell, 1989), 585.〔二〇世紀神学の標準的教科書である *The Modern Theologies* は第一版は二巻分冊であったが、第二版では一巻にまとめられ、構成・執筆者を大幅に変えた。栗林氏は両方の版を用いている。〕

（10）Gilles Deleuze and Felix Guattari, *A Thousand Plateaus: Capitalism and Schizophrenia*, trans. Brian Massumi (Minneapolis: University of Minnesota Press, 1987), 21.

（11）Deleuze and Guattari, *A Thousand Plateaus*, 21.

（12）Gustavo Benavides, "Modernity," in *Critical Terms for Religious Studies*, ed. Mark C. Taylor (Chicago: University of Chicago Press, 1998).

（13）モダニズムの精神はキリスト教に関する限り次の結果をもたらした。（1）合理的知の宗教領域への適用の試み、（2）時代・文化の変数を客観的に理解する歴史意識の創造と、新しい歴史研究の方法と基準の発展、そして（3）宗教の学際的究明のための哲学、心理学、社会学、比較宗教学、歴史学、文学などの援用。

（14）Michael J. Scanlon, "The Postmodern Debate," in *The Twentieth Century: A Theological Overview*, ed. Gregory Baum (Maryknoll: Orbis, 1999), 228-29.

（15）Edith Wyschogrod, *Spirit in Ashes: Hegel, Heidegger and Man-made Mass Death* (New Haven: Yale University Press, 1985).

（16）Linda Hutcheon, *A Poetics of Postmodernism: History, Theory, Fiction* (New York: Routledge, 1988).

（17）ただしポストモダン理論の巨匠リオタールはポストモダニズムが「いまだ揺籃期にあって流動的な」ことを指摘する（Jean-François Lyotard, *The Postmodern Explained*, trans. Barry Don [Minneapolis: University of Minnesota Press, 1992], 13）。ポストモダン神学の最左翼マーク・テイラーですら、ポストモダニズムは「問題多き用語」で、「いまだモダンと分かち難く結びついている」との見方をとる（Mark C. Taylor, "Reframing Postmodernism," in *Shadow of Spirit: Postmodernism and Religion*, ed. Phillippa Berry and Andrew Warnick [London: Routledge,1992], 11-12）。

（18）ポストモダンとは何で、モダンとレイトモダンとの関係は何かといった問題についてはIngeborg Hoesterey ed., *Zeitgeist in Babel: The Post-Modernist Controversy* (Indianapolis, Indiana University Press, 1991) が詳しい。

（19）"Moral Humility, Fewer Illusions: A Talk between Adam Michnik and Jürgen Habermas." *New York Review of Books* 41/6 (March 24, 1994), 24-29.

（20）イギリスのポストモダン神学の特徴についてはハーディの論文を参照。Daniel W. Hardy, "Theology through

Philosophy," in *The Modern Theologians: An Introduction to Christian Theology in the Twentieth Century*, ed. David F. Ford, 2 vols 1st edition (New York: Blackwell, 1989), 2: 31-71.

（21）この指摘は正しい。例えば確かにモルトマンは「大きな」神学体系の構築を断念して、これからは部分的な言説が神学の営みになると宣言している。またアメリカではポストモダンを受けて、神学の体系化を目指す「組織神学」（systematic theology）ではなく、帰納的で各論的、モザイク模様の「構築神学」（constructive theology）として定義するようになった。

（22）Hardy, "Theology through Philosophy," 1st ed, 2: 31-42, 65-66.

（23）Kenneth Surin, "Process Theology," in *The Modern Theologians*, 1st ed, 2: 103-114. グリフィンはポストモダン神学をプロセス神学の「ある意味では新名称」と述べて躊躇しないし（David Ray Griffin, *God and Religion in the Postmodern World: Essays in Postmodern Theology* [Albany: State University of New York Press, 1989], 10）、プロセス神学こそが「真にポストモダン」であると主張するジョン・リグスのような神学者は少なくない（John W. Riggs, *Postmodern Christianity: Doing Theology in the Contemporary World* [New York: Trinity Press International, 2003]）。リグスはプロセス神学に関心を持った、セントルイスのイーデン神学校の歴史神学者で、この著作はポストモダン哲学とプロテスタント神学の共通理解を手際よく紹介した入門的内容である。プロセス神学についてはプロセス神学の章を参照されたい。

（24）Ward, "Postmodern Theology," 588.

（25）David Ray Griffin, William A. Beardslee, and Joe Holland, *Varieties of Postmodern Theology* (Albany: State University of New York Press, 1989). ポストモダンに関わるキリスト教神学を三つに分類する仕方もある。（1）ポストモダンが色濃いテイラーの「無／神学」、神の死の神学、コックスの世俗神学、（2）ポストモダンに修正を加えて受容する構築神学、プロセス神学、フェミニスト神学、黒人神学、（3）ポストモダンを反モダンないし対抗モダンと理解して、近代の終焉とキリスト教の復興を図る福音派神学のスタンリー・グレンツ、ジョン・ミルバンク、キャサリン・ピックストックのラディカル正統主義。

（26）またこれとほぼ同じに分類するのが、ケヴィン・ヴァンフーザーで、（1）コンミューン的実践神学、（2）

ポストリベラル神学、（3）ポスト形而上学的神学、（4）脱構築神学、（5）再構築神学、（6）フェミニスト神学、そして（7）ラディカル神学である。Kevin Vanhoozer, ed., *The Cambridge Companion to Postmodern Theology* (Cambridge: Cambridge University Press, 2003). また、黒人神学、ラテンアメリカ神学、同性愛者の解放神学、ヒスパニック・ラテノ神学、障がい者神学、クィア神学、エコロジー神学、ウーマニスト神学などの解放主義の神学は、西洋の一極支配に反抗するという観点からすればきわめてポストモダンだが、反面で西洋的キリスト教をマトリックスにしないという面をみれば、これらの神学をポストモダンに収斂するのは危険であり不当かもしれない。

（27）高柳俊一「神学とディコンストラクション――マーク・C・テイラーの思想をめぐって」『日本の神学』二七号（一九八八年）五〇頁。

（28）テイラーの「脱構築の神学」については高柳俊一「神学とディコンストラクション」四九―六四頁を参照せよ。

（29）Carl Raschke, "Mark C. Taylor," in *A New Hardbook of Christian Theologians*, ed. Donald W. Musser and Joseph L. Price (Nashville: Abingdon, 1996), 434.

（30）Raschke, "Mark C. Taylor," 434-439.

（31）テイラーの処女作『キェルケゴールの偽名著作――時間と自己の研究』（Mark C. Taylor, *Kierkegaard's Pseudonymous Authorship: A Study of Time and the Self* [Princeton: Princeton University Press, 1975]）は実存主義思想の色濃い哲学書である。第二作目は *Journeys to Selfhood: Hegel and Kierkegaard* (Berkeley: University of California Press, 1980; repr. New York: Fordham University Press, 2000)。テイラーの初期研究はキェルケゴールとヘーゲルにあって、これが後の諸著作の基礎になったことに注意。なおテイラーに深く影響を与えた思想家としてテイラー自身は、カント、ヘーゲル、キェルケゴール、ニーチェ、ハイデッガー、そしてもちろんデリダを挙げている。Crestan Davis, "Interview with Mark C. Taylor," November 4, 2009. 〈http://crestondavis.wordpress.com/2009/11/04/interview-with-mark-c-taylor-philosopher/〉〔二〇一七年五月二三日取得。〕

（32）Taylor, *Journeys to Selfhood*.

（33）テイラーとデリダは個人的にも親しい関係にあって、デリダが二〇〇四年一〇月に亡くなったとき、ニューヨーク・タイムスに追悼文を寄せた。神学におけるデリダの諸概念の取り扱いについては次の文献を参照せよ。Kevin Hart, *The Trespass of the Sign: Deconstruction, Theology, and Philosophy* (New York: Cambridge University Press, 1990).

（34）一九八一年オランダのコペンハーゲン大からも博士号を獲得。ちなみにこの学位取得はコペンハーゲン大学哲学部の五〇〇年の歴史で外国人としては最初のもの。

（35）脱構築論を神学的に論じた最初の作品は筆者の知る限りでは、アルタイザーとラシュケらが共同で編集した『脱構築と神学』である。Thomas J. J. Altizer and Carl A. Raschke, eds., *Deconstruction and Theology* (New York: Crossroad, 1982).

（36）Mark C. Taylor, *Erring: A Postmodern A/Theology* (Chicago: University of Chicago Press, 1984). 井筒豊子訳『さまよう――ポストモダンの非／神学』（岩波書店、一九九一年）。これはポスト構造主義の観点から神学を論じた初期の代表作である。

（37）Mark C. Taylor, *Deconstructing Theology* (Chicago: Scholars Press, 1982). アルタイザーはテイラーのこの著作に序文を寄せて、テイラーを「アメリカが生み出した最初のポスト教会時代の神学者、神学の純粋に理論的で認識論的な課題に集中した神学者」と賛辞を贈っている（Thomas Altizer, Foreword to *Deconstructing Theology, by Mark C. Taylor* [Chicago: Scholars Press, 1982], xii）。

（38）Taylor, *Deconstructing Theology*, 103.

（39）さらに遡ればティリッヒということになるが、これは将来、世俗化神学を論じる時に取り上げたい。〔残念ながら栗林氏は、世俗化神学について扱う章を執筆していない。〕

（40）Raschke, "Mark C. Taylor," 435.

（41）マーク・テイラー、井筒豊子訳『さまよう――ポストモダンの非／神学』（岩波書店、一九九一年）四〇〇頁。〔ただし、引用中のカッコは編者が入れたのではなく、邦訳の通りである。〕

（42）Mark C. Taylor, *Disfiguring: Art, Architecture, Religion* (Chicago: University of Chicago Press, 1992).

(43) Mark C. Taylor, *After God* (Chicago: University of Chicago Press, 2007).（須藤孝也訳『神の後に』全二巻、ぷねうま舎、二〇一五年）。

(44) John D. Caputo, "Book Review," *Journal of the American Academy of Religion* 77 (March, 2009), 162-165.

(45) 例えばキリスト論において、「在って在るもの」というモーセへの神啓示を「私である」とのイエス・キリストの自己啓示、そして人間の「自我」に結びつけて相関的に論じている。Robert P. Scharlemann, *The Reason of Following: Christology and the Ecstatic* (Chicago: University of Chicago Press, 1992); *The Being of God: Theology and the Experience of Truth* (New York: Seabury, 1981).

(46) Robert P. Scharlemann, *Inscriptions and Reflections: Essays in Philosophical Theology* (Charlottesville: University of Virginia Press, 1989). シャーレマンはティリッヒ神学の線上にラディカル神学を据えるひとりで、北米ティリッヒ学会の推進役としても著名である。シャーレマンのモダニズム、ポストモダニズムの神学批評については Robert P. Scharlemann and Julian Norris Hartt, *Critique of Modernity: Theological Reflections on Contemporary Culture* (Charlottesville: University of Virginia Press, 1987); Robert P. Scharlemann, Mark C. Taylor, Charles Winquist and Thomas Altizer, *Theology at the End of the Century: A Dialogue on the Postmodern* (Charlottesville: University of Virginia Press, 1990) を参照のこと。

(47) David Griffin, *God and Religion in the Postmodern World*; David Griffin ed., *Spirituality and Society: Postmodern Visions* (Albany: State University of New York Press, 1988); David Griffin and Houston Smith, *Primordial Truth and Postmodern Theology* (Albany: State University of New York Press, 1989).

(48) ポストモダンの観点から組織神学の構築を目指す、パシフィック・ルーセラン神学校のテッド・ピータースは、テイラーよりもグリフィンに共感する。終末的存在論を強調する立場から、グリフィンと同じく、ホワイトヘッドの形而上学には違和感を持つ。Ted Peters, *God – the World's Future: Systematic Theology for a New Era* (Minneapolis: Fortress, 2000), 20.

(49) Don Cupitt, *The Last Philosophy* (London: Trinity, 1995), 63. クピッドがグリフィンと異なるのは、フランスのポストモダン哲学、デリダ、フーコー、ドゥルーズなどに依る点で、この点ではテイラーやチャールズ・ウィンキストに近い。これらフランスの哲学者の営みはクピッドやテイラーが目指す「非／神学」(a/theology) に必要な、「反基礎づけ主義」(antifoundationalism)、「反実在主義」(antirealism) の哲学的基礎を備えてくれると考えられるからである。したがってクピッドもまたテイラーと同じくデリダの言語観念論の神学ということになる。

(50) Charles Winquist, *Desiring Theology* (Chicago: University of Chicago Press, 1995).

(51) Nancy Murphy and James William McClendon, Jr., "Distinguishing Modern and Postmodern Theologies," *Modern Theology* 5 (1989), 191-214.

(52) 英語圏のポストリベラル神学とは異なった、保守的ポストモダン神学のカテゴリーにフランスのカトリック神学者ジャン＝リュック・マリオンやミシェル・ド・セルトー (Michel de Certeau) がいる。彼らはフランスのポスト構造主義哲学や脱構築に精通して緻密な議論を神学上に展開しており、英語圏ではこうした人々の翻訳も始まっている。Jean-Luc Marion, *God without Being*, trans. Thomas A. Carlson (Chicago: University of Chicago Press, 1991); Michel de Certeau, *The Mystic Fable*, trans. Michael B. Smith (Chicago: University of Chicago Press, 1992). なおグラハム・ワードは両者の一般的な主張を要約的に紹介している Ward, "Postmodern Theology," 593-598。

(53) Ward, "Postmodern Theology," 593-598

(54) George A. Lindbeck, *The Nature of Doctrine: Religion and Theology in a Postliberal Age* (Louisville: Westminster John Knox Press, 1984), 118.

(55) Charles Campbell, "Hans W. Frei," *A New Handbook of Christian Theologians*, ed. Donald W. Musser and Joseph L. Price (Nashville: Abingdon, 1996), 157.

(56) この点、リンドベックは、ポストモダン哲学というより、ヴィトゲンシュタインの言語論やイェールの同僚フライのバルト解釈に多くを負っている。

(57) とりわけフライが画期的な著作『聖書的語りの衰退』の中でモダニズム的な聖書の読解、歴史批評の方法がときに教会共同体に破壊的な効果を生み出す理由を鮮明に描き出したことは特筆に価する。Hans Frei, *The*

Eclipse of Biblical Narrative: A Study in Eighteenth and Nineteenth Century Hermeneutics (New Haven: Yale University Press, 1974).

（58）Terrence W. Tilley, *Postmodern Theologies: The Challenge of Religious Diversity* (Maryknoll: Orbis, 1995), 34.

（59）David Tracy, *Blessed Rage for Order: The New Pluralism in Theology* (Chicago: University of Chicago Press, 1996), 32.

（60）Tracy, *Blessed Rage for Order,* 24-32.

（61）Tracy, *Blessed Rage for Order*, 24-25.

（62）Tilley, *Postmodern Theologies,* 34.

（63）Tracy, *Blessed Rage for Order*, 29.

（64）Tracy, *Blessed Rage for Order*, 31.

（65）David Tracy, "The Uneasy Alliance Reconceived: Catholic Theological Method, Modernity, and Postmodernity," *Theological Studies* 50.3 (1989), 548-570.

（66）むろんキリスト教の救済は、抑圧「からの自由」（freedom from）以上の事柄であって、「への自由」（freedom to）という積極性を含む包括的概念である。トレーシーは、キリスト教「古典」の役割が、この新しい希望と生命へと向かう「への自由」を、イエス・キリストの人格と出来事によって示すことにあるとした。

（67）David Tracy, *Plurality and Ambiguity: Hermeneutics, Religion, Hope* (Chicago: University of Chicago Press, 1987), 79.〔ただし丸括弧内は栗林氏による加筆。〕

（68）Kevin Vanhoozer ed.,*The Cambridge Companion to Postmodern Theology* (Cambridge: Cambridge University Press, 2003).

（69）Graham Ward, *The Blackwell Companion to Postmodern Theology* (Oxford: Blackwell, 2004).

（70）Myron B. Penner, ed., *Christianity and the Postmodern Turn: Six View* (Grand Rapids: Brazos, 2005).

（71）Graham Ward, ed., *The Postmodern God: A Theological Reader* (Malden: Blackwell, 1997); Phillip Blond, ed., *Post-Secular Philosophy: Between Philosophy and Theology* (New York: Routledge, 1998).

(72)「モダン末」と「ポストモダン」の境界ははっきりしたものではない。キュンクにしても近代の反省は多くあり、その意味ではポストモダン的でもある。Hans Küng, *Theology for the Third Millennium* (New York: Doubleday, 1988), 8-9.

(73) Mark C. Taylor, *Disfiguring: Art, Architecture, Religion* (Chicago: University of Chicago Press, 1992). テイラーは八〇年代、二〇世紀の絵画論、建築論に魅かれ、その後グラフィック・デザインやテクノロジーなどにも関心を広げていった。

(74) Gary Dorrien, "The Future of Postliberal Theology," *Christian Century* (July 18, 2001), 22-29.

(75) Thomas J. J. Altizer, ed., *Towards a New Christianity: Readings in the Death of God Theology* (New York: Harcourt, 1967), 315.

(76) Ward, "Postmodern Theology," 590.

(77) Daniel Franklin Pilario, "Mapping Postcolonial Theory: Appropriations in Contemporary Theology," *Hapág: A Journal of Interdisciplinary Theological Research* 3. 1-2(2006), 38.

(78) 政治神学の視点から、ポストリベラル神学を批判するバウムの論考については次を参照のこと。Gregory Baum, "The End of Innocent Critique and the Postmodern Discourse," *The Ecumenist* 3.3 (July-September 1996), 58-63.

(79) Rowan Williams, "Postmodern Theology and the Judgment of the World" in *Theology after Liberalism,* ed. John Webster and George P. Schner (Oxford: Blackwell, 2000), 322.

(80) Owen C. Thomas, "Public Theology and Counter-Public Spheres," *Harvard Theological Review* 85 (1992), 453-469.

(81) Francis Schüssler Fiorenza, "Fundamental Theology and Its Principal Concerns Today: Towards a Non-Foudational Foundational Theology," *Irish Theological Quarterly* (1996): 118-139.

(82) Peter Berger, "Secular Theology and the Rejection of the Supernatural: Reflection on Recent Trends," *Theological Studies* 38 (1977), 39-56.

(83) David Tracy, *On Naming the Present* (Maryknoll: Orbis, 1994), 43.

(84) Tracy, *On Naming the Present*, 37.

（85）ポストモダンの重要な概念にこの「他者性」がある。ポストモダンのポストモダンたる由縁はまさに「他者性」の哲学、「他者」「異者」への真摯な問いかけにあると言っていい（John Caputo, "The Good News about Alterity: Derrida and Theology," *Faith and Philosophy* 10.4 [October 1993]: 453）。この問題にもっともラディカルに関わったひとりは、周知のごとくフランスのユダヤ人哲学者エマニュエル・レヴィナスである（Emmanuel Levinas, *Totality and Infinity: An Essay on Exteriority*, trans. Alphonso Lingis [Pittsburg: Dequesne University Press, 1969]）。レヴィナスは、人がいかにモダンから離れた地平に立ちうるかの模範である。かつてティリッヒが「他律」と「自律」の双方を退けたのとは対照的に、驚いたことにレヴィナスは近代の「自律」という倫理的な中心概念を「他律」（heteronomy）に差し替える。彼によれば、倫理的な人間とは「他者」に自らの心を開く者であり、抑圧された者、排除された者、周縁化された者（「やもめ、みなしご、異邦人」出エジプト記二二・二一）に背を向けることができない人間のことである。

　レヴィナスは、西洋哲学の伝統とはひたすら「他者」を「同者」へと転換し、異者を自分と同じ地平に吸収して融和する努力に他ならないと考える。だがそれではいけない。レヴィナスは、ホロコーストの経験から、「他者」を道徳的に真実を有する者、その顔から「汝殺すべからず」の戒めを発信する存在者として描き出す。顔と顔をつきあわせる関係を持てば、人は異質とか同質とかの抽象的な全体に引き下げることなど到底できなくなる。人間の関係の交換可能性、類似性、均質性を弁じる西洋の伝統に対して、レヴィナスは徹底して交換の不可能性、かけがえのなさ、非均質性を強調する。実にカプートも指摘するように、こうした「他律論」（heterology）は、レヴィナスに限らず、ポストモダン思想一般に共通した特徴である（John Caputo, *Against Ethics: Contributions to a Poetics of Obligation With Constant Reference to Deconstruction* [Bloomington: Indiana University Press, 1993], 53-62）。またラディカル神学のテイラーも「他者」（altarity）に着目した。

（86）さらに権力の分析もポストモダン思想の重要なモチーフである。キリスト教、とりわけ教会論を考えるとき、ミシェル・フーコーの「司牧権力」やヘゲモニーといった要素を抜きにして考えることはできない。もし権力関係の分析を欠いてしまうと、教会は現在あるがままの状態において神性の幾分かを反映するものとして現状維持に傾く可能性がある。また、もし近代による世界の「支配」、人間中心主義の行き過ぎ、病理的なまでの欲望の拡大に批判の眼をむけるとすると、二〇世紀末のエコロジー危機はモダニズムの帰結ということになり、エコロジー神学が論じられるとき、克服すべき対象としてモダンが浮かび上がるのは理の当然である。

（87）高柳俊一「序」『日本の神学』一九九七年、二頁。

（88）ポストコロニアル神学はここ一〇年ほどの新しい潮流である。Catherine Keller, Mayra Rivera, and Michael Nausner, eds., *Postcolonial Theologies: Divinity and Empire* (St Louis: Chalice Press, 2004).

（89）Bill Ashcroft, Gareth Griffiths, and Helen Tiffin, *Post-Colonial Studies: The Key Concepts* (New York: Routledge, 1998).

（90）Gayatri Chakravorty Spivak, *The Postcolonial Critic: Interviews, Strategies, Dialogues* (London: Routledge, 1990).

（本論考は関西学院大学キリスト教と文化研究センター発行『キリスト教と文化研究』第4号、二〇〇三年三月掲載の論文に大幅な加筆がなされたものである）

第4章　ポストリベラル神学が語る共同体の物語

キリスト教新保守主義が目指すもの

1　はじめに――アメリカ新保守主義の台頭

八〇年代「最大の神学事件」

ポストリベラル神学は、八〇年代中葉にアメリカに興ったプロテスタント新保守主義の潮流で、現代のリベラリズムに挑んでその超克を目指すキリスト教言説のことである。[1] 自由主義「以後《ポスト》」を展望すると宣言したこの神学派は、バルトの近代批判を今に継ぐ「もっとも注目に値する神学」、いや正統主義者の間では八〇年代以後「最大の神学事件」とさえ評されてきた。

この潮流誕生の引き金となったのは、「ポストリベラル時代の宗教と神学」と副題されたジョージ・リンドベックの『教理の本質』（一九八四年）の出版であった。[2] さほど大きくないこの作品は、ポストリベラル派の大綱という点ですでに古典となっていて、近年わが国でも翻訳され出版された。アメリカではこれが契機になって、前々からリンドベックに共鳴していたハンス・フライ、スタンリー・ハワーワス、ロナルド・シーマン、[3] ウィリアム・ウィリモン、キャサリン・タナー、[4] ウィリアム・C・プレーチャー、[5] チャールズ・M・ウッド、[6] ウィリアム・ワーペホースキーら[7]が集い、やがてこれらの人々をポストリベラル神学者、あるいは「イェール学派」と総称するようになった。[8]

ポストリベラル神学は、リンドベックが弁明するように「近代以後の展開を無視して、リベラリズム以前の正統主義に回帰する」ことを意図した神学ではなかった。[9] しかしそれでもポストリベラルという名称がある種の連想を生むのは避けがたかった。つまりフライがようやく自分の神学の方向をつかみかけていた六〇年代後半、「ポストリベラル」と言えば一般的には後期資本主義の矛盾を暴露して、自由経済体制を批判する政治的ラディカリズムのことを指した。しかし神学のポストリベラルは、機能論的社会学や共同体論を採用するものの、政治や社会変革を展望する左翼神学とはまるで違っていた。また時代が下がってリンドベックが神学界に華麗なデビューを遂げた八〇年代は、まさにアメリカではレーガン、イギリスではサッチャー政権の全盛期で、このとき「ポストリベラル」という用語はそれまでとは打って変わって、政府の経済介入や福祉予算の肥大を嫌う新保守政治とほとんど同義だった。

そんな事情もあって、ポストリベラル神学が紹介され始めた当初、アメリカの神学界ではこれを巡って喧々諤々、賛否両論の熱い議論が巻き起こった。福音派はこの神学に聖書の規範性の回復、信徒の鍛錬、教会コミュニティ重視の熱いメッセージを読み取り、新しい教会神学の登場として大いに歓迎した。[10] 一方、リベラルで社会的関心の強い人々は、これを保守復活の兆候と見て反発し、時代に逆行した神学と難じて否定的な見解をとった。保守中道の『クリスチャン・センチュリー』誌でさえ、ポストリベラル神学の紹介記事が載ったとき、[11] 同誌上でポストリベラルは独善的である、いやイェール大学のエリートによる帝国主義神学だと、普段は紳士的なアカデミズムから一斉に怨嗟の声があがったくらいである。[12]

イェール学派または「物語の神学」

「イェール大学のエリートによる神学」という批判は、ポストリベラルの提唱者の多くがこの大学に関わりを持ち、その主張にもイェールの巨匠リチャード・ニーバーの影響が随所に認められたからである。[13]「帝国主義」という批判は少々きつすぎるとしても、ポストリベラル派の言説が七〇年代以後の神学に馴染んだ者に戸惑いを与えたのは確かだった。つまりあちらでバルトが引用されたかと思えば、こちらではトマス・クーンの先端科学論やヴィトゲンシュタインの分析哲学が紹介され、宗教社会学のピーター・バーガー、文化人類学のクリフォード・ギアツ、文学評論のエーリッヒ・アウエルバッハの名があがったと思えば、同じページでアンセルムス、トマス・アクィナス、ルターなどの古典が論じられるといった具合で、それが常道を逸した折衷主義にも映ったのである。

加えて八〇年代前半までアメリカ神学界をリードしていたのは、ラテンアメリカ神学やフェミニスト神学といった解放主義の潮流だった。確かにこの時期、保守的キリスト教や福音諸教派は、教会と信徒の数を飛躍的に伸ばして「福音派の時代」を謳歌していた。だがアカデミックな世界では一種の時間差があって、福音派はプリンストン、ハーヴァード、ユニオンといったアカデミックな神学校や大学神学部に教員を送りこむ組織力がなく、また学術界で議論を交える力もなかった。つまり八〇年代になってもラテンアメリカ神学を筆頭に、フェミニスト神学、黒人神学、第三世界神学、ゲイ・レズビアンの解放神学など、いわゆる社会派の流れが活発な議論を主導していて、正統保守や福音派は意識的にそうした「偏向」から身を遠ざける姿勢が続いていたのである。

そこに突然出版されたのがリンドベックの『教理の本質』であり、これがリベラルや解放系の神学に方法論上の挑戦状を叩きつける格好になったものだから、それだけ反発も強かった。(14) リンドベックを疑いのまなざしで見たのは進歩的なキリスト教徒だけでなく、人権や平和問題に関心を寄せる世俗主義者、宗教間対話の糸口を探るユダヤ教学者らも同様だった。彼らはポストリベラルはキリスト教の独善主義の復活だと憂慮の声をあげた。人々をこれほど熱くさせた八〇年代後半の神学事件、やがて「物語の神学《ナラティヴ・セオロジー》」とほぼ同義になっていくポストリベラル神学とはいったい何だろう。(15) それは日本のキリスト教にどんな意味を持つのだろうか。それを探るために、まずはポストリベラル派の揺籃地イェール大学の事情から筆を起こしてみよう。

キリスト教は独自な物語である

ニューヨークの北東コネチカット州ニューヘイブンにあるイェール大学は東部の名門、アイビー・リーグのひとつである。美しい佇まいの学術町ニューヘイブンは、夏になるとジャズ・フェスティバルが催され、整然と区画された町には劇場や博物館が数多くあって、日本人観光客にも人気のスポットである。イェール大学はアメリカの大学としてはハーヴァード、ウィリアム・アンド・メアリーに次いで三番目に古く、一七〇一年にハーヴァードの世俗化を嘆いた会衆派牧師たちによって創建された。その事情は大学のモットー「光と真理」(Lux et Veritas) にも明らかで、ハーヴァードのモットーが「真理」だったのに対して、真理だけではだめだ、神の「光」がなければ真理は輝かないとハーヴァードの世俗主義化を批判して、「光」が真理の前に加えられた。ちなみに後にイェールも堕落してしまったと批判した長老派によって設立されたのがニュージャージーのプリンストン大学で、プリンストンの総長は初期にはイェール出身の聖職者で占められた。そんなことからイェール学派の神学は穏健な保守主義なのだが、もちろん福音派からすれば聖書の高等批評を受け入れたリベラルとの誹りは免れない。

先にポストリベラル神学者はこのイェールと密接な関係を持った人々だと述べた。実際にはイェールだけでなく、デューク大学の神学部などにも少なからぬ同調者がいたが、それでもポストリベラル神学がイェールと深いつながりを持ち、そこから生まれるべくして生まれた神学だと一部で考えられているのには理由がある。

アメリカの総合大学では、保守的な教派立カレッジを除けばほとんどがキリスト教を宗教学の一分野として教えている。アメリカの宗教学と言えば、重鎮のミルチャ・エリアーデ、ポール・リクール、ジョセフ・ミツオ・キタガワといったシカゴ学派がすぐ思い浮かぶが、シカゴ大学を拠点にしたこれらの学者たちは、宗教における相対主義を掲げ、人間はアプリオリに「究極的存在」に関心を持ち、キリスト教はそうした関心のひとつの表れであろとの立場を取ってきた。つまりキリスト教は歴史宗教として本質的には仏教やヒンドゥー教などの他宗教と肩を並べるものだという理解である。世界には実に数多くの宗教があり、創始者も教理も歴史も異なっている。しかしそうした違いはあっても、人間が本来もっている宗教感情ということでは同じである、と考えられているのだ。今日アメリカでは特殊な例を除いてこうした宗教学派の考えがほぼすべての大学教育機関の基本にある。ちなみに事情は日本でもほぼ同じで、ミッション系のキリスト教主義学校を除けば、一般大学のカリキュラムではキリスト教を含む宗教学が哲学、倫理学と並ぶ教養科目のひとつと位置付けられている。(16)

よく知られていることだが、アメリカの高等教育はイギリスの伝統をもって東部から始まり、当初大学のほとんどがキリスト教派立で、ピューリタン的敬虔と保守的信条を維持していた。ハーヴァード、ウィリアム・アンド・メアリー、イェール、プリンストンといった東部の名門校は会衆派、長老派、メソジスト、ディサイプル派などと強い紐帯を持ち、それが西部や南部に新設される大学の手本になったのである。ところが一九世紀末から二〇世紀初頭にかけて、アメリカの高等教育理念は劇的に変化して、ドイツの大学を手本にした総合研究機関に再編成された。大学の組織はもちろんのこと、カリキュラムも抜本的に改変され、「キリスト教に基づく人格教育」とか「健全な中産市民の陶治」とかいった、それまでの教育方針に代えて、実証と専門性を重視する学術研究が主流になった。(17)この波を受けて多くの総合大学ではキリスト教を宗教学一般、教理を宗教哲学、聖書学を西洋古典学や文学批評の一部門に模様がえしてしまったのである。

ところがこうした流れに反対し、キリスト教を宗教学としてではなく、あくまで神学として講じる姿勢を貫いた大学があった。それがイェール大学である。その根底にあるのは、歴史宗教としてのキリスト教は「宗教」の一般的範疇に括れないとの見方である。仏教もイスラム教もキリスト教も、宗教はどれも本質的には同じというのはいかにも乱暴である。宗教は「本質」の抽象的範疇ではなく、歴史的な固有性が尊重されてしかるべきだ。学風がもともと手堅かったことに加え、リチャード・ニーバーの影響が大きかったのだろう、イェール大学の神学部はそうした解釈をずっと堅持した。

もうひとつ、ポストリベラル神学がイェールに誕生した理由には、七〇年代後半にイェールで斬新な聖書研究が次々に実を結び、ひときわ活況を呈したという特殊な事情もあった。新約学ではウェイン・ミークスが聖書の解釈に「社会学的、文化人類学的な視点」の導入を唱えて、「普遍性、抽象性を重視する思想史とも主観的で実存的な解釈とも一線を引き、いっそう社会歴史的に」原始キリスト教を読解する意欲を燃やしていた。[18] 旧約学でもブレヴァード・チャイルズが「正典的アプローチ」を唱えて、イスラエルの「共同体のテクスト」としてヘブライ聖書を再読する事業に乗り出し、信仰共同体のテクスト解釈に焦点を当てて、従来の歴史批評学とは異なった道を歩み出した。[19] つまりチャイルズは、正典の客観性を探るステンダールの方法を批判し、そうした流儀は神学や解釈学には不適当と難じ、かわりにガダマー、ブルトマンの解釈学に近い立場をとった。[20] チャイルズからすればシカゴ学派のリベラルな宗教史学は聖書をキリスト教共同体のテクストとして読むニーズにまったく応えていないというわけだが、[21] 同様の視点は同僚のデイヴィッド・ケルゼイにも当てはまる。ケルゼイは、聖書が「テクストとして正典化される作業は、共同体の日常生活の中で信仰が育てられて維持される」度合いにかかっているという。[22] 彼は正典の権威はそれを守る共同体に依存するのであって、テクストの客観的真理性によるのではないとキリスト教のリベラルと保守双方の神経を逆撫でする意見を繰り返していた。

こう考えてみれば、キリスト教とその教会にとって重要なのは、必ずしも聖書の学問的で文献学的な批評ではない。いやもともと神学というものは、テクスト批評に依存して「判じ合う」学問ではなく、むしろ「複数に異なる言説」を教会のニーズに合わせて判定し、キリスト教信仰全体を教導していく学問である。[23] このことの意味は後の議論の焦点となるので記憶に留めておくとして、では次にポストリベラル神学の代表格であるハンス・フライとジョージ・リンドベック、スタンリー・ハワーワスを取り上げて、その主張するところに耳を傾けることにしてみよう。

2　ハンス・フライの「寛容的な正統主義」

ニーバーに出会ったユダヤ人青年

ポストリベラル神学とは何かを知りたいと思うなら、まず手にすべきはハワーワスでもリンドベックでもなく、ハンス・ウィリアム・フライの著作である。[24] 日本ではあまり知られていないこの神学者は、「寛容な正統主義」（generous orthodoxy）を掲げて、ポストリベラル神学の誕生に決定的な役割を果たした。フライは寡作で、生涯に出したのは『聖書的語りの侵蝕』（一九七四年）[25]や『イエス・キリストの同一性』（一九七五年）[26]の数冊だけだが、彼がイェール学派の礎を築いたことは衆目の一致するところである。

フライの神学の要は、教会というコミュニティで読まれる聖書にある。「キリスト教神学はまずもって聖書から始まらねばならない」。そんな彼の主張は正統神学の常道で、格別目新しいものではない。しかしフライの特徴は聖書が「信仰の規則」、つまり教会の伝統的な教理と「言語文法」に則って読まれるべきであって、聖書を教会の外の尺度であれこれ弁じる必要はまったくないと断じたところにある。聖書は「現実的」（realistic）に読まれなければならず、信仰共同体の中で初めて正典としての権威を持つ。[27] フライは聖書の権威、キリスト教のユニークさ、教会の重要性を前面に押し出し、世俗の理論や規範に膝を屈めず、キリスト教独自の「語り」を共同体に復興すべきだと訴えた。

キリスト教の中心はナザレの人イエスというユニークな救済者であって、人類の救済は徹頭徹尾このイエス物語に依存する。そう主張するフライはイエスという「個別特殊」な存在を全世界の救済者という普遍にまでどう押し広げていくのか、その格闘をしている中途で突然に早世してしまった。

神学者となるまでのフライの人生は激動の二〇世紀史をそのまま映し出すかのようである。フライは一九二二年ドイツのブレスラウでユダヤ系ドイツ人家庭に生まれた。母親のマグダが臨床小児科医、父親のヴィルヘルムはフレスラウ大学の性病理学教授と、典型的な教養的都市市民層に属した。家庭ではイーディッシュの使用が禁止され、フライは誕生して間もなくユダヤ教の割礼ではなくドイツ福音主義教会の幼児洗礼を受け、ドイツ古典文学、ゲーテやシラーをこよなく愛するごく普通の少年に育った。しかしファシズムが台頭した三〇年代初頭、両親は敏感にユダヤ人迫害が迫り来るのを感じて、留学を名目に彼をイギリスに脱出させた。次いで家族も大戦勃発直前にドイツを逃れてイギリスでハンスと合流し、一緒にアメリカに渡った。しかしドイツでの安定した豊かな生活からは一変して、亡命先のニューヨークでの生活は困窮を極めた。フライがノースカロライナ州立大学の繊維工学部に入学したのも、新聞で奨学生募集を知ったからだった。しかし、もともと哲学や宗教への関心が強かったのだろう、たまたま聴いたリチャード・ニーバーの「徹底的唯一神主義」(radical monotheism)の講演に心を動かされ、大学卒業後はニーバーのもとで学ぼうとイェールの神学大学院に転じた。そして大戦が終結した一九四五年、それまで属していたバプテスト教会から聖公会に移って司祭となり、ニーバーの指導のもとでバルトの研究に励んで博士号を取得する。(28) 一九五六年にイェールに招聘されてからは、一九八八年に六六歳で病に倒れるまでそこで教鞭をとり続けた。

神学は空虚な人間学か――『聖書的語りの侵蝕』

　フライの生涯にわたる関心はひとことで言えば、学問として神学は何を目指すか、その方法は何かということだった。特にフライが模索したのはリベラルに代わる神学パラダイムだったが、そうした関心の奥底にユダヤ系ドイツ人として迫害を受けた生々しい時代の記憶があったろうことは想像に難くない。ヒトラーという怪物をよりによって宗教改革者ルターの国ドイツが生んだのはなぜか。どうしてヨーロッパ・キリスト教はファシズムに抵抗できなかったのか。

　それは結局、リベラル神学の「相関の方法」（method of correlation）が誤っていたからだとフライは考えた。近代ヨーロッパのキリスト教は根本的なところで方向を間違ってしまった。シュライアマハー以後、プロテスタント・キリスト教は近代ブルジョア市民に擦り寄り、キリスト教の意義を市民道徳に合致させることによってその存続を図った。このときリベラルな神学者たちが採ったのが相関の方法、つまり近代市民層の価値と経験に合わせてキリスト教を弁証していくことだった。近代神学の提唱者らはこの相関の方法によってひとまずキリスト教を括弧で括り、とりたてて教会の信仰を前提にせずとも、教養ある市民が理性的に納得できる信仰を作ろうと、ひたすら近代の諸価値と規範を取り込んだ。

　その結果、何が起こったか。神学は空虚な人間学に転落し、イエス・キリストは優れた「人格者」以上ではなくなった。イエスは教会の信仰を前提にしない偉人ないし聖者、人間の精神的進歩に寄与した博愛主義者、近代市民の道徳的手本にすぎなくなり、聖書が証しするイエスの格別な行い、特異な救済のロジックはほとんど意味が失われた。

　いい換骨奪胎されたのはイエスだけではない、聖書そのものにも同じことが起きたと、フライは『聖書的語りの侵蝕』（一九七四年）において憤慨する。聖書はもはや神啓示を綴る特異な書として読まれなくなった。聖書の解釈はいつから正道を外れてしまったのか、何が原因で人は聖書の読み方を誤るようになったのか。フライはこう分析する――ヨーロッパの人々は古代から中世を経て一七世紀になってからも、聖書の語り口にほとんど何の違和感も覚えていなかった。聖書が描く世界をそのまま当然のように受け入れていた。聖書の物語をいったん括弧に括って、それを実際の生活に照らし合わせて改めて解釈し直すなどという面倒なことはしなかった。人々は、神による世界創造に何の疑問も抱かず、聖書を額面通りそのままに信じた。神の助けによってモーセが紅海をわたった出来事もイスラエルの預言者が次々と起こした奇跡も当然と受け取ったし、イエスの復活や再臨の未来も信じて疑わなかった。そこにはまず聖書があり、人々はそうした聖書の物語に照らして自分の生を反省していた。

ところが一八世紀から一九世紀にかけて聖書を取り巻く事情は一変した。啓蒙主義の勃興により、キリスト教は「隅から隅まで一八〇度転倒させられた」[29]。啓蒙思想の洗礼を受けた市民層は、物事を理性と経験法則に従って判断するようになり、もはや聖書の物語を額面通りに受け入れることをしなくなった。人々は「聖書の物語を、それとは異なる日常の物語にはめ込み」、聖書でもって世界を解釈する方法を捨て[30]、聖書が描くのとは別の現実を生き始めた。祈ると杖が蛇になり、海が二つに裂ける物語をそのまま読むことをやめた。かくして近代以降、世界の判断基準は聖書ではなく現実の経験法則となったのである。

人が聖書を読むのではない、聖書が人を読む

こうした啓蒙主義という「理性の時代」の到来に、教会人は困惑し、なんとか聖書を救おうと懸命になったのは言うまでもない。フライによれば、当時聖書を救うために二つの道が準備された。

ひとつは、聖書に歴史的事実を読み取ろうとする道である。聖書の記述は実際に起こった「出来事の直接的な、ないしは記しつつも十分には言い表せなかった」[31]ことである。哲学者ジョン・ロックによる聖書理解はこの典型で、ロックに言わせれば、聖書は実際に起きた出来事の記録であって、聖書の記者はあくまで歴史的事実を描い

ている。イエスが祈ると病気が治癒したり、イエスが湖上を歩いたりという数々の奇跡は理性に照らせばにわかには信じがたいものの、それに近い何かが起こったはずだ。聖書記者が記録にとどめたいと思った、何か特別な出来事があったはずである。火のないところに煙はたたない。何の根拠もなく物語を綴れるわけがない。とすれば、その「何か」を科学的、合理的に解釈し直すことが大切である。

啓蒙主義に直面して聖書を救済するもうひとつの試みは、聖書は物語の形式を採ることで神の真理を「象徴的」「隠喩的」に言い表している、と考えることだった。ここでは宗教的観念や象徴が問題となるので、聖書は必ずしも実際に起きた事件、歴史上の客観的出来事を記したものでなくてもよい。いやむしろ聖書を読む時には表面上の文字を追うのではなく、文章の行間を読み、聖書の背後を探ってそこに隠された真理、知恵、教訓を見出すことこそ肝要だ、と。

しかしフライは、この二つのどちらを取っても聖書を解釈するという作業は避けられないと指摘した。つまり、聖書から歴史的事実を引き出すにしても、隠れた意味を探り当てるにしても、いずれも聖書を解釈するという手続きを踏むことに変わりはない。実際、この二つの解釈方法は一八世紀以降互いに競合しながら聖書解釈の主流になって今日に至った。現代神学で言うなら、前者はさしずめ聖書の歴史性を尊重し、イエスの復活を科学的に再解釈しようとするパネンベルクのような方法論になる。また後者は、抽象的な概念の抽出に余念のないプロセス神学やオグデンの営みになるだろう。オグデンは実存主義論的な枠組みでイエスの復活を「象徴」的に解釈することを試みた。

これに対してフライは、聖書を読む方法は本当にこの二つしかないのかと問う。いや、それだけではないはずだ、「これまでほとんど無視されてきた選択肢がまだ残っている」とフライは主張する。それが、聖書をあるがままに読む方法、文学や小説を読むのと同じように聖書世界に予断なく入っていくという選択肢だ、と言うのである。(32)

聖書の正しい読み方とは聖書の語る世界を尊重することである。聖書の中で何が歴史的に正しいとか、人間の実存にとってどの象徴にどんな意味があるのかと問うことを止めて、聖書の語りに身を浸してみる。子どもが昔話を聞いて、自分がヒーローやヒロインになって夢中になるのと同じように、また大人が小説を読んで、主人公に身を重ね合わせるのと同じように、その世界に入り込む。この第三の道こそが、現代聖書学の袋小路を突き破るにもっとも有効な方法であるとフライは主張した。聖書を前にしたとき、読み手はこの聖書の記事は本当に歴史的な事実なのか、事実とすれば、それをどのように客観的、合理的に説明できるかなどとこだわっていてはならない。また、聖書には真理と知恵が隠れているはずだから、それを抽出して普遍的な概念や命題に書き換えようとするのも邪道である。聖書はそのまま読まれねばならない。聖書を解釈の客体、読み手を解釈の主体として分離するのではなく、読み手自身が登場人物になって聖書世界に没入する。そこには自分がどうしても共感できない人物や、遭遇したくもない事件も起きてくる。葛藤もあれば苦しみもあり、慰めもあれば感動もある。しかし、そうした世界から現実の世界に戻ったとき、人はある種のズレを意識するに違いない。今まで気づきもしなかったことに目がとまり、聖書に促されて、現実を見る目が変わるに違いない。そのように聖書が語るところに耳を傾けることこそ、聖書の「物語形式」にもっとも適した読み方なのだ。

フライは、聖書は「ただの書物ではない」、それは人間に世界を開示する比類のないテクストであると述べる。「人が聖書を読むのではない、聖書が人を読むのである」。聖書は聖書をして語らせよ――ここにあるのはアウエルバッハの文芸批評の色濃い影響である。その事情は後述するとして、フライが難じてやまないのは、啓蒙主義からこのかた二五〇年間というものキリスト教が本来の聖書の読み方から大きく逸脱してきたということである。だが今からでも遅くはない。聖書の読み方は正されねばならない。その手がかりはさしずめカール・バルトにある。もし今日流行しているような聖書の歴史批評や、実存主義などの哲学的関心で聖書を読むことが適切というのならば、どちらに転んでも聖書はフィクション以上のものにはなりえない。聖書は世界的な古典だ、人類最高の文学作品だと褒め上げたとしても、その事情に変わりはない。しかし、もし「物語」という聖書の形式に忠実であろうとすれば、聖書にあれこれ歴史的批評を加えたり、隠れた意味を求めて象徴の解釈に血道をあげたりするのは愚の骨頂である。そんなことをしているから、信仰とは無縁な世俗の文献学者や哲学者が聖書読解の最高権威者のように振る舞うことになるのだ。現代神学の課題とは、そうした誤った解釈学を推奨してきたリベラル神学と袂を分かち、キリスト教の枠組みの中、それも教会という共同体の解釈を通して聖書を規範にすることである。

繰り返せば、フライが提唱したのはバルトに倣って聖書そのものを真剣に受けとめることだった。文学は文学という独自な領域を持っている。それと同じように、聖書は「そのもので完結した言葉として」読まなければならない。いや聖書は小説や詩文学をはるかに凌駕する。聖書は「人間の生と、生きとし生けるもの全存在を明らかにする唯一の」書物である。そのことをまず承認してから一切が始まるのだとフライは宣言した。

イエスとは誰のことか――『イエス・キリストの同一性』

次に、フライの言説をさらに検証して補強するためにもうひとつの重要な著作『イエス・キリストの同一性』（一九七五年）に目を転じてみよう。

この著作の中でフライは、イエス・キリストを「同一性」（identity）と「実在性」（presence）という二つのキーワードを対比させ、次のように論じた――キリスト教にとって重要なのは二〇〇〇年前のイエスの「実在性」ではない。つまりイエスの歴史的実在とはどんなだったか、キリストの復活は本当にあったのか、あったとすればそれはどのような様態だったか、それを知るにはどうすればいいのかといった問題に必要以上に煩わされてはいけない。むしろ問われるべきは、イエスの「同一性」のほうである。イエス・キリストはわれわれにとって誰か、われわれはイエスを誰と告白するのか、そうした信仰上の同一性の問題である。

仮に、イエス・キリストの「実在性」から問題を始めたとしよう。復活のキリストはどのような姿で顕現されたのか、それはどうすれば歴史的に確認できるのか。そういう問いを立てれば、現代ではその問いの判断基準は理性と実証的な経験法則になる。とすればこの問題の帰着点はイエスの復活を証明しうる歴史資料の発掘、復活が起こったとされる他の経験的事例の探求、あるいは死者のよみがえりについての科学的説明の有無といった議論になる。そして仮に超自然現象についてある程度の合理的説明や資料の準備ができ、いよいよキリストの実像問題に移ったとしよう。するとそこで論じられるのはイエスの実存論的解釈だの「究極的関心事」だのといった象徴解釈学や心理学、抽象的な形而上学の、これまた果てしない議論に違いない。

しかし聖書はそんな哲学論議や怪しい科学的説明を求めるために書かれたのだろうか。そうではない。福音書は何よりもまず物語（narrative）であって、歴史学の対象や哲学の命題となるために叙述されたのではない。確かに聖書記事にも年代が書かれ、数多くの歴史上の人物が登場する。しかし、それは客観的情報を読者に与えるためのものではない。聖書記者がイエスの譬えを記録に留めたのは、そこから哲学的な観念や神話的象徴、道徳的教訓を引き出させようとするためではない。聖書が綴るのは、ギリシャや中近東神話にある超時空的象徴ではなく、イエス・キリストその人についてである。イエスはどんな人で何を行ったか、それを伝えようとして聖書は書かれた。いや、もっと有り体に言えば、イエス・キリストのアイデンティティ、イエスとは誰で何をしたかは、教会に育った者ならば誰でもが知っていることである。人は、イエスの実在を信ずるに足る証拠や史料があるから信じるのではない。キリストの霊の働きが形而上学的に説明できるから信仰者になるのではない。人がイエス・キリストを信じるのは、まさに聖書にイエスの生き生きとした物語が直截に語られており、それに魅了されるからに他ならない。

こうしてフライは、日常言語学派のギルバート・ライル(33)を援用しながら、人のアイデンティティは人が実際に何を言い、何をしたかという外的役割と働きによって決定されると論じた。そしてそのことは当然イエスにも当てはまると主張したのである。

そのようにフライが論じたのは、アメリカでもヨーロッパでも、まだまだイエスの実存主義的解釈や「イエスの内面」の心理分析が幅をきかせていた時代である。当時キリスト教神学で主流を占めていたのは、人の内面的葛藤と心理を描く解釈学、人生の知恵や道徳、人生観に重きを置いた人格主義的理解だった。そんな時代にフライは、人の社会的役割や機能に着目し、そこにイエス・キリストのアイデンティティを求めた。彼がライルにいち早く着目し、その分析哲学をイエス理解に応用したのは、なかなかに慧眼だったと言える。

戦後まだ間もない一九四九年に『心の概念』を発表したライルは、人間を精神／身体に分けて精神を積極的に評価したデカルトや、デカルト以後の近代主義的な人間観を痛烈に批判した。人間の精神は肉体という「器の内側に亡霊のように」漂っているわけではない。人の言葉も行為も、そんな精神的「主観性」の産物ではない。人の評価は、その人がどんな精神や主観を持っていたかで定まるのではない。人が何を考え、どんな思いを持っていたかは、その人だけにしかわからない。むしろ人のアイデンティティは、その人が人々の間でどんな役割を担ったか、そのパフォーマンスによって決まるのだとライルは論じた。

フライはこのライルの人間観に刺激され、それをイエスとは誰かという議論に用いた。イエスのアイデンティティは、イエス個人の内面意識とか神経験、宗教感情の良し悪しで決まるのではない。イエスにメシア意識があったかなかったかというような議論は問題ではない。問題はイエスが人々の間でいかなる働きをし、何を語ったのか、それを福音書物語によって知ることである。イエスとは誰かを論じるとき、聖書テクストを透かすように抽象化してはいけない。イエスを物語の設定の枠組みから取り出してあれこれ議論しても始まらない。イエス・キリストの人物像は福音書そのものの内部、イエスと出会った人々や出来事の連鎖の中でこそ知られる。実にフライにとって聖書とは、イエス・キリストの公生涯を描くことで神を啓示する書に他ならない。

聖書を解釈するのは教会である

考えてみると、人の一生というものは些細な出来事や行き違い、日常茶飯事な事件の絶え間ない繰り返しである。あれもしたい、これもやりたいと思いながら、あっという間に時間が過ぎて、満足いくことは少しもできなかったというのが、あらかたの人生である。しかしどんなに平凡に見える人生でも、棺桶の蓋が閉じられたとき、その人ならではの特別なエピソードが一つや二つ必ずあるものだ。その伝でいけばフライは、福音書物語でイエスが誰だったのかをもっとも鮮やかに描いたのは、復活の出来事だったと断言する。イエスらしいイエスとは、復活のキリストである。復活という一回的な出来事によって、人はイエスが誰であるかを知る。イエスが聖霊としてわれわれに顕現しうるのも、この復活の出来事があったからこそである。イエスのアイデンティティを論じようとするなら、まず復活から始めなければならない。もしイエスのこの特異なアイデンティティ、復活の出来事を承認するなら、イエスが聖霊を介して現代のわれわれに関わるのは当然となる。「イエスは復活であり命である。そこから始めれば、復活はありえないという議論は成立しない」。

フライにとってキリスト教の原点とは、一般の宗教経験や人間学にあるのではなく、徹底して復活のキリストにあった。神学は普遍的宗教概念の解説や客観的な歴史資料の分析ではなく、イエス・キリストによって始まり、イエス・キリストによって完結する営みである。すべてはキリストに土台がある。キリストたるイエスは、リベラル神学が描く「最高の人間」でも「人類の規範」でもない。いわんや「人間の実在的困窮を指し示す象徴」(ティリッヒ)なのでもない。キリストは世界の救済を成就する、唯一絶対的な存在である。キリスト論は救済論の一部ではなく、救済論こそキリスト論の一片にすぎないのである。

信仰のない場でイエス・キリストや神をあれこれ論じることはナンセンスと断じたフライは、いわゆる「キリスト中心主義」、アンセルムスの「知解ヲ求ムル信仰」に倣って、イエスと神を知るためにはまず教会という信仰共同体がなければならないと論じた。そしてバルトを丹念に再読することを通して、ますますアンセルムスの正しさを確信する。神学が目指すべきところは、キリスト教を近現代の思惟に合わせて、あれこれと弁じることではない。リベラル神学者は今も、キリスト教を現代諸学問と突き合わせて、福音の信憑性を弁証しようと額に汗する。だがはっきり言えば、そんなことはどうでもよいことだ。むしろ今日しなければならないのは、信仰共同体の伝統の深化と信徒の育成である。教会という共同体の「ルール」に従って聖書を読み、信条を告白し、信徒の信仰を鍛錬すること、これである。聖書は「教会の書物」であって、教会コミュニティを鍛え上げることこそ、神の確かな知に至る確かな道である。

フライが聖書の読解方法を含め、現代にバルトを活かす新たな解釈者として注目された事実は、以上のような主張からもよく理解できる。八〇年代以後のアメリカで、バルトへの新たな興味をかき立てたフライの功績は大きい。フライは信仰共同体に基礎を据えた教会神学者としてバルトを高く評価した。そしてバルト神学を近代主義に対する戦い、教会信仰の防衛という二つの要件を備えたものと絶賛した。

バルトと軌道を同じくしてアンセルムスに倣い、聖書を神の啓示物語として読んだバルトを復興し、イエス・キリストへの共同体的信仰から一切を始めようとしたフライ。その言説は教会人にとって当然のことながら大きな魅力となった。事実、社会派のキリスト教に飽いた穏健的な牧師と教会人は、フライこそ待ち焦がれた教会神学の復興者と諸手をあげて歓迎した。その一方、ヒューマニスト、世俗主義者、他宗教の聖職者たちは、フライの言説を排他的なキリスト教の復興、教会中心の独善主義として疑いのまなざしを向けた。だがフライはそれでいい、もともと外の世界に向けたキリスト教の弁証が自分の目的ではないのだからと取り合わなかった。

つまり少し乱暴な言い方をすれば、フライは教会外の人間がどう思おうがかまわない、頭を悩ませる必要はないというのである。現代の世俗主義者や無神論者にどうキリスト教を論じようかなど気にするな。そんなことに気をとられるから、ドイツ流の講壇的な神学、聖書批評学の罠にはまって、やれ歴史性だの学問的な客観性だのと始めて身動きがとれなくなる。(34) さらに悪いことに、信仰と無縁な大学教師や聖書学者の言いなりになって、教会における信仰という大事な解釈規範を売り渡してしまっている。聖書学と神学の責務は、あくまでキリスト教の内的規範に従うことだ。現代への弁証に煩わされていても仕方がない、いやそもそもそんなことに精力を費やしたことに近代以後のキリスト教の大失敗があったのだ、と。

それゆえフライは、トレーシーやカウフマン、オグデンといったリベラル修正神学の方法論、現代に向けたキリスト教の弁証を冷ややかに眺めて、これを痛烈に批判した。[35] フライにとってキリスト教神学とはあくまでキリスト教信仰の内的促しによって教会コミュニティに向けられる営みである。肝要なのは教会に信仰をしっかり根付かせること、信仰共同体に聖書の権威を復興させることである。[36] 神学の目指すところは、内に向けた信仰の奨励であって、外に向けた弁明ではない。神学は教義学ではあっても弁証学ではない。フライは後年この教会神学の性格をいっそう強め、「文化―言語的」キリスト教を唱えたリンドベックと一緒に、リベラル神学の超克に執念を燃やした。[37]

だが、フライの試みはその死によって唐突に断たれた。フライは恩師リチャード・ニーバーについてのシンポジウムのために原稿を準備し終わった直後に病に倒れ、その原稿は発表者不在のまま会場で配られた。[38] 円熟期を迎えてこれからというときに、フライはイェールのキャンパスから姿を消したのである。意識の薄れゆく死の床で、はたしてフライは何に思いを馳せていただろうか。啓蒙主義以降、近代主義の嵐が吹きすさぶ中、防戦に努める一方の教会の再建に、生命の最後の瞬間を燃焼させていたのだろうか。

3　ジョージ・リンドベックの「テクスト内的解釈学」

中世教理学者からポストリベラルの旗手に

「キリスト教徒になるとは、イスラエルとイエスの物語を読んで自己と世界を解釈することである」[39]――「テクスト内的神学」（intratextual theology）とも「テクスト内的解釈学」（intratextual hermeneutics）とも称されたリンドベックの神学方法は、フライと同じく、信仰共同体の内側で解読される聖書から出発する。

ただしフライと同じとは言っても、リンドベックはきわめて論争的である。議論の立て方もフライの理詰めに比べると少々荒っぽい。しかし聖書が語るイスラエルとイエス・キリストの物語こそがキリスト教西洋文明の将来を決定するという見方では、まったくフライと同意見である。リンドベックの強調点は、今日キリスト教の共同体に聖書の「語り」が復興されなければならないという一点にある。世界が聖書を読むのではなく、聖書によって世界が読み解かれるのだ。リンドベックは、そのために人は教会コミュニティを土台とする「聖書の古典的解釈方法」に立ち返るべきだと提唱した。(40)

ポストリベラル派の旗手ジョージ・A・リンドベックは一九二三年にルター派アメリカ人宣教師の子として中国で生まれた。中国、そして日本統治下の韓国で少年時代を過ごした後、大学教育を受けるために帰米した。これは今も変わらぬ宣教師子弟の習慣で、その点ではやがてリンドベックと激しく対立することになるプロセス神学者ジョン・カブと瓜二つの経歴である。第二次世界大戦のさなか、ルター派のキリスト教主義大学を卒業したリンドベックはイェール大学の神学大学院に進み、一九五五年に博士号を取得。博士論文のテーマは中世神学者「ドン・スコトゥスの哲学的神学における存在と本質」というきわめて硬派なものであった。彼は一九五二年にイェール大学の歴史神学の教員になってからはずっとそこで教鞭をとり、中世哲学と神学を講じて一九九三年に定年退職した。

一見穏やかなリンドベックの学者生活に大きな転機が訪れたのは一九六二年のことである。もし彼がこの年に、ヨハネス二三世が召集した第二バチカン公会議に中世キリスト教の専門家として招待されていなかったなら、おそらく彼は中世教理学者としてのみ知られる存在だったに違いない。だがルター派教会世界連盟を代表するオブザーバーとして公会議に参列したリンドベックは、カトリック神学の大胆な方向転換を眼のあたりにし、それ以降エキュメニカル運動やカトリックとの対話に熱心に関わるようになった。そしてエキュメニズムの論文をいくつか発表した後、瓢箪から駒のように生まれたのが、問題作『教理の本質』(一九八四年)であった。「宗教と宗教教理に関するポストリベラルの第三の道」と副題され、「リベラル以後」を展望するというこの神学的素描は、アメリカのキリスト教界に著者自身すら予想もしない大きな波紋を起こした。[41] リンドベックはこの一冊を契機に華麗な変身をとげ、一躍新時代の寵児と囃されるようになったのである。

もともとリンドベックの『教理の本質』の執筆動機は、キリスト教のエキュメニカルな対話、カトリックとプロテスタントの和解を目指すことに主眼があった。リンドベックが教理学者として考えていたのは、神論、キリスト論、教会論、救済論などをカトリックとプロテスタントの双方から共同的に俯瞰し、それを対話の糸口にすることだった。

リンドベックが当初、イェールの同僚フライに大きく影響されていたことはすでに触れた。フライは聖書を「物語」として読むことを提唱して注目を浴び始めていた。聖書の主題はナザレ人イエスとは誰かということにある。ベツレヘムの馬小屋に誕生し、ゴルゴタの丘で死を迎え、復活し、エマオへの道で使徒に現れたイエス。このイエスの生涯の「特異性」(uniqueness)を浮き彫りにしたのは「物語」という形式だった。キリスト教は物語を抜きにして論じることができない。リンドベックはこのフライの理解に倣って、聖書は「詩歌、預言者、律法、儀礼、知恵、神話、伝説、歴史」[42]というジャンルの違いはあっても、イエス・キリストを物語るという点では一貫していると主張した。

リンドベックによれば、神学は「正典としての聖書テクスト」そのものから始めねばならない。聖書は他に類のない驚嘆の世界を物語って、それを読む者を圧倒する。「聖書の内部に一歩でも踏み込めば、人はそこに綴られている以上に真実な世界がどこにもないことに気づく。聖書は世界全体を引き寄せ、人が求める真の生き方を明らかにし、現実を解釈する知恵を備えてくれる」[43]。われわれはまず聖書を開いて、そこから人間の現実を見なければならない。現実を見て、それに合わせて聖書を読むのではない、それでは順序があべこべだとリンドベックは主張したのである。

論争的な教理の三モデル

フライに刺激されたリンドベックが、最終的に聖書の読解の模範としたのはバルトとハンス・バルタザールの二人である。彼がバルトとバルタザールから受けた影響は大きく、宗教教理が何を目的とし、それが信仰共同体にどのように機能するかを論じた『教理の本質』にその影響が如実に表れた。この中で彼は、類型化という作業が引き起こす危険を承知の上であえて教理の機能を三つのタイプに分類してみせた。

それによれば、キリスト教にはまず、教理とは真理を言葉に表した言説であると見る（1）「認識・命題的」（cognitive-propositional）モデルがある。これは真理の正しい認識、言い換えると神の啓示を整然と言表することを教理の根本的役割とするタイプで、[44] 宗教の第一の務めを神の真理の伝授に見る類型である。つまり真理を伝えることこそ、教理のもっとも重大な役割だというのである。リンドベックによれば、この典型は宗教に知と客観的認識を求めたヨーロッパ・キリスト教の「古典的」教理であるが、しかし現代のポストモダン的状況ではこのタイプはすっかり古くさいものと考えられている。その理由はさまざまあるが、そのひとつに、こうした認知主義的立場は視野が狭く、教理を一〇〇パーセント正しいか一〇〇パーセント誤りかのどちらかとしてしまい、神、キリストという言語群とそれの神学化という第二言語（second order language）との区別をまるでしない、ということがあげられる。保守的な教会はここの区別をせず、教理を金科玉条にしてひとつの誤りもない真理そのものとみなすようになってしまった。これでは現代の人々に見限られるのも無理はない。

次に教理の機能として考えられるのは、（2）「経験・表現的」（experiential-expressive）モデルである。この典型は一九世紀のシュライアマハーの宗教解釈で、近代以後の神学、宗教学、宗教哲学に広く流布した。このモデルは教理を真理に関する「知や言説ではなく、内面感情と情動、それに実存的様相下の象徴」と捉えるもので、[45]このモデルが誕生したのはそれまで絶対的権威を誇っていたキリスト教が理性によって厳しく批判された啓蒙主義時代だった。この時代、キリスト教は唯一絶対の真理保持という、古代から中世にあった教会権威を失ってしまった。そこで神学者たちが採ったのは、信仰を人間の「主観」のこととして、個人の内面に集中するという方向だった。このときに神学はキリスト教世界の統治から退いて、人の内面の統制へと焦点を移した。つまり個人の魂の畏怖や敬虔感情、そして後にフロイトが発見する無意識の領域に宗教の新しい所在を求めて、ひたすら個の内面へと沈潜していったのである。その結果何が起こったか。近代以後のキリスト教教理は、人間の普遍的な宗教感情と経験の象徴化がおもな仕事になった。このタイプでは、人間の宗教経験が教理の土台であり、教義、象徴、神話、儀式などはこの宗教経験の言語化と受け取られるようになった。そうすると、宗教とは経験の仕方ではいろいろと異なるものの、すべて人間がアプリオリに持つ宗教経験を表すものと考えられる。言い換えると宗教は、どの文化、どの宗教だろうとみな同じで普遍的だということである。リンドベックは第一のモデルと同様、この普遍的な宗教経験に依拠するモデルも根本的に間違っている、思想や経験を媒介する文化、言語ということをまるで理解していない、と強く退けた。[46]

さて最後に登場するのは、（3）「文化・言語的」（cultural-linguistic）モデルで、これがリンドベック自身のポストリベラルの立場である。このモデルの前提になっているのは、言語や文化によらない事象はない、普遍的宗教経験というものはありえない、という認識である。人間は徹頭徹尾、社会・言語的存在であって、言語なくして経験はない。したがって第一の「認識・命題」論者の「普遍的理性」は存在しないし、第二の「経験・表現」論者の「共通した宗教経験」もありえない。あるのはただ人が歴史・文化的なコンテクストによって形成されるという事実である。「教理が果たすべき最大の機能は……（宗教経験や感情の）象徴化でも真理の言説化でもなく、信条、生活態度、行為に関わる共同体の権威的規則となることにある」。[47]教理は宗教経験を象徴化するのでも、客観的真理の定式化を行うのでもない。教理は言葉に例えるならイディオムであって、一定の条件下での用法がすでに決められた常套句のごときものである。文法に例えればそれは、話したり書いたりする時に従うべき修辞法、守るべき文法の教科書である。[48] リンドベックは、この第三のモデルこそ現代社会学、文化人類学や哲学の最新成果を駆使して、真にポストリベラル時代の神学を解き明かす鍵になると考えた。

リンドベックは、「宗教的である」ということはなにか神秘的な経験を持つことでも特定の教説を金科玉条のごとく信じることでもないという。むしろ「宗教的である」ということは、特定の信仰伝統にしっかりと根を下ろし、そこから人生の意味と価値を担うことである。宗教的になるとは、信仰の共同体がもつ物語を学び、「共同体の権威ある教え」（communally authoritative teaching）に従い、その読み手と同時に語り手になることである。

以上のことを「人ハ神ノ恩寵ニヨリテノミ救ワレル」というプロテスタントの有名な教理を例にとって解説してみるとこうなる。仮にある人がリンドベックの示した第一モデル、つまり教理を神の真理を表したものとみるモデルをとるならば、その人はこの文言を額面通りに受け取るに違いない。すなわち、そこには人間の救済に関する真理が事実として客観化されており、それを信じて疑わなければ救われる、と。次に人が第二のモデル、つまり教理を人間の宗教経験を表現するものと見れば、この人は教理を象徴的・経験的に捉えて、「救ワレル」とは超越的な大きな力（昔はそれを神と呼んだ）に圧倒される畏怖経験を持つことだと考えるかもしれない。つまりここでは教理が個人の内面的感情の表出とみなされている。そしてこれら二つに対して、第三の文化・言語的（あるいは規約的）モデルは、救済を教会コミュニティの規則という側面で理解する。すなわち、「人が救われるのは恩寵のみ」という教理は、救済について語る時には信仰者の共同体の規則として自分の徳を誇らず、ただ神に感謝を帰すべきことを教えている、と。ヴィトゲンシュタインの言語哲学、ギアツの人類学に多くを依拠しながら、リンドベックは、選択すべきはこの第三のモデルだと結論する。

宗教は人間経験ではない

だがリンドベックはなぜ教理を信仰共同体、もっと直截に言えば教会の「規則」として論じるようになったのだろうか。どうして教理は真理の言説化でも人間の宗教経験の象徴化でもないと強調するのだろうか。「二五年に及ぶエキュメルカルな経験と、教理の今昔を教える講義の中で次第に見えてきたのは、われわれには今起きている教理上の問題を正しく整理する範疇がないということだった。……教理は一般に思われているようには働いていない。われわれには教理の本質と働きについて新しい理解が必要だ」[49]。

リンドベックがルター派歴史神学者として長年エキュメニカル運動に携わってきたことはすでに述べた。そしてその渦中で彼の興味を引いたことがあった。それは、会議のためにキリスト教各派から牧師、信徒を集め、同じ円卓につかせて議論を始めるとき、各教派の教理や信条の違いはまるで問題にならない、という事実である。リンドベックは中世専門の学者としてこれについて考え込んでしまった。もし教理の役割が客観的真理の言説化にあるなら、ルター派の牧師とカトリックの神父は何を差し置いてもまず一六世紀の宗教改革における論点から始めなければならないはずだ。教会の宣教の使命であれ、教会一致の神学議論であれ、何を論じるにも、神の恩寵が信仰によって与えられるのかあるいは人徳、善行も積まねばならないのか、また教会が神の恩寵の制度なのか有限な罪人の集まりなのかをまず議論しなければならないだろう。ところが実際にはそんな議論はまるで起こらない。カトリックの神父とルター派、カルヴァン派の牧師たちはけんか腰になるどころか和気あいあいとやっている。それはお互いに教理などどうでもいいと考えているからではない。ただ一六世紀当時にキリスト教を二分した教理は、異なる時代と場においてその比重が異なる、ということである。とすれば、教理の第一の役割は永遠に絶対的な真理の明文化ではなく、もっと他のところにあるはずだ。

これがリンドベックの探究の始まりになった。そして考証を重ねる中で、やがて第一のモデル（「教理は絶対的真理の明文化」）より、いっそう深刻な矛盾を抱え込んだリベラルの第二のモデル（「経験・表現的」モデル）

に行き当たった。リベラル神学は、いかなる宗教も根は一緒と考える。カトリックだろうがプロテスタントだろうが仏教だろうがイスラム教だろうがみな人間の宗教経験に基づいたもので、教理はそうした普遍的宗教感情を言表している、と。だが本当にそうだろうか。それはとんでもない誤解なのではないか。「諸宗教の信者は同じ経験を個別に主題化したわけではない。彼らは違う経験をしている」。「仏教徒の慈悲、キリスト教徒の愛、それに擬似的な宗教現象としてフランス革命の博愛なども取り上げれば、それらは皆同じ人間の意識、感情、態度、情緒を表しているわけではない。それどころかそれらは自分、隣人、世界について根本的に異なった経験である」[50]。

リンドベックは、人間には言葉以前に経験はないと断言する。それと等しく、宗教言語より前に宗教経験は存在せず、物事は言葉に表されて初めて経験となる。ヘレン・ケラーや狼に育てられた少年の例を考えてみるがいい。これらの人々は「少なくとも、言語を習得しなければ人間としての思惟、行動、感情の能力を発揮できなかった」ことの例証である[51]。つまり人間は、言葉を知って初めて人間的感情に目覚める。狼の群れにいたとき、少年は吠えるだけの存在で、人間特有の高度な感情など持たなかった。ましてや宗教的畏怖や敬虔感情などはどこを探してもなかった。宗教の世界もこれと同じである。仏教徒は仏典を学んで初めて仏教の経験を得る。キリスト教徒には聖書、ムスリムにはクルアーンというおのおのの宗教経験を表す言語の枠組みがあって、それによってキリスト教の宗教経験、イスラム教の敬虔感情が生まれ出る。「イエス・キリストへの信仰によって救われる」という宗教経験は、「キリスト」「信仰」「救い」といったキリスト教独自の言説と概念を欠いては意味をなさない。言葉に言い表す前にすでに何か普遍的な経験や感情があるというのはナンセンスだ。仏教であれキリスト教であれ、宗教教理を同一の経験、同一の畏怖の表現と考えるのは誤りである。こうしてリンドベックは教理を真理の言説と見る命題主義者を退けるとともに、教理を人間の宗教感情の表現とした経験論者をも退けたのであった。

宗教は言語ゲームである

宗教は経験の産物ではない、「文化・言語的」モデルの範疇でこそ適切に解釈できる。リンドベックはこの持論を補強するために「範疇的妥当性」(categorical adequacy) というコンセプトを用いた。

それは、宗教とは言語のゲームであって教理も言語体系になぞらえうる、ということである。例えば人がある言語を学習しようとするとき、その言語が「正しいかどうか」はまず問わない。ある特定の民族言語がまるでおかしい、間違っているなどという荒唐無稽な議論はしない。英語は正しい言語だが、日本語やスペイン語は誤っているとは誰も言わない。しかし「ある種の言語が、長い尺度で測れば人類史を特に豊かにしているとは言える。……またある言語は、習熟すればするほど、狭い視野へと人を強いることがある」[52]。貧しいボキャブラリーしかない言語環境に育った人間は、現代科学の最先端の言説を理解することはできないだろう。量子力学の高度に専門的な言葉や概念がちりばめられた書物を手渡されても真偽を問うことすらできないだろう。それは専門的な語彙になじみがないから、というだけの問題ではない。貧しい言語文化には、高等物理学を理解して判断するだけの言語、概念、文法がそもそも欠けているのである。

宗教もこれと同じだ。原始的な宗教は、高度に発展した宗教の精緻な文法、用語、概念、教理を欠いており、人間の豊かな精神性、神秘への憧憬、超越者への畏怖を十分に言い表すことができない。だから宗教はどれも同じというわけではない。どんな宗教も人間の畏怖感情を表す点で等しいなどと主張するのは実に乱暴である。

ここにあるのはヴィトゲンシュタインの言語ゲーム理論の適用である。リンドベックはマッキンタイアの哲学、フライの神学から数々を学んだが、啓蒙的合理主義に異議を唱えたヴィトゲンシュタインからもひときわ強い影響を受けた。そのひとつが言語ゲーム理論の活用である。ヴィトゲンシュタインの言語ゲーム論にはいろいろな側面があるが、特にリンドベックが魅了されたのは、言葉はそれが属する文法システムによって意味が決定される、という考え方である。後期ヴィトゲンシュタインは言語を記号体系としてではなく、人間の日常的活動として捉えた。リンドベックが「教理はルールだ」と言うとき、そこにあるのは、ゲームをするときには「規則に従う」というヴィトゲンシュタインの理論である。[53]つまりどんな言語も従うべき規則があって、日本語を話そうとすれば人はまず日本語の文法をルールとして受け入れ、それに従って話さなければならない。それと同じく、キリスト教の信仰告白や教理というものは、それを維持する信仰共同体、つまり教会のルールに従うことに他ならない、と言うわけだ。ヴィトゲンシュタインの語法で言えば、教理はキリスト教徒の思惟、話し方、生活などの「ゲーム規則」である。

キリスト教徒になるとは、イスラエルとイエスの二つの物語を知って、そこから自身と世界の両方を解釈かつ経験することである。……結局、宗教とは自我と世界を形づくる外的言葉（verbum externum）である。[54]

さてそうは言うものの、リンドベックとて信条や信仰告白が普遍的真理としての権威を持つことを否定しはしない。また教理が豊かな宗教経験を表すということもむげに退けない。[55]しかし仮にそうだと認めても、なお教理の働きの根本はそこにあるのではない。教理の根本的な働きは信仰共同体に向けて信仰を維持し成長させる言語の枠組みとなることにある。信仰を持つ共同体が肝心なのだ。だから教理学者はいたずらに外の世界に向けてキリスト教の普遍性を弁じたり、共通な宗教経験を持つからと勘違いして、他宗教との対話に熱中したりしていてはいけない。今なすべきことは内側、つまり自身の共同体の信仰の「言葉」を磨き、信徒に訓練をほどこし、共同体のルールを教えること、それこそが教理の根本的な役割である。[56]

教会の「書物」としての聖書

聖書を読むに際してリンドベックが高く評価したのは、バルトとバルタザールの二人であることは先に述べた。リンドベックは、テクストとしての聖書は独自な「意味の領域」(domain of meaning)をもつと主張する。[57] 確かに聖書を歴史批評的にも神学的にもあれこれと解釈することは必要だし、しなければならない。聖書の言語や文法を吟味し、登場人物の行いや社会的背景や歴史を探り、物語の構造分析をほどこすことも許されていい。しかしだからと言って聖書とは直接関係しない外部の解釈に規範を求めて、それを主として聖書を読んではならない。聖書外の枠組みを使って無理やり聖書物語を抽象化するような真似をしてはならない。聖書という「テクストが世界を引き寄せるのであって、世界がテクストを引き寄せるのではない」。[58] とりわけ避けねばならないのは「普遍的な人間経験」という曖昧な範疇を解釈枠にすることである。

つまりリンドベックは「テクスト内解釈」、すなわち聖書の言葉に内在する意味そのものを吟味すべきだという。聖書本文から何か哲学や現象学的な意味を抽出したり、テクストの下に「隠れた意味」を探そうとしたりしてはいけないのである。[59]

こうしたことの狙いは、なによりもまず聖書を「教会の書物」とすることにある。それはリンドベックによれば、解釈の中立性や客観性を標榜しないでむしろ聖書全体に教会的視座をたてることである。イスラエルとイエス・キリストの二つの物語は、物語の語り手が他ならぬイスラエルの神自身であることを明らかにする。このイスラエルの神こそが、神の子イエスと聖霊を世に遣わして世界の救済を図られた。それゆえ聖書は教会的視点によって三位一体神論とキリスト論から読まれねばならない。リンドベックが推奨するのは歴史批評学ではなく神学的聖書読解である。聖書は教会の「古典的」方法で読まれるべき、言い換えれば聖書は「正典としても物語としても、内的に一貫した(聖書そのものが語り解釈する)言葉のまとまり」であって、それは「イエス・キリストを中心にした、三一なる神とその民の物語として」読まれるべきだ、と言うのである。[60]

聖書を「内的に一貫した」言葉として読み「聖書そのものに語らせる」ことは日常から人を引き離すことにはつながらない。いや実はその反対で、聖書から現実の生を探る解釈ヴィジョンを得させることになる。あるいはこうも言える。聖書そのものに語らせ解釈させるとは、「あらゆる存在をキリストを中心にした世界に包摂する」ことであり、(61) 人間の生と世界全体をキリスト教的ヴィジョンによって作り直すために聖書は語られねばならない。

こうしてリンドベックは、聖書自体がユニークな「意味の領域」を持っているのだから聖書は外からあれこれと説明されることを必要としないと主張する。聖書はそれだけで真理規範になるよう神学的に取り扱われるべきだ。何が正しくて何が誤りなのかは聖書とキリスト教の共同体、信条、行為によって判じられる。聖書の物語は、聖書の外の基準に照らして正しいかどうか決められるのではない。反対に創造、堕落、贖罪、救済の成就などの聖書の物語こそ世界を照らすキリスト教独自のヴィジョン、真理そのものなのだ。聖書の物語が生き生きと語られて成就する場、それはペンテコステからイエス・キリストの再臨に至るまで絶えず証言してきたキリスト者のコミュニティ、すなわち教会にある。

リンドベック／フライにおける解釈学の問題

実に堂々たる教会論であり聖書論である。このリンドベックの初期に影響を与えたのがハンス・フライだったことは先に触れた。そこで最後にフライに短く言及して、フライ、リンドベックのまとめにしよう。初期のフライは、教会の伝統である「現実的な語り」(realistic narratives) こそ聖書本来の読み方と論じてはばからなかった。この方法のヒントになったのは、有名なエーリッヒ・アウエルバッハの『ミメーシス』で、アウエルバッハは聖書を神話として象徴的に解釈して読むのは邪道だ、むしろ歴史文学のように登場人物の動きとそれが巻き起こす一連の出来事を追うべきだと述べた。人物や出来事を物語の本筋から切り離し、そこにどんな象徴があるかなどを論じるべきではない。物語の主人公を象徴の「影」として読んではならない。物語というものは主人公と脇役、事件と状況のダイナミックな全体でひとつの意味を形づくっているのだ、と。[62]

しかし、フライは後期になるにつれて、少しずつ論点をずらして、ますますリンドベックの共同体的視点に近づいた。それがはっきり出たのは「キリスト教伝統における聖書物語の『直解的読解』について」[63]と題する論文で、ここでは強調点が明らかに変化している。それまでのフライは、教会が伝統的に聖書の直解的読解をしてきたことを高く評価していた。そしてアウエルバッハや当時脚光を浴びていた文芸理論「新批評」(New Critics)を受け入れ、「テクストそのものに語らせよ」と論じていた。しかし後期になると、新しく登場した脱構築論や読者応答理論に刺激されて、テクストそのものが「正しい」解釈枠を持つという従来の立場から離れ、代わりに教会がいかに聖書を読むかという「解釈の共同体」論のほうに力点を移した。つまり、「正典の権威は、正典を保持する共同体にある」と論じたデイヴィッド・ケルゼイらの主張[64]に賛同し、教理の本質を共同体規則に見たリンドベックと足並みを揃えるようになった。フライにとっても、聖書テクストを教会がどう読むかということのほうが重要になったのである。こうしてフライは「語り」を正しく理解しようとするなら、ただ語られた言葉(言表)だけでなく、語る「行い」をも考慮すべきであるという文芸理論、物語的発話論にますます傾斜していった。八〇年代、晩年のフライが、ギアツの文化人類学、後期ヴィトゲンシュタインの言語哲学を論じたリンドベックの「文化・言語的」モデルに接近したのには、そうした事情があった。

もっともフライにすれば、「文化・言語的」モデルへの接近は別段リンドベックに引っ張られたからというわけではなく、アウエルバッハやライルを読んだごく自然な延長線上にあったと言えなくもない。初期のフライはイエス解釈にあたって、イエスが内面的に何を考えていたかではなく、イエスが外面的に何をしたかという役割のほうに注目した。イエスがどんな経験をしたかは聖書の中で間接的に述べられているにすぎないし、イエスの心情はテクストの中に反映も表現もされていない。だからイエスの心情はどうだったのかということの究明ではなく、聖書記者が外から書いたテクストがどう語るかが、フライにとっての聖書解釈の鍵だった。それが次第に、教会コミュニティの視点での解釈に移っていったわけである。

4　スタンリー・ハワーワスの冒険

『タイム』誌を飾ったポストリベラル倫理学者

ポストリベラル神学のグランドデザインを描いたのは、ここまで論じてきたフライとリンドベックだと最近まで考えられてきた。しかしフライは物故し、リンドベックもイェールを定年退職してから影が薄くなった。それに二人は神学の方法や教理の問題に多くの時間を費やして倫理や道徳上の意義といったことはほとんど発言しなかった。(65) デューク大学の教授でキリスト教倫理学者のスタンリー・ハワーワスが際立ったのはまさにこの点である。現代のキリスト教倫理学の中でも「もっとも影響力のある」「物語神学の提唱者」(66)と評判高いハワーワスは、当初こそリンドベックの影響下にあったものの、やがてそれを抜け出て独自な展開をとげ、ポストリベラル派の第一人者になった。(67)

教派的にはメソジストに属するハワーワスは一九四〇年に生まれ、イェール大学大学院で神学を学び始めたときは自分がリベラルな神学者になるとばかり思っていたらしい。(68) しかし学業を終えてインディアナ州のノートルダム大学で教鞭をとったのを皮切りに教歴を重ね、ノースカロライナ州のデューク大学から倫理学教授として招聘された頃にはすっかりバルト、ニーバー、フライ、リンドベックに深く共鳴する、(69) リベラリズム批判の急先鋒に変身をとげていた。

「私はリベラルを救おうとしているのではない。リベラルから教会を救おうとしているのだ」、(70) そう公言してはばからないハワーワスは一貫して、現在のアメリカの教会的危機を克服する道を探ろうとしてきた。彼によれば、アメリカ教会の危機の根底にあるのは聖書の個人主義的な読解がもたらした教会内における聖書の「沈黙」である。またそれによって生じたキリスト教伝統の喪失、信者の日々の信仰訓練の欠如である。そのように訴えるハワーワスは、当然のことながら教会関係者の間でも人気が高い。さらに、寡作だったフライやリンドベックとは比較にならないほど多作で、社会的な発言も多い。初期の『ヴィジョンと美徳――キリスト教倫理論集』(一九七四年)[71]から始まって、十戒を論じた『神についての真理』(一九九九年)[72]、ポストモダンを扱った『より良き希望』(二〇〇〇年)[73]、テロリズムとイラク戦争後を展望した『暴力的世界で平和に生きる』(二〇〇八年)[74]など、最近の執筆も含めれば、ゆうに二〇冊を越える著書がある。特にキリスト教の社会倫理を模索した『特質の共同体』(一九八一年)[75]はずいぶん評判をとった。そんなことから、二〇〇一年九月の『タイム』誌では「アメリカ最高の神学者」との称賛を浴びた。ハワーワスはこれに対して、「人間を最高とするのは神学的な言葉ではない」と謙遜したのだが。さていったいハワーワスのどこがそれほど魅力なのだろうか。

自由主義の行き過ぎを批判する

ハワーワスは、今日アメリカに限らず世界中でキリスト教倫理がリベラルの袋小路にはまっていると嘆く。つまりリンドベックの類型論で言えば、リベラルの「経験・表現的」モデルにキリスト教全体が転落しているというのである。リベラル神学はシュライアマハー以来、宗教を人間のアプリオリな宗教経験とみなし、キリスト教をそうした宗教感情の一表現としてきた。言い換えると、世界にはそれこそ無数の宗教があるが、それらはみな彼岸世界の畏怖、超越へのあこがれという点では人類共通の敬虔感情というわけだ。当然にも、この考えを推し進めていくと宗教はどれも同じで、キリスト教の特異性はなくなってしまう。

これではいけない、とハワーワスは憤る。キリスト教と他宗教は違う。キリスト教会という「特定の共同体のひとりとなって、キリスト教の信仰を得ることは、他の何にも代えがたいユニークなことである」[76]。キリスト教は他の宗教やイデオロギーに代替されうるようなものではなく、もちろんキリスト教の倫理も独自のものである。キリスト教は仏教、イスラム教、ヒューマニズムと違って、イエス・キリストへの信仰を土台に世界と個人の双方に挑戦する。この個別で特異なことをまずしっかり認識しなければいけない。

ハワーワスがそう声高に論じるのには理由がある。それは彼が現代アメリカの伝統の弛緩、道徳の低下に強い危機感を抱いているからである。

ハワーワスは、今日アメリカを風靡しているのは薄っぺらな自由放任の倫理、他人に迷惑をかけなければ何をしてもかまわないという誤った個人主義だと考えている。リベラリズムは個人に最大限の権利を認め、寛容、多様性、自由を近代市民の徳目として奨励する。だがそれでいいのか。そんな気ままな価値や風潮に沿って牧師が教会を運営し、信者の世界を放置したままでいいのか。

いや、そうではなかろう。キリスト教の教会とはどの神々でもない、まさしく聖書に証しされたイエス・キリストに服従するコミュニティである。教会は社交団体ではなく、キリスト教の特異な伝統のもとに結束する群れである。今日のアメリカ主流教会が混乱し衰退しているのはこの自覚に欠けたからだ。「社会を統合しようと焦るあまり、アメリカのキリスト教は安易に妥協し、キリスト教の物語をリベラリズムに売り渡してしまった」[77]。リベラルは教会における聖書の独自な価値を失わせ、キリスト教独自の倫理も自由、寛容、個人優先の論理にすり替えられ、すっかり貧しくなった。嘘だと思うなら、今のアメリカの家庭を見てみればいい。家庭の崩壊は目を覆うばかりで、浅薄なリベラリズムが家族の絆を失わせ、家族はもはや愛情と責任で結ばれていない。リベラリズムのおかげで家族は台無しになり、親の権威は失墜し、子どもは家庭を束縛としてしか考えない。教会道徳はそんな勝手な風潮に妥協していていいのか。いや、それに抗してキリスト教の美徳と価値を復興することこそ大切ではないのか、とハワーワスは言う。

ハワーワスはキリスト教が倫理も含め、相対主義の罠に陥ってしまったことを嘆く。現代アメリカの倫理学者はただ空疎な一般理論を講じるだけで、少しも「こうしなければならない」と言わない。多様な個人のあり方だの社会的多元性の尊重だのと心地よい言葉を投げかけるだけで、積極的に自らの立場を示さず、明確な道徳規準も打ち出さない。そんなことで家庭も社会も学校もまとめられるわけがない。今必要なのは自信を持って結束することだ。そのためにこそ聖書とキリスト教、とりわけ教会伝統の強化が必要だ。

物語の神学者として

ハワーワスは、リンドベックやフライと主張はほぼ同じくしながら近年ずばぬけて人気を博し、ポストリベラル派のひとりというよりも、「物語の神学者」として知られるようになっている。ハワーワスは、物語の形式こそが人間をもっとも生き生きと描く仕方だと考える。人はいつの時代でも物語を語ることで現実を理解してきた。[78] フライが「語り」（narrative）というところを、ハワーワスは「物語」（story）という用語を使う。しかし両者の主張するところはほぼ同じで、二人は人間を本来的に「語る」存在として捉えている。[79] ただし、ハワーワスの興味はフライのように物語理論にあるのではなく、むしろキリスト教の物語を人々の生に根付かせるという、理論より実践上の事柄にある。[80] ハワーワスは神学者というより倫理学者なのだ。

では倫理学者たるハワーワスが「物語」に惹かれる理由はどこにあるのか。「物語」を語ることでキリスト教倫理に何がもたらされるというのだろうか。[81]

ハワーワスが現代アメリカ社会の「道徳的混乱」は、しっかりしたキリスト教の価値や基準が教えられていないためだ、と考えたことはすでに述べた。リベラルはいたずらに抽象的な倫理命題を説いている。ここに倫理の危機がある。ああでもある、こうでもあると解説されるだけで、誰もはっきり責任を持ってこうすべきだとは言わない。しかし抽象的にいろいろと命題を述べたてられるだけでは人は道徳的に動かない。たとえ頭で理解したとしても心がそれについていかない。抽象命題よりもっと効果的に倫理を教える手段がある。それは物語である。[82]物語は概念ではなく豊かなイメージでもって人間としての規範、人間の理想を鮮やかかつ豊かに示してくれる。物語は人間の具体的な生を例にして、人にどのような人間になるべきかを理解させ、道徳の重要性を教える。むずかしい原理の講釈ではなく、人のさまざまな生を示して心を揺さぶる。[83]例えばキリスト教には、誰かから助けを求められたときは損得を離れて力を貸すべしという隣人愛の教えがある。これを示すためには抽象的な道徳原理や命題をあれこれと論じるより、ずばり聖書のサマリア人の物語を語る方がどれほど効果的だろうか。ハワーワスが物語でもってキリスト教倫理を説こうとする最大の理由がここにある。

ハワーワスが物語に着目するもうひとつの理由は、物語が共同体の形成に役立つという点である。彼はマッキンタイアの哲学に依拠して、いかなる国家や民族、村や町のコミュニティにもそれぞれ固有な物語があることに着目した。マッキンタイアはそもそも倫理や道徳にはコンテクストが必要で、共同体固有の伝統、価値を反映させなければそれは力あるものにはならないと論じていた。そして「徳」（virtue）の伝統的概念を復興させ、普遍抽象的な愛を論じる「啓蒙主義の企て」に痛烈な批判を加えていた。

ハワーワスはこのマッキンタイアに倣って、こう主張した。人々は物語を語ることでひとつに団結する。人と人は物語を共有することで結びつく。人間は太古の昔から物語によって結ばれ暮らしてきた。ところが現代の自由主義は共同体の物語を捨て去って、紐帯ある共同体から自由になることしか説こうとしなかった。地域社会の物語と伝統的な習慣を一切無視して、一般理性を基準に、そこから倫理を説いた。だがリベラルが説くのは、伝統は束縛以外の何ものでもなく古い共同体の因襲を打破することこそ自由への一歩だ、もっと広い世界を視野に入れて万人に通用する倫理を実践せよ、といったスローガンにすぎない。その結果何が起こったか。共同体の結束は崩れ、人々を結びつけた温かな紐帯は失われた。「リベラリズムが教えたのは、物語はないという物語である」。[84]もちろん自由主義にも利点はある。それは認めるにやぶさかでない。しかし自由主義は大きな思い違いをしでかした。人は伝統に立脚してこそ、思慮深い決断と正しい道徳的選択ができる。人はまず共同体の物語に耳を傾け、そうした物語の中に先人の徳と規範を学び取り、自身の物語を紡ぐ土台にするものだ。これをリベラルは忘れ去っている、と。

かくしてハワーワスは、宗教言語が信仰者の経験に先立つと論じたリンドベックに似て、物語、とりわけ聖書の物語が現代人の道徳的な生き方に先行する、その逆ではないと主張した。

「教会の社会的な責任とは、まずもって世俗とは異なる言葉を持つ共同体になること」であって、教会の社会倫理は「行政政策に注文をつける声明作りに血道をあげることではない」。教会の力量は「なによりもまず、自由主義が席巻する現代社会のただ中で、それに異を唱える人々を支えることができるかどうか」にかかっている。(85) 教会にとって重要なのは「聖書の神の語りを聴く力を持つコミュニティとなる」ことである。言い換えれば、キリスト教倫理が自由主義者のごとくヒューマニズムに寄りかかるのではなく、明確なキリスト教的「美徳」(virtue) と「ヴィジョン」を持つこと、そして聖書「物語」を教会コミュニティの中で維持していくこと、これである。なぜなら物語という形式こそ神がご自身で啓示される際に選ばれた方法であり、神は物語を通して真理をわれわれに教えられるからだ。われわれが聖書を読むのは、こうした神の物語を通してキリストに従って生きることを学ぶためである。ハワーワスにとって倫理とは、哲学の普遍命題によってではなく、あくまでキリスト教固有の信仰の省察によってもたらされるものなのである。(86)

ハワーワスの人気高さ

最近〔一九九九年〕日本にも招聘されて精力的に講演をこなしたハワーワスは、アメリカだけでなくヨーロッパ、特にイギリスではかなり前からポピュラーな存在だった。その理由は欧州一般、とりわけイギリスに顕著な世俗化の進行である。

イギリスには第二次大戦後、旧植民地から多くの移民が流入して、社会の文化の多元化が進み、世俗化も急速に進行した。大都市ではイスラム教のモスクが林立する一方、キリスト教の教会に通う人口は年々減少し、教会関係者の間に深刻な危機意識が広まった。統計上では、このまま世俗化が進めばイギリスのメソジスト教会は二一世紀の前半に消滅し、磐石を誇るスコットランド長老教会でさえ二〇四七年には会員数がゼロになると言われている。[87] 教会員数は問題ではない、量より質だと強がりを言っても、それで納得する者は少なく、イギリスの制度的なキリスト教会が深刻な事態に直面しているのは誰の眼にも明らかだった。

そんなとき、教会の宣教目標はいたずらに世俗主義に迎合して宗教多元主義を推進することではない、あくまでキリスト教の物語にこだわってそこからキリスト教文化と道徳の再建を目指すことだ、そう力強く語るハワーワスは非常に魅力的だった。彼の言説は移民問題や犯罪増加に頭を悩ませる都市中産階級の教会員だけでなく、イギリス文化の衰退に危機感を抱く保守層、移民と競合する都市の下層労働者階級にも歓迎された。キリスト教を土台にイギリス文化の復興を唱える「福音とわれらの文化」運動はもとより、[88] ハワーワスへの支持はイギリス国教会にも拡大した。Ｖ・Ａ・ディマントをはじめ若手の聖職者らは、倫理学のロナルド・プレストンや主教ジョン・ハブグッドらがいまだに「大きな物語」を説いているのに飽いて、ハワーワスに大きな魅力を感じるようになった。[89]

イギリスの八〇年代は、社会に広がる経済危機と世俗化の進行とによってアメリカと同じように社会派よりも福音派、リベラルよりも保守的キリスト教が伸張した時代である。

イギリスは戦後しばらくの間、ケインズ的な混合経済政策でもって市場資本主義の周期的不況を抑え、失業問題へ取り組み、企業倒産の抑制、政府による社会保障の充実などを積極的に打ち出して社会不安の解消を図った。日本の社会科教科書にも登場した、いわゆる「ゆりかごから墓場まで」の社会福祉政策がそれなりの成功を収めていたのである。ところが七〇年代も後半になると、イギリス社会はもろに不況の波をかぶり、八〇年代初頭では景気の悪化と失業者の増大という負のスパイラルに陥った。加えてアメリカとソヴィエトとの軍拡競争に端を発した、イギリス国内へのミサイルの新規配備など、核戦争の脅威が国民に大きな不安を与えた。とりわけ青年層の間では高い失業率への不満と徴兵制への反発が一気に高まり、それとともに犯罪の増加、薬物乱用など、社会モラルの低下が顕著になった。

そんなとき人々の目には、戦後を主導してきたリベラルの鷹揚なキリスト教倫理はまったく無力に映った。かつてウィリアム・テンプル、ジョン・ベイリーといったキリスト教倫理学の大御所たちが唱えたのは、教会が市民社会を指導しつつ道徳的にも「国民全体をキリストへ導くこと」だった。しかし今やイギリス社会は多元化・多民族化し、そうした一元的枠組みで論じることができなくなった。経済不況、公害、環境の悪化、移民問題、人種差別など、従来のイギリスのキリスト教倫理では考えることのなかった無数の課題が浮上した。これに対しリベラルは世俗化の神学に倣って非宗教社会の中に「神の現前」を見て、積極的な「社会問題」への取り組みを提唱したものの、時が経つにつれ人々の心はすっかり倦んでいた。

そんなときに登場したのがハワーワスである。保守的な教会、福音派の人々は、社会問題や多元主義ではなく、むしろ教会のアイデンティティを「旅する神の民」とする彼の主張に諸手を挙げて賛同した。教会のなすべきことはキリスト教共同体への帰属意識を高めることであって、移民の人権や貧困問題、社会保障の整備にあるのではない。こうして九〇年代までには、第二次世界大戦終結以来イギリスの教会にあった社会倫理上のコンセンサスはあとかたもなく消え去ってしまった。

かつてイギリスでは産業革命時代、急速に都市化が進んだ時に大きな宗教復興運動が起こり、福音的キリスト教が多くの大衆の心をつかんだ。そしてそのことが結果的に、社会的階級対立を和らげ、社会の変化に人々を順応させる効果を持った。しかし二一世紀初頭、イギリスの宗教生活は世俗化の進行によって先細りしており、かつてのような大規模な宗教復興は望めない。それでも福音派教会は社会的紐帯の回復の働きを担って一定の成功を収めている。もっともラインホールド・ニーバーやウィリアム・テンプルと活躍したキリスト教倫理学の大御所、先にも言及したロナルド・プレストンによれば、イギリスの福音派はいちおう多元主義を口にはするものの、内実は教会内だけに関わる分離主義と反ヒューマニズムの色彩を強め、ますます現代に背を向けていると言う。[90]「信仰は単なるヒューマニズムではない」「社会活動派のキリスト教はヒューマニズムに堕した」と言う保守福音派のヒューマニズム批判は、西洋ヒューマニズムの根源にキリスト教的原理があることを無視している。共生が求められている現代の多元主義社会では、ハワーワス流の考え方はかえって排外主義の危険の方が大きい、そうプレストンは警告するのだ。[91]

5　ポストリベラル——現在の争点と問題

キリスト教「近代以後」への処方箋

以上、フライ、リンドベック、ハワーワスという三人のポストリベラル神学者の言説を概観してきた。もちろんこの他にもポストリベラル派は大勢いて、主張や方法にはかなりの幅があり、けっして一枚岩ではない。リンドベックとハワーワスの間でさえ批判の応酬があったし、フライにいたってはそもそもポストリベラルの範疇で括られるのを嫌っていた。

とはいえ、やはりポストリベラル神学には全体として一定の共通理解がある。共通した項目を挙げるとすれば、まず（1）キリスト教の交換不可能性、言い換えるとキリスト教はイエス・キリストの物語を中心にしたものであり、他のいかなる物語とも交換できないというキリスト教の独自性の提唱がある。次に（2）テクストとしての聖書の強調が挙げられる。すなわちポストリベラル神学者が現代の文芸諸理論の適用に熱心なのは、聖書物語の言語や文法、構造の特異性を際立たせ、聖書の語りのユニークさを強調したいがためである。さらに（3）聖書の読解にあたっては教会コミュニティの解釈を最優先することも挙げられる。ポストリベラルが目指すのは聖書で育つ礼拝共同体である。もっと言えば、キリスト教は共同体の物語であって、個人の宗教感情の表現の場ではない。聖書の学びは単に客観的な歴史知識の集積や本文批評を目指すのではなく、聖書をどう読めばそれが日常的な教会コミュニティの力になるのか、そこに関心の中心がある。特にハワーワスは現代アメリカが抱える「袋小路」を突破する試みにあたり、キリスト教の「特質」（character）を持つ信仰者の共同体形成を解決の道とする。最後に（4）バルト神学の再評価もポストリベラル派に共通した大事な点である。フライは『聖書的語りの侵蝕』で、近代以後の聖書解釈史を独自に分析し、その結果としてバルトに多くの共感を覚えた。またリンドベックもエキュメニカル神学の経験、中世神学者トマス・アクィナスの読み直しによって、教会伝統の回復という視点からバルトに積極的な評価を与えている。

さて冒頭で紹介したように、ポストリベラル神学には当初から強い反発があったが、それはどのような批判だったのだろうか。そしてそうした批判はどこまで妥当しているだろうか。批判はポストリベラル神学の欠陥を正しく突いているのか。それとも批判者の誤解なのか。ポストリベラル派内の不一致とは何か。最後にこうした諸点について言及してみる。

キリスト教内だけの「真理」でいいのか

ポストリベラル神学の評価の中でもっとも熱い論争を起こしたのは、やはりと言うべきか、リンドベックの類型論をめぐってである。リンドベックは、教理を真理の言説化とした「定理型」モデルを退け、それに代わるものとして、教理はコミュニティ（教会）の規則であるとの「文化・言語的」モデルを提案した。[92] これに対する反発と批判は、真理の妥当性をめぐってのものだった。つまりキリスト教の真理は、教会という特定の共同体の内側に通用すればそれで満足なのか、教会だけで物語るということでいいのか、教会の外の世界と真理性を争わないのは、自ら敗北を認めることではないのか、という批判である。

繰り返せば、リンドベックは「定式命題論者」（propositionalists）、つまり教理を絶対的真理の言説とする立場を批判した。そしてそれに代えて「規約的」（regulative）モデルを提唱し、教理は共同体内部の信仰的ルールであると論じた。とすると、教理をはじめキリスト教の神学というものはキリスト教信者だけに通用する身内の言葉や規則を述べたてているのか、聖書の福音は客観的真理ではないのか、という疑問が出てくるのは当然である。キリスト教正統主義、特に改革派や福音派の保守神学者はそこを突いた。これではキリスト教の「客観的な神真理」の前提が素通りにされる、いや教理の「第一級の真理性」（first-order truth claim）さえないがしろになってしまう、と。[93]

リンドベックの真の敵はリベラルであって、プロテスタント正統主義や新正統主義ではないから、この点ではお茶を濁さざるをえない。そこでトマス・アクィナスの神学における「つつましい認識」論を援用して、真理の客観性については明確な断言を避ける手に出た。つまり排他的に福音の真理性を主張する新正統主義、伝統的キリスト教に対しては、あえてこれと争わないという戦術をとった。リンドベックが『教理の本質』において提案したのは、われわれ人間はトマス・アクィナスに倣って、神の真理については謙虚で「つつましい認識」にとどまろうということだった。人には神を語り尽くすことはできない。よしんば語りえたとしても、それは神のほんのわずかな部分についてであり、その言葉も誤りを犯している可能性がある。そんなことを考え始めればきりがない。われわれは教会が告白する神の信条定式を守り、それを真理として生きることで満足すべきだ、それで十分ではないか、と。

フライもこの点ではリンドベックに近いが、それでもリンドベックのようには割り切れない。そもそもイエスが復活したか否かを客観的に論じうる歴史資料がない、だから復活については「つつましい認識」に満足して、復活を信じる人々の間で真理として受けとめられればそれでいい、とは言い切れない。「福音書が述べることのうちで、ある種の出来事については真実だったのではないか、と問いかけたい誘惑を禁じえない」。彼はすべてではないにしても、復活の出来事のようにキリスト教の核になる部分については歴史や一般理性と真理性を争う余地を残そうとした。(94)

この問題に関してはハワーワス、デイヴィッド・ケルゼイ、チャールズ・ウッドらが、フライならまだしも、リンドベックの「つつましい認識」には大いに不満であると一斉に声をあげた。とりわけハワーワスは、キリスト教はただ信仰共同体に通用すればいい、とするだけでは問題は収まらないとリンドベックを批判した。信仰共同体を出たところではキリスト教は歴史的にも存在論的にも真理性を主張できないのか、それはヴィトゲンシュタインの言語論の偏った読み方ではないかと疑問を投げかけたのである。(95)

ハワーワスが指摘するように、確かにリンドベックの類型論には看過できない問題が残っている。保守福音系の神学者クラーク・ピンノックは、リンドベックの三類型を互いに排除し合うカテゴリーとしないで、教理は真理の客観性も内面の宗教経験も、そして教会内の規則もすべてを表すものとすればいいではないかと提案する。(96)しかしそれではリンドベックの斬新さがなくなって、角をためて牛を殺すようなものである。いずれにせよポストリベラル神学はこのキリスト教の真理性の問題については、なお立場を明確にする責務がある。(97)

だが教会の読みだけで十分か?

ポストリベラル神学の強みはなんと言ってもキリスト教に信仰共同体の言語や規則が重要なことを改めて認識させた点にある。特に教会というコミュニティの大切さを、言語学、社会学の最新理論を援用しながら神学の関心事にしたことの意義は大きい。主語は明確に、というのが文法の大原則である。その大原則に従えば、ポストリベラル文法の主語は信仰共同体、すなわち教会である。

ポストリベラル神学者が、現代のキリスト教は共同体としての教会の言葉を深める基礎作業を怠っていると考えていることはすでに述べた。六〇年代中盤以降、リベラリズムの風潮に押されてアメリカの主流教会は平和だの人惟だのとそればかりにかまけ、足下の教会の信仰や訓練をおろそかにしてしまった。大学の宗教学の講座にしても、内容はキリスト教や聖書を規範とせず、人間一般の宗教体験、諸宗教の比較や新宗教現象の解説や分析に終始している。だがキリスト教が本当に力となるのは、信仰共同体の徹底した訓練と、そこで読まれるテクストの伝統的読解によってである。リベラル神学は個性の尊重や共生社会、価値観の多様性、諸宗教との対話と心地よい言葉を投げるだけで、少しも聖書的な建徳、道徳的指針を教えない。そんなことで教会も家庭も社会もまとまるわけがない。いま必要なのは自信をもってひとつに結束することだ。そのために聖書と教会の伝統の強化が必要だ。聖書を信仰共同体のニーズに従って読み、教会のキリスト教的美徳を復興する――細かな議論を抜きにすれば、これがフライ、リンドベック、ハワーワスが示すポストリベラル神学、すなわち「自由神学以後」のキリスト教の処方箋である。

当然のことながら、ポストリベラル神学あるいは「物語の神学」は教会人にとって大いに魅力的である。その聖書重視と伝統尊重のパラダイムは、多くの牧師や信徒に説得的に映るに違いない。それに、教会という信仰の場を改めて認識させてくれるし、聖書を神学的に読むことでも勇気づけてくれる。特に聖書の歴史批評学や文献批判が教会と離れた場で行われ、そうした客観的・中立的な「学問的」読解に牧師も信徒も引きずられて、「聖書が沈黙させられている」（フライ）とすれば、これほど教会にとって不幸なことはない。

しかし問題は、教会が聖書を誤読するとき、それを正す視点をどこから得るかということである。ポストリベラルは教会の外ではなく「内の必要」に徹して聖書を読むべきだと主張した。しかし教会が読み方を誤らないとはかぎらない。いやそれどころか、教会が聖書を読みたいように読み、神学も教会内の課題に専念するとき、狭窄になって道を誤るケースは数限りない。

欧米キリスト教圏の長い奴隷制度史を挙げるまでもなく、ごく最近まで南アフリカの改革派教会は、白人教会の「必要」に従ってアパルトヘイトを聖書的にも教会伝統的にも正しいと論じて頑として自説を曲げなかった。

カトリック教会は今でも伝統の名のもとに女性を聖職者に任ぜず、多くの福音派教会も聖書を根拠にして女性に服従を奨励する。加えて同性愛者に対する偏見と差別を、聖書を理由に強化する教会人もあまたいる。キリスト教西洋の奴隷制廃止も、今日の教会女性の解放も、また同性愛者への差別の是正も、残念なことに教会内の自浄努力ではなく、教会外からの厳しい批判によってなされてきた。

教会の伝道を「権威の館」（ファーレイ）にすればそれで一件落着というわけにはいかない。必要なのは聖書の釈義も伝統も批判的に捉え直すことである。とりわけ都市の知的中産階層という限られた社会層を基盤にする日本の教会のような場合、批判的視点はいったいどうすれば確保されるのだろう。教会内の読みに徹するポストリベラル神学の「教会中心主義」を採ったとき、小ブルジョア市民的でない聖書釈義や教会伝統の反省的捉え直しはどうすれば可能になるというのだろうか。

物語の複数解釈を許すべきではないのか

現代の聖書批評学は、フェミニスト解釈学、文学社会学、脱構築理論などによって、聖書には実に多彩な物語がある事実を改めて浮き彫りにした。そして、聖書には数多くの物語があるだけでなく、しばしば物語が相反することも白日のもとにさらけ出した。

ポストモダンの文芸批評はかなり早い時期から、物語が終始一貫したロジックで構成されるという主張には深い疑惑を抱いてきた。そして物語がどんなに多層的・多次元的であるかを明らかにし、ひとつの主題では括ることができないことを論じてきた。最近ではさらに一歩進んで、ポストモダン批評の初期に一世を風靡した、客観的で「リアリスティックな小説」作法さえ疑わしいとされるようになった。フライをはじめとしたポストリベラル神学者の多くは、現代文芸批評を自説の拠り所にしてきた。特にリンドベックは、現代文芸理論を「物語の語り口と用法を教える文法」と高く評価した。[98] しかし、それが今疑われているのである。

ポストリベラル神学の眼目は、このポストモダンの時代にどこにでも通用する普遍合理性がない以上、特定の共同体の物語に集中して、それを大切にすべきだと論じる点にあった。それがポストリベラル神学のポストモダンたるゆえんだった。ところが本家本元のポストモダンの理論家たちが、物語はひとつの解釈によらない、解釈はいろいろあるし、むしろそうしなければならないと論じ始めたのである。聖書は「教会の書物」として統括的に読まれるべきだというポストリベラル神学者の主張を聞いたなら、はたして本家本元の彼らは何と言うだろうか。少なくとも大きな疑問符をつけるだろう。聖書の多元的解釈を提唱する修正神学者トレーシーは、ポストリベラルの主張を批判して、端的にこう述べている。

> 言語研究における構造主義とポスト構造主義の最近の研究動向は……言語の解釈分析で台無しにされた統一を、言語の体系的読解で回復できると構造主義者が主張していたことが幻想でしかないことを暴露している。[99]

つまりトレーシーは、解釈に幅を持たせて異なった方法と異なった接近方法を聖書に加えるのは当然だと論じるのである。

また聖書を「教会の書物」と限定することは、「無／神学」の提唱者マーク・テイラーによっても、ポストモダンの脱構築の観点から激しく批判されている。テイラーからすれば、聖書であれ何であれ、ひとつの書物に特権的な「正典的」地位を独占させることはデリダが批判する「ロゴス中心主義」（logocentrism）そのものを生み出し、「閉じた自己完結性」に陥って必ずや他に対して抑圧的になる。無／神学はそれを極力避けるためにこそ漂流し脱構築を唱えて、「宗教的構想力の新たな地平」を拓こうと努力してきた。[100] それなのにポストリベラル神学者らは時代に逆行して、聖書を教会の書物として人々の手から奪い、あまつさえ「規範、正典にすることで規制しようとする」権威主義をキリスト教に復興させようとしている。こうした「規則」(regula)は聖書の福音そのものを抹殺し、キリスト教を組織と制度、信仰告白、伝統の墨守の宗教にして抑圧的になるに違いない[101]。

ハンス・フライに師事して研鑽を積んだ日系三世の神学者デイヴィッド・カミツカは、ポストリベラルと修正神学の双方を批判的に検証した著作の中で、無／神学には賛同しないものの、こうしたテイラーの指摘をむげに退けることはできないと述べている[102]。もちろんテイラーの脱構築神学によるポストリベラル批判は、神学的にも信仰的にもすべて生産的というわけではない。しかし問題はポストリベラル神学が、本音のところどこまで物語解釈の多様性を許容するのか、その点がどうも曖昧なことである。「教会の物語」という領域に、いったいどの程度まで本気で複数の解釈、傍系の主張、教派の違う共同体の解釈などを認めようとしているのだろう。例えば、日本のように教会外に数多くの物語が豊かにあるところで、キリスト教に関係ない人々や他宗教の物語はどこまで許容されうるのか。ポストリベラル神学の物語解釈は方法論を示すだけではなく、こうした問題について納得できる形で実際的な提言を示さなければならない。

ポストリベラルは排他的セクト主義か

この問題と密接に関連するのが、ポストリベラル神学は狭い「セクト主義」ではないかとの批判である。ハワーワスが、キリスト教では傍系とされるメノナイト派の倫理学者ジョン・ハワード・ヨーダーから、多くを学んできた事実はよく知られているし、ハワーワス自身もそのことを隠さない。ヨーダーに刺激されたハワーワスは、ウィリアム・ウィリモンと『旅する神の民』を書いて、今日のアメリカではキリスト教はかつてのような社会統合の力を失ってしまったと苦言した。その理由は世俗的価値に迎合したリベラリズムの風潮に教会が染まったことにある。しかし、これは教会が本来の姿を取りもどすには良い機会かもしれないと彼は言う。かつてリンドベックは教会が「閉じた集団となって……世とは一線を画した信仰を維持することが必要」[103]と論じて、一種の「社会セクト主義」[104]を提唱したことがあった。ハワーワスもほぼそれに同調し、教会の責任はまずもって教会そのものにあって社会にあるのではない、と公言する。[105]

これに対してポストリベラルの批判者たちは、それは教会の社会的責任の放棄、世から逃避する宗教セクト主義ではないかと猛烈に反発した。それでは教会がもはや公的な世界にまったく声をあげることのない密儀宗教になるではないか、と。[106]

その批判の急先鋒に立ったのがトレーシーである。彼はポストリベラル神学が排外主義、党派主義、信条主義に転落したと手厳しかった。特にリンドベックには辛辣で、彼は公の場に出ることを放棄し、相互に意見を戦わせることすら断念していると叩いた。リンドベックとトレーシーとでは方法論からして犬猿の仲だから、こうした批判は当然予想されるところではあった。しかし最近では、このような批判はリベラル修正神学者やその同調者に限られなくなった。ポストリベラル神学は世界の多元化に逆行して、キリスト教の弁証にまるで無関心、いや多宗教や世界と対話することとさえ反対していると見られるようになった。例えばごく最近、リチャード・リンツはトレーシーとリンドベックを対比的に論じ、トレーシーが「一般に認知されうる規範」でもってキリスト教を弁じようとしているのに、リンドベックの方ではその必要をまるで認めない、これでは対話の糸口すらないではないか、と噛みついた。[107]リンドベックに限らず、ポストリベラル神学者は教会の土俵から一歩も離れず、「自身の主張を一般世界に向けて納得いくように説明する」ことを一切捨てた、これではあまりに無責任ではないかとリンツはいたく辛口である。

ハワーワスは、リンドベックと少し趣を異にして、このセクト主義ではないかという批判に対して、それは誤解だと繰り返し弁明する。[108]またハワーワスに同情的な人々も、非難は性急すぎると論じ、キリスト教平和主義者、社会主義者、初期クエーカーは自身の信条に固執することでかえって社会に貢献したではないかと反駁した。確かにウェーバーの類型論で言えば「セクト」型のキリスト教がときには主流プロテスタント教会以上に、非暴力運動、非戦、奴隷制廃止などに関わって「世の光」「知の塩」になった歴史的事実は争えない。

だがアメリカはハワーワスが言うような、キリスト者が「異邦人」少数者になった社会ではまるでないのではないか。キリスト教が人々に理解してもらえず、まるで宇宙人の言葉のようになったなどとは言えない現実がある。近年のワールド・トレード・センターのテロ事件後のアメリカ国民の反応が示すように、大統領も市民も広く、アメリカの国家と社会の要はキリスト教だと信じて疑わない。それゆえむしろ必要なのは、自分たちはエイリアンになったなどと手を引かず「非党派的」でありつつ社会的責任をアメリカという共同体で果たすことではないのか。

その他、ポストリベラル神学には数々の批判や疑問が寄せられている。ポストリベラル神学は、そもそもプロテスタント保守福音派、正統主義や新正統主義の神学とどこが違うのか。何をもって「リベラル」と定義し、それをどう「克服した」（あるいは「それ以後《ポスト》」）と論じるのか、それがよくわからないという批判もある。[109] 確かにキリスト教の特異性、教会コミュニティの特質の強調は多くの牧師や神学者にとって好ましいもので、それなりの需要もあるだろう。キリスト教信仰と世界とを区別し、われわれは世俗に埋没しない、特別な美徳をもっていると立場を鮮明に際立たせるのは魅力的なやり方だ。だがそれではポストリベラルは従来の正統主義とどう違うのか。もしイエス・キリストの歴史的出来事が普遍的な救済を意味するというならば、それは正統主義であろう。バルトはその点で率直だった。他方、もしそうではなくキリスト教の優越性、絶対性を唱えないというのなら、福音的保守はそれはポストリベラルでも何でもない、リベラルの亜種にすぎないと一蹴するに違いないのである。

6　終わりに――ポストリベラル神学の可能性

しっかりしたキリスト教のアイデンティティが大切だ、共同体への帰属心を高めることが肝要だ、そう論じて大きく右旋回したポストリベラル神学。それがこれほどまでに波紋を広げたのは、現代アメリカのキリスト教、とりわけ主流教会がどこに進むべきか、その羅針盤を見失ってしまったという思いが広く共有されていたからだ。六〇年代後半のリベラルあるいはラディカリズムの風潮だけに責任を負わせることはできないものの、リンドベックやフライ、ハワーワスはそれが病根だと捉えて、ポストリベラルすなわち「リベラル以後」のキリスト教を試みた。今、規範的なキリスト教の教理と信仰告白はないがしろにされ、信徒の倫理全体が危機に陥っている。ポストリベラル神学者にしてみれば、問題は単に信仰の危機だけではなく、どこに真のキリスト教的「文法」をおけばいいのか、といったことでもあった。そしてその結果、彼らが結論として得たのがバルトの再評価であり、イスラエルとイエス・キリストの「密度の濃い」聖書物語の強調、教会伝統によって解釈する神の啓示物語への復帰ということだった。

現在、ポストリベラル神学は第二世代に入りつつある。フライは一九八八年に急死し、リンドベックも一九九三年にイェール大学を定年退職して第一線から退いた。ダンナーのような他の有力なポストリベラル第一世代も去りつつあるし、イェールそのものがすでにポストリベラル神学の中心でなくなって久しい。そんな中ハワーワスは相変わらず元気で、ポストリベラルでもっとも知名度の高い神学者になっているものの、第二世代の時代は確実にやってきている。

日本ではポストリベラルの教科書とも言うべきリンドベックの『教理の本質』がようやく最近になって翻訳・出版された。しかし八〇年代にもっとも影響力のあったフライの『イエス・キリストの同一性』『聖書的語りの侵蝕』の二冊はついに邦訳されることがなく、わずかに論文の形をとった間接的な紹介によって一部の研究者の間でその名が知られているにすぎない。

日本にはポストリベラル神学の受容に関して、考慮に入れるべき日本なりの事情が多々ある。そのひとつはキリスト教の弁証の問題である。ポストリベラル神学は世俗化や多元化によってキリスト教のアイデンティティが危機に瀕した欧米の状況下で、それではいけない、もう一度伝統に立ち返れと訴えて登場したキリスト教である。だからハワーワスがアメリカだけでなくヨーロッパ、とりわけイギリスで歓迎されたのもうなずける。そこでは世俗化の進行、移民文化との摩擦、教会の衰退が著しいからだ。

しかし日本の教会事情はこれとは一八〇度異なる。日本の教会の課題は、キリスト教が文化や社会の土台にあって、それが世俗化や移民流入によって衰退するというのではなく、これからキリスト教をどう伝道していくかがなお大きな問題になる地である。仏教や儒教、あるいは数々の新宗教、新・新宗教がひしめきあい、せめぎあう宗教文化的土壌の中で、「なぜキリスト教なのか」の弁証は不可欠な神学要件になっている。

スイスの新正統主義神学者エミール・ブルンナーは戦後間もない数年間を、大学で教鞭をとるために日本に滞在し、非キリスト教文化に生きる学生に講義をするという、それまでの彼にはまるでなかった経験をした。そのことを通してブルンナーは日本でキリスト教の弁証学が絶対不可欠なこと、諸宗教とキリスト教徒の接触点(Anknüpfungspunkt)の模索が大切なことを痛感した。バルトとの相違があるとはいえ、イエス・キリストの啓示から始まるブルンナーも、欧米と日本との宗教文化的コンテクストの違いを認知せざるをえなかったのである。

ポストリベラルの神学者たちは、キリストの共同体に専念しろ、弁証などにかまけるなと主張する。そして宗教対話や多元主義が問題ではない、大切なのは教会の中核の形成だと論じ切る。なるほど欧米ではそれでいいだろうが、さて日本ではどうだろう。そうでなくとも「敷居が高い」日本の教会のこと、せっかくの「物語」の提唱も注意を怠れば、ますます内向きの論理になりはしないだろうか。

もっともリンドベックは、ポストリベラル神学が問題にするのは西洋キリスト教の危機であって、第三世界など非欧米の教会はまだ古いタイプの「宣教師から教えられた神学」で十分間に合っている、だからポストリベラルを問題にするまでもない、とそっけなく肩すかしをするのだが。

教会的な観点からすれば、日本でもポストリベラル神学の聖書重視、伝統尊重のパラダイムは多くの牧師や信徒には魅力的に映るだろう。教会という共同体の性格を強調して、聖書を神学的に読むという点でそれは大きな示唆に富んでいるし、仮に日本でも聖書の歴史批評研究が教会の場と離れた形で行われ、そうした「学問的」読解に引きずられて聖書が沈黙させられているとすれば、それは不幸と言わざるをえないからだ。

にもかかわらず、これでいけると断言するにはポストリベラルはあまりに多くの問題を含んでいる。これまで述べてきたように、それは神学ゲットーへの立て籠もり主義、多元主義の時代的趨勢からの退却、対話放棄の神学と幾多の批判に晒されてきた。確かにキリスト教伝統にいっそう忠実であろうとする意図はわかるし、また社会学、哲学、文芸批評と学術の最先端を野心的に試みたことも評価できる。にもかかわらず、リベラリズムを性急に批判するあまり、教会神学の排他的強調と教理教憲による締め付け、聖書の独占的解釈が通用するのならこれは問題である。(110)いずれにしてもポストリベラル神学に神経質になっている人はアメリカには多くいる。日本でも、ポストリベラル神学に共鳴する人々はそれらの批判を誤解ならば誤解として説明し、対話の努力を重ねていくべきではないだろうか。

〈文献表〉

ハンス・フライ
The Eclipse of Biblical Narrative: A Study in Eighteenth and Nineteenth Century Hermeneutics. New Haven: Yale University

Press, 1974.
The Identity of Jesus Christ: The Hermeneutical Bases of Dogmatic Theology. Philadelphia: Fortress Press, 1975.
Hunsinger, George, and William C. Placher, eds., *Types of Christian Theology*. New Haven: Yale University Press, 1992.
Hunsinger, George, and William C. Placher, eds., *Theology and Narratives: Selected Essays*. Oxford: Oxford University Press, 1993.

ジョージ・リンドベック

The Nature of Doctrine: Religion and Theology in a Postliberal Age. Philadelphia: Westminster, 1984. ジョージ・リンドベック『教理の本質――ポストリベラル時代の宗教と神学』田丸徳善監修、星川啓慈・山梨有希子訳（ヨルダン社、二〇〇三年）。
"The Story-Shaped Church." in *Scriptural Authority and Narrative Interpretation.* Edited by Garrett Green. Philadelphia: Fortress, 1988, 161-178 .
"Scripture, Consensus, and Community." in *Biblical Interpretation in Crisis: The Ratzinger Conference on Bible and Church.* Edited by Richard John Neuhaus. Grand Rapids: Eerdmans, 1989, 74-101.

スタンリー・M・ハワーワス

Truthfulness and Tragedy: Further Investigations in Christian Ethics. Notre Dame: University of Notre Dame Press, 1977.
A Community of Character: Toward a Constructive Christian Social Ethic. Notre Dame: Notre Dame University Press, 1981.
The Peaceable Kingdom: A Primer in Christian Ethics. Notre Dame: University of Notre Dame Press, 1983.
Against the Nations: War and Survival in a Liberal Society. Minneapolis: Winston Press, 1985.
Suffering Presence: Theological Reflections on Medicine, the Mentally Handicapped, and the Church. Norte Dame: University of Notre Dame Press, 1986.
Hauerwas, Stanley, and L. George Jones. *Why Narrative? Readings in Narrative Theology.* Grand Rapids: Eerdmans, 1989. ポストリベラル神学との関連で「物語の神学」を探るのに重要な小論文を含む。

Hauerwas, Stanley, and William Willimon. *Resident Aliens: Life in the Christian Colony.* Nashville: Abingdon, 1989. S・ハワーワス、W・H・ウィリモン『旅する神の民――「キリスト教国アメリカ」への挑戦状』東方敬信・伊藤悟訳（教文館、一九九九年）。

Hauerwas, Stanley, and William Willimon. *Lord Teach Us: The Lord's Prayer & the Christian Life.* Nashville: Abingdon, 1996. S・ハワーワス、W・H・ウィリモン『主の祈り――今を生きるあなたに』平野克己訳（日本キリスト教団出版局、二〇〇三年）。

Hauerwas, Stanley, and Charles R. Pinches. *Christians among the Virtues: Theological Conversations with Ancient and Modern Ethics.* Norte Dame: University of Notre Dame Press, 1997. S・ハワーワス、C・ピンチス『美徳の中のキリスト者――美徳の倫理学との神学的対話』東方敬信訳（教文館、一九九七年）

The Truth about God: The Ten Commandments in Christian Life. Nashville: Abington, 1999. スタンリー・ハワーワス、W・H・ウィリモン『神の真理――キリスト教的生における十戒』東方敬信・伊藤悟訳（新教出版社、二〇〇一年）。

他のポストリベラル神学者

Placher, William C. *Unapologetic Theology: A Christian Voice in a Pluralistic Conversation.* Louisville: Westminster John Knox Press, 1989. ポストリベラル神学に資料的に多く言及しつつ、現代神学の新たな多元的コンテクストを探る。

――――. "Postliberal Theology." in *The Modern Theologians.* Edited by David F. Ford, 2 vols. Oxford: Basil Blackwell, 1997, pp. 115-128.

他の研究書・関連文献

Ryle, Gilbert. *The Concept of Mind.* London: Hutchinson's University Library, 1949. Repr., New York: Routledge, 2009.

Auerbach, Erich. *Mimesis: The Representation of Reality in Western Literature.* Translated by William Trask. Garden City: Doubleday, 1974.

Green, Garrett, ed. *Scriptural Authority and Narrative Interpretation.* Philadelphia: Fortress, 1987.

Wallace, Mark I. *The Second Naiveté: Barth, Ricoeur, and the New Yale Theology.* Macon: Mercer University Press, 1990. イェール学派のポストリベラル神学批判。

アラスデア・マッキンタイア、間瀬啓允訳『宗教言語の哲学的分析――キリスト教的信念の諸困難』（理想社、一九七〇年）。

――――、篠崎栄訳『美徳なき時代』（みすず書房、一九九三年）。

東方敬信『物語の神学とキリスト教倫理』（教文館、一九九五年）。

――――、「物語以後の神学――即興劇としてのキリスト教倫理」『キリスト教と文化』二三号（二〇〇七年）。

芳賀力『物語る教会の神学』（教文館、一九九七年）。

――――、『救済の物語』（日本基督教団出版局、一九九七年）。

〈注〉

（1）リベラル・キリスト教の超克を目指す新保守主義としては、古正統主義（Paleo-Orthodoxy）の神学潮流もアメリカに誕生した。これは古代教父の信仰理解を現代の聖書解釈学や教会論に再生することを目的にしており、宗教改革の信仰を基礎にしたバルトの新正統主義神学とは一線を画す。提唱者としてはメソジスト神学者でドルー大学神学部教授のトマス・C・オーデン（Thomas C. Ogden）が著名で、オーデンはリベラルに汚染されて政治に走る現代神学を立て直すためには「古典的キリスト教」に復帰する以外にないことを提唱する。これに賛同するのはアメリカ主流教会内の保守派および福音派で、イギリス福音派のアリスター・マクグラスや、長老派神学者アンドリュー・パーヴェスなどがいる。ハワーワスも近年、これに接近しているとの見方もあるが、保守的論客はハワーワスがバルト主義の影響を脱し切れていないと懐疑的である。ただこの神学潮流はまだ評価が定まらず、本書では章を設けることをしない。

（2）George Lindbeck, *The Nature of Doctrine: Religion and Theology in a Postliberal Age* (Philadelphia: Westminster, 1984). ジョージ・リンドベック、田丸徳善監修、星川啓慈・山梨有希子訳『教理の本質——ポストリベラル時代の宗教と神学』（ヨルダン社、二〇〇三年）。

（3）Ronald F. Thiemann, *Revelation and Theology: The Gospel as Narrated Promise* (Notre Dame: University of Notre Dame Press, 1985).

（4）Kathryn E. Tanner, *God and Creation in Christian Theology: Tyranny or Empowerment* (Oxford and New York: Blackwell, 1988).

（5）William C. Placher, *Unapologetic Theology: A Christian Voice in a Pluralistic Conversation* (Louisville: Westmin-ster John Knox, 1989).

（6）Charles M. Wood, *The Formation of Christian Understanding: Theological Hermeneutics* (Valley Forge: Trinity, 1993).

（7）William Werpehowski, "*Ad hoc* Apologetics," *Journal of Religion* 66.3 (1986), 282-301.

（8）「イェール学派」（"Yale School"）の名称はブレヴァード・チャイルズによるという。

（9）Lindbeck, *The Nature of Doctrine*, 7.

（10）福音派におけるポストリベラル神学の受容は次を参照。Timothy R. Phillips and Dennis L. Okholm, eds., *The Nature of Confession: Evangelicals and Postliberals in Conversation* (Downers Grove: InterVarsity, 1996).

（11）William H. Willimon, "Answering Pilate: Truth and the Postliberal Church," *Christian Century* 104 (1987), 82-85.

（12）"A Challenge to Willimon's Postliberalism," *Christian Century* 104 (1987), 306-310.

（13）ニーバーの神学は教会に責任応答的であろうとする姿勢で貫かれた。ニーバーのそうした姿勢は、フライ、ハワーワス、リンドベックのポストリベラル派が「信仰共同体のルール」を規範に教会の強化を目指したことにも表れている。C. C. Pecknold, *Transforming Postliberal Theology: George Lindbeck, Pragmatism and Scripture* (New York: T&T Clark, 2005).

（14）ポストリベラル神学者は、解放神学がモダニズムの神学で、リベラリズムと近代神学の亜種にすぎないといった見方をする。つまり解放神学も広義で捉えれば啓蒙主義の神学であり、社会実践をもってキリスト教の現代的有効性を明らかにしようとする本末転倒な神学というわけである。

第三世界の神学情況を考えるときに、ヨーロッパの啓蒙主義を引きずり出して、あたかもそれが唯一の歴史であるかのように論じること自体がすでに問題ではある。たとえ一応それにのったとしても、近代啓蒙主義の全否定はおかしいだろう。近代啓蒙主義思想は、平等と自由という普遍的理想を掲げ、ヨーロッパだけではなくアジアでも民衆の解放に一定程度寄与した。日本の自由民権思想には啓蒙主義の理想がこだまし、いたるところで民衆の蜂起を促した。それは普遍的な自由、人間価値の尊重を実現する理性の働きが、ヨーロッパを越えて全世界に影響を与えたからに他ならない。

もしリンドベックやハワーワスにのるかたちで人々がそうした解放的理性そのものを放擲して、言語の特殊性、個別性、相互不可交換性、「言葉のゲーム」性を高揚し、啓蒙理性は「メタ語り」で、普遍的言語もありえないといった議論をしだすと困る。こうした人々にとっては、人間というのはそれぞれ垣根を作った言語や伝統の虜になって、それから一歩も出て行くことができない存在である。啓蒙主義は伝統を個別性もろとも投げ捨て、伝統や個別性は自由と自律、歴史の進歩に有害だと考えた、だから今はその逆をすればいいと保守的神学者は言う。

しかしこうした成熟していない批判を避けるためにも、また現代の解釈学の違いに問題をすり替えないためにも、われわれは啓蒙主義の解放的な要素の真理性を擁護しなければならないのではあるまいか。

(15)「語りの神学」と「ポストリベラル神学」とは完全に同じ神学潮流ではないことに注意。「語り」だけに着目するならば、すでに一九七〇年にステファン・クライテスが「経験の語りの質」という論文を書いて嚆矢となり（Stephen Crites, "The Narrative Quality of Experience," *Journal of the American Academy of Religion* 39 [1971]: 291-311）、その後さまざまに展開していて、時間的にはポストリベラルにずっと先行していた。

(16) 実際アメリカでは、ポストリベラル神学が示す強い懸念をよそに、趨勢として多元化するアメリカ社会を反映して「宗教学」はますます数を増し、一般的なコースになっている。宗教学の講義モデルも、特定の神学的立場の導入には強い疑惑を抱き、とりわけキリスト教の優越性を強調するような教え方、学生に選択の余地なく批判的な判断を妨げる方向には懸念を抱いている。むろんリンドベックはそれを論難して、宗教学の実態は商品として諸宗教を並べてみせているにすぎない、学生たちの「超越的自己表現とか自己実現とかの欲求を満たすために」、諸宗教がいろいろな装いをもって紹介される展示会場になっていると非難する。

（17）Page Smith, *Killing the Spirit: Higher Education in America* (New York: Penguin, 1991).

（18）Wayne A. Meeks, *The First Urban Christians* (New Haven: Yale University Press, 1983), 2. ウェイン・ミークス、加山久夫訳『古代都市のキリスト教――パウロ伝道圏の社会学的研究』（ヨルダン社、一九八九年）。

（19）Brevard S. Childs, *Introduction to the Old Testament as Scripture* (Philadelphia: Fortress, 1979), 40-41. チャイルズは旧約神学において「正典的アプローチ」を提唱し、聖書学者は「聖書を教会に即した生活の規範として受けとめて」、自らを「信仰共同体であるイスラエルに同一化する」ことを求めた（Brevard S. Childs, *Old Testament Theology in a Canonical Context*, [Philadelphia: Fortress, 1985], 15）。チャイルズの邦訳書としては、『出エジプト記――批判的神学的注解』上・下、近藤十郎訳（日本基督教団出版局、一九九四年）がある。チャイルズの「新イェール学派」神学についての応答は、Brevard S. Childs, *The New Testament as Canon: An introduction* (Philadelphia: Fortress, 1984), 541-546を見よ。

（20）ガダマーと聖書解釈学の研究については次を参照のこと。Anthony C. Thiselton, *The Two Horizons: New Testament Hermeutics and Philosophical Description with Special Reference to Heidegger, Bultmann, Gadamaer and Wittgenstein* (Grand Rapids: Eerdmans, 1980).

（21）今日ではこの聖書解釈の問題点、すなわち聖書の客観歴史的記述か、それとも言説に参与する読み手の解釈かは、いっそう鮮明に論じられるようになっている。Francis Watson, *Text, Church and World: Biblical Interpretation in Theological Perspective* (Edinburgh: T&T Clark, 1994), 1-77.

（22）David H. Kelsey, *The Uses of Scripture in Recent Theology* (Philadelphia: Fortress, 1975), 136-137, 150.

（23）Kelsey, *The Uses of Scripture*, 136-137.

（24）フライの神学に関する手短な紹介としては、プレーチャーが『クリスチャン・センチュリー』に寄稿した解説を見よ。William C. Placher, "Hans Frei and the Meaning of Biblical Narrative," *Christian Century* 106.18 (May, 1989), 24-31.

（25）Hans W. Frei, *The Eclipse of Biblical Narrative: A Study in Eighteenth and Nineteenth Century Hermeneutics* (New Haven: Yale University Press, 1974).

（26）Hans W. Frei, *The Identity of Jesus Christ: The Hermeneutical Bases of Dogmatic Theology* (Philadelphia: Fortress, 1975). またフライの没後編纂された著作に『キリスト教神学の諸類型』（George Hunsinger and William C. Placher, eds., *Types of Christian Theology* [New Haven: Yale University Press, 1992]）、『神学と語り――論文選集』（George Hunsinger and William C. Placher, eds., *Theology and Narratives: Selected Essays,* [Oxford: Oxford University Press, 1993]）がある。

（27）Frei, *The Identity of Jesus.*

（28）博士論文のタイトルは『カール・バルトの思想における啓示の教義、一九〇九年から一九二二年――バルトによるリベラリズムとの決別の意義』=Hans W. Frei, "The Doctrine of Revelation in the Thought of Karl Barth, 1909-1922: The Nature of Barth's Break with Liberalism" (PhD diss., Yale University, 1956).

（29）Frei, *The Eclipse of Biblical Narrative,* 130.

（30）Frei, *The Eclipse of Biblical Narrative,* 130.

（31）Frei, *The Eclipse of Biblical Narrative,* 99.

（32）Frei, *The Eclipse of Biblical Narrative*, 27, 51.

（33）Gilbert Ryle, *The Concept of Mind* (London: Hutchison's University Library, 1949; repr., New York: Routledge, 2009).

（34）例えば「イエス・セミナー」は、歴史的事実の再構成に福音書の意味を見出そうとする点で、フライが批判する聖書批評の悪しき典型ということになる。James C. Livingston and Francis Schüssler Fiorenza, eds., *Modern Christian Thought: The Twenty Century*, 2 vols. 2nd edition (Philadelphia: Fortress, 2006), 2:376.

（35）Hans Frei, *Types of Modern Theology* (New Haven: Yale University Press, 1992).

（36）Frei, *The Identity of Jesus*, xiii; *Types of Christian Theology,* 2.

（37）晩年のフライは一般命題を抽象的に論じる哲学や形而上学よりも、文化人類学や社会学などの実践的学術の分野と神学の親近性を見出すようになった。この意味でもフライの生涯は、ドイツ流の講壇神学の抽象性、解釈学との激しい闘いだったとも総括できる。

（38）遺稿となったこのときのフライの原稿はイェール大学神学資料室の手でウェブサイト上に公開されている。Hans Frei, "Unpublished Pieces: Transcripts from the Yale Divinity School Archive," ed. Mike Higton.〈http://divinity-adhoc.library.yale.edu/HansFreiTranscripts/Freitranscripts/Freicomplete.pdf〉〔二〇一七年六月一〇日取得。〕

（39）Lindbeck, *The Nature of Doctrine*, 34, 118.

（40）George Lindbeck, "Scripture, Consensus, and Community," in *Biblical Interpretation in Crisis: The Ratzinger Conference on Bible and Church*, ed. Richard John Neuhaus (Grand Rapids: Eerdmans, 1989), 74-101.

（41）Lindbeck, *The Nature of Doctrine*, 7.

（42）Lindbeck, *The Nature of Doctrine*, 120.

（43）Lindbeck, *The Nature of Doctrine*, 117.

（44）Lindbeck, *The Nature of Doctrine*, 16.

（45）Lindbeck, *The Nature of Doctrine*, 16.

（46）Lindbeck, *The Nature of Doctrine*, 17.

（47）Lindbeck, *The Nature of Doctrine*, 18.

（48）Lindbeck, *The Nature of Doctrine*, 18.

（49）Lindbeck, *The Nature of Doctrine*, 7.

（50）Lindbeck, *The Nature of Doctrine*, 40.

（51）Lindbeck, *The Nature of Doctrine*, 34.

（52）Lindbeck, *The Nature of Doctrine*, 60.

（53）Lindbeck, *The Nature of Doctrine*, 18.

（54）Lindbeck, *The Nature of Doctrine*, 34.〔栗林氏の訳。〕

（55）Lindbeck, *The Nature of Doctrine*, 8-98.

（56）リンドベックがこうしたある種の限定を教義、宗教言語に設けたのは興味深い。リンドベックはヴィクター・

プレラーやデイヴィッド・ブレルなどの言語分析を援用しながら、自身の宗教言語理解をトマス・アクィナスと平行するものとして論じる（*The Nature of Doctrine*, 66）。それによればアクィナスは、キリスト教徒が示す神（指示されるそのもの）は正しいものの、どうそれが正しいかを述べる仕方は理解できていないとした（指示する仕方）。例えば神がわれらを愛するということはわかるが、しかし神の愛は人知を超えた広がりを持つので、そのすべてを語りつくすことができない。それゆえいたずらに神の知を計るよりも、信仰的コミュニティの枠内で定められた仕方で限定的に論じるべきだというのである。

（57）Lindbeck, *The Nature of Doctrine*, 116.

（58）Lindbeck, *The Nature of Doctrine*, 118; Lindbeck, “Scripture, Consensus, and Community,” 74-101.

（59）Lindbeck, *The Nature of Doctrine*, 118.

（60）Lindbeck, “Scripture, Consensus, and Community,” 75.

（61）Lindbeck, *The Nature of Doctrine*, 118.

（62）Frei, *The Eclipse of Biblical Narrative*, 13-14. エーリッヒ・アウエルバッハ『ミメーシス』上・下、篠田一士・川村二郎訳（筑摩書房、一九九四年）。

（63）Frei, *Theology and Narrative*, 117-152.

（64）Kelsey, *The Uses of Scripture*, 136-137.

（65）例えばリンドベックが言ったのは、使徒信条やニカイア・カルケドン信条は変えてはならない教会の教義だが、性倫理は時代の進展や科学的知識の変化によって変わりうるといった程度のことである。Lindbeck, *The Nature of Doctrine*, 86.

（66）Paul Nelson, *Narrative and Morality: A Theological Inquiry* (University Park: Pennsylvania State University Press, 1987), 109.

（67）Stanley Hauerwas, *Against the Nations: War and Survival in a Liberal Society* (Minneapolis: Winston, 1985), 1-9.

（68）ハワーワスの自伝的思想遍歴に関しては Stanley Hauerwas, “The Testament of Friends,” *Christian Century* 107/7 (February 28,1990), 212-216 を参照。

(69) Stanley Hauerwas and William Willimon, "Embarrassed by God's Presence," *Christian Century* 102 (January 30, 1985), 98.
(70) Hauerwas, "The Testament of Friends," 212-216.
(71) Stanley Hauerwas, *Vision and Virtue: Essays in Christian Ethical Reflection* (Notre Dame: Fides Publishers, 1974).
(72) Stanley Hauerwas, *The Truth about God: The Ten Commandments in Christian Life* (Nashville: Abington, 1999).
(73) Stanley Hauerwas, *A Better Hope: Resources for a Church Confronting Capitalism, Democracy, and Postmodernity* (Grand Rapids: Brazos, 2000).
(74) Stanley Hauerwas and Jean Vanier, *Living Gently in a Violent World: The Prophetic Witness of Weakness* (Downers Grove, IL: InterVarsity, 2008).
(75) Stanley Hauerwas, *A Community of Character: Toward a Constructive Christian Social Ethic* (Notre Dame: Notre Dame University Press, 1981).
(76) Hauerwas, *Against the Nations*, 2.
(77) Hauerwas, *A Community of Character*, 11.
(78) 物語の一般的理論や神学的性格についての概要は次を参照せよ。Nelson, *Narrative and Morality*.
(79) Hauerwas, *A Community of Character*, 144.
(80) Stanley Hauerwas, "The Church as God's New Language," in *Scriptural Authority and Narrative Interpretation*, ed. Garrett Green (Philadelphia: Fortress, 1987), 179-98.
(81) Hauerwas, *A Community of Character*, 134.
(82) Stanley Hauerwas, *Truthfulness and Tragedy: Further Investigations in Christian Ethics* (Notre Dame: University of Notre Dame Press, 1977), 30, 36.
(83) 「教義は……物語の総仕上げではない。物語の意味でも核心でもない。そうではなく教義は道具……物語をよりよく語るのを補助するものなのだ」Stanley Hauerwas, *The Peaceable Kingdom: A Primer in Christian Ethics* (Notre Dame: University of Notre Dame Press, 1983), 26.

(84) Hauerwas, *The Peaceable Kingdom,* 84.
(85) Hauerwas, *Against the Nations*, 11-12.
(86) Hauerwas, *The Peaceable Kingdom*, 16, 24-30.
(87) Quoted from John Macquarrie, review of *the Church Faces Death: Ecclesiology in a Post-modern Context* by Michael Jinkins, *Theology* 103 (2000), 140.
(88) Hugh Montefiore, ed., *The Gospel and Contemporary Culture* (London: Mowbray, 1992).
(89) John Milbank, *Theology and Social Theory: Beyond Secular Reason* (Oxford: Blackwell, 1990).
(90) Ronald Preston, *The Future of Christian Ethics* (London: SCM, 1987), 33.
(91) Ronald Preston, *Church and Society in the Late Twentieth Century: The Economic and Political Task* (London: SCM, 1983), 81.
(92) この点に関し、リンドベックとフライの間には微妙な理解のずれがある。フライは当初リンドベックに強い不満を持ち、聖書物語は教会外ではなんらの真理性を持たないのかと批判したものの、後期になるにつれリンドベックの立場にいっそう近づいたとみるのが一般的である。
(93) これはリンドベックだけでなくフライと、福音派のカール・ヘンリーとの論争点でもあった。Carl F. Henry, "Narrative Theology: An Evangelical Appraisal," *Trinity Journal* 9 (Spring 1987), 19. 福音派からのポストリベラル神学への批判は次を参照せよ。Alister E. McGrath, "An Evangelical Evaluation of Postliberalism," in *The Nature of Confession*, 35-39. また福音派による積極的な評価は次を参照せよ。Bruce D. Marshall, "Absorbing the World: Christianity and the Universe of Truths," in *Theology and Dialogue: Essays in Conversation with George Lindbeck,* ed. Bruce D. Marshall (Notre Dame: University of Notre Dame Press, 1990), 69-102.
(94) Frei, *The Identity of Christ,* 132.
(95) ヴィトゲンシュタインと神学、宗教の最近の動向については次を参照せよ。Fergus Kerr, *Theology after Wittgenstein* (Oxford: Oxford University Press, 1986); D. Z. Phillips, *Wittgenstein and Religion* (New York: St. Martin's, 1993).

（96）Clark Pinnock, *Tracking the Maze: Finding Our Way through Modern Theology from an Evangelical Perspective* (San Francisco: Harper & Row, 1990), 59.

（97）フライはこの問題について次のような興味深い応答をしている（Frei, *Theology and Narrative*, 210-211）。もし神を客観的に指し示すことが可能かと問われれば、もちろん可能である。それはキリストの死と復活という歴史的な現実に表されている。しかし「歴史的な現実」とか「客観的に指し示すもの」とかいった哲学上の議論一般になると、それこそ哲学者らも定義や可能性の幅においてばらばらで、そうした議論にキリスト教神学は左右されるべきではない。神学というコンテクストでこうした用語を定義していくことは不毛で（この罠に陥ったのがエヴァンジェリカル神学やリベラル修正神学だとフライは考える）、むしろ神学は哲学から独立して独自の領分を主張すべきである、と。

（98）Lindbeck, *The Nature of Doctrine*, 80.

（99）David Tracy, *Plurality and Ambiguity: Hermeneutics, Religion, Hope* (Chicago: University of Chicago Press, 1987), 60.

（100）Mark C. Taylor, *Erring: A Postmodern A/Theology* (Chicago: University of Chicago Press, 1984), 6, 11.「漂流」という暗喩は、テイラーの「無／神学」が直線的でも組織体系的でもなく、「過渡的」「ノマディック」（遊牧的）な性格を持つことを示している。

（101）Taylor, *Erring*, 88.

（102）David G. Kamitsuka, *Theology and Contemporary Culture: Liberation, Postliberal and Revisionary Perspectives* (Cambridge: Cambridge University Press, 1999), 110.

（103）Lindbeck, *The Nature of Doctrine*, 78.

（104）George Lindbeck, "The Sectarian Future of the Church," in *The God Experience: Essays in Hope*, ed. Joseph P. Whelan (New York: Newman, 1971), 226-243.

（105）Hauerwas, *A Community of Character*, 10.

（106）例えばケルゼイの批判がある。David H. Kelsey, "Church Discourse and Public Realm," in *Theology and Dialogue: Essays in Conversation With George Lindbeck*, ed. Bruce D. Marshall (Notre Dame: University of Notre Dame Press,

1990), 7-34.

（107）Richard Lints, “The Postpositivist Choice: Tracy or Lindbeck?” *Journal of the American Academy of Religion* 61 (1993), 658, 673.

（108）Stanley Hauerwas, *Christian Existence Today: Essays on Church, World, and Living In Between* (Durham: Labyrinth, 1988), 7-8; Stanley Hauerwas and William Willimon, *Where Alien Residents Live: Exercises for Christian Practice* (Nashville: Abingdon, 1996), 29-45.

（109）James M. Gustafson, “Just What is ‘Postliberal’ Theology?” *Christian Century* (March 24-31, 1999), 353-355. ガスタフソンはアトランタのエモリー大学の比較宗教・人文科教授。現在は定年で退職。

（110）George Hunsinger, “Where the Battle Rages: Confessing Christian in America Today,” *Dialog* 26 (1987), 264-74; William C. Placher, *Narratives of a Vulnerable God* (Louisville: Westminster/John Knox, 1994)

（本論考は関西学院大学キリスト教と文化研究センター発行『キリスト教と文化研究』第5号、二〇〇四年三月掲載の論文に大幅な加筆がなされたものである）

第5章　修正神学はリベラルの再構築を目指す
リベラルによる近代主義の超克

1　失速したリベラリズムの再建

イェールのポストリベラル対シカゴのリベラル

フェミニスト神学や黒人神学、ラテンアメリカ神学など、解放主義の言説を別にすれば、八〇年代のアメリカ神学界で熱い論争を展開していたものが二つあった。ひとつは、一方にイェール学派のハンス・フライ、他方にシカゴ学派のポール・リクールを配した聖書の解釈学論争である。フライはすでに七〇年代半ばに『聖書的語りの侵蝕』を発表して、エーリッヒ・アウエルバッハの文献学に依りながら、聖書解釈に近代主義の視点を持ち込むことに反対し、「聖書そのものに語らせる」方法を強力に主張し始めていた。(1) フライによれば、言葉が「シニフィアン」（記号表現、表しているもの）と「シニフィエ」（記号内容、意味されているもの）に分裂したのは啓蒙主義後のことで、それ以前、聖書の文献批評などなかった時代には、人々は聖書が語るところに何の疑問を持たず、聖書を「内側」からそのまま読んでいた。ところが近代聖書学は「外側」からの解釈規範を持ち込んで、聖書の言葉と内容をばらばらにしてしまった。フライはこれが聖書本来の読み方に反するとして、リベラルな聖書解釈に反旗を翻した。

これに反発したのがリクールだった。一九七三年からシカゴ大学の要職にあったフランスの哲学者リクールは、フライと同じ頃、いやそれよりずっと早くに現代文芸の「新批評」に着目し、自分なりに「語り」（narrative）の研究を進めていた。象徴や神話の解釈に大きな貢献をしたリクールも、後期になるとフライとほぼ同じ問題意識をもって、象徴や神話、隠喩の解釈から物語に転じた。そして「物語の機能」や「現前のテクスト」に大きな関心を払った。しかしリクールは構造主義の文学理論に魅かれながらも、なお言葉の存在論、宗教経験の普遍性にこだわっていた。[2]つまり象徴、神話、儀礼は、どんな宗教であろうと何らかの「普遍的な意味」を隠していて、それを概念へと抽出することが重要との思いをどうしても捨て切れなかったのである。加えて、物語の「政治的な一元化」には反対で、解釈は多元的であるべしと論じ、この点でもフライと立場を異にした。フライは信仰共同体を大義名分にひとつの解釈しか認めようとしない「統制的な」（regulative）解釈によって、聖書の「教会内的な読解」を押しつけようとしている。そう感じていたものだから、リクールのフライに対する反発はさらに強まった。[3]

このフライ・リクール論争とほぼ同じ対立の構図をとったもうひとつの論争が、ジョージ・リンドベックとデイヴィッド・トレーシーの教理学をめぐる確執だった。リンドベックは教理を三つに分類し、「文化・言語的」（cultural-linguistic）モデルがもっとも適切であると論陣を張った。そして教理は文化の共同体的な「文法」であって、教理を担う信仰共同体、つまり教会の「規則《ルール》」としての機能を考えずして理解することはできないと主張した。このことはポストリベラル神学の章で述べたので、これ以上繰り返さない。これに対してトレーシーは「いったいルターの真の後継者は誰か。ティリッヒかリンドベックか」とリンドベックに噛みついた。[4]そして『多元性と両面性』（一九八七年）を発表して、リンドベックの「文化・言語的」モデルはきれいごとで、実際にはそんな単純ではないと文句をつけた。[5]トレーシーにしてみれば、リベラリズムをいかにかして超克しようと四苦八苦してきた自分の営みが「経験・表現的」（experiential-expressive）と括られて一蹴されたことが我慢ならなかったに違いない。(6)

それにつけても八〇年から九〇年代、アメリカのリベラルなキリスト教の退潮には著しいものがあった。保守的教派や教会が軒並み数を増して「福音派の時代」（『タイムズ』誌）を謳歌し、主流教派の中にも新保守が台頭する一方、進歩的なキリスト教は活力を失って次第に飽きられていく。トレーシーはそうした現状は不幸の一語に尽きると考えていた。いったいどこでリベラリズムは失速してしまったのか。進歩主義のキリスト教は正義、人権、公平、平和、環境と現代の諸課題に挑戦し、数々の問題提起をしてきた。その復興のためにはどんな言説が必要なのか。アメリカの若い世代が抱えた信仰上の不満、宗教的渇望を癒すためには何をどうすればいいのか。現代世界と真正面から向き合い、人と人とのつながりを回復するために、キリスト教の果たすべき役割とは何か。本章のテーマは、現代世界の経験に取り組みつつ、ポストリベラルの「物語の神学」と対立軸を形づくったアメリカ　リベラルの修正神学である。

リベラルの修正神学とは何か

「修正神学」（revisionist theology）とは、キリスト教を現代の思想、科学、文化、社会と「相関」させて、キリスト教の先端的な知たろうとする神学潮流のことである。(7) 時代が孕む問題を見極め、それに敏感にアンテナを張ろうとするこの神学がリベラリズムの系譜上にあることはすぐに察しがつく。しかしそうは言っても修正神学は近代の諸価値を全面的に受容したリベラル神学の亜種ではない。リベラル神学の伝統に幾多の批判を加えながら、その優れた遺産を現代に継ごうと試みる、そこに修正神学の「修正」的たるゆえんがある。

では「修正主義」（revisionist）とも「新自由主義」（neo-liberalism）とも称されるこの神学の源はどこにあるのだろうか。

話は一八世紀のヨーロッパ、科学と啓蒙時代の幕開けにまで遡る。人類の技術が長足の進歩を遂げたこの時代、目覚ましい発展を遂げたのは科学だけではない。哲学、歴史学、心理学と、数多くの近代的学問がいっせいに花開いて、それまで知を統御してきたキリスト教に挑戦した。伝統を重んじる教会がこの大攻勢に激しく反発したのは想像に難くない。保守的な牧師や神学者は、「近代主義者」(modernist)や「人文主義者」(humanist)が唱える学問は神を忘れた人間中心主義だ、無神論への転落の一歩だと非難して、近代の問いかけそのものを黙殺し、伝統的キリスト教の防衛に腐心する道を選んだ。他方、進歩的な教会人はキリスト教と近代との調停を図ることで科学的合理性を積極的に受け入れる姿勢をみせた。こうして近代とキリスト教の統合を夢みる「自由神学」ないしは「調停神学」の潮流が誕生した。[8]

しかしこの潮流は一枚岩ではなかった。「近代神学の父」と言われたフリードリヒ・D・シュライアマハーは、キリスト教は近代と矛盾しないと論じて、宗教を人間の内面感情につなげた。一方ヘーゲルは、キリスト教と近代は矛盾しないどころか、キリスト教こそ近代理性を完成すると論じて、ドイツとプロテスタンティズム、プロイセン民族国家とルター派教会の精神的統合を試みた。[9] ちなみにベルリン大学で同僚だったシュライアマハーとヘーゲルの二人は犬猿の仲で、あわやサーベルを振り回しての決闘寸前にまでなった。その理由はヘーゲルが、宗教を宇宙の「絶対依存感情」と定義したシュライアマハーを批判して、依存感情が宗教なら飼い主に尾を振る犬が最高の宗教者ではないかと嘲笑ったからだったという。[10] キリスト教を絶対理性の精華と見たヘーゲルは、依存などという「女々しい感情」に宗教を基礎づけたシュライアマハーに我慢ならなかったようだ。

閑話休題。キリスト教を絶対理性の精華とするヘーゲルにせよ、宇宙への絶対依存感情とするシュライアマハーにせよ、その後のプロテスタンティズムを風靡した自由神学は、二〇世紀の初めまで絶大な影響力を学問上に誇った。だが、そんな神学も第一次大戦の戦禍でとどめをさされた。ドイツの教会が自由神学に拠って愛国を叫び、神学者も皇帝ヴィルヘルムの戦争に諸手をあげて翼賛してしまったからである。そんなキリスト教と近代国家との野合に激しく「否《ナイン》！」を叩きつけたのがスイスの神学者カール・バルトである。そして自由神学に代わって、その後のプロテスタント・キリスト教を主導したのが、バルトを筆頭にした危機神学、後に弁証法神学とも新正統神学とも呼ばれるようになったキリスト教言説だったのである。

リベラリズムの軌道修正

修正神学が以上述べたような近代市民主義のリベラルな系譜上にあるのは間違いない。それは啓蒙主義の近代精神一般、リベラル神学の方法や動機に貴重な諸点があると捉えて、それを現代に継承しようとする。しかし同時に修正神学者は、リベラリズムにバルトの厳しい批判があり、その批判の多くが的を射ている事実も重大に受けとめる。修正神学は単なるリベラルの亜種ではないのである。

あるいはこうも言える。仮に二〇世紀初頭までのリベラル神学の爛熟時代を第一期と名づけてみると、第二期は第一次大戦後から第二次大戦後までの半世紀、新正統神学による厳しいリベラル批判の時代になる。そして現在は、リベラルの欠陥を克服し、かつ未解決に残された領域に挑む軌道修正の第三期である。

さてこのように、進歩的キリスト教の軌道修正を行って、それを現代に継承する潮流が修正神学であると定義しても、修正神学者の間にはかなりの思想的幅がある。例えば六〇年代後半に誕生したネオ・マルクス主義の影響濃い政治神学を、ネオ・リベラルの修正主義と言ってもおかしくない。また実存主義哲学を取り込んだ解釈学的神学、さらには昨今の解放神学やフェニスト神学を含めればその間口はいっそう広くなる。ジョン・マッコーリーの理解はこの典型で、彼によれば、フェミニスト神学、黒人神学やラテンアメリカ神学は「プロテスタンティズムではバルト、カトリシズムではトミズムの復興という中断を経て、人間内在論的な一九世紀神学を復活させた」新たなリベラル神学運動に他ならない。(11)そんなことからすれば、カール・ラーナー、バーナード・ロナガン、ハンス・キュンク、エドワード・スキレベークスといったカトリック神学者も二〇世紀後半のネオ・リベラル派と考えられなくもない。またエドワード・ファーリー、ゴードン・カウフマン、デイヴィッド・トレーシー、ラングドン・ギルキー、ジェームズ・ガスタフソン、シュバート・オグデン、ジョン・カブ、ピーター・ホジソン、レベッカ・チョップらも、ティリッヒやラーナーを今に継承するリベラル神学の戦後世代と括ることもできる。(12)

繰り返せば、キリスト教リベラリズムの軌道修正を試みる神学者像は実に多彩であって、そうした人々はイエス・キリストへの信仰を現代世界に弁証し、キリスト教を発信しようと奮闘する。自由主義の何を批判して何を継承するかの視点は異なっても、キリスト教と現代とを相関させる努力では完全に一致する。

ギルキー、ホジソン、最近めきめき売り出し中のチョップ、それにプリンストン神学校のマーク・L・テイラー（ラディカル神学のマーク・C・テイラーとは別人）も魅力的ではあるが、あまりに手を広げては収拾がつかなくなる。ここは禁欲してプロテスタントからはカウフマン、カトリックからはトレーシーを選び、その神学方法論と主題を解題し、その後に短くファーリーとオグデンに言及してみることとする。ファーリーは日本ではほとんど知られていないが、彼を取り上げることで修正神学の特徴がいっそう鮮明になる。

いったいキリスト教を現代につなぐネオ・リベラリズムの神学方法とは何か。世俗化の色濃い現代で神はいかなる名を持ち、今を生きる人々にキリスト教の真理をいかに弁証できるのか。そのような問いを携えてこの神学の冒険を解説してみることにする。

2　カウフマンの歴史主義

メノナイト出身の神学者カウフマン

今日、世界は大きく変わった。キリスト教もそれに合わせてパラダイム転換をしなければならない。正統的キリスト教では時代の変化に対応できず、もしこのまま手をこまねいていれば、キリスト教そのものが倒壊する。カウフマンは、ここはしっかりと信仰を現代理性と対話させることが必要と考え、神学の再構築に乗り出した。

カウフマンは「神中心主義」（theocentrism）と「歴史主義」（historicism）を特徴にした進歩派の神学者である。キリスト教の革新という課題を前にカウフマンが行ったのは、現代の多元的な経験（カウフマン自身のフレーズで言えば「競合する公共領域における人間の諸経験」）を注意深く読み取ることだった。現代は危機的な時代である。貧困、環境汚染、地域紛争と問題が山積するが、特に深刻なのは核戦争の潜在的可能性である。核兵器の開発とその大量保有は、従来の神学をもってしては対処しえないほどに深刻である。教会神学者は「神の啓示」とさえ言えばそれがマジックワードになって万事が解決されるかのように説く。だが彼らも本音ではそれで教会信徒を説得できるとは思っていないし、教会の敷居を一歩外に出れば、それが通用しないことも知っている。正統主義者は信仰が現代から重大な挑戦を受けているとの認識に乏しいし、どう問題に対処すべきかという処方箋も持ちあわせていない。神学は教会内の信仰で満足するだけではだめだ。訓古的な注釈ばかりに精力を傾けるのはナンセンスで、もっと広く現代と対話して一緒に処方箋を作る努力をしなければならない。[13] 正統主義に見切りをつけたカウフマンは、彼独自の「歴史主義者の視点」から、キリスト教の全面的な書き換えに着手した。

一九二五年、アメリカ中西部カンザス州のメノナイト派家庭に生まれたゴードン・D・カウフマンは、第二次大戦中、メノナイトの非戦主義に従い、良心的兵役拒否の道を選んだ。[14] しかし平和主義は良いとしても、メノナイトの原理主義的な信仰理解にはずいぶんと葛藤があったようで、たまたま手にしたカントの『純粋理性批判』に啓発され、ノースウェスタン大学では哲学と宗教学を専攻した。その後、イェールの神学大学院に進んでからは、リチャード・ニーバーの透徹した「徹底的唯一神主義」（radical monotheism）に共鳴して神学の研鑽に勤しんだ。大学教師としての経歴はポモナを皮切りに、名門のヴァンダービルト、そして一九六三年にハーヴァードと順調にキャリアアップし、一九九五年にハーヴァードを定年退職するまで研究と後進の育成に専念した。またアメリカ宗教学会会長の要職も務めた。『相対主義、知識、信仰』（一九六〇年）[15]をはじめ、『組織神学――歴史主義者の視点』（一九六八年）[16]、『神の問題』（一九七二年）[17]、『神学的想像力』（一九八一年）[18]、『神―神秘―多様性』（一九九六年）、『イエスと創造性』（二〇〇六年）[19]など、単著だけでも二十数冊を数える秀才である。

カウフマンの歴史主義とは

カウフマンが神学界で注目されるきっかけになったのは、『組織神学』という大作の上梓であった。筆者も留学中、演習ゼミで読まされた。[20]カウフマンはこの著作において、冒頭、科学的なものの見方が浸透した現代で、キリスト教の伝統的な言説は通用しなくなった、教会教理も象徴も現代人には理解できなくなったと切り込んだ。この著作が出版されたのはまさに激動の一九六八年、執筆はそれよりも少し前、新正統神学が最後の輝きを放った時期で、この著作にも世の審判、神の言葉、絶対他者としての神概念が通奏低音のごとくに響き渡っている。しかし、それでも注意して読めば、そこかしこに後のカウフマンを彷彿とさせるヒントがある。キリスト教を現代世界に対処させようと、「歴史主義者のラディカルな視点」を施す彼の意欲的な姿を垣間見ることができるのだ。[21]

カウフマンのキーワードは「歴史主義」である。歴史主義と聞くと、読者の中には、歴史に人間の本質を求め、自然主義と対立したヘーゲル、ランケ、マイネッケ、トレルチなどの思想家を連想する人がいるだろう。あるいはヘーゲルを徹底的に叩いたカール・ポパーの『歴史主義の貧困』を思い出す人もいるかもしれない。しかしカウフマンの歴史主義は、絶対理性の展開を歴史に読むヘーゲル的観念論のことではなく、あくまで歴史の経験、言い換えれば、人間の現実に照合して神学するという方法論のことである。カウフマンは人間が「歴史的な存在」であること、神学は時代の状況や文化に深く絡んでいることを前提にする。人間の思想はそれを生み出した歴史的環境を知って初めて理解できる。神学とてその例外ではない。神学は世離れした学問と世間的には思われているがそうではなく、神の存在を前提に時代のニーズに応える宗教言説である。後年、カウフマンはこの歴史主義の立場をいっそう徹底した。その点では彼も、歴史を重んじたイェール時代の恩師リチャード・ニーバーの生涯変わらぬ弟子だったと言える。

科学が発達していっそう複雑化した現代に、キリスト教の伝統的言葉、概念、シンボルはもはや通用しなくなった。カウフマンはそうした認識に立って、『組織神学』はもちろんのこと、『神の問題』の早い時期から、現代と対話可能な神学を目指してキリスト教の「脱構築」(deconstruction) に着手した。不変不動の古典的神概念でもって、現代人に語りかけることはできない。神学の務めは、コミュニケーション不可能な神に代えて、時代に躍動的に関わる神のイメージを創出することである。錆びついた教理から一日も早くキリスト教を解き放たなければならない。[22] カウフマンは二〇世紀後半の神学者の課題を、伝統的な神の脱構築と新たな神観の「再構築」(reconstruction) に定めたのである。[23]

一九七五年に出版された『神学の方法をめぐるエッセー——神と「空」』は小品ながら、そんなカウフマンの企てが如実に示された著作である。[24] 内容はタイトルからも一目瞭然、神学の方法に関するもので、議論は複雑に入り組むものの、主張は明快である。キリスト教を現代的に書き改めるには、現代人が何を考え、どんな経験をしているかを正しく見極めなければならない。そしてその上で「今日に伝達可能な神のイメージ」を作り出さねばならない、と言うのである。時代に通じるキリスト教の解釈はリベラル神学の常道で「人間、世界、神、キリストなど、キリスト教独自の範疇に、(時代の) イメージと物語、儀礼と行為を織り込む」[25] というカウフマンの試みは、格別目新しいものではない。だが、彼の方法が従来のリベラル神学と異なるのは、時代に通じる神のイメージの創出後、そのイメージでもって時代に批判的に挑戦すること、「現代の経験」を基礎にしながら同時に現代に鋭く切り込む姿勢を持つことにある。

繰り返せば、カウフマンの神学は「現代の経験」をパラダイムに「下から」積み上げる神学で、正統主義のように啓示から始まるのではなく、あくまで神学を「人間的な営み」として捉えるところに特徴がある。[26] 人間はいつどんな時代でも、世界を問い、人生の意義を求めてやまない存在である。キリスト教を含め宗教は、そうした世界と人生の意味を説明するための「人間的想像力」の所産である。[27]「神」という言葉は、客観的な何かしらの実体を指し示すのではなく、人間が世界と自己を理解するための表象である。時代が変われば神のイメージが変わるのは当然で、時代にふさわしい神のイメージを備えることこそ神学者の任務である。「神学者の使命は現代に適う神の概念およびイメージの構築にある」。[28]

こうしてカウフマンは神学を徹底して人間の営みとし、正統主義、新正統主義の方法と袂を分かった。そのことは後期になっても変わらない。いや、後期に彼はいっそう「現代の経験」に比重を移して、伝統的キリスト教の批判を強めた。そのひとつの表れが、核時代の幕開けは人類史上、未曾有の危機を招来すると警告した『核時代の神学』（一九八五年）だった。カウフマンはこの著作の冒頭、核兵器が現実的脅威となった今日、キリスト教は根底的な改変を迫られていると切り出した。核兵器は、二〇〇〇年の歴史を持つキリスト教さえ夢想だにしなかった人類絶滅の可能性に道を開いた。「今や、キリスト教の伝統的象徴の再解釈だけでは間に合わない。キリスト教は人類をことごとく破壊する力を想定してこなかった」。[29] この危機の意識はその後のカウフマンの著作にも一貫し、アメリカ宗教学会賞を得た『神秘に面して――構築的神学』（一九九三年）においても、再三再四、核戦争の危機に対処できない伝統的神学の不能性を指摘する。[30] どうして神学者は内輪の議論ばかりに熱中して、核問題に真剣に取り組まないのか。核のホロコースト、人類絶滅の可能性は、神の摂理への安直な信頼を打ち砕いた。最後に神が介入して人類を救済するという「機械仕掛けの神」では間に合わない。神は核戦争で人類が滅びることを望まれないだろう。だが、神が歴史に介入し核戦争を未然に防ぐかどうかは誰にもわからない。いやむしろ、核戦争を防ぐ責任は、善悪を判断し自由な主体として創造された人間にある。人類は困った時の神頼みではなく、自分の手で運命を決めなければならない。無為無策のまま核戦争を招くのか、それとも人類の叡智を結集してそれを未然に防ぐのか。錆びた神概念と象徴をおうむ返しにするだけでは怠慢の誇りを免れない。カウフマンは、危機に対処する真に「預言者的な言説」の構築を訴え続けた。[31]

神学とは「想像力」の所産である

カウフマンの歴史主義は人間の現実に焦点を当てている点で、キリスト教の土台を垂直な神的啓示に求めた新正統主義とも、宗教経験という人間心理に求めた古いリベラル神学とも異なっている。カウフマンにとって神学とは、あくまで想像力を駆使した「人間的営み」だった。

カウフマンは神学を「神を明晰に語る」ための学問と定義した。[32] これは別に目新しくもないように映るが、「明晰に」(clearly)と、わざわざ修飾したところがみそである。言い換えればカウフマンは、伝統的神学では現代で神を「明晰に」語れない、それゆえに神を語る新しい言葉が必要だと主張しているのである。

では「明晰に」神を語るには、どうすればいいのか。カウフマンは、それには二つの手続きが必要と論じた。ひとつは、現代経験を正しく理解すること、そしてその理解に基づいて神、人間、歴史といったキリスト教のイメージと象徴を革新することである。核の脅威、エコロジー危機、貧困、失業、環境汚染、食料不足と、世界が深刻な事態を迎えているのは誰の眼にも明らかであり、キリスト教の旧態依然たるイメージや象徴でそうした事態に処するのは不可能である。正統主義者は問題が手に負えなくなると決まって神啓示を持ち出す。だが、それで人が納得すると思ったら大間違いである。神にしても啓示にしても、旧態依然のままでは現代に通用せず、力ある解決方法も生み出せない。今日の世界の諸問題に対処できるよう、キリスト教をラディカルに改変することが必要だ。

カウフマンが必要だと考えたもうひとつの手続きは、教理と象徴を現代的に再解釈した後、今度はそれをもって世界に挑戦することである。キリスト教の現代的解釈だけで満足すればリベラル神学の失敗を繰り返すだけだ。

キリスト教は独自な概念、イメージ、象徴を備えた力ある宗教であり、もし今キリスト教が現代と真正面から取り組まず、人類と自然を正しい方向に導かなければ、地球そのものが破滅する危険がある。

カウフマンは、キリスト教の革新のためには、特別な構えが神学者に必要と論じて、次の三点を挙げた。まず（1）神学者は公共社会に開かれた言説を心がけるべきで、教会の内側だけに通じる論理で満足していてはならないこと。教会にとらわれないで、学界、社会、他宗教などとも積極的に対話し、学びあう姿勢が肝心である。次に（2）神学が人間的営みであることをわきまえる必要がある。神学者は世間が「神学論争」と揶揄するほど不毛な論争をし、些細なことでも自分が絶対に正しいと譲らないことがある。わずかなことでも、やれ正統だ、異端だと互いに排斥することに熱中する。しかし、神学が人間的営みにすぎないとの認識をしっかり持てば、もっと胸襟を開いた論議ができるのではないか。そして（3）神学には何よりも「想像力」（imagination）が必要である。神学は重箱の隅をつつくような訓詁学でなく、自由な人間的知の所産である。カウフマンに特徴的なのは、この最後の構え、神学における「想像力」と「想像的構築」（imaginative construction）の活用であるが、このことについては後に触れよう。

科学時代の「神」のイメージ

「ラディカルな神中心主義」を唱えるカウフマンの流儀は、神のコンセプトを現代世界に固く連結させようとすることに特長がある。言い換えると現代人の経験によって神概念を具体的に補強し、そうした神概念をもって往還的に現代世界の限界性を暴いて、それを相対化するという方法である。[33]では現代に語りうる神概念とは、カウフマンにおいていったいどのように想定されるのだろうか。

現代的神論を構築するにあたってカウフマンが最初にしたのは、キリスト教の伝統的神観の分析である。キリスト教は今日まで神をどう理解してきたのか。「社会的、文化的、歴史的」な文脈の中で、神学は神にどんなイメージを与えてきたのか。「神」というイメージにはそれこそ無数の連想が付きまとって、これほど見失われやすいものはない。カウフマンによると、キリスト教的神観のルーツになったのは「万物の創造者」「世界の主」「人間を愛する父」など、古代教会の比喩や隠喩であった。原始キリスト教は神を語るにあたって「主」や「父」の比喩を用いた。このような暗喩が用いられたのは、古代人がそれを通して「内在」と「超越」という神の相反する性格を一緒に表すことができると考えたからである。「父」は、困難に直面した人間を守り救い出す神の庇護者としてのイメージにぴったりである。一方、「王」や「世の審判者」は、混沌とした世界を裁く力ある存在者のイメージに寄り添う。人はそうした超越的な審判者のイメージを持つことで、人間の価値、思惟、行為すべてが相対的でしかないこと、そして人が有限的存在であることを知る。こうしてキリスト教のもっとも古典的な神は、人類を救済する「父」のイメージと、世を統治する「王」や人類を裁く「審判者」の二つのイメージで描かれた。救う者と審く者との相反する二つのイメージは、一方が強調され、他方が軽んじられたりすれば、たちまち均衡を崩してしまう。すなわち超越的な審判者としての神に力点がかかれば、神は抑圧的で、人がどんなに抗っても太刀打ちできない専制君主のようになる。逆に救済者のほうばかりが強調されれば、神は人間に厳しい道徳も義務も求めない偶像に堕してしまう。二〇〇〇年間、キリスト教の神観は、この二つのイメージ――超越的で厳しい「主」と愛に満ちた家長的な「父」――との間で絶妙な均衡を保ってきた。しかし今、その使用価値は尽きた。現代人は専制的な「主」にも家長的な「父」にも違和感を持つようになったからである。

では、神をどのようなイメージで語れば再び現代人にも理解可能になるのだろうか。

カウフマンは、現代の特徴は科学的にものを考えることであって、それを抜きに神をイメージすることはできないと考えた。量子力学、原子学、素粒子論、相対性理論と、二〇世紀の人間は宇宙、自然、人類について前世紀とは比べものにならないほど膨大な情報を持つようになった。また近年では環境意識も進歩した。[34]そうした中、時代の先端的科学が示唆するのは、宇宙の発展は蓋然的ではなく、自然と人類も一定の法則性に従って生成してきたという事実である。神のイメージとキリストの象徴が改変されねばならない理由がそこにある。現代の物理学は事象間に働くエネルギー、「豊穣な創造力」を想定せずには成立しない。ビックバンと宇宙の膨張、人類の漸進的進化、地球環境の保全問題は今日改めて宗教の意味を問い直している。キリスト教は、ダイナミックな科学的世界観に対応して神のイメージを修正する必要に迫られている。

カウフマンは、神を「内在」と「超越」のカテゴリーに分けて論じる時代は終わったと考える。バルトが鮮やかに論じたように、確かに「超越的他者」の概念がなければ、聖書的神を語ることはできない。またティリッヒが述べた神の「内在性」に着目することなく、宗教経験の意味を問うことも不可能である。しかし、それでも内在と超越の範疇で、神の様態《モード》を論じる時代は終わった。むしろ神のイメージは「生態進化に働く創造的エネルギー」「宇宙運動にある法則性」など、科学を考慮した書き方に修正されなければならない。これまでキリスト教は、人間的メタファーと象徴を用いて、「主」「王」「父」などと、神を人格的に語ってきた。そうした隠喩と象徴は、家父長的という短所はあっても、人々にとっては身近で受け入れやすかった。「父なる神」のイメージは古代人に安らぎを与えた。また、「王」という隠喩も、戦争など民族存亡の危機にあったとき、確かな後ろ盾として中世の人々に受け入れられた。これはこれで評価できる。だがそうした人格的な隠喩と象徴で現代も切り抜けられると思ったら大間違いである。宇宙の誕生と膨張、充満するエネルギー、エントロピーの創造的活動、法則性ある生物進化などの科学的カテゴリーを踏まえれば、キリスト教の神は生成、進化、発展、躍動、方向性、目的性といった諸要素によって再構築されなければならない。[35] 今日、人間のライフスタイルは一時代前に比べて劇的に変化した。いや人間だけでない、エコロジーの危機にも直面した人類は、自然をいっそう「人間化」(humanize)する必要にも目覚めつつある。カウフマンは、人間、自然、宇宙を支える「根源的力」として神のイメージが、今日、新しく綴られるべきだと論じたのである。[36]

キリストとはイエスと群衆のコミュニタス

キリスト論は教理学に従えば、神、世界（ないし被造世界）、人間に続く第四のカテゴリーである。しかし順序はそうであっても、イエス・キリストの重要性は人間よりも低い四番目だというわけではない。いや、それどころか伝統的なキリスト教信仰において、キリストはあらゆる教理項目の真中、規範になる。神の何たるかは、イエス・キリストの啓示を通して人間に開示されるし、人間を論じるにしても、まず「人間の原像」たるイエス・キリストを知ることで、ようやくそれを始めることができる。

徹底的な「神中心主義」を唱えるカウフマンとて、キリスト教伝統に従ってキリストを中心に据えることにやぶさかではない。[37] いやカウフマンにとっても、キリストこそが神と人間、世界を知るパラダイムであることに変わりない。イエス・キリストは「キリスト者に神とは誰であり何のことなのか、また真の人間とはどのような者かを啓示する」土台である。[38]

しかしカウフマンは、現代においてキリスト論に二つの修正が施されなければならないと留保をつける。第一の修正は、「ナザレ人イエスに関わる出来事」を「広い和解的共同体」の事件として解釈し直すことである。これまで神学者はキリストを個人的な象徴として捉え、聖書学者もひたすら史的イエスに眼を注いできた。教理学者はキリストに神の受肉を見るのに忙しく、新約学者は歴史上のイエスの言動を探ることに余念がなかった。しかし現代においては、イエスをキリストと告白する信仰共同体の問題として再解釈していくことが望ましい。[39] キリストという象徴を大切にし、史的イエスを探求しつつも、もっと視点を広げて、イエスに信従した人々の「相互関係性」の中でキリスト論を考えることがふさわしい。「『神はイエス・キリストにおいて人となった』という受肉論は、神がイエス個人に受肉したということだけでなく、「イエスを取り巻く共同体も視野に入れて理解されるべきである」。[40]

ポストモダン思想はいろいろな側面で切り取ることができるが、人間を「主観性」（subjectivity）ではなく、

「間主観性」(intersubjectivity)、つまり人を他者との関係において理解することもその大きな特徴である。[41] カウフマンの神学は、主観性、個人主義の克服を目指す昨今のポストモダン的傾向と軌を一にして、キリストをイエスの歴史的人格に限定せず、イエスを取り囲む人々との間主観性、相互関係の中に置こうとする。このことの意味はおいおい明らかにするので先を急ぐ。

キリスト論におけるカウフマンの第二の修正は、キリスト象徴の歴史的な機能についてである。イエスの生涯における最大のハイライトは、言うまでもなく十字架上の死と復活で、これを語らずしてキリスト教は意味をなさない。しかし歴史的に見ると、十字架と復活の出来事は「両面性」(ambiguity)を持っており、必ずしも人間の自由に寄与することばかりでもなかった。キリストの十字架は、神が人類を愛して、神のひとり子イエス・キリストを世界の贖罪のために犠牲にされたことの告知であり、これは積極的な意味を持つ。しかし十字架という象徴は、他者のために自分の命を惜しんではならないという義務を、社会的弱者、特に女性に強いるものとしても機能してきた。復活のキリストも同じである。「勝利者キリスト」の象徴には常に好戦的君主のイメージが付きまとい、イスラム教徒をはじめとした「異教徒」の征服、植民地の争奪に明け暮れる「キリスト教帝国主義」の片棒を担ぐことにもなった。そうした負の遺産はキリストという象徴の誤った使い方だと一蹴するだけでは収まらない。十字架はキリスト論だけでなく、神論、人間論、救済論など、多くの教義にも関わってくるからいっそう深刻である。

カウフマンはそうした歴史的反省に立って、抑圧的でない視座からキリスト論を構築し直そうと提起した。カウフマンが目指したのは、キリストを人間相互の社会的な関係の中に捉え直して、貧しい人々の友とすることだった。もはやキリストはこれまでのような、世界を「統治する権能を持った」全知全能の支配者であってはならない。そうではなく、個人と社会の漸次的な変革を通して平等、扶助、自治など理想を掲げる「和解の共同体」に人々を招く者とされるべきだ。[42]

では和解の共同体という新しい構想の中で、「神」と「キリスト」はいかなる関係を持つのだろう。このことをカウフマンの三位一体神論に触れて少し説明しておこう。

カウフマンは神を、宇宙の生成と進化というプロセスの中に置いて、キリスト教の三一神論にユニークな解釈を施した。まずカウフマンは三位一体を論じるにあたって、伝統的「父／子」の人格概念を棄て、それを「意図」（Intention）のコンセプトに置き直した。これによれば、三位一体の第一「意図」、伝統的神論で言えば第一格の「神」にあたるものは、超越や絶対を表す「事象の究極的神秘」のことである。次の第二の「意図」すなわち従来のキリストは、人類に進化と発展の道筋を示す道標である。そして第三の「意図」すなわちこれまでの言葉で言えば聖霊は、第一の究極的神秘を人間の有限な経験に伝える媒介者であって、これによって超越的な神秘が人類と宇宙の双方に愛をもって関わることが伝えられる。神は人間からはるか彼方に離れた存在ではなく、「すべての被造物に外在し内在する」。こうした三つの特徴を欠いて神は神ではない、少なくともキリスト教の聖書が示す神ではない、カウフマンはそう論じるのである。

「意図」による神の三位一体

はたして父・子・聖霊の伝統的三一神論を、「意図」をキーワードに再解釈することがいかほど助けになるか、と首を傾げる読者もいるかもしれない。しかしその正否は別にして、カウフマンにあるのは、神学は人間的営みであるという強い思いである。現代人はこれまでの人間とはまったく違った意識を持っている。とすれば、神学は根底から現代的に変わるのが当然だ。今日の人間は、歴史の大きな発展の中で個人同士が互いに密接に関わり合っているという認識を持っている。(43) 人間は、啓蒙主義者が信じたような、「個人」や「主観」といった単独的な存在ではない。人と人、人と自然の深い共生関係の中に生き、絶えず生成し発展していく宇宙の一部である。人類は歴史の巨大な流れに沿って進化を遂げていく。カウフマンはそんな意識を持つ現代人を、「歴史的で生態的な人間」と定義したのである。

カウフマンによれば、二一世紀の当面の神学課題は、この「歴史的で生態的」という現代人の意識を手がかりにして、未来に向けて共生の道を探ることにある。今日、人類の目標を人間と自然との共生へと転換しなければ、人類は遅かれ早かれ、滅亡の危機に遭遇する。その危機の回避のためにも、キリスト教はその教理だけでなく、信仰生活のスタイルや宗教道徳を全面的に問われ、練り直されなければならない。われわれはこれまで近代の楽観的精神性でもって、道徳であろうと生活スタイルであろうと、きわめて個人的で内面的な仕方で理解してきた。しかしこれからはすべてが変わる。キリスト教の倫理も教理も、自然的生態系というマクロ・パラダイムのもとで再構築されなければいけない。自然を保全する人類の責務はますます重くなる。人間中心の近代は終焉した。キリスト教人間論の特徴は、人間を罪の存在とするところにある。正統主義だろうと自由主義だろうと、キリスト教である限り、罪の概念を抜きに人間を論じることはできない。では、罪の存在というキリスト教人間観は、ポストモダンの未来に向けてどう再定義されるべきなのか。

カウフマンのキリスト教的人間論は、カント哲学を下敷きに、人間を理性的存在と定義することから出発する。カントは理性を重んじる人間を理想にした。それはそれでいい。だが、どんなに意識的に振る舞おうとしても、われわれは完全に理性的であることはできない。善悪に責任応答的であろうと努めても、過ちを犯し続けるのが現実である。人を不安や絶望へと駆り立てるのは、こうした不完全さの意識である。人は誰しも自分に対しては不満を持ち、他者に対しては攻撃的になる。これが拡大すると不正と腐敗が共同体に蔓延して構造悪を生む。キリスト教の人間論は共同社会の困窮という罪の現実を抜きに論じることはできない。こうした現実の分析の上にカウフマンが試みるのは、罪ないし悪を、従来の個人主義的な理解を超えて、広く歴史共同体に据え直すことである。カウフマンがキリスト教の救済論を個人的にではなく、世界を「人間化」するプロジェクトとして再解釈するのもこのことに関係する。

さらにキリスト教における罪の概念は、人間個人や共同体に関わるだけではない。キリスト教の罪概念における最大の特徴は、それが人間の神からの離反としてラディカルに論じられるところにある。罪は、個人の道徳的な悪、抑圧や差別の社会悪としてだけでなく、神との垂直次元でも考えられている。では、カウフマンはこの神と人間との間の罪をどう考えるのか。

神論の修正を目指したカウフマンが、「意図」という躍動的な人格概念を用いたことは先に述べた。それは罪の理解にも用いられる。人間は神に背くという根源的な罪を犯した。カウフマンによれば、この場合の罪とは人間が神の意思に従わないかたくなさのことである。人類は、世界を「人間化する」（humanize）という神の意思、愛に満ちた意図に十分耳を傾けてきたとは言い難い。もしわれわれが、自分の生活や公共施策において「人間化」を怠るならば、それは神に対する罪となる。周知のようにキリスト教は初代教会の誕生時から「神の国」における救済を説いてきた。しかし、神の国の救済とは、死後に「あの世」で魂が憩うことの約束ではない。神の国の救いとは、この世をいっそう人間化する責任を意味する。言い換えれば、人が歴史に責任を持ち、人類と自然を破滅から救助すること、これが罪からの救いである。もしキリスト教の神の国というヴィジョンを万人が共有できるなら、われわれにはまだ希望がある。諦念ではなく行動で悪を克服していくなら、人類の破滅を防ぎ、自然環境の破壊から世界を救うことはまだ可能なのだ。

当然、キリスト教の正統主義者は、カウフマンのこうした歴史的／エコロジカルな「罪」や「救済」理解に激しく反発した。カウフマンはキリストの贖罪死の意味がまるでわかっていない。彼は世界の人間化が救済の意味だと言っている。それを認めれば、キリスト教の人間観も救済観も失われたも同然である。カウフマンの過ちはキリスト教と世俗的ヒューマニズムの混同にある。キリスト教は単なるヒューマニズムではない。正統主義者は、罪のラディカルな理解、「神の国」の歴史終末的な意義が失われればキリスト教の存立そのものが危うくなるとカウフマンを批判したのである。

これに対してカウフマンは、キリスト教の存立が危うくなるなどということは些末な問題であると反論した。キリスト教が唯一絶対の宗教で、他宗教や世俗的イデオロギーは劣っているなどと考えてはならない。現代は多元主義の時代であって、キリスト教が世界支配を夢見た時代はとうの昔に終焉した。むしろ今日しなければならないのは、キリスト教徒が他宗教者やヒューマニストと連携し、世界を人間化するために対話を重ね、どうすれば環境破滅や核戦争の脅威から世界を救えるかという問題解決のために叡智を互いに出し合うことである。(44) そのためには今こそ神学的「想像力」を発揮して、キリスト教を根本から再建しなければならない。時間はあまり残っていない。大量破壊兵器の誕生、地球温暖化、エコロジーの危機はキリスト教の存続そのものを脅かし、全知全能の神という概念を完全に陳腐化させている。

バルトの影響が色濃いカウフマンの初期には、こうしたラディカルな主張は間接的にしか見ることができない。神論においては客観的実在としての神が論じられ、キリストの特殊啓示にも強いアクセントが置かれていた。しかし七〇年代以降の著作では、彼の危機意識はいっそう顕わになって、ほとんどすべての著作にわたって神学の転換、あらゆる信仰の現代化、「想像力」の必要性が叫ばれるようになった。初期では「世界」や「人間」の概念もまだまだ抽象的で、伝統的神学の枠内で論じられているとの印象が強いが、人類と自然が未曾有の脅威に晒されているとの認識を強めたとき、カウフマンの神学は大きく、しかも大胆に転換したのである。

3　トレーシーの超越と内在の弁証法

現代カトリックの先端的知性

カウフマンがメノナイト派プロテスタントなのに対して、トレーシーはカトリック・リベラルの頂点に立つシカゴ学派の神学者である。彼は当初からカトリックの現代化の課題に意欲を燃やし、超越論的トミズムのカール・ラーナー、バーナード・ロナガンとの対話の中で自身の神学を模索してきた。(45) 最近はガダマーやリクールの解釈学、(46) さらにポスト構造主義やポストモダン理論と、対話の幅を大きく広げている。

デイヴィッド・トレーシーは一九三九年、マンハッタンに近いヨンカースに生まれた生粋のニューヨークっ子である。ニューヨーク・聖ヨセフ神学校を最優等で卒業し、カトリックの総本山ローマにある教皇庁立グレゴリアン大学に留学して博士論文に取り組んだのは、第二バチカン公会議の白熱した議論が続く六〇年代中葉のことだった。無事に研究を仕上げて公会議の開放路線の息吹に背を押されるように帰国、ワシントンのカトリック大学で教鞭を取った。シカゴ大学に招聘されたのは一九六九年で、以来そこでカトリック神学の進歩的教授として論陣を張ってきた。著作活動はすこぶる旺盛な上、人脈作りにも才能があると見え、一九八九年にはハンス・キュンクを誘ってカトリック神学シンポジウムを主催し、それを「神学におけるパラダイム転換」(47) と題して公表し話題になった。

神学方法に大きな関心を示すトレーシーは、カトリック神学者のロナガンを評論した『バーナード・ロナガンの業績』（一九六五年）を皮切りに、基礎神学、組織神学、実践神学と幅広く発信してきた。(48) とりわけ洛陽の紙価を高めたのは、リベラル修正神学の教科書と言ってもいい『秩序への祝われた怒り』（一九七五年）であった。この著作の中でトレーシーは、相関の方法に拠りながら、現代の人間経験に神学を呼応させ、宗教、聖書、神、啓示、人間など、キリスト教の再解釈を大胆に試みた。(49) 同書の中で彼はまた現代アメリカの多元主義的趨勢にいち早く取り組み、多元化する世界の積極的展開を擁護した。そしてこの著作から一〇年余りを経た後に本格的に神学システムの全体像を論じたのが『類比的想像力』（一九八八年）で、これについては後で詳しく紹介する。(50)

いずれにしても、トレーシーは神学を学術としていかに成立させるかという問題に精力的に関わった学者で、その基本は、一方に現代の人間経験（ないしは人間言語）、他方にキリスト教（ないしはテクスト）を置いて、双方を批判的に関わらせるというリベラル神学の相関方法にあった。

人間とは解釈者である

トレーシーは、神学とは「解釈」に尽きると言う。世俗化を強める現代でキリスト教がなお存在理由を持つとするなら、それは解釈するという行為以外にないと断言する。実際トレーシーの論文と著作は、神学の方法、資料、目的、課題、そして展望と、解釈手続きに関するものがほとんどで、その意味ではトレーシーの仕事全体を解釈学的神学と形容してもおかしくない。

解釈学の誕生は、人間の知識が時代の文化や社会環境と密接に絡んでいることが意識され始めた近代以降のことである。知識は普遍的、絶対的にあるのでない。知は真空で営まれるのではなく、歴史、文化、言語、あるいは時代の象徴と不可分に結びついている。いったい「知る」とは何だろうか。知はどのような回路を通じて獲得されるのか。人間の知は歴史や文化にどれほど左右されるのか。知には歴史を動かす力があるのか。そんな問いを携えてトレーシーは神学と文化の関係を探る冒険に乗り出した。

読者の中には、神学が解釈だとは片腹痛いと、トレーシーをせせら笑う人がいるかもしれない。マルクスの『フォイエルバッハに関するテーゼ』の有名な文句「哲学者は世界の解釈に専念してきた。しかし、問題は解釈ではなく変革である」が念頭に浮かんで、だから神学者は空疎な議論に明け暮れて何も実践しないのだと慨嘆する人もいるかもしれない。実際、神学者の議論というのは「ばかばかしいもの」「空疎なもの」の代名詞として用いられることがしばしばある。日本の某首相も野党からあれこれと細かく突っ込まれると「神学論争はもうやめて常識でやろう」と言ってにべもなかった。しかし、そうだからといってトレーシーの本を閉じて机上に投げ出すのは、しばらく待ったほうがいい。「神学とは解釈である」とトレーシーが言うのは、マルクスが批判した実践なき観念論、政治家の言う机上の空論とは大いに意味が異なるからである。

トレーシーの「解釈」とは、この世から退いて永遠に到る道を頭の中で辿った、古代ギリシャの賢人たちの理想のことではない。いやそれどころか事情はまったく逆で、トレーシーの解釈とは世界に能動的に「参与」(participate) して、世界の全容を明らかにしようとする実践的な試みなのである。人間は誰しも誕生した瞬間から、ある特定の歴史、言葉、文化、社会の中で生きることを余儀なくされる。われわれは白紙のまま生まれ育つのではなく、最初から特定の歴史、言語、生態に「投げ込まれて」(ハイデッガー) 生きる。このことは個人の好き嫌い、選択、意志とはまったく関係ない。では、人はまったくの受け身なのかというと、そうではない。人間は歴史に参与して、それを自分の手で変革する主体であり、その意味では「人は自分が望む人間になる」との格言は正鵠を得ている。では人はいかにすれば自分が望む人間になっていくのか。その答えは、言語を通してである。言語の獲得こそ、人間を他の動物から区別するもっとも大きな指標である。人間がどう言語を習得していくかと言えば、生まれた地域の言葉を文法書で学ぶのではない。百科事典を読んで国の文化と歴史を学習するわけでもない。人が言語に限らず物事を習得していくのは、日々の生活の中で親、友人、知人、教師などの共同体的関係を通してである。言い換えれば、人は人々と関係することで知を獲得するのであって、これこそ人間の人間たるゆえんである。「解釈する」とは実はこうしたプロセスのことである。言い換えれば、言葉、象徴、物語、比喩など共同体的文化によって、自分と世界を知っていくことである。例えば何か重大な事件が起きたとする。するとわれわれはその情報を得ようとテレビのニュース番組にチャンネルを合わせ、新聞を読み、家族や友人と論じ合って、事件の意味を探ろうとする。似たような過去の事件と比べたり、差別化したりしながら、いっそう的確な理解を得ていく。それがトレーシーの言う「解釈」という人間独自の知的営みに他ならない。

解釈は些細なことと思う人がいるかもしれないが、けっしてそうではない。行動し、思慮し、判断し、理解しようとするとき、いや何かの漠とした感情を抱いたときも、人はみな解釈をする。理解とは解釈のことである。正しい行動とは、的確に情況を判断し、適った道を探すという解釈である。……成熟した人とは知を働かせ、判断し、行為し、経験する人のことである。自覚しようとしまいと、人間は一個の熟練した解釈者である。[51]

人間とは熟練した一個の解釈者である、とはなかなかにスマートな物言いではないか。トレーシーに言わせれば、私たちの生そのものが解釈であって、実証を重んじる科学者でさえ、実は時代の枠組みに沿ってデータを解釈している。こうしたトレーシーの考え方の奥にあるのはハイデッガーの哲学である。その事情は別のところで触れるのでこれ以上立ち入らないが、ここで押さえておくべきは、トレーシーの解釈学が行動する知の特徴を持つということである。神学者を含めて人は解釈することで自分を知り、世界を知り、いっそう人間らしい人間へと成長する。ひとことで言えば、生きることは解釈することである。解釈は知識人や教養人の占有物ではなく、すべての人々に開かれた営みである。人は解釈を通して真に自分と世界とに出会うのである。

神学的に解釈するとは

解釈という営みは、解釈する主体、解釈される客体、そして両者をつなぐ関係の三つで成り立つ。ある出来事を「知る」とは、解釈する者と解釈される事柄の間に納得できる関係が結ばれて、ひとつになったときに起こる現象のことである。[52] 問題は、そんな現象がなぜ神学に必要になるのかということである。

神学が哲学、経済学、法学など、他の学術と決定的に異なる点は、神の概念を前提にするところにある。キリスト教神学は「絶対他者」「畏怖の感情」（ダス・ヌミノーゼ）「イエスの人格とわざ」「神の啓示」「堕落」「人間存在の恐れと慄き」など実に多くの独特な概念、象徴、隠喩を含んだ学問である。神学はこうした概念、象徴、隠喩を手がかりに、人間が経験する「尋常ならざるもの」や「非日常的な出来事」の解釈を試みる。人はときとして自分の周りの壁が一瞬のうちにほとんど消え去るような神秘的経験をする。世界と自分が溶け合って、永遠とはこのようなものかと恍惚となる瞬間がある。あるいはまた、世の深淵を垣間見た思いがして恐れ慄き、自分の魂に深い闇のあることを知って身震いする。トレーシーはそんな尋常でない経験や事件、魂が戦慄する密度の濃い出来事を特に「限界経験」(limit experience) と名づけた。

実在の宗教的次元は、科学、道徳、文化など通常の人間活動では描き出すことのできないものである。宗教的次元は限界経験を取りあつかうがために、究極的な根底とか地平といった言葉によってだけ姿を露わにする。(53)

いったい私は何者か。なぜ今ここで生きているのか。人生には意味はあるのか。自分が生を受けたのはなぜか。どうして死ななければならないのか。世に悪が蔓延するのはなぜで、悪を克服する希望はどこにあるのか——人は普段の生活の中でそうした疑問を深刻に考えることはない。だが、ひとたび疑問が魂に沸き起こって執拗に問われるとき、人は人生の「限界経験」に直面する。その経験の力は深く、人生を生きる原点、常にそこへ立ち返っていく起点になる。限界経験は単に不思議や驚きの経験ではない。むしろそれによって人が根底から震撼し、同時に新しい「信仰、希望、愛」(コリントの信徒への手紙1 一三・一三) を見出していく神秘的経験である。

トレーシーはキリスト教を、こうした限界経験を解釈する宗教のひとつとする。キリスト教は実に多くの象徴と物語に満ちた宗教で、とりわけ「イエス・キリストの人格と行動」は、われわれ人間の限界経験を「いっそう鮮やかに解釈する深み」を持つ。人間経験を客観的に説明する心理学とは異なり、キリスト教的に理解するとは、人間を超えた「絶対他者」の神と出会い、恐れと慄きをもって世界を理解することである。トレーシーは三位一体の神、救済、受肉、創造、イエス・キリストなどのキリスト教独自の象徴や教理を理解したいと願うなら、人はまず自らの実存を「他者」としての神に開かなければならないというのである。

神学の公共的な場

現代ほどキリスト教が発信しなければならない時はない、神学者は時代の趨勢を見極めて、それにふさわしい応答をする責務がある、そう論じるトレーシー自身は、現代をどんな時代として見るのだろうか。

トレーシーが現代を神学的に素描するとき、キーワードとして用いたのは「モダン」と「ポストモダン」である。およそこの二世紀半というもの、欧米キリスト教を支配してきたのはモダニズムの精神だった。モダニズムは人間の自立の可能性に大きく扉を開いた。しかし今日、その主観的な人間観と個人主義の論理は厳しい批判にさらされている。近代主義は人間を均質で、理性による認識を持ち、したがって予測可能なシステムの一部として見た。だからこそ知識とはこのシステムを統御する手段だった。しかし今日そんな知による統御は崩壊し、いまや世界を読み解く複数の真理が競合して「多様性」(plurality)と「両面性」(ambiguity)の概念がいっそう重要になった。また、多様性を肯定し、異質な存在と対話し、協同することが不可欠になった。キリスト教ヨーロッパの優越神話はとうの昔に崩れ去った。世界にはひとつの絶対的真理が君臨しているのではない。これまで世界を「人種的、民族的、性的、言語的」に統治してきたヨーロッパの権威は地に墜ちた。しかし、世界はまだモダニズムに代わる新しいパラダイムを見出せていない。いったい近代が終焉を迎えつつある今、キリスト教は何をどう語っていけばいいのか。

トレーシーは近代の終焉に同意しながらも、反近代主義に与しない。いや、むしろ啓蒙主義的精神を高く評価して、近代が人類に貢献してきた数々を積極的に受けとめる。そこにトレーシーがポストモダン(近代後)ではなく、レイトモダン(近代末)の神学者と評されるゆえんがある。トレーシーの近代超克の試みは、モダニズムの過失を率直に反省し、そこから未来の一歩を歩み出すことで始まった。ポストモダンの思想家たちは、啓蒙主義の虚構を突き、モダニズムの大義名分の裏に隠れた欧米の覇権主義を暴露した。しかし、いっそうの反省が求められているのは、啓蒙主義者や近代主義者よりも、欧米の覇権を背後で支えたキリスト教の教会かもしれない。そうした反省を踏まえた上で、来るべき時代にキリスト教が真に人類の羅針盤、世界認識の「目録」（カタログ）になるためにはどうすればいいのか。人類に希望を示すため、神学者は何を発信すべきなのか。

この問いに答えてトレーシーが試みたのは、神学知のフロンティアの拡大だった。ポストモダンにおける宗教多元主義をいち早く指摘した『類比的想像力』の中でトレーシーは神学者の発信領域を、学界、教会、公共社会の三つに定めるよう提案した。(54)

神学者が語りかけるべき最初の領域は（1）アカデミックな学術界である。カトリックにはプロテスタントと違って、基礎神学という独自な領域があるが、学術界に合理的にキリスト教を弁証することは基礎神学の任務である。基礎神学に関わる者は、神学の知識と一緒に、世俗的学問の一定水準も満たすよう努めなければいけない。次に（2）教会に向けて倫理、信条、教理を整えるという務めがある。これに携わるのは組織神学で、組織神学者は教会のニーズに注意を払い、教会伝統を基礎にして発言するよう心がけねばならない。そして（3）政治、経済、文化の公共社会にも神学は発信する。これは実践神学の領分で、実践神学者は今日社会がどの方向に向かっているか、課題は何かを注意深く測り、技術、経済、文化動向に対応する感覚と判断力を蓄えておかねばならない。(55)

基礎神学、組織神学、実践神学と、カトリックの神学の分類はプロテスタントとやや異なるものの、トレーシーの意図するところは十分読み取れる。要するにトレーシーは、神学者の責任は教会だけでない、世俗社会や学術世界とも対話する努力を怠るべきではないという点を強調しているのだ。

実にトレーシーの神学の特徴は「対話」（conversation）であると言える。トレーシーは、対話は教条を排して互いに相手を認めることから始まると述べる。対話とは、その過程で、必要とあらば相手を建設的に批判し、共に一致点を探る一種の「知的ゲーム」である。対話をするときに最初から身構えて縄張り意識を持つのは愚の骨頂で、対等な土俵に立って相手に胸襟を開くべきである。それは言わば野球のキャッチボールのようなものだ。対話は自由に意見交換し、そのやりとりの中からいっそう適切な理解へと議論を発展させていくゲームである。対話の相手が生身の人間だろうと、古典的な書物だろうと、一定のリズムで往還することが肝要である。真摯に対話を続けようとするなら、自分の立場を絶対化したり、自分の主張を相手に一方的に押し付けたりしてはならない。「規則に従ったゲーム」の対話は、まず自分の主張を簡潔かつ正確に相手に伝える努力をして、次に相手の言葉を待つ。相手の言葉がどんなに自分の考えと乖離していても忍耐強く耳を傾け、挑戦されているのであれば反論し、誤解されているのであれば躊躇なく正していく。また、必要とあらば論争し、相手の方が説得的と思えば自分の意見を変えることに躊躇すべきではない。[56] 議論のさなかには、相手の見解があまりにも自分とかけ離れていることに驚く場合があるかもしれない。用いる言葉の内容が違ったり、感覚の違いとしか言えないようなことが原因で違和感を持ったりすることがあるだろう。しかしそれでも互いに議論を楽しむべきで、仲たがいする必要はどこにもない。そもそも人は十人十色、考え方の相違は当たり前で、溝はそう簡単には埋められないのである。

神学はアカデミズム、教会、社会と三つの対話領域を持ち、対話は自由で公開性をむねとすべし——トレーシーがあえてそのように論じる背景には、現代において神学がいっそう多元化した現実がある。これまでのキーワードが「統一」であるなら、多元的時代のそれは「対話」である。神学史を振り返ると、かつてはシュライアマハーのように、教理学にも聖書学にも精通し、その上、政治、文化、道徳、教育とさまざまな分野に発言した万能選手がいたことに驚かされる。しかし近代以降、学術としての神学はいっそう細分化し、もはやひとりですべてを論じることは不可能になった。神学者同士が専門を分けて、分業化することの意義がそこにある。これまでは、ともすると組織神学者があらゆる分野に口を挟むきらいがあったが、これからはそうであってはならない。

組織神学者は教会という場の解釈学に専念し、他の領域を実践神学者と基礎神学者に委ねれば、教条的に教会を弁護する悪癖が克服されて、いっそう自由にキリスト教を発信できるはずだ。トレーシーは、神学者が互いに分担を決めて「異なった真理モデル」に従ってキリスト教を発信することができるようになる、と言うのである。(57)

イエスは「古典」である

さてこの神学の公共的場と神学の分業化の議論に絡んでくるのが、トレーシーの「古典」という概念である。トレーシーは神学の革新のためにはキリスト教だけでなく、多様な資料を活用することが不可欠だと考える。それも仏教やイスラム教といった宗教的文献だけではなく、例えば芸術や文学の優れた「古典」も貴重な神学資料になるから、世俗的資料の活用も欠かせないというのだ。

トレーシーの「古典」のコンセプトとはこうである――「古典」とは世界の真実を語らんとする人間精神の結晶である。古典は人を惹きつけてやまず、しかも「ある種の規範的力」さえもっている。こうした古典にはなにも書物だけでなく出来事や人物も含まれ、そうしたテクストや人物は「普遍的な意味合いを強くもち、ひとつの解釈だけには収まらない」。(58)古典は世代から世代へと受け継がれて、それぞれの時代に適った思惟や人間的行為を促す優れた役割を担ってきた。

トレーシーがこうした古典の理解にたどりついたのはハンス・ゲオルグ・ガダマーによってである。ガダマーは『真理と方法』において、古典とはそのものの価値によって人を魅了してやまないものであって、けっしてなにがしかの外的権威によって古典になるのではない、と論じた。古典は人々が知恵を求めて常に立ち返るところである。古典の古典たるゆえんは、絶えず人々によって再解釈され、対話と議論を喚起するところにある。(59)

時代が変わろうと人が絶えずそこに還っていく、そうした意味ではイエスの人格とわざも、それを綴った聖書の福音書も古典であるとトレーシーは言う。いや、それだけではない、維摩経の仏典やヒンドゥーのバガ・ギータ、シェイクスピアの『ハムレット』も、聖書に比しても遜色ない深みをもって広く読まれてきた。しかし宗教古典がこうした古典と違うのは、宗教古典には「濃密な限界経験」（dense limit experience）が綴られていることである。[60]イエス、ゴーダマ・ブッダ、モーセ、ムハンマド、彼らはみな真の意味で宗教古典であって、そうした創始者による宗教儀式、聖典、宗教芸術、そしてその生涯も広い意味で古典になる。人はそうした多種多彩な古典に学ぶことで、人間共同体の歴史、文化、思想、そして全世界を俯瞰する知恵を得ていく。

このようにトレーシーはキリスト教以外の宗教・文化・芸術にも神学資料を得て、多元主義の原理のもとでそれらの活用を試みる。しかし、だからといってトレーシーの中でイエス・キリストがもはや中心的でなくなった、ということではない。彼によれば「イエス・キリストの人格と出来事」は古典中の古典であって、魂を失いつつある現代世界を変革する決定的な土台である。このキリストに出会うことなしに、人はその存在を根底から揺るがされることはない。宗教的「古典」のコンセプトはこのように、トレーシーの神学において重要な鍵になっている。[61]

解釈の多元主義

次に「対話」「古典」と並んでもうひとつトレーシーの解釈学上のキーワードを挙げておこう。それは解釈の「多様性」である。[62]

「広義のコンテクストにおけるキリスト教」という論文の中で、トレーシーは現代世界の多様化を歴史的必然として論じる。「多元主義は世界を計る時代の表象」となった。[63]政治だろうと文化だろうと、あるいは人々の生活スタイルだろうと、どれもみな現代において多様である。もはやこれまでのように、世界をひとつの言語、ひとつの歴史でもって解釈することは不可能になった。「多元主義」（pluralism）こそは、そうした今日の多様性、複合性を承認し、それを積極的に受けとめる文化のキーワードである。

ではキリスト教はこの多元主義にどう対処すべきなのだろうか。多元主義は歓迎すべきことなのか、それとも退けるべきものなのか。

それに対するトレーシーの回答はこうである。選択肢としてあるのは、さまざまなあり方を許容して、その方向で物事を捉えていくのか、それともそうすべきでないのかという二択ではない。キリスト教にとっての選択肢は多元主義か、それとも「一元論主義」(monotheorism)かである。この「一元論主義」はトレーシーの造語で、その意味するところは揺るぎない一枚岩の正統主義に近い。例えば正統主義の教会の牧師は信徒に、信仰告白の一致と教派伝統の遵守を迫る。現代はあらゆるものの価値が揺らぐ不確定の時代である。そうであればこそしっかりした教会信仰、揺るぎない信条告白式、教会共同体の維持、教憲教規に則った信徒生活の鍛錬が望まれる。一元論主義はそう唱えてはばからない。

疑われることのないひとつの真実だけがあるとする一元論主義の思考は、トレーシーによれば、これがキリスト教の未来を閉ざしてしまう。必要なのはそうした狭い一元論主義ではなく多元的な思考である。キリスト教は狭い枠に閉じこもるべきではなく、世界に開かれていなければならない。多元主義は人類全体を視野に入れて、複眼的にものを読む。多元主義の強みは可能性を引き出すこと、絶対に自明とされることさえ批判する力である。キリスト教だけが世界の基準だった時代は終焉し、時代の趨勢は着実に諸宗教の共生へと向かっている。このとき教会は上から一枚岩的に統制されていてはならず、もっと信徒のさまざまな才能、カリスマを積極的に引き出して、自由で開かれた場になるべきだ。(64)

同じことは神学にも言える。これからの神学は、従来にもまして見解の違い、解釈の多様性を認めていかねばならない。それでは混乱が生じるばかりではないかと心配する向きもあろう。しかし解釈の多様性こそ、聖書や伝統といったキリスト教古典に合致したものなのだ。神学するということは、過去の信仰伝統を金科玉条にして訓詁学にすることではない。キリスト教の古典を多様に解釈して、教会だけでなく人類全体にも資するようにすることが大切だ。それなのに教派的伝統や信仰告白の一元的統制に固執する保守キリスト教は、複数の解釈の共存を否定する。そして解釈の多様性を教会信仰への脅威とみなして、頭から受けつけようとしない。特定の信仰信条や教理を踏み絵として人々に強制し、自身の伝統だけを絶対としてそこから逸脱することを牽制する。これではキリスト教の自由で豊かな発展はありえない。

こうしてトレーシーはキリスト教全体においても神学においても、発展の芽を奪う一元論主義を退ける。しかし、だからといって多元主義に諸手を挙げて賛成しているわけではない。多元主義は一歩間違えば「抑圧的寛容」に堕してしまう。いつも真摯な対話ができるよう気を配っていなければ、多元主義は自由放任、無関心、無責任の代名詞になってしまう。[65] 多元主義が成功するかどうかの鍵は十分な対話の積み重ねにあって、そうした努力を積み重ねて初めて真理も解き明かされていくのだとトレーシーは言う。

類比的想像力と万有在神論

「古典」「対話」「多元主義」がキリスト教の未来のキーワードなら、トレーシーの「類比的想像力」(analogical imagination)の概念は、神学を円滑にするための技術であると言っていいかもしれない。現代は対話の難しい時代で、私たちの間にはいろいろな価値観が混在し、それだけ世界はいっそう複雑さを増している。だからこそ互いに対話が必要になるのだが、トレーシーは、対話を生産的にしようとするなら技術が必要になると言う。すなわち、対話をするとき人は、相手と自分が違うこと、「差異が存在する」ことをまず認めてから始めなければならない。他者を真に他者たらしめてから、相手との「類比点」を探し出してコミュニケーションを図らねばならない。まず認めるべきは相手と自分の間には考え方の相違があるということだ。人は十人十色、それぞれ立場も環境も感性も異なっている。しかし、相手が違うからといって最初から突き放しては何も始まらない。相手の言説の中に自分の考え方との「類比」を読み取る努力を惜しんではならない。対話を成功させるためには差異を認めた上で、なお共鳴できる点、似通った構造を見出そうとする努力を重ねていく必要がある。

しかし真の対話は類比や類似点を見出すことで満足しない。相手の論理の優れた点と欠けた点とを発見し、自身の主張の過不足も含めて対話者と共に統合を探っていかねばならない。「類比的想像力」の醍醐味とは、実にこうした相互理解と相互批判を繰り返す中で弁証法的に対話者双方を高めていくことにある。(66)

共通点を探って互いに理解と批判を積み重ね、多様性を認め合うというこの類比的想像力という方法を、トレーシーは神学上でさまざまに試みた。例えば現代的神論の再構築において、彼は理神論、有神論、汎神論と対話を重ね、それらの神理解に詳細な分析と公平な評価を加えようと努力した。マルクス主義の無神論さえ頭から否定せずに、マルクス・レーニン流の宗教アヘン論に慎重な解析を施し、マルクス主義がなぜ今日もこれだけの影響力を持つのかを読み解こうとしたのである。そもそも無神論とは何であり、その起源はどこにあるのか。戦闘的無神論者が現代人に広く共感をもって迎えられた理由はどこにあるのか。無神論にあって有神論にないものは何か。キリスト教的有神論は世俗的無神論からいかなる挑戦を受け、無神論に何を問いかけるのか。

そうした対話の帰結としてトレーシーが得たのは、「万有内在神論」(panentheism) という、現代プロセス理論にも合致する神の躍動的なコンセプトだった。絶えず生成する世界にもっとも適した概念は「経緯」(プロセス) であって、神は世界に内在しつつ同時に超越する発展的な神である。人間を包みこむとともに超越する他者としての神なくして人の生を意義づけることはできず、人間という存在の視界を一歩も出ない言説は味気なく物足りない。キリスト教は今後、聖書的神のイメージを基礎にしながらも、神のダイナミックな可変性と受苦性を真摯に受け入れていかねばならない。キリスト教の伝統的神概念は全知全能で、苦しむことも発展することもない神だが、それではあまりに硬直的である。もっと活動的な神のイメージが必要である。むろん神の超越性はあくまで擁護されねばならず、神を人間の地平に押し下げてしまえば偶像崇拝に道を開く。超越的他者の概念なくして人の生は意味を失う。しかしだからといって、正統主義者や新正統主義者のように、神を「絶対他者」に祭り上げて人の手のとどかない彼方に安置するだけでは問題が残る。神は超越的であると同時にラディカルに世界に内在する。神の超越性と内在性双方を弁証法的にイメージしてこそ、「真ノ神ニシテ真ノ人」というキリスト教の信仰定式、ニカイア・カルケドン信条の意味が明らかになる。

多元主義時代のキリスト論

ではキリスト論は現代においてどのように修正されればよいのか。現代のキリスト論を構想するにあたってトレーシーが選びとったのは、現代聖書学の成果、歴史批評学と対話することで、ひとまず「史的イエス」の実像に迫ることであった。キリスト教のパラダイムが、聖書が証しするイエスという歴史的人間像にあることは言うまでもない。ところが興味深いことに、イエスを描く記述はマタイ、マルコ、ルカ、ヨハネと福音書だけでも四つもある。ということは福音書がすでに多元主義的だということである。キリスト教会は、複数の福音書のどれかひとつを無用として捨てることはしなかった。福音書記者の神学も多様で、互いに相反する場合があるのに、どれをも正典として採用してきた。

いやそれだけではない、救世主としてのイエスのイメージも原始キリスト教の成立から今日にいたるまで、多様に綴られてきた。歴史的に西洋キリスト教は大きく分けて二通りにキリスト論を発展させてきた。ひとつはカトリック教会の「顕現」(manifestation)のキリストであり、もうひとつはプロテスタントの「宣告」(proclamation)のキリストである。カトリック教会は、キリストの顕現を教会のサクラメント、特に聖体拝受の中に「実体的」に見て「知ラレタル神/知ラレザル神」の弁証法で信仰を言いあらわしてきた。他方プロテスタント教会のほうは贖罪、十字架、神の言葉の理解をもとに、キリストを「隠レタル神/啓示サレタル神」と「暗喩的」に解釈してきた。

カトリック神学者のトレーシーはカトリック教会の伝統に則って、「知ラレタル神/知ラレザル神」のパラダイムに沿って「キリスト仮象論」（Christo-morphic）から出発する。すなわちナザレ人イエスへの神の受肉は、有限ではかない人間に、無限で永遠な神を知らせる特別な秘儀であって、「知られざる神」を人間に「知らせる」という神の恩寵のわざだったと解釈した。しかしすでに述べたように、トレーシーの方法は批判的対話を通しての多元主義にあって、カトリック伝統だけで満足はしない。確かにヨハネ福音書に起源を持つキリスト仮象論、神の受肉の秘儀は重要な教理である。しかしプロテスタント神学とも対話して、その黙示的で預言者的な姿勢からも学び、カトリック、プロテスタントの統合的理解を試みなければならない。

多元的に神学するというトレーシーの対話姿勢は、プロテスタントとカトリックとのエキュメニカルな対話だけではなく、キリスト教以外の諸宗教にも及ぶが、それはともかく、トレーシーがキリスト教の諸潮流で特に危ないと感じたのは、キリストの啓示を絶対とするキリスト教原理主義の排他性だった。ファンダメンタリストはイエス・キリストを唯一絶対の救済者として譲らず、他宗教に真理性を一切認めようとしない。彼らにとってキリスト教以外の諸宗教は偶像崇拝、迷信にすぎない。そうした独善性も問題だが、それ以上に、ファンダメンタリストが自分たちの聖書解釈を絶対化して、現実世界に対する理解を著しく欠いていることは重大な問題である。それでは結局、硬直した教説と狭い解釈をおうむ返しするだけになる。金科玉条を繰り返して、他の意見に耳を塞ぐことになる。それでは発展がない。宗教対話と多元主義を推し進めようとするなら、こうした方法は改められなければならない。トレーシーは、必要なのは自由な「類比的想像力」と開かれた「対話」の姿勢であると訴えた。キリスト教は預言者的である（プロテスタント）と同時に、秘儀的でもあって（カトリック）、もし両者が対話を継続していけば、きっと新しい神言説が見出されるようになる、と言うのである。

4　修正神学内部における争点

ファーリーの『教会的人間』観

カウフマン、トレーシーをはじめ、多くの修正神学者が新正統神学のリベラル批判を深刻に受けとめてきたことはすでに触れた。早い話がカウフマンにしても、その初期にはバルト神学の圧倒的影響のもとにあり、バルトをどう乗り越えるかという葛藤を繰り返す中で「歴史主義」という彼独自の視点を得たという事情がある。そんな修正神学者の中でも特にバルトを意識したのはエドワード・ファーリーである。ファーリーは修正神学の中でカウフマン、トレーシーに負けず劣らず重要な位置を占めていて、詳論する価値は十分あるのだが、あまり手を広げては収拾がつかなくなるのでここは簡単な紹介にとどめて、カウフマン、トレーシーとの比較の中で改めてファーリーの神学を解説することにしたい。

人一倍熱心にバルト神学を学んだファーリーは、六〇年代半ば、新正統主義の影響力が急速に衰えていく中で、いったい衰退の理由はどこにあるのかという探求から自分の神学の第一歩を踏み出した。長い思索と研究の果てに得た彼の結論は、もはやバルト的な「神の言葉」では立ちゆかない、むしろキリスト教は「神話」(*mythos*)として新しく語り直されねばならない、というものだった。

神話と聞くと、近代主義の洗礼を受けた現代人の耳には、たわいないもの、真偽の疑わしい空念仏のようなものとして響いてくる。実際、辞書を引いてみると「〜の神話が崩れた」という用例が真っ先にあって、「根拠がないのに絶対的なものとして信じられている事柄」と解説されている。加えて、神学を学んだ者には神話を「非神話化」を試みたブルトマンの聖書解釈学の存在が鳴り響いてくる。今日の神学議論においても、「神話」と言えば、虚構を意味するものがほとんどで、軽蔑的な意味さえ含んで使われている。

しかしファーリーが言う神話は、曖昧模糊としたフィクションとはだいぶ趣が異なっている。神話とはもともと「聖なるもの」に対する人間の象徴言語であり、人類は古くから宗教を神話と象徴で語り継いできた。そしてキリスト教もその例外ではない。[67] 神話は、口伝であっても記述であっても、いずれも物語という形式を採用してきたところに特徴がある。キリスト教はそうした物語の宗教として時代をくぐりぬけてきた。神話はこのように信仰共同体の貴重な言語なのである。[68]つまるところ、神話は共同体の物語である。ある特定の宗教を信じるとは、その宗教を信じる共同体の日常生活を通して自分も神話に参加し継承していくことに他ならない。ファーリーは近年神話が肯定的な意味で再評価される傾向を受けて、人間の実存について何が真実であり、何が重要なのかを知るためには科学的用語だけでは足りず、神話が人間の文化の基礎的役割を担うことを理解するよう要請したのである。

ファーリーがキリスト教の信仰共同体つまり教会の「系譜学」（フーコー）と銘打った『教会的人間――信仰と現実の社会現象学』（一九七五年）は、そんなファーリーの神話論が展開された著作である。[69] これは言わばハイデッカーの存在論批評のキリスト教版とも言うべきもので、ファーリーが採用した教会の社会現象学は、言語文法に着目する点でリンドベックやフライの「物語の神学」と数々の共通性がある。つまり、ファーリーもリンドベックと同じように、啓蒙理性の超克と実在論批判をとおしてプラトン以来の西洋の実体思考、言語中心主義からキリスト教を解放しようとするのである。[70] それはともあれ、ファーリーはこの『教会的人間』の中で、「われわれが教会と名づける共同体の歴史形式」[71] をいろいろな角度から考えてみると、結局キリスト教というものは教会の歴史社会的場で維持される以外にないと確信した、と述べている。つまり信仰共同体の再発見と言えばいいのだろうか、個々人のキリスト教信仰が育つのは教会という社会的場が確保されているからで、神観をはじめとしてキリスト論、人間論、終末論など、あらゆるキリスト教の教義は、そうした共同体の信仰的枠組みによって宗められている。宗教を考えるとき決定的に重要なのは、信仰者個人の内面や主観ではなく、規則を持った

「共同主観性」のほうである。だから神を語るときも、キリスト教の蚊帳の外から一般理性の尺度をあてはめてあれこれ議論しても仕方がない、これがファーリーの結論である。

さてこの『教会的人間』の連作とも言うべきものが、もうひとつのキリスト教神話論、『教会的省察――神学方法の解剖学』で、この中ではファーリーは、「権威の館」(house of authority)と名づけた伝統的教会にさまざまな角度から光をあてて「脱構築」した。(72)ファーリーの伝統的教会に対する批判は厳しいが、それでも教会という信仰共同体がキリスト教を理解する土台であるという確信は『教会的人間』と一貫して揺るぎはない。

神学の是非を判定するのは、一連の象徴から成る特別な記憶を共有した歴史的信仰共同体である。たとえどんなに些細な過去の信仰言説であれ、その良し悪しを判断するのは共同体なのである。判定の権威は、どのような結果を伴うとも、教会に委ねられる。これこそ現象学と伝統の社会学が、なぜプロレゴメナの軸になるかの理由である。(73)

ファーリーの一貫した教会に対する関心は『神学――神学教育の細分化と統一』(一九八三年)にも引き継がれている。(74)つまり『教会的省察』では教会を神学、哲学、実践の三つの面から論じたのに対し、今度はそれを神学教育にまで延長し、教会コミュニティのコンテクストの中で論じようと試みる。ファーリーはキリスト教の高等教育、また大学の宗教学講座が、宗教の本質や比較といった「客観/中立」の装いのもとに行われることに大いに不満である。つまり、宗教はどれもが特定な歴史や社会環境で信仰されてきた、それなのにこの事実を捨象したまま普遍/一般の範疇で論じるのは不毛だ、と言うのである。(75)ここに特徴的なのは構造主義的な言語理解、ポストモダンに共通する共同体の個別性の強調で、修正主義に立ちながらもポストリベラルのリンドベックやフライに共通した神学的主張になっているのは興味深い。

最近のファーリーはこうした神学の観点からいっそう「キリスト教のパラダイム」論のほうに転じ、贖罪的人間、神、贖罪の歴史媒体（メシアと教会）という三つのテーマに集中的に関わっている。また『善と悪――人間情況を解釈する』（一九九〇年）では人間を第一に歴史を担う個人として、第二に相互関係的な存在者として、そして第三に社会的な存在者として多角的に考える「省察的存在論」（reflective ontology）を提唱した。[76] これらの三つの人間のあり方はそれぞれに重要だが、とりわけ「間人間的」（interhuman）な相互関係的なあり方こそ、歴史的な個人と社会をつなぐ鍵であって、ここにこそ諸活動の判断基準がある、と言うのである。[77] また最新の著作でアメリカ宗教学会賞を受賞した『神の共感性――神の神学』（一九九六年）は、人間の自由とエンパワーメントの感覚を現代における神理解の重要な源とする内容で、神の創造の力と共感をわれわれの時代を導く宗教的指標とするよう促している。[78]

修正神学者の星座表

以上、カウフマン、トレーシー、そしてファーリーの言説を概観してきた。直接には言及できなかったものの、その他にもオグデン、ギルキーなど多くの修正神学者がいる。しかし、そうした修正神学者たちは方法論ひとつをとっても幅があり、取り上げる主題にしても宗教多元主義しかり、エコロジー、物語の言語分析しかりといった具合で間口が広く、七〇年代以降の神学議論のほぼ全域を覆うと言ってもいいほどだ。繰り返せば、修正神学は啓蒙主義を契機に起きた自由神学を批判的に継承し、現代にその遺産を生かそうとする進歩的なキリスト教のことである。それは、正統的キリスト教の教条主義を克服して、現代と対話しながらキリストの福音を今日に意味あるものにしようとする試みでもある。しかしそう言ってはみたものの、取り上げた三人だけでも方法、主張、内容にずいぶんと隔たりがあって、むしろ違いの方に目に行きやすいのが現実である。例えばトレーシーはカウフマンに向かって近代批判が希薄と難じることしきりだった。そんなトレーシー自身はファーリーから、そんなふうにカウフマンを批判する資格はない、トレーシーこそ近代批判どころかその枠組みにどっぷり浸っているではないかと矢を放たれる。他方カウフマンはカウフマンで、トレーシーもファーリーも大差はない、二人ともキリスト教を現代に十分向き合わせていない、と一蹴する。リベラルなキリスト教の退潮著しいアメリカで、小異を捨てて大同につくことがあってもいいのではと筆者には思えるのだが、そこは「批判的思考」(critical thinking)が売りの修正主義のこと、なかなかそうはまとまらない。

しかしよく考えれば、カウフマン、トレーシー、ファーリーの三者三様の批判は、修正神学内の彼らの「星座」(constellation)を描いて興味深いものがある。キリスト教の真理問題を例にとれば、一方の極にファーリーがいて、キリスト教が真理かどうかは教会という信仰共同体の場で問われるべきだと声を上げる。するとその隣のトレーシーは、確かにファーリーの主張はもっともだが、真理問題は教会だけではなくキリスト教の外の世界でも吟味されてしかるべきと論陣を張る。教会という聖域内で真理が成り立つだけなら、学術としての神学も聖書学もまるでむだではないか、というわけだ。そんなトレーシーを中央に、ファーリーと正面から衝突するのがカウフマンで、彼はキリスト教が真理かどうかは、それをまず現代人の経験に照らしてから教会的に論じるべきだと主張する。

つまり右にファーリー、中央にトレーシー、左にカウフマンを配すれば、三者の座標が鮮明になる。カウフマンの眼には、ファーリーはまだ教会という聖域にこだわって相変わらず古いパラダイムを引きずったままのように映る。他方ファーリーからすれば、カウフマンは現代にあまりに目が奪われて、個人の主観性の罠に落ち込んでいると見える。ファーリーがそう思うのは、信仰共同体を離れてキリスト教の真理性を論じることには意味がない、現代に対応させるとしてもそれはその次のステップと考えるからである。しかしカウフマンはまったく逆で、現代で真理と認められた上で初めて信仰共同体での議論が始まるとの態度をとる。一方、ファーリーとカウフマンの中間に位置するトレーシーは(そしてオグデンやギルキーも)、ティリッヒの「相関の方法」に依拠して極端に偏るなと、キリスト教と一般理性の調整を図るのだが、当然ファーリーもカウフマンもそれでは納得しない。ファーリーは相関の方法ではイエスの福音の独自性が曖昧にされると反対し、カウフマンはトレーシーの方法ではキリスト教を十分に批判できず曖昧だと逆の方向から異議を唱えた。

こうした対立の背景には、各々が用いる哲学の違いも関係するだろう。古典的な言い方をすれば、神学は「知解を求める信仰」(fides quaerens intellectus)であって、理性的にも納得しうる論理が欠かせない。神学はこの「知解」(intellectus)を確かなものにするため、さまざまな時代の哲学を援用してきた。パウロはギリシャ思想、アウグスティヌスは新プラトン主義、トマス・アクィナスはアリストテレスや中世のスコラ哲学、ラーナーはカント、ハイデッガーの現象学、ティリッヒは実存主義、解放神学者はマルクス主義や従属理論、といった具合である。一般に哲学と神学は水と油で、哲学者は人間に、神学者は神に拠り所を求めて、まるで別物との印象がある。しかしそれは誤解で、いわゆる「啓示と理性」の問題をめぐって、カトリック神学は今日も哲学を大事にし、プロテスタントにとっても、哲学に敵意を抱く後期の新正統主義を除けば、哲学は神学の重要なパートナーであり続けてきた。

話を元に戻せば、ファーリーが多くを学んだのはフッサールの現象学だった。他方、カウフマンはカントの哲学、トレーシーが学んだのはリクールの解釈学やロナガンの先験的トミズムだったから、方法が異なるのは当然である。それでも、ファーリーとトレーシーはお互いに親近感を抱いていると言っていい。ファーリーの「神話的記述」とトレーシーの解釈学は、カウフマンに比べれば共通項が多い。他方、キリスト教の真理問題では、ファーリーとカウフマンが旗幟鮮明に立場を表明するのに対して、トレーシーは、カトリックの昨今の保守化が影を落とすのか、明言を避ける。そのことがプロテスタントのカウフマンとファーリーには不満である。しかしトレーシーもそんな二人に対して、カウフマンは近代主義の矛盾の認識に欠けるし、ファーリーの近代批判は中途半端だと批判の手を緩めない。(79)

キリスト教は真理の宗教か

だがそうした意見の相違や争点はあるものの、全体としてみればリベラリズムの軌道修正を標榜する彼らは、やはりひとつの神学潮流を形成していると言っていい。

修正主義者はリベラル神学を土台にして、現代にキリスト教を弁証することに重大な使命を感じている。キリスト教が真理であろうとするなら、現代に対してその合理的根拠を示さねばならないと考える彼らは、普遍的な真理性などありえないとするポストモダンの相対主義とは一線を画す。同じリベラリズムの系譜にあるとはいえ、テイラーを旗手としたポストモダンのラディカル神学は、宗教はどれも同じであって特定の宗教だけが真理を寡占しえるわけがないと言う。しかし修正神学者はそうではなく、キリスト教が優位とは言わないまでも、それがなお真理を持った宗教であることを現代に弁証しようと試みてやまないのである。

修正神学者が袖を分かつのは、ポストモダン神学の相対主義だけではなく、それと対極にある正統ないし新正統神学の絶対主義に対してもである。バルトにかなり共鳴するファーリーですら、今日の新正統主義のキリスト教は、真理の証明には教会の「権威の館」と聖書を示せばそれでこと足りるという考えに陥っているが、修正神学者としての自分は断じてこの安易な道を採らないと言明する。トレーシーやカウフマンも、バルトを現代に活かすというポストリベラル神学の試み（リンドベックやフライの言説）が問題を解決しているとは考えない。

では修正神学者らはキリスト教の真理問題をどう捉えるのか。ラディカル神学の相対主義でもバルトの啓示主義でもポストリベラル神学の教会主義でもなければ、どのようにしてキリスト教の真理性を弁証できるのか。この点でも三者三様でユニークである。

この真理問題においてもトレーシーが依拠するのは「相関の方法」、つまり人間が問い聖書がそれに応えるというティリッヒの方法論である。これによってキリスト教が世界の諸問題に十分応えうる真理を持つことを示そうとする。

だがトレーシーはティリッヒより慎重で、彼の「相関の方法」とはキリスト教伝統と現代とを「相互に批判的に検証する解釈」方法であることは、すでに紹介した通りである。(80) キリスト教が聖書と伝統をもとにして人間経験一般を照らし出し、その「限界」を示すのは言うまでもなく、現代社会における疎外の問題も、聖書の自由のメッセージによってその本質が暴かれる。だが相関方法はそれだけに終わらない。キリスト教の側も批判的に検証され、その検証は「聖書の主題に適切な解釈が施されているか、またそうした解釈がキリスト教伝統の主要教理、告白や信条、象徴、神学、プラクシスに正しく反映されているかどうか」にも及ぶ。(81) ティリッヒの相関方法にはキリスト教を批判する契機がほとんどないが、トレーシーは相関方法を採用するにしても、相互批判の概念を導入することで、キリスト教と人間経験の両者が互いに正される道を開こうとしてきた。(82) だからこそトレーシーの方法は単なる「相関」ではなく、「相互批判的相関」だったのである。(83) だがこうした相互批判の流儀にさえ強い疑問を投げかけるのがファーリーとカウフマンである。

ファーリーはトレーシーをこう論難する――人が真理を論じるときには、「事実」と「判断」という二つの要素が絡む。つまり何が実際起きたのかという事実の「読み取り」と、それが起きたのはなぜかという「読み解き」が必要になる。しかし何が事実かは、キリスト教を信じる者とそうでない者とでは違ってくる。信仰ある者が物事を見る目は、信仰という知の形式によってだし、事象を生み出した理由の読み解きにしても、一般理性とは違う「教会のルール」によって判断する。(84) 例えば人がキリスト教の枠組みで何かを見ているとき、それは人が普通の理性で見るのとは違った意味合いを持っている。人が単純に見ているとき、見られている対象はとりたてて象徴的意味を持たないが、信仰のフィルターを通して初めて何かしらの意味に気づくこともある。だからトレーシーが唱える、一方にキリスト教、他方に人間経験を均等に置いて、それを公平に判断するなどという芸当は、理論的にはともかく実際にはできるわけがない。それでもできると言い張るなら、それこそ客観と中立を装う悪しき近代主義の自己欺瞞にすぎない。トレーシーはもっと正直に現実を見て、キリスト教共同体がもつ規範の上に真理問題を据えるべきだというのである。[85]

このファーリーと反対の方向からトレーシーを批判するのがカウフマンである。カウフマンはまずファーリーに、教会に引き寄せた判断をしても、真理が証明されたことにならないと釘をさす。真理は教会の信者だけでなく、どんな人間の基準に照らしても妥当してこそ真理である。キリスト教の身内だけに通用するような、信仰を前提にした「真理」など真理の名に値しない。真理は一般社会で認められて初めて真理となり、そうした普遍な尺度に合格してこそ、「神」や「宇宙」といった概念も現代人に説得的になる。だから教会の「一元的」権威に頼らず（ファーリーへの批判）、またキリスト教と現代の「二元的」な相関方法へと平板化もせず（トレーシー批判）、「総体的」（holistic）に検証することこそが肝要である、と。[86]

このようにキリスト教の真理問題に関しても、現代にそれを弁証しなければならないという点では一致するものの、三人とも論じ方も結論もそれぞれに特異で、一筋縄ではいかないのである。

現代にあって人間とは何者か

次に、キリスト教人間論を見てみよう。キリスト教の現代への橋渡しを試みる三人にとって、人間はどのような存在なのだろうか。カウフマン、トレーシー、ファーリーの間には、何を現代人の特徴とするかで少なからず隔たりがある。

トレーシーにとって人間は、自分とは誰か、生の目的とは何かを絶えず問い続ける主体的な存在者である。人はときに道を見失い、自分で自分がわからない困惑を経験する。いや日常的な生においてさえ、常に相反する自分を魂の内に発見して戸惑っているのが実情だ。しかし困惑や戸惑いに苛まれても、人は生きる勇気に促され成長する。人間は運命に翻弄されるままの存在ではなく、自然と歴史に働きかけて変革していく能動的な個人である。わけても真に人間らしい人間とは、神との出会いを通して生き方を変え、「アガペー的愛を生きてラディカルに自己を超越する」人間である。[87] トレーシーが定義する人間は、歴史の困難を乗り越えて前に進む主体的な個人である。

他方、ファーリーの人間観はトレーシーとは違って、人間を自立した自我とする前にまず共同体の一員として考える。人間は歴史的、文化的なコミュニティのひとりであって、キリスト教の信仰を持つということも、個人の選択というよりも、教会というコミュニティによって育てられた結果である。とすれば、たとえ「主体」や「自我」「個人」「実存」を論じる場合でも、まずはコミュニティの規範、教理、物語、神話といった「間主観性」を問題にすべきである。人は「自立した個人」という近代主義の抽象的な人間としてではなく、共同体の成員、社会的人間として存立する。ファーリーは人間観の基礎を共同体に置き、普遍抽象的な人間ではなく、共同体的な人間を論じようと試みる。

ではカウフマンはどうか。カウフマンは、何よりも「生態的で歴史的な」コンテクストを重視する。人間は自然と有機的につながり、生態系のマトリックスの中で生きている。人間は個人的にも、世界の矛盾、不安、罪、構造悪に晒された存在である。つまり個であるとともに歴史的でもあって、そうした個と歴史のダイナミックな弁証法の中で人は成長する。「根源的な価値」を否定する悪を絶えず克服しながら、「宇宙の豊饒な運動」の中で日々進化を遂げていく実存、それが人間である。

トレーシーとカウフマンに共通するのは、「主体」ないし「個人」や「実存」という近代人間観を土台にして、その延長上に自身の人間論を立てる点である。[88] 人間を共同体的に定義するファーリーも、あえてそのことには反対しないし、トレーシー、カウフマンも、人間を共同体的な広がりの中で定義するファーリーに一目置いている。いずれにしても三者は人間が歴史的には善悪の両義性を持つことで一致し、人は脅威に晒されながらも、それを運命として甘受せず、所与の世界を変革していく能動者であることに同意する。人間がいかに歴史に関わるかでは異なる見解を持つものの、歴史の主人公という積極的人間観ではそう大きな違いはないのである。

神とイエス・キリスト

では神論とキリスト論はどうだろうか。神信仰が希薄になり、キリスト論に多くの批判と反省が加えられている今日、三人はイエスをどのように描くのか。

まず三者に共通するのは、伝統的な神論、特に権威主義的な神のイメージは現代に適さないとの認識である。神は歴史に働く、いっそうダイナミックなイメージに変えられるべきである。確かに古代や中世でも神は「歴史に働く神」として語られた。だが、その歴史への働き方たるや、暴君のごとくに人間を上から統制し、人間の自由な主体性をまるで認めようとしなかった。人間の運命を弄ぶ専制君主のイメージは今日、時代錯誤もはなはだしい。神概念はもっと「人間的」（humane）に修正される必要がある。もし「神」という言葉が現代に合わないというのであれば、「究極的な実在」あるいは「宇宙の根源」と言い直してもかまわない。とにかく現代人に理解可能な新しい神のコンセプトが必要だ。

トレーシーが語る神は、「内在」と「超越」の弁証法的モードをもって顕現する神で、この点に限れば、伝統的な神観を踏襲する。キリスト教は神を内在と超越の両面で描いてきたが、その伝統は尊重されねばならないというのである。しかし仔細に吟味するまでもなく、トレーシーの強調点は「内在」にある。人間は自分に戸惑い、その有限性に苦しむ。人はそうした「限界経験」を持ったとき、人間を「超越した実在」に出会って震撼する。聖書はこの超越的実在を「アブラハムの神、イサクの神、ヤコブの神」（出エジプト記三・六）と啓示する。トレーシーは、キリスト教が告白するのは、この超越的であると同時に内在的な神、世界に参与する歴史的神だったと言うのである。[89]

これに対してファーリーの『教会的省察』（一九八二年）は、神を内在と超越で抽象的に捉えることがそもそもの誤りであると苦言し、神はただ教会的に論じられるのみ、と主張した。[90] ファーリーによれば、議論がおかしくなるのは、内在論者が神を「歴史に働く」とか「世界に関わる」と論じる一方、超越論者がそれに負けじと神を大文字の「絶対他者」にして世界から引き離すからである。内在だ、いや超越だとそんな抽象論を繰り返しても何も始まらない。キリスト教の神論に唯一確かなことがあるとすれば、それは神が信仰者の共同体に啓示を与え、世界の救済を約束されたということである。したがって「信仰共同体の展開が歴史的な救済行為」となるような神モデルを出発点にすれば問題はないはずだ。

他方、構造主義哲学のキリスト教への積極的応用を試みたカウフマンは、トレーシーの超越・内在の弁証法とも、ファーリーの信仰共同体の神観とも異なる「統合的」(holistic) な神のイメージを提起した。もはや現代では「天の父」といった古色蒼然たる「神話的な象徴」で人々を満足させることは不可能である。人格的な神概念を棄てよ、とまでは言わないが、「宇宙の根源的力」といった科学的述語で修正する方がよほど有効である。[91]

これとの関連でキリスト論にも短く触れておかなければならない。カウフマン、ファーリー、トレーシーはいずれもが、キリストという象徴がキリスト教の要であることに異論はない。だが伝統的キリスト論のどこをどう修正するべきかでは、三人の見解は大きく分かれた。

ファーリーが重要視するのは、「信仰共同体において贖罪主として告白された」キリストである。[92] つまりイエスの歴史的な実像もさることながら、それにも増して大切なのは信仰共同体で告白される「今日のキリスト」であるというわけで、ファーリーは三人の中ではもっとも教会的なキリスト論を唱えた。

このファーリーと対極的なのが、神中心のキリスト論を提起したカウフマンである。彼とてキリストの象徴が「重要な仕方で」信仰に関わるのを否定しない。しかし、その場合でもなぜキリストかと言えば、それはキリストが「復活の希望を携え、十字架の苦難を負った神そのもの」を示すからに他ならない。[93] 簡単に言えば、カウフマンの場合は、神が第一で、キリストは二義的な象徴である。

ではトレーシーはどうか。トレーシーの「神学的想像力」において主役を演じたのは、イエスの「人格」と「出来事」である。彼の場合でも、キリスト論が教理の主眼になることに変わりはなく、[94] この点でも伝統的神学の理解を踏襲する。しかしそうではあっても、現代との対話の中でキリストは再解釈される必要がある。トレーシーは聖書の歴史批評学、最先端の文学理論の導入によって、イエスの歴史像を正して、いっそう現代理性に開かれたキリスト論を試みてきた。

結局、キリスト論に限れば、距離が近いのはファーリーとトレーシーで、両者には伝統の尊重、信仰共同体の重視という共通項がある。これを仮に「キリスト中心」と括ると、プロセス神学のシュバート・オグデンも仲間入りする。オグデンはプロセス神学の章で詳論するので、今は取り上げないが、神学への科学的世界観の導入を試みてきたひとりである。(95) オグデンはもっともリベラルらしいキリスト論を構想するが、(96) そんな彼でさえ、キリストを「神の子」とする理解では伝統的なパラダイムを意識的に継承する。そんな事情を考えれば、オグデンを含めた四人の中で、「神中心主義」のカウフマンがキリスト中心の三者と区別されることは十分に理解できるだろう。

5　リベラル修正神学の功績と展望

修正神学への批判

以上、カウフマン、トレーシー、ファーリーを概観し、修正神学が内部で互いに批判はあっても、全体としてポストモダン（ないし後期《レイト》モダン）に向けてリベラルな神学伝統を修正しつつ現代に生かそうとする潮流であることを確認してきた。

さて問題は修正神学に対してなされた幾多の批判で、その大きなひとつは、キリスト教の真理性である。修正神学ではキリスト教の真理性を擁護できないのではないか。修正神学者はどんな意味でキリスト教を真の宗教と論じるのか。もしキリスト教が現代にも真理性を有するというのであれば、修正神学はその根拠をどこに求めるのか。

こうした問題で修正神学に厳しい批判の矢を放ったのは、予想に違わず、ポストリベラル神学の面々、すなわちリンドベック、ハワーワス、ロナルド・シーマンなどだった。彼らは、批判がないわけではないものの、ファーリーには教会論を踏まえた真理性の考察があるので、ひとまず良しとした。だがカウフマンは、いとも簡単にキリストの神啓示を世俗的ヒューマニズムに売り渡してしまったので、絶対に認めるわけにはいかない。その点ではトレーシーも同じで、賞味期限が切れた自由神学の方法にいまだ幻惑されて、啓示と人間経験のどちらにも腰を据えず右往左往しているだけだ。そんな厳しい批判は、キリストの特殊啓示から出発するバルトの方法を高く評価したポストリベラル派からすれば当然のことだった。[97] とりわけリンドベックは、トレーシーを厳しく批判し、その神学をリベラルの悪しき「基礎付け主義」(foundationalism) と切って捨てた。[98] フライもリンドベックに劣らず、トレーシーとリクールを、神ではなく世俗に迎合した日和見主義者と断罪した。フライは、修正神学者の誰をとってもキリストの特異な存在や共同体言語の機能にまるで理解がないと一蹴したのである。

しかしこれらの批判は妥当だろうか。そうした修正神学に対する批判はそのままリンドベックやフライ自身にも投げかけられないか。フライは信仰共同体の言語、教会における言葉の役割をどこまで理解できているのか。トレーシーもリクールも、物語の構造分析、神話の解釈学と格闘し、キリスト教の現代的解釈にそれを生かそうと努めてきた。だがフライはそんな努力をまるでしなかったではないか。そんな反論が進歩派の学者から多くあがったのだった。

他方、哲学界に目を転じると、そこでは少なくない数の宗教哲学者が修正神学に挑戦した。保守的スタンスをとる彼らが批判の俎上に載せたのは、啓示やキリスト教の真理性といった教義学の問題ではなく、修正神学者が共同体論をしっかり踏まえているかどうかという点だった。この点でウィリアム・クリスチャンはファーリーにはひとまず及第点をつけ、[99] ファーリーが、真理の正否を個人ではなく共同体の専権事項と認めたことを前向きに評価した。だが、それとは対照的に真理基準を現代理性に譲ったカウフマン、キリスト教と現代理性とを中途半端に調停するトレーシーには問題が多いと考えた。結局、クリスチャンはカウフマン、トレーシーに赤点をつけ、キリスト教の共同体的性格を認めたファーリーは及第点を与えたものの、それでも不徹底のそしりを免れないと注文をつけた。確かにファーリーはキリスト教のユニークさや共同体に関心を払ったが、それならなおさらのこと、どうしてリンドベックのようにもっと教会の神学に徹しないのか不満が残る、と言うのである。[100]

修正神学は市民主義を突破できるか

これとは逆に、進歩的な神学者間で評価が高かったのは、ファーリーよりもカウフマン、カウフマンよりもトレーシーだった。[101] 九〇年代、修正神学を牽引したトレーシーは、「神学のパラダイム・シフト」「批判的相関の方法」「基礎神学の再構築」「宗教多元主義」「神学の公共性」と、魅力的なキャッチフレーズを次々と発信して、なにかと華やかな話題を振りまいた。しかしそんなトレーシーに、神学の「公共性」(publics)など絵に描いた餅、との辛辣な批判がリベラル左派から起きたことは見逃せない。批判の急先鋒に立ったのは、トレーシーと同じカトリックの神学者チャールズ・デイヴィスである。[102] デイヴィスは、トレーシーが言う「批判的」で「開かれた」公共性がそもそもカトリックにあるのか、と噛みついた。解放神学者レオナルド・ボフに対する聖職権停止、エキュメニカル神学者キュンクの教授資格剥奪と、近年のカトリック教会は右旋回が著しく、批判を許さないバチカンの官僚主義が復権している。権威主義的な教皇ヨハネ・パウロ二世とその懐刀ラツィンガー枢機卿のもと、第二バチカン公会議の改革が見直しを強いられ、逆風が吹き荒れている。カトリック教会にも、自由な意見交換の場があればといいと願う学者は多い。だが、実際にそんなことが可能かと問えば大いに疑わしい。トレーシーの「神学の公共性」の概念もそれと同じで、ないものねだりである。神学者は公共社会に発信すべきと熱っぽく語るのは、それで結構なことである。だが、思想すらファッション化する今日の消費社会に、トレーシーが言う「批判的精神を持った聴衆」がどれほどいるというのか。いや、そもそも神学者が公共社会に何を発信するというのか。技術万能の現代において、人文的教養は無用の長物として塵箱に捨てられ、人を煽るだけの言説がマスコミにもてはやされる。真面目な研究書は不要な代物とされ、いわゆる評論家や評論的学者の書く雑多な随筆のほうが読んでいておもしろいと歓迎される。専門化した学者の世界も同じで、神学者の発言に関心を持つ人の数はたかが知れている。同業者同士の狭いギルドに向かって細々と語るだけではとても「公共」的とは言えない。あれほど現代の公共性の欠如を論じてやまないハーバーマスを読みながら、こと神学になるとまるで実態のない理想論を振りかざすのはいかがなものか。[103]

チャールズ・デイヴィスと言えば、バウム、キュンク、スキレベークス、ラーナーと並んで六〇年代、第二バチカン公会議の改革を推進したカトリックの輝ける星だった。その彼が教皇の真理独占は聖書的にも歴史的にも誤りである、自分は愛と正義の新しい信仰共同体を目指すと論じて、カトリック教会からの離脱を宣言したのは一九六六年のことだった。[104] 教皇庁は世の常識からすれば非常識なことを平気で言う。教皇制度は信徒にとって明らかに信仰の妨害物となっている。デイヴィスは右旋回していく教皇庁に苦い思いを抱き、カトリック信仰がバチカン官僚主義によって歪められたと批判し続けた。そんな事情を斟酌すれば、公共神学など今のカトリックにとっては画餅に等しい、自由な討論を保証する場はどこにもないと糾弾するデイヴィスの心情もわからないでもない。だが、これは角をためて牛を殺すようなものだ。そもそもトレーシーの公共神学の提唱は、教会に語りかければそれでこと足りるとするカトリック教会の不足を批判するためのものだった。トレーシーには彼なりの使命感、すなわち教会の内向きの姿勢を打ち破ってなんとか現代に発信しようとの意図がある。そうした姿勢は少なくとも前向きに評価していいのではないか。

他方、トーマス・オーウェンの批判はもっと核心を突いていた。オーウェンが疑問を投じたのはデイヴィスと同じく、トレーシーの「公共」の概念だった。[105] ただしオーウェンの疑義は、トレーシーの「公共」概念があまりに市民主義的な理性、欧米の主流文化に偏重しているというところにある。対話をするならその対象はもっと非欧米的な世界に求められるべきである。トレーシーは白人男性の神学世界の外に目を向け、フェミニスト神学、黒人神学、ラテンアメリカ神学など、対抗文化的で周縁的な言説に関心を寄せるべきだ。つまりオーウェンはトレーシーの「公共」が真に開かれているかどうかはなはだ疑問だというのである。

これは傾聴に値する批判であると思う。識者によっては、後期のトレーシーはかなり進歩していると弁護する向きもある。トレーシーが多元主義、両面性、対話を積極的に神学に導入し、神学を開かれたものにする努力をしたと好意的に見る人もいる。そうした人からすればオーウェンの批判は当たらない、ハーバーマスの公共理性に依拠した初期トレーシーだけに批判的目を向けて、ポスト構造主義の近代批判を真摯に受けとめた後期を無視している、ハーバーマスならともかくトレーシーに難癖をつけるのは筋違いであると擁護するかもしれない。

確かにトレーシーにハーバーマスを重ね合わせて見るのは間違い、というのはその通りである。しかしだからといって、オーウェンの批判はまったくの的外れというわけではない。トレーシーはもともとカナダのカトリック神学の重鎮バーナード・ロナガンに対する批判から出発した学者である。ロナガンの神学は現代と積極的に対話する神学には違いないが、近代理性を尺度にすればまだまだ不徹底で、十分に現代的になっていない、と退けたのがトレーシーだった。では、ロナガンの不徹底さを批判したトレーシー本人は、はたしてモダニズムを反省的に捉え直しているのか。トレーシーはポスト構造主義の近代批判を本当にわかって、ものを言っているのか。ヨーロッパ近代を批判的に見る新たな理性、欧米帝国主義の犠牲になった「他者」の存在に真摯に耳を傾けているのか。キリスト教会が歴史上、貧しい者や不遇な人々になにくれとなく救援の手を差し伸べてきたのは事実である。ヨーロッパの歴史を見ても、修道院が病院をたてて孤児を収容し、飢饉のときには教会が人々に食料を配り、戦争の負傷者を介護してと、それなりに人権を尊重する働きをしてきた。しかしキリスト教の外の「他者」にも丁寧だったかというとそうではない。ムーア人、イスラム教徒、ユダヤ人、インド人は異教徒、異端者、信仰の「敵」とみなされて排除の対象だった。そのことは近年のポストコロニアル神学が指摘するとおりである。[106] トレーシーに欠けているのはそうしたヨーロッパ近代の「闇」に対する認識である。モダンを超克するとの掛け声は勇ましいが、なんのことはない、トレーシー自身が近代に恩恵を受けたひとりではないか。[107]

宗教社会学者のピーター・バーガーが、トレーシーだけではなく、ギルキー、オグデンを含め、シカゴ学派を痛烈に批判したのも実はこれと無縁ではない。[108] トレーシーの「神学の公共性」を疑ったバーガーは、現代に挑戦すると言いながら結局、トレーシーはキリスト教を世俗社会に衣装合わせする「還元主義」(reductionism)にすぎないと一蹴した。評判高い『秩序への祝われた怒り』にしても、現代人の経験を宗教的に装飾しただけの内容で、真実な超越的次元を「現前させる」(present)ことをせず、現代人の嗜好に合った「手直しする」(represent)だけ。バーガーは、神学に現代の後追いをさせるトレーシーには、キリスト教の「超越性」の意味がまるでわかっていないと手厳しい。

トレーシーはこのバーガーの批判に猛烈に反発した。またギルキーやオグデンもトレーシー擁護の陣を張って反論に努めた。超越性の擁護は神学ならば当然のことであって、トレーシーの神学にはトマス・アクィナスやカール・ラーナーが定義した神の「超越」も「超自然」もしっかりと前提にされている。[109] バーガーの超越の概念こそ曖昧で旧態依然のままであり、そもそも自然／超自然と二元的に分けることが妥当的でない。自然と超自然の二元主義はすでにイヴ・コンガールをはじめとしたカトリック「新神学」(nouvelle theologie)が批判的に論破済みである。トレーシーの「批判的相関」の神学方法は、現代人の経験とキリスト教の福音の両方を批判的に結び合わせる試みであって、「超越」とひとこと言えばそれですべての問題が解決するかのように論じるバーガーのほうこそ間違っている。そんなことではキリスト教の信仰は何らの理性的批判にも晒されることなく、ますます現代から疎遠になるだけだ。キリスト教は現代的経験に照らして、その宗教的意味を明らかにしていく努力が絶対に不可欠であると反論に努めたのである。

トレーシーのバーガーへの反論はまずまずの出来だが、それでも非欧米圏にあるわれわれの目からすれば、トレーシーをはじめとする修正神学者が欧米近代のキリスト教の負の遺産を総括できているかには疑問が残る。ヨーロッパ列強の帝国主義的なアジア・アフリカの植民地化、それと結合したキリスト教の拡大はどれほど反省されているのか。新しい装いの覇権主義、グローバリズムに彼らはどう対応しようとするのか。たとえ欧米キリスト教の負の遺産に反省が加えられているとしても、トレーシーの「対話」の概念が従来の神学世界から排除されてきたアジア、アフリカ、ラテンアメリカ、また第一世界内の少数者の神学に十分向き合うことができるかどうかにはまだ疑問が残るのである。

修正リベラル派のこれから

最後に、修正神学が保守的福音派から当然激しく突き上げられた事実に触れておこう。福音派の神学者は、時代の先端的な知であってもそれが常に正しいとは限らないと釘を刺した。新しいからといって過去より良いという保証はどこにもない。いやそれよりも世俗主義に骨の髄まで毒された現代思想を、キリスト教に接ぎ木することと自体がもっとも危うい行為である。まず批判されるべきは現代の世俗主義とその理性であって、それをキリスト教に不用意につなぐ修正神学はリベラリズムの過ちを繰り返しているだけである。

強硬な修正神学批判を展開した福音派のデイヴィッド・スミスはトレーシーとオグデンを特に論難して、二人はもはやキリスト教神学者とは言えない、現代に迎合して「世俗の哲学者」になり下がったと手厳しかった。(110) 二人のように「多元主義」だの「神学の公共性」だのと主張するのは論外で、そんなことを続ければ、キリスト教信仰そのものが相対主義の餌食になって危うくなり、神を知らないヒューマニズムに売り渡されてしまう。教理に複数の解釈を認めたり、他宗教への寛容を説いたりしていれば、キリスト教は足をすくわれて絶対性を否定されると門前払いをした。

しかしいくら正統主義の基本とはいえ、これでは取り付く島がない。トレーシーが問題にしたのは理念としてではなく、すでにアメリカに顕著になった現実としての多元主義である。トレーシーは『秩序への祝われた怒り』の中で、多元化したアメリカ社会の現実を率直に認め、その上で世俗主義の危うさ、啓蒙的理性の欠陥を指摘してキリスト教の意味を問うた。(三)トレーシーが意図したのは現代社会への深い疑義だったのだが、論難者はそうした批判的省察にはあまり目を向けず、修正主義は現代世界にもろ手をあげて賛同しているとやや性急である。トレーシーが多元的社会を認めた上で神学を営まなければならないと述べているのは確かだが、しかしそのことは世俗主義の肯定、人間を蝕む「一元的合理性」（one-dimensional rationality）の承認を意味しているわけでも、世俗多元的な世界を無批判に受け入れて神学せよと論じているわけでもないのである。

修正神学が多くの難題を抱えているのは明らかであるが、それを斟酌したとしても、修正神学の存在意義は大きい。修正神学は真理、神、人間、キリストなど、主要な教理の現代的解釈の必要をわれわれに迫った。少なくとも現代世界との対話が神学に必要なことを告げ、教会だけに責任を持てばいいという内向きの姿勢の転換を迫ったことは大いに評価されるべきである。修正神学の未来は、解釈学、方法論、問題提起といった段階を終えて、新しい神学の内実をいかほど示せるかにかかる。例えば修正神学が提起したキリスト教の真理性の議論は今後も尾を引くだろう。いったい真理とは何か、キリスト教は真理か、真理は現実に対応するか、対応するとすればどのようにしてか。こうした問題はまだ十分に答えられていないのである。

「自由な主体性」はあるのか

これまで修正神学者は、主として神学の方法や目的に精力を傾けてきた。特にカウフマンとトレーシーは、神真理の言説化というよりも、神真理と言われてきたものが歴史のどの時点でどのように成立したか、そのめざしたものは何だったかということに力点を置いて探求してきた。しかし、そうした問題が関心のすべてであっては困る。方法や目的は神学のプロレゴメナではあっても本論ではない。人間とは何であり、神とはいかなる存在か。イエス・キリストは今日誰のことと告白され、信仰者の共同体は何を求めて歴史の中を旅するのか、そういった内実が展開されなければならない。修正神学に未来があるとすれば、それは解釈や認識方法を提示するだけでなく、どれほど現代人を納得させる信仰言説になることができるかにかかっている。

例えばキリスト教的人間論である。修正神学者は、他者に隷属せずに自分で自分を統御する「自由な主体」「自律した自我」としての人間観を熱く語ってきた。特にカウフマンはそうで、人間の「主観」と「人格」を強調したカントに依拠し、カントからデカルト、ヘーゲルを経てフッサールにいたる「自由な人間」「自律的人間」のイメージこそ、キリスト教が歴史的にも求めて止まないものだったと主張した。

むろんこうした人間観を積極的に評価するのにやぶさかではない。しかし人間の本質を「自由」「主観」「自律」「自我」といった近代主義の範疇で語ったままでいいかどうかということには躊躇がある。

実はヨーロッパの近代が「主観」や「主体」に込めた意味はきわめて特殊だった。[112] それは今で言う「自由に好きなことができる」人間でも、「自分を大切にする」人間のことでもない。近代における人間とは、強い自意識をもって自分と世界の支配を試みる人間のことだった。社会文化史的に言えば、それはヨーロッパの新興市民が自分たちの規範として作り出したものだった。「意志」ないし「純粋意識」を極限まで研ぎ澄まし、肉体をそのもとに統御しようとする人間、そしてそれが実際にできる人間、それこそ近代市民が理想とした「自由な主体」の概念だったのである。

問題はこうしたヨーロッパの近代市民の「自由な主体」が、精神／肉体、人間／自然の二項対立でもって、全世界に支配のシステムを構築してきたことにある。「自由な主体」は、世界を支配する権利を得るための造語、支配する人間のものだと言っても過言ではない。「自由な主体」としての男性は、日常の生活の中で自分の身体的欲望を統御できていることに満足する。そして自分だけでなく、妻や子どもを統率する家長としての自分に美徳を見る。いやそれだけではない。「自由な主体」は自国内では肉体労働者を支配し、アジアやアフリカの外地では植民地統治の最先端に立った。デリダやラカンは、「自我」や「主体」の概念は近代ブルジョア市民層が自己利益の合理化のために捻り出した虚構であると批判した。そんな問題多い「自由な主体」という人間観を修正神学者は疑問もなく用いていいのだろうか。近代市民の「自由」の犠牲になった人間の「不自由」はカウフマンが言うようなカント的人間観で解決できるのだろうか。自然の生態系にしても、はたして自然を「人間化」することでエコロジー危機を救えるのか。トレーシーが言う「神秘的な政治参与」も、ただ問題の所在を指摘しただけに終わっていないか。「主観性」の心理学的次元にこだわるファーリーも、人間の深層意識と自我の関係を指摘しただけで、はたして歴史に能動的な人間像を提起できているかどうかは疑問である。なぜならそもそも「自我」という概念の自明性さえ、今日では疑われているのだから[113]。

一歩譲って、修正神学者の説く主体的人間とはそうした抑圧的な概念に絡むのではなく、正義と公平を理念とする積極的人間のことだとしてみよう。だがそれならなおさらのこと、「主体」(subject)だの「自己」(self)だのという抽象的範疇にこだわるのは戦術的な間違いである。むしろ「歴史の担い手」や「プラクシス」の解放的人間観を前面に押し出したほうがよいのではないか。市民主義的人間観を超えて、グローバル世界の解放を担う人間存在へと歴史的実践的に再解釈したほうがすっきりしないだろうか。

神論とキリスト論のポイント

修正神学が肯定的に評価されたポイントのひとつは、キリスト教を特権化しないで、互いに批判的関係を持ちつつ他宗教と対話を継続し、お互いを高めようとすることにあった。とりわけ世界のグローバル化が進んで宗教間の対話の必要が叫ばれ、共生が模索されている今日、この点は貴重である。しかしその半面、修正神学は宗教対話にかまけて、自分の足元のキリスト教については理解を欠くとの批判が続いた。

その一例が神論の領域である。カウフマンが「統合的な神」の概念を論じ、オグデンが「普遍的な神」、トレーシーが「究極的な実在」としての神を提唱したことは、現代に「交信可能な」神言説として筆者はそれなりに評価する。だが、そうした神のイメージに人がいかほど満足できるかはきわめて疑わしい。志はよしとしても、内容となると首を傾げたくなる場合がしばしばで、その点ではファーリーが信仰コミュニティへの「神の決定的行為」を論じて、そこにキリスト教の特異な啓示を見るほうが理解しやすく、首尾一貫している。それはファーリーの論がカウフマンやトレーシーのように抽象的ではなく歴史的だからであるが、しかしだからといって神の自己啓示という特殊概念が現代に通用するかと言うと、カウフマンが指摘したように、はなはだ疑問が残る。

さらにオグデンとトレーシーは神論をプロセス形而上学に結んで神を「生成」(becoming)、「進化」(evolution)の躍動的実在者として再解釈し、カウフマンも神を「宇宙の根源」と現代的に定義したが、これはもはやキリスト教ではなく宗教哲学である。確かにシュライアマハーの「絶対依存の感情」、ティリッヒの「究極的なるもの」「存在の根底」などと、神を時代の理性に合わせた哲学概念で提示するのはリベラル神学の伝統である。しかしこうした形而上学的な再解釈がいかほど説得力を持つかは疑わしく、搾取と抑圧の現実を生きる人々にとって、「進化する神」や「全宇宙の根源」といった神の概念がどれほど解放的になりうるのかはまだまだ不透明である。

そう考えると保守的福音派が、修正神学は修正どころかリベラルが辛うじて維持していた福音さえ台無しにしてしまったと批判するのもわからないではない。また、聖書的神の姿が消えて現代の知的嗜好や流行に母屋を明け渡したと非難するのもわからないではない。

いずれにしても修正神学の評価は真っ二つに分かれる。修正神学者の厳密な批判に創造性を認めて、それを積極的に受けとめていこうとする人もいるだろう。逆に、「批判だけではだめだ、それに教会的でなければ」と退ける人も多いだろう。ただそうした後者でさえ、従来の神観や人間観に挑戦し、キリスト教を二一世紀につなげるべく努力した彼らの果敢さは率直に評価すべきではないだろうか。特にカウフマンが歴史主義の立場から、各時代の神観がいかに社会的に機能してきたか、それを詳細かつ批判的に分析したのは秀逸である。伝統的キリスト教の神は「王として」あって、「自身が選んだ民に恩寵を与えても、その敵は容赦なく殲滅した。それより少しは洗練された神概念は父の姿をとって、子たる人間を運命に立ち向かわせようとはしない。結果として前者は覇権主義を、後者は諦観主義を助長する」[114]。カウフマンは、現代の核脅威に晒された時代に人が真に責任応答的であろうとするなら、神を「王」とするのも「父」とするのもむしろ障害になると憂えている。

こうした教理の歴史分析を大げさだ、一面的だと一蹴するわけにはいかない。というのもフェミニスト神学がジェンダー批判で執拗に繰り広げたように、「王」「父」といった父権的な神のイメージと、臣民を慈しみつつ統御するという君主制のイデオロギーは事実上分かちがたく結ばれてきたからである。[115] 確かに「王」に比べれば「父」はまだましかもしれない。イエスが神を「アッバ、私の父よ」と親しみを込めて呼んだという福音書伝承を根拠に、もともとのヘブライ的伝統では「父」は愛情にみちた家族のひとりと弁明することもできよう。だが歴史社会的に見れば、王権や君主制といった解釈枠は、「父」さえ封建的家長として描き出してきたではないか。キリスト教の「神」は慈愛の尊父というより、皇帝、封建領主、絶対君主、王侯の歴史的実像と重なって、奴隷や農民を服従させ、臣民を支配する手段になってきたではないか。フェミニストが言うように、こうした神観が男女の平等と連帯、自由と平和を規範とする現代の市民社会の規範に適していないのは明らかである。神論において修正神学が資するところは大いにあると言える。

さて最後にもうひとつだけ、キリスト論に短く論評を加えておきたい。修正神学者たちは、広くとれば、キリスト中心的な伝統を継承したと言っていい。「広く」と言ったのにはもちろん理由があって、それはバルトに共鳴して「キリストこそ神学の根本」とする神学者サークルが、まとまりのなさのゆえに修正主義をしばしば非難してきたからである。確かにこれまで検討を加えてきた神学者たちは、どこでキリスト論を構想するか、何がそのコンテクストになるかという点でまったく三者三様であった。そこには、教会共同体がコンテクストだという主張（ファーリー）もあれば、聖書テクストとの批判的対話をコンテクストにする者もいた（いわゆる「テクスト」と「コンテクスト」の相関方法、オグデン、トレーシーなど）。また「歴史・現実的視点から考察する」ことが基本になるとの主張もあった（カウフマン）。だがそのいずれもが「コンテクスト」と「キリスト」を相関させようとしていることは間違いなく、かつて自由神学がしたような、イエスの「人格」や「出来事」にすべてを収斂させる過ちは犯していない。むしろイエスというユニークな姿を、いろいろなコンテクストの中に浮かび上がらせることで、修正主義者はそれぞれに貢献してきたと言えよう。ただ、神論や人間論では文化人類学や近年の宇宙論などを手がかりにしてかなりの成果をあげたものの、キリスト論はいまだそれほどの展開を見ていないことは認めざるをえない。

リベラル修正神学はこれからも互いへの批判を継続するだろうし、やがてそうした中で、これまで論じてきた主要な四点（真理、人間、神、キリスト）における欠陥や齟齬が解消され、整理されていく可能性もある。それを期待したい。

日本における受容

最後に日本での受容の事情に短く触れておこう。修正神学は日本であまり紹介されていない。カウフマンの著作は数点翻訳されているが、トレーシー、ファーリーらは筆者の知る限り、アメリカ神学関係の論文で言及されるだけで、著作のまとまった翻訳はない。その理由のひとつは、修正神学が多くの場合、議論を方法論や解釈学に集中しており、一般向けの神学書や、信徒向けの生活倫理を論じたものが少ないことにあるだろう。さらに読み通すにはある程度の神学の素養が必要で、専門家に向けた議論という印象がどうしても拭えない。よしんば苦労して翻訳したとしても市場の狭い日本のこと、はたしてどれほど売れるのかと考えれば、出版社としても二の足を踏まざるをえないだろう。牧師や教会信徒にとっても、カウフマンやオグデンの神論やキリスト論は、信仰の涵養ということではあまりに哲学的で、霊的な敬虔にも欠けるという不満が残るかもしれない。
ただし宗教の神学や宗教間対話に共鳴する学者や研究者には、これらの著作は示唆に富むものとして歓迎される余地が十分ある。事実、日本の仏教学者の側からは、カウフマン、トレーシー、オグデンの名がしばしば言及されてきたし、カウフマンとオグデンは来日して、宗教多元主義のコンセプトのもとで、仏教者と熱心な対話を重ねてきたことも伝えられている。(116)

とりわけカウフマンはフェミニスト神学や解放神学に関心を持つ人々にとっては、もっと注意を引いていい存在だと思う。カウフマンが歴史学的に解き明かしてくれたように、ヨーロッパの伝統的神観念は全知全能にして栄光に満ちた神であり、その神観に対応して理想とされたのも絶対権力的で、すべてを統御する強い人間像だった。つまり西洋の伝統における人間の理想像は、神のように完全で強い意志を持った者であり、それを満たさない「不完全で」弱い者ではない。少なくともアリストテレス以来、ギリシャ哲学において弱者は「人間」のモデルに適さない。こうした神論と人間論の対応について、カウフマンが提唱する批判的な歴史主義は、抑圧され周縁化された者、つまり「弱者」の権利と尊厳を回復しようとするフェミニズム、第三世界神学、解放神学や黒人神学に貴重な示唆を与えてくれると思うのだが、現在までのところ、解放主義の視点からカウフマンを積極的に取り上げた人はほとんどいない。(117)

総じて修正神学者らは、キリスト教における新しいパラダイムを求めて、その神学的な方法、理論的な諸問題に集中してきた。おそらく本書の読者の中にも、この果てしない方法論の議論にうんざりして途中で本を放り投げたくなった人がいるだろう。読むのをやめて、早々に他の章に転じた人もいるかもしれない。確かに修正神学は近年、ますます細かい解釈や議論にのめり込んでいる感がしないでもない。だが、新しいリベラルのパラダイムを構築するためにも、神学の任務と方法の再定義、神学のために現代のどの理論が選択されねばならないのかという一つは素通りすることができない問いである。こうした試みも含め、伝統的キリスト教に鋭利な切り込みをいれたアメリカの修正神学は、フェミニスト神学や解放神学に関心のある人、またヨーロッパ神学ではモルトマンやパネンベルクあたりに興味を持つ人々にとっても、魅力的だと思うのだが、どうだろうか。

〈文献表〉

ゴードン・カウフマン

God the Problem. Cambridge: Harvard University Press, 1972. 現代で神はいかにすれば信じられうるか。近代以降、なぜ神が「問題」化したのかを検証し、神のイメージが今も不可欠であることを論証する。

An Essay on Theological Method. Missoula: Scholars Press, 1975. 徳永道雄訳『神学の方法をめぐるエッセー——神と「空」』（ヨルダン社、一九九四年）神学が神を前提にした人間性の理解を目的とした「想像的構築」であることを示した記念碑的な論文集。これを発展したのが *The Theological Imagination* である。

Nonresistance and Responsibility, and Other Mennonite Essays. Institute of Mennonite Studies Series 5. Newton: Faith and Life Press, 1979. あまり知られていないが、権威主義に堕さないキリスト教を考えるカウフマンのメノナイト派的な特徴が随所に表れた好著である。

The Theological Imagination: Constructing the Concept of God. Philadelphia: Westminster, 1981. 現代神学の目的は、時代に語りかけうる神観の批判的で「創造的な構築」にあることを提唱。神論、キリスト論、宗教の究極的基礎を論じて人間性の完全な実現を目指す。

Theology for a Nuclear Age. Manchester: University of Manchester Press, 1985. 東方敬信訳『核時代の神学』（ヨルダン社、一九八九年）。

In Face of Mystery: A Constructive Theology. Cambridge: Harvard University Press, 1993. カウフマンの神学方法の特徴が綴られた書。神学を一元的な「組織神学」とするのではなく、多元的な視点との対話に置いた「構築的神学」

を目指す。

God-Mystery-Diversity: Christian Theology in Pluralistic World. Minneapolis: Fortress, 1996.「歴史主義者の方法」によるキリスト神学のポイントを要約。宗教多元主義、仏教徒との対話を通してキリスト教の「神秘」を論じるエッセイを含む。

In the Beginning...Creativity. Minneapolis: Fortress, 2000. 後期カウフマンの神論による創造とエコロジーへの関わりを論じる。現代の科学的世界観にマッチした神論の再構築を試みるとともに環境破壊に対処するために「創造性」としての神を提唱。

「宗教の歴史——キリスト教、仏教、及び他の諸宗教の出会いの場」『東洋学術研究』通巻一〇七号＝二三巻二号（一九八四年）。前年に訪日した際の東洋哲学研究所主催の公開講演会の記録。

カウフマン関連二次資料

Davaney Sheila Greeve, ed. *Theology at the End of Modernity: Essays in Honor of Gordon D. Kaufman*. Philadelphia: Trinity, 1991. カウフマンへの献呈神学論文集。

Frei, Hans W. *Types of Modern Theology*. New Haven: Yale University Press, 1992. カウフマンの著作を、カント哲学を援用したアカデミック神学の典型と見た宿敵ハンス・フライの批判を含む点で興味深い。

Be[illegible]by, James. "An Evaluation of Gordon Kaufman's Theological Proposal." *American Journal of Theology and Philosophy* 20 (1999), 123-146. カウフマンの批評。

デイヴィッド・トレーシー

The Achievement of Bernard Lonergan. New York: Herder and Herder, 1970.

Blessed Rage for Order: The New Pluralism in Theology. New York: Seabury, 1975. この著作においてトレーシーは「二〇世紀のもっとも重要な修正神学者としての名声を確立した」。

The Analogical Imagination: Christian Theology and the Culture of Pluralism. New York: Crossroad, 1981. トレーシー独自の「古典」概念を紹介。キリスト教信仰を論じる「類比的想像力」と他の方法との比較検討などを含む。宗

教教理の差異に着目しつつも文化と宗教の多元主義の可能性を論じた代表作のひとつ。

Tracy, David, and John B. Cobb, Jr., eds., *Talking about God: Doing Theology in the Context of Modern Pluralism.* New York: Seabury, 1983.

Plurality and Ambiguity: Hermeneutics, Religion, Hope. San Francisco: Harper & Row, 1987. トレーシーの解釈学の哲学的基礎を開述した書で、神学解釈のモデルを整理。一切が流動的な現在において希望の宗教的意義を強調する。

"The Uneasy Alliance Reconceived: Catholic Theological Method, Modernity and Postmodernity." *Theological Studies* (1989), 548-570.

Dialogue with the Other: The Inter-Religious Dialogue. Grand Rapid: Eerdmans, 1990.

"The Hermeneutics of Naming." *Irish Theological Quarterly* (December 1991), 253-264.

On Naming the Present: Reflections on God, Hermeneutics, and Church. Maryknoll: Orbis, 1994.

"Theology and the Many Faces of Postmodernity," *Theology Today* (April 1994), 104-114.

トレーシー関連二次資料

Ray, Alan, *The Modern Soul: Michel Foucault and the Theological Discourse of Gordon Kaufman and David Tracy.* Philadelphia: Fortress, 1987.

Jeanrond, Werner G., and Jennifer L. Rike, *Radical Pluralism and Truth: David Tracy and the Hermeneutics of Religion.* New York: Crossroad, 1991.

Sanks, T. Howland. "David Tracy's Theological Project: An Overview and Some Implications." *Theological Studies* (December 1993), 698-727.

エドワード・ファーリー

Ecclesial Man: A Social Phenomenology of Faith and Reality. Philadelphia: Fortress, 1975.

Ecclesial Reflection: An Anatomy of Theological Method. Philadelphia: Fortress,1982.
Good and Evil: Interpreting a Human Condition. Philadelphia: Fortress, 1990.

〈注〉

（1）Hans W. Frei, *The Eclipse of Biblical Narrative. A Study in Eighteenth and Nineteenth Century Hermeneutics* (New Haven: Yale University Press, 1974). フライの主張の要点についてはポストリベラル神学の章を参照。

（2）Lynn M. Poland, *Literary Criticism and Biblical Hermeneutics: A Critique of Formalist Approaches* (Chicago: Scholars Press, 1985), 162-169.

（3）リクールの「物語理論」については、堀江宗正「リクール物語理論の射程――神話・イデオロギー・物語」『フランス哲学思想研究』第四号（一九九九年）、また宗教思想と聖書解釈については、佐藤啓介「満ち溢れる論理――リクール宗教思想の根本概念」『日本の神学』第四三号（二〇〇四年）七四―九六頁、同「ポール・リクールにおける聖書解釈学の前提について」日本基督教学会近畿支部会（二〇〇一年、京都大学発表）〈http://www.h7.dion.ne.jp/~pensiero/archives/ricoeur1.htm〉〔二〇一七年六月二一日取得。〕などを参照のこと。堀江はリクールがなお啓蒙主義の積極面を擁護して「啓蒙を啓蒙する」ことを継続している事実、多元主義において物語の解読を試みている点を詳細に論証している。このことが、啓蒙理性を批判し共同体の物語に集中するフライと決定的に異なるところである。リクールの物語批評については日本でも翻訳と解説が多くなされているが、さしあたって立正大学のフランス哲学研究者久米博の翻訳と研究論考を参照せよ。『時間と物語』全三巻、久米博訳（新曜社、二〇〇四年）、『解釈の革新』久米博・清水誠・久重忠夫訳（白水社、二〇〇五年）。神学との関連では『物語神学へ』久米博訳（ポール・リクール聖書論集3、新教出版社、二〇〇八年）、ケヴィン・J・ヴァンフーザー『聖書の物語とリクール哲学』本田芳通・永見勇訳（新教出版社、一九九三年）。久米博「想像力をこそ――ポール・リクールの聖書解釈学」『福音と世界』（新教出版社、一九八三年一〇月号)、同「象徴の解釈学――ポール・リクール」『現代思想』(青土社、一九七六年)など。

(4) David Tracy, "The Uneasy Alliance Reconceived: Catholic Theological Method, Modernity and Postmodernity," *Theological Studies* 50 (1989), 555-556.

(5) David Tracy, *Plurality and Ambiguity: Hermeneutics, Religion, Hope* (San Francisco: Harper & Row, 1987).

(6) トレーシーとリンドベックの確執については次を参照のこと。Richard Lints, "The Postpositivist Choice: Tracy or Lindbeck?" *Journal of the American Academy of Religion* 61.4 (1993), 655-677; Stephen L. Stell, "Hermeneutics in Theology and the Theology of Hermeneutics: Beyond Lindbeck and Tracy," *Journal of the American Academy of Religion* 61.4 (1993), 679-703.

(7) James J. Buckley, "Revisionist and Liberals," in *The Modern Theologians: An Introduction to Christian Theology in the Twentieth Century*, 2nd ed., ed. David Ford (Massachusetts: Blackwell Publishers, 1997), 327. ただしこの潮流はたんに「修正主義」(revisionist)、あるいは「修正的」(revisionary)神学と呼称される場合が多い。本書ではポストリベラル神学と対比する意味で「リベラル修正神学」の呼び方を採用する。

(8) ドイツの「調停神学」(Vermittlungstheologie)の歴史と内容に関する邦文解説書としては、佐藤敏夫『近代の神学』(新教出版社、一九六四年)が詳しい。また以下の文献も参考にせよ。R. Baumer, "Vermittlungstheologie," in *Lexikon für Theologie und Kirche*, 11vols, ed. Josef Hofer and Karl Rahner (Freiburg: Herder, 1965), 10: 721; John P. Clayton, *The Concept of Correlation: Paul Tillich and the Possibility of a Mediating Theology* (Berlin and New York: Walter de Gruyter, 1980), 7-9.

(9) Hans Frei, "David Friedrich Strauss," in *Nineteenth Century Religious Thought in the West*, vol.1, ed. Ninian Smart, John Clayton, Steven Katz, and Patrick Sherry (Cambridge: Cambridge University Press, 1985), 221; Clayton, *The Concept of Correlation*, 7-9.

(10) Friedrich W. Kantzenbach, *Schleiermacher* (Hamburg: Rowohlt, 1969).

(11) John Macquarrie, *Twentieth Century Religious Thought. The Frontiers of Philosophy and Theology, 1900-1980* (New York: Charles Scribners Sons, 1981), 380, 410. ただし筆者はラテンアメリカ神学をはじめとする二〇世紀の解放

主義の諸潮流を「リベラリズムのひとつ」と単純化するマッコーリーの見解をとらない。

（12）現代の新リベラル派に属する神学者は数多い。そんな中で来日して学術講演をしたラングドン・ギルキー（「ティリッヒと新正統主義」第四七回日本基督教学会、於東北学院大学、一九九九年）、ピーター・ホジソンなども論じたいが、ここではカウフマン、トレーシー、そしてほとんどわが国では紹介されないものの現代リベラリズムの中で無視できない存在であるファーリーに絞ってリベラル修正神学の概観することにしたい。ジョン・カブについてはプロセス神学の章で集中的に論じるので、本章では特に取り上げることはしない。なおギルキーの邦訳書としては次の一点がある。L・ギルキー他『神の観念史』清水哲郎・掛川富康訳（平凡社、一九八七年）。

（13）Gordon D. Kaufman, "The Vocation of Theology," in *God-Mystery-Diversity: Christian Theology in a Pluralistic World* (Minneapolis: Fortress, 1996), 66.

（14）総じてカウフマンはメノナイト伝統を尊重し、生涯それとの対話によって神学したと言える。『無抵抗、責任、および他のメノナイト的随想』（Gordon D. Kaufman, *Nonresistance and Responsibility, and Other Mennonite Essays*, Institute of Mennonite Studies Series 5. Newton: Faith and Life Press, 1979）は実にメノナイト的で、権威主義に堕さない視角でキリスト教を考えるカウフマンの特徴が随所に表れた好著である。

（15）Gordon D. Kaufman, *Relativism, Knowledge, and Faith* (Chicago: University of Chicago Press, 1960)

（16）Gordon D. Kaufman, *Systematic Theology: A Historicist Perspective* (New York: Scribner, 1968).

（17）Gordon D. Kaufman, *God the Problem* (Cambridge: Harvard University Press, 1972).

（18）Gordon D. Kaufman, *The Theological Imagination: Constructing the Concept of God* (Philadelphia: Westminster, 1981).

（19）Gordon D. Kaufman, *Jesus and Creativity* (Minneapolis: Fortress, 2006)

（20）Kaufman, *Systematic Theology*.

（21）Kaufman, *Systematic Theology*, 9.

（22）Kaufman, *God the Problem*.

（23）Kaufman, *An Essay on Theological Method* (Missoula: Scholars Press, 1975), x, 46.

（24）Kaufman, *An Essay on Theological Method*.
（25）Kaufman, *The Theological Imagination*.
（26）Kaufman, *The Theological Imagination*, 279.
（27）とはいえ、カウフマンは諸宗教をすべて同列に置くのではなく、宗教の良し悪しを定める基準が必要であると考えている。その基準は「人間化」（humanization）の度合いである。すなわち、どれほど世界を人間化する潜在力を持つかが宗教の判定基準になるのであって、神学者の務めは歴史の現実をもって宗教を冷静に読み取り、それがいかほどより良い世界の建設に貢献しえるか、その可能性を探ることにある。Kaufman, *The Theological Imagination*, 168, 183, 187, 190.
（28）Kaufman, *The Theological Imagination*, 279.
（29）Kaufman, *Theology for a Nuclear Age* (Manchester: University of Manchester Press, 1985), 2.
（30）Gordon D. Kaufman, *In Face of Mystery: A Constructive Theology* (Cambridge: Harvard University Press, 1993).
（31）伝統的な神概念の脱構築を迫るカウフマンは、この点に限れば「摂理的な神の死」を唱えた神の死の神学に接近していると見ることもできる。Lloyd Steffen, "The Dangerous God: A Profile of William Hamilton," *Christian Century* (September 27, 1989), 844-845.
（32）Kaufman, *An Essay on Theological Method*, 21.
（33）Kaufman, *An Essay on Theological Method*, 52.
（34）科学が教える生成「進化的」世界像の他に、カウフマンが現代世界の重要な特徴としたのは、「生態系的」世界像と「宗教多元的」世界像の二つである。
（35）Kaufman, *God-Mystery-Diversity*, 107. こうしたイメージやコンセプトを採用するか否かの議論は別として、どんな場合でも神が人間の価値や思惟、方法一切を超えることは間違いない。だからどんな隠喩やイメージを採るにしても、繰り返しそれらを批判的に評価・再評価していかねばならない。神論に限って言えば、「これでなければならない」あるいは「これしかない」ということは、何ひとつとしてない。この点でカウフマンはカントの超越的認識論、人間知の限界を指摘する否定神学の伝統に連なっている。カントはわれわれ人間が認識できるのは経験世界であって、しかも経験的認識の対象になりうるものは、対象そのもの（物自体）でなく「現象」であると論じた。したがって、われわれは「直観という形式を介して現れた限りの」対象しか認識できない。したがって人間の認識を越えて独立している「神」は認識対象にはなりえない。ただし、カウフマンにしてもカントにしても、人間の神概念が客観的な神現実に対応しえないからといって、神が実在しないとはひと言も言わない。カウフマンが神概念を「象徴」「イメージ」として述べるのはこのためである。Christopher J. Insole, "Gordon Kaufman and the Kantian Mystery," *International Journal for Philosophy of Religion* 47 (2000), 101-119.

（36）こうしてカウフマンは現代的神の特質を、世界を「人間化するもの」（humanizer）であり「相対化するもの」（relativizer）と表現した。Kaufman, *Theology for a Nuclear Age*, 37.

（37）カウフマンはキリスト教神学全体を再構築するにあたって、特に神、世界、人間、そしてキリストの四つの「カテゴリー的枠組み」が重要だと考えた。カウフマンの「カテゴリー的枠組み」については次を参照せよ。Kaufman, *In Face of Myster*, chapters 6 and 7; *God-Mystery-Diversity*, 62-64, 143-145.

（38）Kaufman, *God-Mystery-Diversity*, 63.

（39）Kaufman, *God-Mystery-Diversity*, 117; *In Face of Mystery*, chapters 25 and 26.

（40）Kaufman, *In Face of Mystery*, 382-383. カウフマンはパウロ書簡の中に、イエスだけではない、「救済と啓示的事件の複合的広がり」が証言されているとする。

（41）この点で筆者が思い起こすのは、七〇年代に韓国の民衆神学者がキリストを「イエス事件」、つまり貧しい「群集」（オクロス）の「騒擾事件」として解釈したことであり、また八〇年代にフェミニスト神学がキリストの男性的名称に限界を見て、女性的名称の「クリスタ」を唱えて幅を広げたことである。もちろんキリストに女性的イメージを付加すればそれで済むという問題ではないが、カウフマンが提起したようにキリストという象徴を共同体の広がりの中で理解するなら、それはイエスという男性個人ではなく、イエスと共に生きた女性たちや、無数の貧しい人々の経験を包摂できるようになり、これはこれで興味深い。

（42）Kaufman, *God-Mystery-Diversity*, 114.

(43) 現代人は特に自然科学の方法論を受け入れている。例えば実験室で実験をして得られる結果が「科学的に証明された真実」であるとか、数理論的な証明方法は信じうるとか、そうした検証可能なデータ方法が現代人の常識になっている。カウフマンの人間観ならび世界観については次の著作を見よ。Kaufman, *In Face of Mystery; God-Mystery-Diversity*, chapter 4 (73-85). "A Biohistorical Understanding of the Human" の章。

(44) カウフマンの後期の人間・世界観には、以上論じたものに加え、核の脅威と宗教多元主義という「グローバル意識」が顕著に見られるようになる。Kaufman, *God-Mystery-Diversity*, 78.

(45) トレーシーが影響を受けた神学者としてはラーナー、ロナガンの他にシカゴ学派の同僚、ギルキー、オグデン、哲学者としては解釈学でリクール、「限界」の宗教理解においてはスティーヴン・トゥールミンなどが挙げられる。James C. Livingston and Francis Schüssler Fiorenza, eds., *Modern Christian Thought: The Twentieth Century* (Minneapolis: Fortress, 2006), 364. トゥールミンは日本の神学者にはほとんどなじみがないが、科学哲学の領域では著名なイギリス生まれの哲学者である（一九六五年にアメリカに帰化）。邦訳には『ポストモダン科学と宇宙論』宇野正宏訳（地人書館、一九九一年）や『近代とは何か——その隠されたアジェンダ』藤村龍雄・新井浩子訳（法政大学出版局、二〇〇一年）など数点がある。

(46) 二〇世紀の神学において、ガダマーとリクールの解釈学はブルトマン学派の実存主義的な福音解釈の克服の試みとして受容された。特にガダマーは初期バルトやブルトマンに色濃いキェルケゴール哲学の影響を抜け出て歴史的にキリスト教を解釈しているとして注目を浴びた。ガダマーの神学上の位置については、Livingston and Fiorenza, *Modern Christian Thought*, 349-357 を参照せよ。

(47) Hans Küng and David Tracy eds., *Paradigm Change in Theology: A Symposium for the Future* (New York: Crossroad, 1989).

(48) David Tracy, *The Achievement of Bernard Lonergan* (New York: Herder and Herder, 1970). バーナード・ロナガン（一九〇四—一九八四年）はカナダ生まれのイエズス会神学者で、第二バチカン公会議の進歩派神学を推進し、トマス・アクィナスの現代的な継承を長年にわたって試みた。大島澄江『風（プネウマ）は思いのままに——禅体験をこえて神体験へ』（ドン・ボスコ社、一九九三年）の第二部にはロナガンの紹介と哲学の概要がある。ロナガンの神学方法論については Bernard J. F. Lonergan, *Method in Theology* (Tronto: University of Toronto Press, 1990) を参照。これはロナガンの代表作品のひとつで、宗教と文化を調停する神学方法を論じた名著である。トレーシーによる批判の要点は、ロナガンの神学方法が十分に歴史批判的でないことにある。David Tracy, "Lonergan's Foundational Theology: An Interpretation and a Critique," in *Foundations of Theology*, ed. Philip McShane (Notre Dame: University of Notre Dame Press, 1972), 216-217. 日本におけるロナガン研究は限られているが、最近ようやく入門的研究書が出版された。J・E・ペレス・バレラ『不思議の国の私――B・ロナーガンによる哲学と方法への入門』（ぎょうせい、二〇〇五年）。他にも田中亮子「バーナード・ロナガンの認識理論についての考察――現代キリスト論の一前提に関する序分析として」『清泉女学院短期大学研究紀要』（一九九四年）などがある。翻訳としては喜田勳訳「神学と人間の未来」『神学ダイジェスト』第二〇号（一九七〇年）、「現代こそ信頼が」『神学ダイジェスト』第二六号（一九七二年）などがある。

（49）David Tracy, *Blessed Rage for Order: The New Pluralism in Theology* (New York: Seabury, 1975). Scott Holland, "This Side of God: A Conversation with David Tracy," *Cross Currents*, 52.1 (Spring 2002). 〈http://www.crosscurrents.org/Tracyspring2002.htm〉〔二〇一七年六月一一日取得。〕なおティリッヒの「相関の方法」（the method of correlation）については、『組織神学』第一巻、鈴木光武訳（新教出版社、一九五九年）八八頁以下を参照。

（50）David Tracy, *The Analogical Imagination: Christian Theology and the Culture of Pluralism* (New York: Crossroad, 1981).

（51）David Tracy, *Plurality and Ambiguity: Hermeneutics, Religion, Hope* (San Francisco: Harper & Row, 1987), 9.

（52）Tracy, *Plurality and Ambiguity*, 10.

（53）Tracy, *Blessed Rage for Order*, 108.

（54）Tracy, *Analogical Imagination*, 56-57.

（55）Tracy, *Analogical Imagination*, 56-57.

（56）Tracy, *Plurality and Ambiguity*, 18-19.

（57）David Tracy, "Defending the Public Character of Theology," in *Theologians in Transition: The Christian Century*, ed. James M. Wall (New York: Crossroad, 1981), 113-124. なおトレーシーの文献一覧については次のものを参照せよ。

Werner G. Jeanrond and Jennifer L. Rike, *Radical Pluralism and Truth: David Tracy and the Hermeneutics of Religion* (New York: Crossroad, 1991).

（58）Tracy, *Plurality and Ambiguity*, 12.

（59）「『古典』は時代の栄枯、嗜好の変転を超越する。……われわれが古典と呼ぶものは、時代を越えて永続する意義ある何ものかである」。Hans-Georg Gadamer, *Wahrheit und Methode: Grundzuge einer philosophischen Hermeneutik* (first published in 1960) =Eng.tr. *Truth and Method,* 2nd ed., trans. Joel Weinsheimer and Donald G. Marshall (New York: Continuum, 1994), 288. 記念碑的著作となった『真理と方法』第二部で、ガダマーは伝統的解釈学に代わる新たな解釈学を打ち立て、シュライアマハーやディルタイのロマン主義的解釈学に抗して、ハイデッガー、ヘーゲルに依拠しながら存在論的解釈学を構築した。ガダマーによれば、シュライアマハー流の解釈学は、テクストをその執筆時代から理解すべきとの歴史意識に従って、解釈者の歴史性を否定した。しかしハイデッガーが指摘するように、解釈者はそれ自身歴史的であって、時代を超越して成立当初の著者の感情をそのまま再現することは不可能である。解釈（ないし理解）はテクストへの参与であって、まず「テクストそのもの」を理解し、それから自らの時代環境に読み込むことではない。テクストは解釈者に語りかけ問いかける。そのテクストの真実性に動かされて、解釈者は自身の自明としてきた事柄と先入観を疑い、テクストに問いかけるのである。

（60）Tracy, *The Analogical Imagination,* 163.

（61）Alister E. McGrath, ed., *Modern Christian Thought* (Oxford: Blackwell, 1993), 643.

（62）この問題については最近のトレーシーの諸著作を見よ。David Tracy, *Plurality and Ambiguity*; *Dialogue with the Other: The Inter-Religious Dialogue* (Grand Rapid: Eerdmans, 1990); *On Naming the Present: Reflections on God, Hermeneutics, and Church* (Maryknoll: Orbis, 1994).

（63）"Christianity in the Wider Context: Demands and Transformations," *Religion and Intellectual Life* (Summer 1987), 8.

（64）Tracy, "Christianity in the Wider Context," 8.

（65）Tracy, "Christianity in the Wider Context," 13-14.

(66) その表れがトレーシーにおける宗教対話の試みである。Tracy, *Dialogue With the Other.* 例えば宗教間対話において、仏教徒とキリスト教徒の経験を比較したとき、仏教的人間観とキリスト教的人間観には、ある程度まで共通する経験理解が見出せるし（煩悩を持つ人間と堕落して罪ある人間）、その救済観においても「類比的」な道が示される（阿弥陀の本願とイエス・キリストの聖霊を通しての救い、他力本願と「信仰のみ」のルター的理解など）。ただし人は実存をかけて同時に二つの宗教を信奉することはできないから、類比の目標は歴史的宗教の統合ではない。

(67) Edward Farley, "The Structure of Theological Study," in *Readings in Modern Theology,* ed. Robin Gill (Nashville: Abingdon, 1995), 265.

(68) ここにはファーリーが構造主義的言語学から受けた影響が見られる。

(69) Edward Farley, *Ecclesial Man: A Social Phenomenology of Faith and Reality* (Philadelphia: Fortress, 1975).

(70) Graham Ward, *Barth, Derrida and the Language of Theology* (Cambridge: Cambridge University Press, 1995).

(71) Farley, *Ecclesial Man,* 127, 129, 157.

(72) Farley, *Ecclesial Reflection: An Anatomy of Theological Method* (Philadelphia: Fortress,1982). 教会の省察は、歴史・聖書的（ファーリーはこれを「神学的描写」と命名する）、哲学・体系的、そして実践的の三点から分析される。

(73) Farley, *Ecclesial Reflection,* xv.

(74) ファーリーは神学教育の領域にも熱心で、現代アメリカの神学教育の危機と再生を論じた著作としては次のものがある。Farley, *Theologia: The Fragmentation and Unity of Theological Education* (Philadelphia: Fortress,1983).

(75) Farley, *Theologia; The Fragility of Knowledge: Theological Education in the Church and the University* (Philadelphia: Fortress,1988).

(76) Farley, *Good and Evil: Interpreting a Human Condition* (Philadelphia: Fortress, 1990).

(77) Farley, *Good and Evil,* xv-xvi, 28-29, 117-118, 287-292.

(78) Farley, *Divine Empathy: A Theology of God* (Philadelphia: Fortress, 1996).

（79）トレーシー、ファーリー、オグデン、カウフマン相互の批判や論点については以下の著作、書評記事などを参考にせよ。ファーリーによるトレーシー批判については "A Revisionist Model," *Christian Century*, XCIII (1976), 371-373. カウフマンによるファーリーとトレーシーに関する書評は Gordon D. Kaufman, review of *Blessed Rage for Order*, by David Tracy amd *Ecclesial Man*, by Edoward Farley, *Religious Studies Review* 2 (1976), 7-13; "Conceptualizing Diversity Theologically," *Journal of Religion*, 62 (1982), 392-401. カウフマンによるトレーシー、オグデン、ファーリーの評価については Kaufman, *In Face of Mystery* の人名索引。その他以下も参照のこと。Sheila Greeve Davancy, ed., *Theology at the End of Modernity: Essays in Honor of Gordon D. Kaufman* (Philadelphia: Trinity, 1991); Philip E. Devenish and George L. Goodwin, eds., *Witness and Existence: Essays in Honor of Schubert D. Ogden* (Chicago: Chicago University Press, 1989); Jeanrond and Rike, *Radical Pluralism and Truth*.

（80）Tracy, *The Analogical Imagination*, 59-62, 88 n.44; *On Naming the Present*, 75.

（81）Tracy, *Blessed Rage for Order*, 44.

（82）ここでトレーシーと同じく「相関の方法」を採るオグデンについて言及しておきたい。もともとブルトマンから出発したオグデンもティリッヒの難点を十分に熟知していた。オグデンによれば、神学の課題とは神の真理を現代に明らかにし、キリスト教が真理の宗教であることを論理立てることにある。そのためには「キリスト教信仰の証言」と「人間実存」の双方を相関させ、「これは真にキリスト教的だろうか」を問う「適切性」と、「これは（現代人の）論理と経験に合致するか」を問う「信憑性」の二つの基準でもって検証されねばならない。Schubert M. Ogden, *On Theology* (San Francisco: Harper & Row, 1986), 3-4. しかしオグデンはまた別のところで、これら二つの尺度には共にキリスト教的視点が働くので、これを「相関」と名づけていいか躊躇もしている。Schubert M. Ogden, "Doing Theology Today," in *Doing Theology in Today's World: Essays in Honor of Kenneth S. Kantzer*, ed. John D. Woodbridge and Thomas Edward McComiskey (Grand Rapids: Zondervan, 1991), 424; Schubert M. Ogden, review of *Types of Christian Theology* by Hans Frei, *Modern Theology* 9 (1993), 211-214. しかしそうした細かい点は別にして、オグデンが考える神学の任務が「キリスト教の信仰証言と人間存在との相関」であることに変わりはない。その相関のコンセプトは、キリスト教の「適切性」(appropriateness) と、理性や経験の「信憑性」（credibility）という二つの試金石にかけて判断することであり、オグデンはトレーシーと同じようにキリスト教の正しさをキリスト教の内側だけでなく外でも通じる真理として説明しようとするのである。

（83）Tracy, *The Analogical Imagination*, 59-62, 88 n.44.; *On Naming the Present*, 75.

（84）Edward Farley, *Ecclesial Reflection*, xiii, 304-305, 310, 338, 343; *Good and Evil*, 3; "Truth and the Wisdom of Enduring," in *Phenomenology of the Truth Proper to Religion*, ed. Daniel Guerriere (Albany: SUNY Press,1990).

（85）この点でファーリーは、ポストリベラル神学者リンドベックの「文化・言語的」範疇と共通点を持つ。リチャード・ロバーツによれば、両者の背後にあるのはアメリカのプラグマティズムの伝統である。Richard H. Roberts, "Theology and the Social Science," in *The Modern Theologians*, 2nd ed., ed. David F. Ford (Oxford: Blackwell 1997), 708.

（86）Gordon Kaufman, *Relativism, Knowledge, and Faith* (Chicago: University of Chicago Press), 94; *An Essay on Theological Method*, 75; *In Face of Mystery*, 29, 467 n.6.

（87）Tracy, *The Analogical Imagination*, 435-436; *Dialogue with the Other*, 118, 102.

（88）ここで参考のためオグデンの人間論にも触れておく。オグデンの人間観はプロセス的である。オグデンによれば、人間を自律した主体と考えようと（トレーシー）、教会的な「共同主観性」と捉えようと（ファーリー）、肝要なのは人間が時空軸の中で常に生成し進化する宇宙の「実体」の一部であるという認識である。オグデンはこうしたプロセス的な視点を人間観に取り入れ、ウェスレーやブルトマン、さらに解放神学の人間観までを縦横に織り交ぜながら独自のキリスト教的人間像を作り出している。Schubert M. Ogden, "Process Theology and the Wesleyan Witness," *Perkins School of Theology Journal* 37 (1984), 18-33.

（89）David Tracy, "Approaching the Christian Understanding of God," in *Systematic Theology: Roman Catholic Perspectives*, ed. Francis Schüssler Fiorenza and John P. Galvin (Minneapolis: Fortress, 1991), 131-148; "Literary Theory and the Return of the Forms for Naming and Thinking God in Theology," *Journal of Religion* 74 (1994), 308-309; *On Naming the Present*, 18.

（90）Farley, *Ecclesial Man*, 13, 224, 226; *Ecclesial Reflection*, 156-157; Farley and Peter C. Hodgson, "Scripture and Tradition," in *Readings in Christian Theology*, Peter Hodgson and Robert Kind ed. (Minneapolis: Fortress, 1985), ch. 2.

（91）Kaufman, *The Theological Imagination*, 32, 51; *Theology for a Nuclear Age*, chapter 3; *In Face of Mystery*, esp. part IV and chapter 27.

（92）Farley, *Ecclesial Man*, 217-219; *Ecclesial Reflection*, xvii, 209, 225.

（93）Kaufman, *The Theological Imagination*, 116, 189-190. しかしその上でカウフマンは従来のキリスト論に二つの主要な修正を施した。それがキリストの「間人格的」（transpersonal）な広がりを持つ理解、そしてキリスト論の社会歴史的分析であった。

（94）Tracy, *The Analogical Imagination*, 233-41; *On Naming the Present*, 31, 37, 67, 79, 124-125.

（95）オグデンのキリスト論はプロセス神学の章で論じた。

（96）オグデンにとって「キリストを問うことは、われわれにとってイエスが誰かを実存―歴史的に問うこと」であって、イエス・キリストは、神が人間に与えた決定的な自己啓示であり、イエスの福音書物語は「質においても潜在力においても」「人間の生にとっての規範」である。だが、それでも「キリスト論の始まりは、イエスその人というより、われわれにとってのイエス」にある。Schubert Ogden, *The Point of Christology* (San Francisco: Harper & Row, 1982), 41. ここに現代の「経験」を解釈学的出発点にするオグデンの骨頂が見える。

（97）Ronald F. Thiemann, *Revelation and Theology: The Gospel as Narrated Promise* (Notre Dame: University of Notre Dame Press, 1985).

（98）George Lindbeck, *The Nature of Doctrine: Religion and Theology in a Postliberal Age* (Louisville: Westminster John Knox, 1984).

（99）William A. Christian, *Doctrines of Religious Communities* (New Haven: Yale University Press, 1987), chapter 4. W・クリスチャンは中世カトリシズム研究が専門の宗教学者。カリフォルニア大学バークレー校、サンタバーバラ校などでも教鞭をとった。

（100）Christian, *Doctrines of Religious Communities*.

（101）森本あんりはトレーシー、リンドベック、カウフマン、ダレスをアメリカの現代神学を代表する四人として論じる中で、トレーシーを「もっとも冗長で難解である」と一蹴した（「現代アメリカの組織神学」熊澤義宣、野呂芳男編『総説 現代神学』日本基督教団出版局、一九九五年、一〇八頁）。森本は「アメリカでは（願わくは日本でも）難解な文章は内容を保証するよりもかえってそれを疑わせる」として、トレーシーには随分ときつい評価を下している。しかし森本が言う「他の学問領域で使われる諸概念を当然のように前提にする」とは具体的にどの概念のことか。そしてそれが「博識よりも未消化ないし無批判の微標とみなされてよい」とまで言える根拠は何なのか。

（102）Charles Davis, *What is Living, What is Dead in Christianity Today?: Breaking the Liberal-Conservative Deadlock* (San Francisco: Harper & Row,1986), 102-104.

（103）Davis, *What is Living, What is Dead in Christianity Today?*

（104）Rosemary Radford Ruether, "He Sought the Truest Meaning of Faith," *National Catholic Reporter* online (February 12, 1999). 〈http://natcath.org/NCR_Online/archives2/1999a/021299/021299g.htm〉〔二〇一七年六月二一日取得。〕

（105）Thomas C. Owen, "Public Theology and Counter-Public Spheres," *Harvard Theological Review* 85 (1992), 453-469.

（106）Aiban Wagua, "Present Consequences of the European Invasion of America," *Concilium* 6 (1990), 53.

（107）そうした批判には傾聴すべき点が多々ある。Francis Schüssler Fiorenza, "Fundamental Theology and Its Principal Concerns Today: Towards a Non-Foundational Theology," *Irish Theological Quarterly* (1996), 118-139; "The Relation Between Fundamental and Systematic Theology," *Irish Theological Quarterly* (1996), 140-160.

（108）Peter Berger, "Secular Theology and the Rejection of the Supernatural: Reflection on Recent Trends," *Theological Studies* 38 (1977), 39-56.

（109）バーガーに対する修正神学者の反論は次を見よ。David Tracy, Langdon Gilkey, and Schubert Ogden, "Responses to Peter Berger," *Theological Studies* 39 (1978), 486-507. また最近のトレーシーのリンドベック批判を見よ。"The Uneasy Alliance Reconceived: Catholic Theological Method, Modernity, and Postmodernism," *Theological Studies*, 50 (1989), 548-570.

(110) David L. Smith, *A Handbook of Contemporary Theology* (Grand Rapids: Baker, 1992), 85. スミスは保守的な南部バプテスト神学校出身で、現在カナダのマニトバ州プロヴィデンス神学校神学教授。

(111) Tracy, *Blessed Rage for Order*, 10-14.

(112) 主観とは啓蒙主義的なコンセプトであり、フロイトが言う「至上権を持つ」「自我」に他ならない。カントは「自分で自分を律すること」つまり自律ということに自由な人間の意味を見出した。そこではほとんど絶対的とも言いえるような不可侵性が仮定され、閉じられている。

(113) フロイトが自我論を唱えて以来、自我は人間行動を理解するのにもっとも重要と考えられるようになり、矛盾も亀裂も含まない自己同一的で同質的な個人のアイデンティティという考え方を支える根拠となってきた。自我の理論は心理学を支配しただけでなく、社会科学や人文科学一般にもあふれてきた。とりわけ戦後のヒューマニズムの時代には直感や意識が人間の根本だと信じられ、良くも悪くも「自我」が人間実存の中軸であると確信されてきた。

(114) Kaufman, *Theology for a Nuclear Age*, 39.

(115) Charles Birch, William Eakin, and Jay McDaniel, eds., *Liberating Life: Contemporary Approaches to Ecological Theology* (Maryknoll: Orbis, 1990). このうち特にサリー・マクフェイグの論文（201-227）を参照せよ。

(116) 「神秘・宗教的シンボルシステム・宗教的多様性」〈特集〉比較を超えて——浄土教とキリスト教）("Mystery, Religious Symbol-System, and Religious Diversity," <Symposium> Beyond Comparison: Pure Land Buddhism and Christianity)『比較思想研究』、比較思想学会22（一九九五年）五—七頁。John B. Cobb Jr., *Beyond Dialogue: Toward a Mutual Transformation of Christianity and Buddhism* (Philadelphia: Fortress, 1982).

(117) 筆者はトレーシーをはじめ修正神学者がモダニズムをどう突破するのかという点に疑問を感じている。つまり彼らの思想からは、近代ヨーロッパの帝国主義、アジア、アフリカにおける植民地主義、それと結びつくキリスト教の陰の歴史をどう総括するのかがよく見えないのだ。しかしそれはそのまま日本のキリスト教にも問われる問題である。二〇世紀冒頭の日本の教会による朝鮮伝道や、第二次大戦下の南方への教師派遣、国策に沿った海外宣教史、戦時中の翼賛主義などに関して、これまでいかほどの総括がなされてきただろうか。日本の帝国主義的なアジアへの進出という文脈下で中国東北部の満州、朝鮮、台湾といった植民地で日本人が宣教したキリスト教の内容とは何だったのだろうか。歴史批判はただトレーシーやカウフマンだけではなく、われわれの課題でもある。

日本でカウフマンが論じられるのは多くの場合（解放主義の視点ではないものの）宗教的多元主義のコンテクストにおいてである（ゴードン・カウフマン「宗教の多様性と歴史認識とキリスト教神学」ジョン・ヒック、ポール・ニッター編『キリスト教の絶対性を超えて——宗教的多元主義の神学』春秋社、八木誠一・樋口恵訳、一九九三年、一五—一七、三四—三五頁）。またアメリカ神学の概観の中でも取り上げられている（カウフマンの神学の概観とそのカント的な認識論の批判については、森本あんり「現代アメリカの組織神学」『総説 現代神学』一〇二—一〇四頁）。

（本論考は関西学院大学法学部発行『外国語・外国文化研究』第14号、二〇〇四年七月掲載の論文に大幅な加筆がなされたものである）

第6章　神と世界の進化を説くプロセス神学
新古典神論から解放主義への脱皮

1　「もっともアメリカ的な神学」

二一世紀最初の一〇年間、キリスト教の世界的趨勢は、宗教対話や寛容の推進というより、むしろ他宗教、特にイスラム教の勃興に対抗してキリスト教の伝統と共同体の強化を目指す保守主義に傾いた。少なくともアメリカではその傾向が著しい。二〇〇一年の九・一一同時多発テロ事件の勃発以来、アメリカの保守的キリスト教各派はムスリムへの警戒をいっそう強めた。ブッシュ米大統領の第一期就任式をつかさどった牧師のフランクリン・グラハムは、イスラム教を「悪の宗教」と非難し、宗教右派の大衆伝道家ジェリー・ファルウェルも、ムハンマドは「テロリスト」だったとこきおろした。キリスト教界の指導的な人々からしてそうなのだから、草の根の雰囲気は推して知るべし、とても宗教対話や寛容の推進という雰囲気ではない。

しかし移民の国であるアメリカは現実的に、社会も文化も宗教もいっそう多元的になった。そしてイスラム教も含め世界的宗教の「神」は、イエスによって啓示されたキリスト教の神と本質的に同じである。そう主張したのは、ポストモダン神学の章で取り上げたイギリスのドン・クピッドなどだけではない。アメリカの進歩的なキリスト教、中でもプロセス神学者は熱心に多元主義への理解を示した。排他主義のキリスト教が宗教的寛容の理念を押しのけ、他宗教との対話が「冬の時代」を迎えたかに見える今日、プロセス神学者はキリスト教をどのように再解釈するのか。そしてポストモダンの精神に信仰をどう対応させようと試みるのか。本章のテーマは、「もっともアメリカ的」と言われるプロセス神学の誕生物語と、その近年の動向である。(1)

プロセス神学の誕生

話は一九六〇年代にまで遡る。当時アメリカでは「神の死の神学」や「世俗化の神学」がテレビのトークショウを賑わせ、青年のサブカルチャー誌『プレイボーイ』まで巻き込んで、キリスト教の内外を騒然とさせていた。そんな頃、そうした騒ぎとはまったく無縁の哲学的神学の領域でひとつの宗教思想が人々の耳目を集め始めた。それが「プロセス神学」（Process Theology）あるいは「生成の神学」（Theology of Becoming）と呼ばれるキリスト教の言説である。二〇世紀アメリカの特異なキリスト教思想に数え上げられたこの神学の誕生はかなり早く、一九二〇年代である。しかしようやく機が熟して脚光を浴びるようになったのは、それから三〇年あまりを経た六〇年代のことだった。

「機が熟した」と書いたのには事情がある。第二次大戦を挟んだ四〇年代から五〇年代、アメリカの論壇で一世を風靡していたのは、哲学では実存主義、神学では新正統主義の言説だった。この当時、神学者はもとより神学生や牧師の多くがキェルケゴールやハイデッガー、ヤスパース、サルトルの著作を読み、ニーバーやティリッヒ、バルトの本を小脇に抱えて口角泡を飛ばしていた。そんなことから、思弁性の強い哲学的神学は、カトリックは別としてプロテスタントではほとんど省みられることがなかった。アメリカはもともとプラグマティックな雰囲気が強いところで、ジョン・デューイ、ウィリアム・ジェームズ、チャールズ・S・パースといった経験主義が人気を博す一方、観念論や形而上学を厭う気分が強かった。ところが六〇年代、バルト、ブルンナー、ニーバーと、巨匠が相次いでこの世を去ってその影響が衰え始めると、プロテスタント神学は新正統主義の「キリスト中心主義」から少しずつ脱け出るようになった。言い換えれば、神学の軸足を徐々にキリスト論から神論へと移しだしたのである。

しかし、キリストから神へと軸足を移し始めたとは言っても、神を積極的に弁証する議論が盛んになったということではない。いやそれどころか、神はますます片隅に追いやられた。哲学領域では分析哲学がわが世の春を謳歌し、超自然的な命題や経験不可能な対象をあれこれ論ずるのは時間のむだ、いったい現代で神を語ることにいかほどの意味があるのかと気炎をあげた。そしてそれに呼応するかのように、キリスト教でも「世俗化の神学」が誕生して、伝統的な神観はまったく時代遅れになったとの論陣を張っていた。現代において神のイメージは徹底的に改変されねばならない。それができないくらいなら、神にはしばし沈黙していただこう。大西洋を隔てたイギリスでJ・A・T・ロビンソンは、ティリッヒ、ボンヘッファーに依拠して、「天の彼方に鎮座する」神を痛烈に批判し、不能な神はいらない、せめて現代人にとって意味のある名称、例えば「存在の根底」(ground of being)と書き換えられるべきだと揺さぶりをかけた。アメリカの一群の神学者はそれに刺激を受けて、はやばやと「神の死」を宣告し、十字架上で「実際に」(de facto)神は死んだのだ、今や神の超越は内在に転じたと論じて物議を醸していた。ひとことで言えば、六〇年代中葉、キリスト教の神論は四面楚歌だったのである。

アルフレッド・ノース・ホワイトヘッド、テイヤール・ド・シャルダン、(2)それにチャールズ・ハーツホーンの言説を携えて、シュバート・オグデン、ジョン・B・カブ・ジュニア、ダニエル・デイ・ウィリアムズ(3)など、シカゴの神学者が新古典神論を提唱したのはそんな騒然とした中だった。「リアリティは不動ではなく動的に進化する」「アクチュアル・エンティティは、神を含め、不変ではなく可変である」。(4)聞いたこともない語彙や新しいイディオムの提唱に、プロテスタント、カトリックの多くの人々が耳をそばだてた。なにやらプロセス神学という名の新しい神学があって、現代的神のモデルを「生成」「進化」「可変」「動的」などの概念に求めているらしい。量子力学や相対性原理、進化論と自然科学の最新知識、ホワイトヘッド哲学と先端的な言語分析学を駆使して、神論を形而上学的に復興させようとしているようだと、にわかに注目し始めたのである。

プロセス神学の三つの潮流

プロセス神学は、二〇世紀のプロテスタントではほとんど省みられることのなかった形而上学的神学の一形式である。その誕生はアルフレッド・ノース・ホワイトヘッドの宗教哲学に遡り、ホワイトヘッド亡き後は大きく三世代に分かれて展開した。(5)

その第一はチャールズ・ハーツホーンの宗教哲学を中核にする「新古典的神論」の潮流である。(6) ハーツホーンはシカゴ大学で哲学的神学を講じ、同所をクレアモント神学校に並ぶプロセス哲学の牙城に育て上げた人物である。ホワイトヘッドが英国からアメリカにやってきた一九二五年、彼は助手に抜擢されてホワイトヘッドに師事し、貪欲にその思想の吸収に努めた。そして形而上学を厭うアメリカの大学で学生らに噛んで含めるように解題して、カブやオグデンなどの俊才を育て上げた。もしハーツホーンがいなければ、ホワイトヘッドの宗教哲学はアメリカで今日あるような興隆はとうてい望めなかっただろう。確かにホワイトヘッドの名声に比べると、ハーツホーンの知名度はいまいちである。しかしだからといって彼をホワイトヘッドの亜種とするほど不当なことはない。ハーツホーンはホワイトヘッドに師事する以前から、形而上学的神学を模索して独自な道を歩んでいた。なにせハーヴァードでは学士を終えた翌年に哲学で修士号、次の年にはもう博士号を取得して同大学の学位取得の最短記録を作った伝説の人物である。しかも大学院を終えてからはただちにドイツに留学してフッサールとハイデッガーの講義に連なり、帰国するとアメリカ哲学界の大御所、チャールズ・パースの全集の編纂に当たって、これを数年で完結させるという大仕事をやってのけた。なるほど大枠ではホワイトヘッドに倣うものの、プロセスの解釈では独自の着想が随所にある。(7) そうしたことから、思弁に強く傾くとはいえ、ハーツホーンはホワイトヘッドに優るとも劣らないプロセス哲学の大家として評価が高いのである。

プロセス神学の第二の潮流は、ホワイトヘッド哲学をアメリカの経験主義に結びつけて解釈した、ハーツホーンと同世代、ないしはそのすぐ下の世代で、これにはヘンリー・ネルソン・ウィーマン、[8] バーナード・ローマーといった名が挙げられる。「多面的な神概念は単面的な神の概念より、いっそう優れており、かつ偉大である」と論じたのはローマーである。[9] 彼はホワイトヘッドのいわゆる「発見の方法」に刺激されてキリスト教の再解釈に乗り出し、その結果「統合的な神概念」に到達した。[10] 他方、ウィーマンも同じようにホワイトヘッド哲学を基礎にキリスト教の再解釈に挑戦したものの、[11] 彼の結論はプロセス理論には期待したほどキリスト教への貢献は多くないという否定的なものだった。

そして最後に登場したのは、ホワイトヘッドとハーツホーンの理論枠を用いながら、キリスト教の現代的解釈に向かった第三世代の営みで、カブ、オグデン、デイヴィッド・レイ・グリフィンなどが代表格として挙げられる。特にカブやオグデンは仏教と精力的に対話するために日本や他のアジア諸国に足を運び、ウィーマンやローマーよりもずっと前向きにプロセス理論とキリスト教との統合を企てた。ヘーゲル亡き後に老ヘーゲル派と青年ヘーゲル派の確執があったのと同じように、アメリカのプロセス哲学はホワイトヘッド没後、四分五裂した。当然プロセス神学もその煽りを受けて散々に乱れ、一時はどうなることかと心配させる向きもあったが、結局この第三世代からオグデン、カブらを輩出させて、プロセス神学をもっともアメリカらしい神学として定着させることに成功したのである。

そんな事情を踏まえ、本章ではまずホワイトヘッドのプロセス理論を概観し、その後にオグデンとカブの言説を詳細に検討する。というのも、ハーツホーンやウィーマンですら手をつけなかったキリスト教倫理学の実践的問題にまで意欲を燃やした者こそ、この二人だったからである。プロセス的形而上学の枠組みに神は必要か。もし必要であるなら、その神概念は人類、宇宙、自然といかに関係を結ぶのか。プロセス的神論はポストモダン時代にいかなる方向を示すのか。こうした問題にオグデンとカブの両者は果敢に取り組んで多くを発信し、[12]六〇年代以後のアメリカでは、代表的神学者として十指に入る。プロセス神学を論じるにあたってはグリフィンも捨て難いが、きらめく数々のプロセス神学者からこの二人を選んで紹介するのはけっして不当なことではない。

2　プロセス理論とは何か

数理学から宗教に転じたホワイトヘッド

まずはプロセス哲学の創始者ホワイトヘッドである。二〇世紀後半は、科学と宗教の調停を図るプロセス神学が華やかな光を放った時期だったが、その幕開けを準備した者こそホワイトヘッドである。ホワイトヘッドがプロセス理論で企てた目標は、二〇世紀という科学の時代にふさわしい形而上学を構築することにあった。彼は、現代人の特徴は科学的な思惟をすることであって、これを無視して現代世界を論じることはできないと考えた。人々は合理的に物事を観察し、科学的に処理し、理性と経験に基づいて筋道を立てて行動する。だが、いくら合理的で科学的な思考が普及したからと言ってそれで問題が解決されるわけではなく、科学を基礎づける何らかの統合的世界観がなければならない。[13]初期の作品『科学と近代世界』（一九二五年）[14]から始まって最晩年の遺作『科学・哲学論集』（一九四七年）[15]にいたるまで、ホワイトヘッドの関心の中核を占めたのは、この統合的世界観を構築するという課題であった。現代は科学だけではなく、宗教、倫理、美学、その他もろもろの学術を包括した枠組みを必要としており、合理的思惟だけでなく非合理的領域も包みこまなければ、人間と世界を本当に理解することなどできない。いや、最先端の科学的発見や理論そのものが、世界を有機的で統合的に理解する必要性を認めるようになっており、そこに現代における宗教の重要な役割がある。ホワイトヘッドがそう考えたことが、彼をアメリカの哲学界、神学界のスターの座にまで押し上げた。アメリカはホワイトヘッドの前に緋色の麗々しい絨毯を準備し、数多くのプロセス神学者をその道筋に立たせて鳴りやまない拍手を彼に浴びせることになるのである。

アルフレッド・ノース・ホワイトヘッド（一八六一―一九四七年）はもともとは宗教学や神学とは無縁な、世俗的で生粋の数理学者だった。母国英国ではケンブリッジ大学、ロンドン大学などで数理論と数理哲学を講じ、哲学者のバートランド・ラッセルと共に、数理学の金字塔『プリンキピア・マテマティカ』全三巻（一九一〇―一九一三年）を著したことは歴史に残る業績と高く評価された。『プリンキピア・マテマティカ』は数学を論理学でもって再構成するという大胆な発想による企てで、論理が複雑に錯綜する上、膨大な分量の著作であったため、今日でも日本語への翻訳は序説付近までで、はたして日本で最後まで原書を読み通した人はどれだけいるだろうという難解な代物である。[16]それはともかく、そんな数理学の構築に情熱を注いでいたホワイトヘッドがハーヴァード大学に哲学教授として招聘され渡米したのは一九二四年、彼が六三歳のときだった。神学者ティリッヒの場合もそうだったが、高齢で学術環境を変えるということはなかなかに苦労が多い。だが結果的にはこれが大成功で、ホワイトヘッドはアメリカで「二〇世紀最大の形而上学者」の名声を欲しいままにすることになった。[17]

さて「傑作中の傑作」（magnum opus）と評判高い『過程と実在』の「有機体の哲学」の章でホワイトヘッドは[18]、啓蒙主義以来というもの、ヨーロッパを風靡してきた「機械論的自然観」を批判し、それに代わる独自な「有機体的自然観」を提唱した。すなわちホワイトヘッドは近代科学の興隆によって歴史の脇に押しやられた観のある形而上学を、科学的世界観を踏まえながら有機体的に再構築することを試みたのであって、これをキリスト教から眺めると、一八世紀の合理主義に起源する自然神学に新しい可能性を開いたと読むことができる。世界を「事物」（thing）ではなく、歴史的な「出来事」（event）の生成、つまり誕生と発展のプロセスとして動的に捉えるホワイトヘッドの理論はおおよそ三つの時期に区分される。まず第一期は彼が記号論に没頭していた数理哲学時代である。この時期、ホワイトヘッドは数学で世界を説明することに没頭して、神や宗教の「非数理的」

分野にはほとんど関心を持っていなかった。ところが中期になると、彼は数学や自然科学に加えて、哲学的、形而上学的にも世界を問うようになり、さらに晩年には宇宙や自然、そしてその整然とした法則性の存在を説明するためには、超越的な存在者の必要を前提にせざるをえないと考えるようになった。そこでホワイトヘッドは、『宗教とその形成』（一九二六年）を皮切りに、[19]『過程と実在』（一九二九年）、『観念の冒険』（一九三三年）[20]と相次いで著作を著し、それまでの数理論的解明から人格的神の存在証明といった宗教哲学領域へ軸足を移した。一九二八年に行われたギフォード講演と、その内容をまとめた『過程と実在』は、彼自身の説明によれば「数理学の真理を宗教、美学、形而上学の関心のもとで統合する世界論」であって、ホワイトヘッド晩年の精華という高い評判をとる一方、ホワイトヘッドも抹香臭くなってついに宗教に逃げ込んだとの悪評もたった。[21]キリスト教世界で歓迎されたのは、形而上学的な神観を基礎にして、宗教と科学の統合に精力を傾けたこの晩年の営みだったことは言うまでもない。人間を含めて自然、宇宙の森羅万象は休止することなく誕生と発展の過程内にあり、神すら日々進化し続ける。神学者に天啓のごとく鳴り響いたのは、実に時空間の枠内においても生成発展するという神の躍動的概念とその有機的宇宙観だったのである。

世界のすべてが連動する

人間は自然環境の一部であり、自然を超えた存在者と関係することで真に人間的になる。ホワイトヘッドが晩年に完成したそのような宗教的世界観は、系譜的に言えばケンブリッジ・プラトニズムと呼ばれる潮流に基礎があると指摘されることが多い。ケンブリッジ・プラトニズムは一七世紀、ベンジャミン・ウィチカット、ヘンリー・モア、ジョン・スミスなどを中心にケンブリッジ大学で開花した哲学思想で、プラトン、プロティノスの古典に学んで「理性と信仰の調和」を求め、中世カトリック神学を批判して信仰の自由な再生を提唱した。もともとは　六世紀初め、ケンブリッジにエラスムスがやってきてギリシャ古典や哲学を講じたことが発端となったのだが、以来ケンブリッジはイギリスにおけるプラトン研究のメッカになっていた。ホワイトヘッドが『過程と実在』の中に「ヨーロッパの哲学一切はプラトン哲学の脚注にすぎない」との添え書きをし、「もし現代にプラトンが蘇ったなら、有機体哲学を語るに違いない」と言葉を残したことからも、そうした事情の一端が伺える。また識者によっては、ケンブリッジ・プラトニズムに加えて、ホワイトヘッドの思想的原流を、ドイツ観念主義のヘーゲルやシェリング、フランス哲学のベルクソン、ロシア神秘主義哲学のベルジャーエフや、ダーウィンの生物進化論に絡めて読み解く者もいる。しかしいずれにしても、宇宙が今なお活発な生成過程にあって、そうした宇宙の進化とともに神も進化し発展すると論じたのがホワイトヘッドであるという見方では一致する。だが、「進化する神」という考え方は、不変・不動・永遠・絶対の伝統的神概念に真っ向から対立するだけでなく、その世界観も神の一回的創造のわざによって世界が完成したとする聖書の世界観にそぐわない。結局、ホワイトヘッドはキリスト教の正統的理解とは異なる、傍系の神学系譜に連なるとの見解を抱く人々も少なくない。

そうした系譜のあれこれの議論は別として、ホワイトヘッドが科学論で論じたのは、時空間を均等に区分して無機的に理解するニュートン力学をもってしては、もはや宇宙も世界も合理的に説明できない、ということだった。ホワイトヘッドの議論はかなり複雑で込み入っているが、噛み砕いて説明するとこうなる――近代物理学の祖ニュートンは、自然世界を時間と空間の二つの軸に置いて、自然のすべてのものは偶然的、機械的に関わるだけだと論じ、科学はあくまで観測可能な事柄の因果律に徹して、それをもたらす原因や起源、いわんや宇宙の価値や目的については考えの対象にしないと宣言した。これはそれまでになかった革新的な提案で、以来、近代の科学は客観的な「モノ」の法則性の説明という実証主義に専念してきたのである。

ところが現代物理学はエネルギーという新たな概念を導入することで、ニュートンの科学的世界観をくつがえし、時空間は均質でも静的でもない、宇宙にあるすべては絶えず生成消滅を繰り返すプロセスにあると考え方を改めた。アインシュタインの一般相対性理論によれば、宇宙は膨張する。宇宙の膨張はハッブルの天体観測によっても裏付けられた。

ウディ・アレンの自伝風の映画『アニーホール』（一九七七年）には、宇宙が膨張すればいつかは破裂するから、勉強はもうやめたと言い張る息子を精神科医のクリニックに連れていって相談する母親が登場する。本で宇宙が膨張していると読んだが、膨れ上がっていればいつかは破裂する。だから何をしてもしょうがない、すべてはおしまいだという息子に、彼女はこう金切り声を挙げた。「宇宙がなんだっていうのよ。あなたはブルックリンにいるのよ！　ブルックリンは膨張していないの！」宇宙の膨張は壮大な空間では問題になるものの、強い重力が働いている銀河系、それもニューヨークのブルックリンでは微視的でまったく問題にならない。だから、彼女の指摘はまったく正しい。(22)

それはともかくとして、アインシュタインの相対性理論もハイゼンベルグの量子力学も、宇宙を永遠で静的とするニュートン的世界観の延長線上にではなく、まったく別のパラダイムにあった。ニュートン力学に従えば、あらゆる物体は初期の条件さえ測定できれば、その後の運動は完全に予測できることになる。ところが実際には原子や分子、電子、素粒子といった微視的現象を扱うとき、粒子の運動は静的に測定することなどできないという不確定性原理が唱えられるようになっているのである。

こうした新しい物理学を基礎にして、ホワイトヘッドはダーウィンの進化論をも取り入れて、世界全体を発展する有機体として再イメージした。世界は今も創造のプロセスにある。宇宙は永劫不変ではなく、誕生の瞬間から絶え間なく生成し続ける。万物はひとつとして同じものではなく、常に変転する。「世界が変転万化することこそ哲学体系の究極基準である」(23)。かつて啓蒙主義の時代、合理主義的な神学はニュートン世界観をキリスト教に取り込むことで、科学と信仰の調停を図った。これに対して今度は、ダーウィンの進化論とアインシュタインの一般相対性理論がキリスト教に導入されることになった。

ホワイトヘッドは有機体的哲学において、宇宙の生成を、「活動的存在」（『現実的実質』などの訳もある）

（actual entities）、「活動的生起」〔「現実的契機」、「現実の機縁」などの訳もある〕（actual occasions）、「事件」（events）〔『出来事』などの訳もある〕の独自概念で説明を試みた。あえて簡略化すれば、「活動的存在」とは、生成と発展のプロセス下にある経験すべてを取り込む小宇宙のことだと思っておけばいい。ホワイトヘッドによれば活動的存在は「リアル」であって、そのすべてが究極的には宇宙と同じ構造を持っている。「神が活動的存在ならば、宇宙のもっとも微小な存在も、神と等しく活動的存在である」。[24] 無限広大な宇宙から、それこそ最微小の塵にいたるまで、すべては相似的であって、かつ互いに依存する。

活動的存在は「創造性」〔『創造活動』、『創造作用』などの訳もある〕（creativity）の宇宙的力に導かれて一瞬も休むことなく誕生、発展、消滅を繰り返す。ライプニッツのモナド論に倣ってホワイトヘッドは、活動的存在を過去のすべてを記憶して現在につなぐ装置と考えた。例えば人間は独りで生きているのでなく、隣人、自然、世界、いや宇宙のすべてに関係する。今を生きる人間は、過去に起きたあらゆる進化の結晶である。人間を含め、万物は時間の中で不変的でも静的でもない。それは連続した歴史の中の可変的な出来事である。人間だろうと、植物や動物だろうと、活動的存在が経験するすべてが進化の中で互いに関わり、成長し、そして記憶される。ホワイトヘッドは人間、自然、宇宙を相互に関与しあうもの、有機的に進化し発展するプロセスにあるものと再解釈した。

神は記憶し進化する

「真にリアルなものは静止しない」「常に生成の過程にある」「生成（becoming）は存在（being）より、いっそう真理的である」「生成の世界を観念哲学の言葉とカテゴリーで説明することは不可能である」。そのように説くホワイトヘッドのプロセス理論において、人間とはどのような存在だろうか。

ホワイトヘッドによれば、人間には古典哲学が説くような不変的「本質」など存在しない。いやむしろ、人間は絶え間なく成長するプロセス、連鎖する宇宙の発展的な出来事である。類としての人間は、無数の活動的存在の中に存在するひとつの「高度に綴られた集積体」であって、未来に向かって常に進化する途上にある。例えてみれば人間とは、大海原の一滴、無限な経験の一粒である。しかしその一粒は実に貴重な存在であって、過去の進化のプロセスの一切を内に蓄え、今という時点でひとつの出来事として誕生し、そして未来へと展開する。

ではプロセス理論における「神」とは何か。ホワイトヘッドは神も人間と等しく発展しており、もし宇宙の万物が進化のただ中にあるなら、神もそのひとつであると断言する。この点でプロセス神論はアリストテレスやトマス　アクィナスのキリスト教の伝統的神観と袂を大きく分かち、神は「不動の原点」でも宇宙の創造後に永遠の彼方に退く「超越者」でもなくなる。いやホワイトヘッドに言わせれば、神を超越、不動、絶対と定義したことがそもそもの大失態であって、キリスト教が現代人に通じなくなったのもここに理由がある。神を不動、不変、絶対ではなく、進化するダイナミックな活動的存在として書き改めることこそキリスト教への現代的処方箋である。

神は宇宙の「始まり」であり「終わり」である。あらゆるものの始原として、すべての活動的存在を根底で支えつつ、同時にそれを超え出ようとする。神は万物の始原としては超越的な実体である、とホワイトヘッドは主張する。もし万物の始まり、無限、永遠などのコンセプトだけに目を注げば、ホワイトヘッドの神概念はキリスト教の古典的神論と同じである。ここにプロセス神論が新古典主義の形而上学的神論と名称される所以がある。だがプロセス神論の特異性は、始まりだけではなく、進化の終焉としても神を論じるところにある。

終焉としての神とは、生成の結果を記憶する神ということである。プロセスの神は、ただ活動的存在に働きかけその進化を促すだけでなく、活動的存在が経験するすべてを内に取り込み、それを記憶する神である。世界を超越しつつ、あらゆる出来事を内在させる神は宇宙の進化に合わせ、そこで生成した一切を「経験」として記憶する。

ということは、現時点で神は事実上「不完全」であって、今後のプロセスの中でさらに完全になっていく、ということになる。いや実際、ホワイトヘッドによれば神は宇宙の森羅万象を記憶しながら、今も完成に向かう途上にある。神は、人間の喜びと悲しみも含め、全宇宙の出来事一切を記憶し、そのことによってますます豊饒になっていく。これはキリスト教の古典的神観、言い換えれば全知全能、完全な絶対者という神概念とまったく次元を異にする。

確かにプロセス神論においても、神は唯一至高の存在であることは確保される。だからこの点に限れば、キリスト教の古典的神論と一致する。だがプロセス神論には伝統的キリスト教の神論には存在しない要素が二つある。ひとつは、神が宇宙の活動的存在に働きかけてその進化を促す誘因であるということ、もうひとつは、進化のプロセスで起こる出来事すべてを記憶して自らも発展するという神の可変的な性格である。同じ唯一神論とはいえ、古典的キリスト教とプロセス神学には大きな乖離がある。

ここにプロセス神論がただの古典的神論ではなく、「新」古典的神論と命名された理由がある。これまでのキリスト教では神は永遠にして不変不動の究極存在であった。そして世界の森羅万象は、自然も人間も含め、神の創造行為によって一回的に完成されたと考えられていた。しかしホワイトヘッドはキリスト教神学に発想の転換を求め、世界は神によって完成した姿として創造されたのではなく発展するものであり、神も全知全能でも自己充足的でもなく進化すると論じたのである。

「存在」よりも「生成」が重要

こうしたホワイトヘッドの基本デザインを継いで、キリスト教神学に新しい思想の潮流をもたらしたのがチャールズ・ハーツホーン（一八九七―二〇〇〇年）だった。ハーツホーンの貢献は、ホワイトヘッドよりいっそう自覚的にキリスト教とプロセス理論を統合しようと試みた点にあり、その最初の結実が、プロセス哲学によって神論の再解釈を試みた『人間の神観と有神論の論理』（一九四一年）[25]であった。しかしハーツホーン独特の思想が全面的に花開くまでには、第二次大戦後の『社会的プロセスとしての現実』（一九五三年）[26]、さらには『創造的統合と哲学的方法』（一九七〇年）[27]の完成をなお待たねばならない。

一九世紀末に、クエーカー教徒のリベラルで知的な家庭に生まれたハーツホーンは、幼年から青年時代まで経済的には豊かで精神的にはリベラルな環境のもとでゆったりと哲学的思索を深めることができた。そうした土壌が彼の後の壮大な思索を生んだという指摘もあって興味深いが、[28]それはともかく、ハーツホーンにとって形而上学は尽きぬ魅力の源泉だった。[29]とりわけハーツホーンがホワイトヘッドに魅せられたのは、万物には多かれ少なかれ意識があって、その頂点に立つのが人間の社会であるという考え方だった。人間社会は過去からの記憶を維持し続けてきた集合体であって、過去の出来事を継承しつつも、それを超え出て進化しようとする自由な意識と意思を持つ。神とは宇宙万物のそうした意識の総和であり根源である。

ハーツホーンはホワイトヘッドと同様、キリスト教の古典的神論を現代にそぐわないものとして退け、アンセルムス、アウグスティヌス、アクィナスの超越的神観をあまりに「静的」（static）と批判した。そしてその代わりに「万有内在神論」（panentheism）を提唱して、神は宇宙の森羅万象、あらゆる事象に内在しつつ超越すると主張した。[30]神は宇宙をその懐に抱くものの、宇宙そのものに収斂されることはない。また宇宙のすべては自らの自由意思をもって進化を試みる活動的存在である。神は人間と同じく人格的存在である。だが人間が有限であるのに対して、神のスケールは無尽蔵で、あらゆる宇宙の出来事をその内に記憶する。古典的キリスト教の神論は神を「存在」（being）の根底と存在論的に理解したのに対し、ハーツホーンは神を「生成」（becoming）の始原、始まりと考えて時間的に解釈し、宇宙をそうした神の、刻々と変化する体として理解した。

だがこれをもって、ハーツホーンの神概念を汎神論の亜種と一蹴するほど不当なことはない。ハーツホーンは神を世界と同一視していない。むしろ注目すべきは、とりわけ人間の歴史を積極的に捉えて、人間を神の「共創者」（co-creator）とし、人間を神にすら働きかける能動的存在と定義している点である。それは人間という「リアリティ」が神の中に記憶を増すことで神が成長するからであって、神は人間と不可分に結びつくという点で、人間から隔絶された超越的絶対者ではないのである。

3　シュバート・オグデンのプロセス神学――形而上学から解放主義へ

形而上学は不可欠だ

プロセス哲学が誕生して以来、ホワイトヘッドに魅せられた神学者は少なくない。だがその多くは、韜晦《とうかい》な理論を咀嚼するのに精一杯で、いきおい重箱の隅をつつくようなスコラ主義に陥りがちだった。そんな中、まだまだ思弁性が強いプロセス哲学に挑んで、卓越した方法でキリスト教への適用を試みた神学者が出た。ホワイトヘッドの包括的な形而上学的体系に基づいてグローバルな視点の提供を試みるシュバート・オグデンとジョン・B・カブ・ジュニアの二人である。

一九二八年生まれのオグデンはメソジスト派の神学者である。処女作『神話なきキリスト』（一九六一年）[31]は「ルドルフ・ブルトマン神学による一考察」との副題が示すように、ブルトマンの非神話化を扱った著作で、オグデンはこれで一躍スターダムを駆け上がり、六〇年代初頭のアメリカ神学界の「期待の星」に数え上げられた。オグデンはリベラルの牙城シカゴ大学で数年を過ごした経歴を除けば、南メソジスト大学神学部で長年教鞭を執り、どの学部でも自由に講座を開くことができる特別教授職であるユニヴァーシティ・プロフェッサーに任命され、一九九三年に定年退職した。

初期のオグデンの関心はリベラル神学の教理内容をホワイトヘッド形而上学に接合することだった。その方法として彼が選んだのが、ひとつにブルトマンの実存主義的解釈学、もうひとつがハーツホーンのプロセス形而上学で、オグデンはこのヨーロッパとアメリカ生まれの二人の思想を神学に織りあわせようと腐心したのである。

オグデンは、神認識の能力はどんな人間にもアプリオリに備わっていると考えてきた。神を認識する能力があるからこそ、人間は形而上学的に思考することができる。形而上学を空疎な学問として嫌う学者は多いが、しかし形而上学を無視してしまえば神学は不毛になる。「神学を試みようとするなら、キリスト教だけでは不十分である。いやキリスト教だけで十分という主張ですら、有神論的形而上学を欠いては意味をなさない」。キリスト教を理解するためには形而上的思惟が「絶対に不可欠」（sine qua non）であって、ホワイトヘッドがキリスト教に有益なのは、この一点においてである。

「現代の世俗的人間にとって、神信仰は切実である。なぜなら神はいかなる人間であろうと、避けて通ることのできない問いだからである」[32]。人は誰でも心の奥底に「超越的なるもの」への渇望がある。キリスト教とは現代人のそうした潜在的渇望に応じて、聖書の啓示を基礎に生の問いかけに応答する宗教である。現代人が問い、キリスト教がそれに応える。こうした「相関の方法」を採用したことでは、オグデンもまたティリッヒ神学の後継者だった。

誰にでもある神の意識

繰り返せば、オグデンはどんな人間にもアプリオリに神へと向かう意識があると言う。だが何を根拠にオグデンはそのように断言できたのだろうか。

オグデンが準備したのは二つの道である。ひとつは人間経験の概念を広げること、もうひとつは神の古典的コンセプトを修正することである。

まず人間経験の拡大というオグデンの主張について見てみよう。オグデンは、キリスト教はごく普通の人間経験に照らしても十分に信じられる内容でなければならないと言う。キリスト教の真理は特殊な宗教的達人でなければわからないということではいけない。ではいかにすればキリスト教は信じうるか。オグデンはまずホワイトヘッドに倣って、人間経験を目で見たり耳で聞いたりと実感できる知覚に限ってきた近代の経験主義を退けた。そして代わりに、ホワイトヘッドの「超感覚的意識」の概念を用いて、感覚的経験のもっと奥底にある根源的意識を強調した。そうした根源意識がなければ人間の生を説明することはできず、人が生きる力を得るのはこの根源的意識が存在するからである。

この感覚的経験を超えた生きる力、言わば存在の勇気という根源的な人間意識を、オグデンは「実存的信念」(existential faith) と名づけた。人間の生の営みの根底にあるのはこの実存的信念である。人は誰でも死より生に価値があると信じている。いや人生にこれっぽちの生きる価値もないと開き直るニヒリストですら、生の価値を前提にしてものを言っている。生に価値があるのに、それが破壊され挫折を味わうからこそ、ニヒリストは生に意味はないと強弁するのである。さて実存的信念とは人があれこれ理性を働かせて判断するよりも、もっと深いところにある生命感覚のことである。「人間が充実した人生を実感するのは、そこに理性的に何か意味づけをするからではない。いや、そうする以前に、すでに人を魅了してやまない何ものかが存在する」[33]。だから問題は、人生に意味や価値があるかと問うことではなく、自分の生の根源をいかに発見し、そしてそれをどう生かすかということにある。

なぜそんな「信念」が人間には備わっているのか。それは「神」が人間に先行して実在しているからで、それ以外のいかなる説明も偶像崇拝的になる。神を実在者とする有神論的思惟のみが、人に真に「今とここ」を生きる勇気の所在を説明する。生命は尊いという思いがどんな人間にもあるのは、神という「根源的に信頼できる基礎」がわれわれの内に実在するからである。

価値とは関係的概念である。例えば、ある人にとってどんなに貴重な価値があっても、他の人にはまるで価値がないということがある。つまり人と人、人と事象の間に特定の関係が結ばれて初めて、そこに価値が生まれる。

人間と神の関係もそれと同じである。神は人間と関係することによって、人間を価値ある存在へと変えた。神は人間と関係を作ることを望み、それによって神にとってもひとりひとりの人間がかけがえのない存在になった。これが「神の恵み」の意味するところである。一方、人間の方も絶えず神との関係を渇望してきた。人は神に歓びと悲しみを訴え、神はそうした人間の苦楽を共にすることを望む。そのような意味で神は「人間経験の尽きざる記録」（ホワイトヘッド）となる。人間が喜びと悲しみの経験を書き綴ることで神も成長する。神の懐は無限であって、どんなに人間が経験を書き込んでも、それで満杯になることはない。ホワイトヘッドの言葉を借りれば、神は「揺らぐことのない巨大な錨」のような存在であって、その点ではわれわれ人間に左右されることはなく、人間への関わりは永続的である。

オグデンはハーツホーンがギリシャの古典的神に代わるモデルを作ったことは特筆に値するとハーツホーンを積極的に評価した。キリスト教の古典的神論は、不変／可変、不動／可動、無限／有限、永遠／今のギリシャ的二律背反を抱え込み、その矛盾にずっと苦しんできた。この二律背反を解決するため、ハーツホーンは神を「自己を超える万物の超越者」（self-surpassing surpasser of all）と再定義した。神とは常に進化して自身さえ越えようとする超越的実在者であって、これこそ現代にふさわしい神の概念である。[34] この神概念は古典的神論の枠組みを維持しながら、同時に躍動的である。いや、それだけではない、そこでは人間も自身の力によって歴史に働きかける能動的な存在となることが可能になった。人間は今の時点でまだ完全ではない。しかし人間は完全を目指してたゆまずに進化する。そうした人間の進化に対応して神のイメージも変容する。かつて古代や中世世界では、神は権威ある王や君主のイメージで語られて信じられた。だが現代ではそうでなく、神は人間との相互依存関係の中で再解釈され、人間に対する神の関わりの仕方も、有無を言わさぬ上からの強権の発動ではなく、いっそう民主的な「説得」（persuasion）となるべきである。神は世界を創造し、そこに自然の法則性をもたらし、神の似姿として人間を造り、その歴史を歩ませた。だが人間は神の創造の客体ではなく、人間は自分の力で歴史を形成する自由な主体である。神は善なる意思をもって世界を創造した。それなのになぜ世界に悪が存在するのか。これは古典的神論のアポリアだった。だが世界に行われる悪は、善悪双方から悪を選択してしまった人間の自由意思の産物である。したがって悪に対して神は直接的に責任を負わない。悪は本来的に神の意思するところではなく、自由な人間の誤った選択の結果なのだから、とオグデンは論じた。

プロセス神学にとってイエスとは誰か

神は進化し、人間もまた発展する。プロセス神学の華やかさはこうしたダイナミックな神論や積極的な人間観にある。しかしそれではキリスト教の基礎、イエス・キリストの救済がないがしろにされるのではないかという批判が起こるかもしれないが、それは当たらない。いや、それどころかキリストという救済の象徴性が理解されて初めて、プロセス神学はキリスト教神学になる。オグデンはそれこそ博士論文の執筆中から一貫してキリスト論と格闘を続け、その結果得られた到達点こそ、神中心的なキリスト論だった。オグデンによれば、バルトの新正統主義神学のように「たとえキリスト論的集中を行っても、そこに『神中心的』(theocentric)という前提がなければ、イエス・キリストの存在根拠は薄弱になり、使徒的信仰の表面を撫でるものでしかない」[35]。キリスト教とは徹頭徹尾、人間の実存的問いに、イエスを通して啓示された愛の神をもって応答する宗教である。

キリスト教は従来、誤ったところにキリスト論の焦点を当ててきた、とオグデンは正統主義に対して辛辣な批評をする。現代人はもはや正統主義者のキリスト論を少しも理解できない。一般にはそれは教会がいまだに神話的表象や時代遅れの形而上学を用いているためだと考えられているが、そうではない。そんなことは枝葉で、本当の問題はずっと根深いところにある。

伝統的キリスト論の問題は、古びた概念でもって今もあれこれ論じているところにあるのではない。……

もっと深刻な問題は、誤った方向に問いを立て、しかも躍起になってそれに答えを見出そうとしてきたところにある。言い換えれば、われわれにとってキリストとは誰のことか、人間とは何か、という問題を正しく問わず、もっぱらキリストの人格性をわれわれの実存と切り離して抽象的に論じてきたからである。(36)

「イエスとはいかなる歴史上の人物か」「イエスは自分を何者と理解していたのか」「イエスにメシア意識はあったのか」、従来、進歩的でリベラルな牧師も保守的で正統主義の神学者も異口同音にそんな問いばかりを立ててきた。だがそんなことは聖書の解釈研究をどんなに続けても決着できる問題ではないし、教会の教義学で論争するのも的外れである。キリスト論の要諦はイエスの歴史的人格のあれこれを探ることにあるのでもキリストの教会的理解をドグマ化することにあるのでもなく、イエス・キリストが啓示した神そのものに目を向けることにある。キリスト論で問われるべきは、イエスとは誰かではなく、イエスによって啓示された「神」とは何か、ということにある。

こうしてオグデンはキリスト論の方向を転換し、史的イエスの探求でも使徒伝承におけるキリストの意味探求でもなく、われわれにとっての「神の実存的意味」について考えることを試みた。端的に言えばそれは、神的なキリスト論、「ラディカル唯一神論」への方向転換である。イエスとはなによりもまず「神の言葉」に他ならない。しかし言葉は言葉そのものに本質があるのではなく、それが指し示す実体を明らかにするところにその働きがある。イエス・キリストとは例えれば「神を覗く窓」であって、必要以上に窓に気をとられていれば、窓の向こうに広がる風景を見過ごしてしまう。

イエス・キリストが救済ではなく、救済の根拠はあくまでイエスを世に遣わした「神」にあると、オグデンは宣言する。イエスの歴史的行為とはこの神の救済を「再現」（represent）することだった。いやイエスだけでなく、われわれ人間のすべてに本来的な神の「人間性」が潜在する。すでに創造において神がそのような神的な潜在本性を人に備えたからである。確かに堕落によって人間は罪に堕ちた。が、それでも神の力は完全に破壊されたわけではない。「イエスはキリストなり」という信仰告白は、イエスにおいて初めて人間性が実現したとか、イエスだけが人間的本質を持っているとかいったことを意味しない。そうではなく、われわれひとりひとりが保持している人間的可能性が今やイエスにおいて現実化した、ということである。これは異端どころか、キリスト教の伝統に確固として根づいてきた考え方である。「イエスは何らかの新しい教えを教えたのではない。イエスにおいて古い教えは教えとして終わり、ついに生きた現実になった」と、神学者のジョン・ノックスも述べているではないか。[37]

オグデンによれば、イエス・キリストの特殊な啓示は、あらゆる人間に神から与えられた自然啓示と変わるところはない。われわれはイエスと本質においては同じである。しかし同じだからと言って、イエスは単なる「しるし」というわけではない。いやそれどころか、イエスは使徒伝承が告白するように、「神の超越的愛が、われわれの歴史の内に起きた」大事件であって、その意味でイエスの受肉は決定的な神啓示だった。キリスト教の教会は、イエスにおいて神の愛を神による賜物として明瞭に認識することができるようになった。イエス・キリストは神の愛の「再現」である。そうであるからこそイエスはこれからもキリスト教の中核であり続ける。[38]

オグデンの進化——仏教への関心と解放神学への展開

では、こうした神論とキリスト論を持ったプロセス神学は他宗教をどう見るだろうか。プロセス神学は神の普遍的愛の「再現」を他の宗教にも見出すのか。仏教や儒教、イスラム教にも、イエス・キリストと同じ救済の力を認めるのだろうか。

認める、とオグデンは答えた。もし神が贖罪的愛をもって人類を救済しようとするなら、そのしるしはキリスト教だけに限られないはずだ。もちろん宗教と言ってもいろいろで、カルトめいた教団から世界的な宗教まで千差万別である。したがって、どの宗教にどの程度まで神の真実な愛が再現されているか、慎重に見極めねばならない。

オグデンは後期になると、キリスト教と他宗教、特に仏教との対話にいっそう関心を払うようになった。『真実な宗教はひとつか、それとも多くあるか』（一九九二年）は、そんなオグデンが宗教間対話に精力的に取り組んだ労作である。[39] 長年の宗教対話によってオグデンが得た確信は、神真理を語る宗教はキリスト教の外にも多くあること、そうした宗教が明らかにするのは、イエス・キリストにおいて啓示されたのと同種の神の実在である、ということだった。「神がいずれかの場に――いや実際には、あらゆる場に――顕現された場合、その神はイエスが語った神、イエスというロゴスによって知られた神と同じである」[40]。二〇〇〇年の昔、中東のガリラヤの地でイエスが人々に教えた神とは無限抱擁的な愛の神であった。これは、およそ真実な宗教であればいずれの宗教にも示された神のイメージである。神の愛は普遍的で、どんな人間も救済する。神は宇宙万物の始めであり終わりであり、始原であり究極である。これが、キリスト教という唯一神教が告げる神の姿である。唯一神教は、万物の始まりが神の無限な愛にあること、神の愛は人を分け隔てしないこと、それゆえ人はこの神の賜物に感謝し、栄光を神に帰さねばならないことを教えるが、そうしたことを教える宗教はキリスト教だけではない。

人生の目的は何で、人はいかに日々を生きるべきなのか。オグデンによれば、人は無制約的な神の愛の認識によって初めてそれを知ることができる。われわれ人間は無条件に神の愛によって生かされている。そのように告知するキリスト教の福音は、必要以上に自分にこだわって思い悩むという袋小路から人間を自由にする。人は自分の思いから解き放たれ、他者に仕える自由へと招かれる。なぜ他者に仕えることが人を自由にするのか。それは、神がイエスを通して、すなわち他者に仕えることを通して、すべての民をご自分へと招かれたからである。実に愛こそすべての価値の中心である。他者を愛することは、神だけでなく人間にとってもかけがえのない性質である。自己中心ではなく、他者に仕えることが「神中心」の真の人間的な生き方なのである。

人は最後の審判において神の門に入り、イエスに裁かれる。オグデンはプロセス・キリスト論を締めくくるにあたって、福音書が語るイエスの「最後の審判の譬え」（マタイによる福音書二五・三一―四五）に触れてこう述べる。

この聖書証言の衝撃は、われわれが審判の座に着いたときの問題は、キリスト告白でも神学でもなく別にあるということだ。すなわち審判のそのときに問われるのは、キリストを信じていたか神信仰を持っていたかではなく、日々の生活において他者の求めに喜んで応じていたかどうかである。(41)

人が審判へと召し出されたときイエスから問われるのは生前、正しい信仰を持っていたか、忠実な教会信徒であったかどうかではなく、隣人に仕えて人生を生きたかどうかである。神の愛の賜物を得た人間として、他者の必要に真摯に関わったか。隣人を愛したか。神の無条件な愛に応えて、自分も飢えた人に食物を分け、裸の者に衣服を着せたか。病人を見舞い、獄にある人々を訪れて慰め、社会制度を公平なものにするよう努めてきたのか。オグデンは、キリスト教が現代人の宗教となろうとするなら、聖書を「非神話化」（ブルトマン）するだけでは不十分で、キリスト教を「非イデオロギー化」しなければならないと主張した。つまり、キリスト教が真実となるためには、過去にキリスト教が犯した過ち、帝国主義の片棒を担いで抑圧的なイデオロギーとなった事実を暴いて、それを真摯に反省しなければならない。そしてその反省の上に立って、人間を疎外する政治、経済上のシステムをいっそう人間的にする努力を重ねるべきだ、と言うのである。

解放主義へと転じたオグデン

六〇年代のオグデンにとって神学の試みとは、ハーツホーンの有神論的形而上学を用いて、現代の人間経験に合致したキリスト教言説を生み出すことだった。オグデンはプロセス理論を下敷きにした新古典的神論こそがキリスト教の未来を拓く鍵だと信じ、その延長上に神学的な冒険を重ねていたのである。

ところが七〇年代の後半、オグデンは解放主義の視点を採ってプロセス理論を再解釈するという大転換をやってのけて、周囲をあっと言わせた。彼はプロセス神学が解放神学へと発展すべきであって、今日ほど「キリスト教神学が解放神学として構想されねばならない」時代はないと公然と唱え始めたのである。[42]そのひとつの表れが、一九七九年の『信仰と自由――解放神学に向けて』である。[43]オグデンはこの中で、ブルトマンの実存主義的解釈や言語分析学、プロセス理論などの従来の枠組みに「正義」や「プラクシス」といった解放的な概念を加えて神学の新しいスタートを切った。

この劇的とも見える新展開には次のような理由があった。もともとオグデンは神学の課題をキリスト教と現代との相関に見て、キリスト教の伝統的教理の超克に腐心してきたひとりである。彼がブルトマン批判から神学を始めたのも、キリスト教をいかにかして現代に通じさせたいとの気持ちがあったからである。オグデンは『神話なきキリスト』を書いた早い頃からブルトマンを批判してきた。すなわち、ブルトマンは一方で教会の伝統を擁護してイエスを「神の子」と認めながら、他方でそれを実存主義的に非神話化しようとするなど、まるで腰が据わっていないと論じていたのである。そんなわけで、その後オグデンはブルトマンと違う道を模索して『神の実体と考察』（一九六六年）[44]を書き、ホワイトヘッドとハーツホーンに依りながら、キリスト教の現代化を試みていた。日本でオグデンの名が知られるようになったのはこの時期、ブルトマンの非神話化論の克服に意欲的に取り組む新進気鋭の時だった。

ところが七〇年代、すでに触れたようにオグデンは解放神学へと大転換して、アメリカ神学界をあっと驚かせた。しかしオグデンに言わせれば、これは転換でもいわんや変節でもなく、ブルトマンの非神話化を政治分野で徹底化したものに他ならない。自分はけっして実存主義的な関心を捨てたのでも転向したのでもない。聖書で言えば、パウロの「わざによらない信仰」(「律法を実行することによっては、だれ一人神の前で義とされない」ローマの信徒への手紙三・二〇)を、同じパウロの「信仰による愛のわざ」(「善を行いなさい」同一三・三、「愛は律法を全うする」同一三・一〇)でバランスをとったまでのことである。今日、キリスト教は「貧しい者」から最大の挑戦を受けている。抑圧された人々の苦しみと希望は、なんとしてもプロセス神論の「進化の過程」につながれねばならない。オグデンの『キリスト論の要諦』(一九八二年)は、こうしたグローバル世界の喫緊課題に応答しようとする解放的なプロセス・キリスト論であった。(45)

オグデンのプロセス・キリスト論の特徴は、イエス・キリストの社会解放的な行為を形而上学的な神の愛に根拠づけるところにある。キリスト論の要はあくまで神論にあって、世界を解放するのは究極的には神自身である。「解放的キリスト論を正しく維持するためには、どうしても超越論的な形而上学が必要である」のも、この神論のゆえである。(46) この点でもオグデンはあくまでプロセス神学者であって、多くの解放神学者と一線を画す。つまり、オグデンはプロセス神論の形而上学的な枠組みを崩さずに、貧しい者の解放者イエス・キリストを基礎づけようと試みる。歴史的イエスに論拠を求める解放主義のキリスト論からすれば、これは特異である。そんな事情を斟酌してのことか、オグデンは、自分のキリスト論は哲学的思弁を無用とする解放主義者にはとうてい受け入れ難いかもしれないと論評した。しかし解放神学者がプロセス的解放論をどう評価するかはひとまずおき、少なくとも従来の新古典的神論やキリスト論より、格段に実践的で理解しやすくなったのは事実である。

自由の求めと神

現代ほど人間の自由が叫ばれた時代はない。自由の獲得こそ今日の人間の最大の願望である。しかしオグデンは、自由は現代人にとっての重要な概念であるばかりではなく、実にキリスト教が語り継いできた伝統でもあると考えた。キリスト教は端的に言えば自由の宗教である。確かに聖書に証言されたキリストの自由を政治社会的な自由に平板化することは許されない。正統神学がこれを警告するのはもっともで、その点は十分にわきまえるべきである。しかし、だからといってキリスト者の自由を政治社会的次元から切り離して精神化するのは大きな誤りである。パネンベルクはキリストの自由は世俗的な自由以上と弁じてやまない。それはそれで正論だ。しかし世俗的な自由とキリストの自由は区別されながらも不可分である。キリストによる自由は政治的領域を包摂し、そうした責務を果たすようわれわれに迫る。その根拠は神にある。「キリストは人間の解放的愛の模範者である以上に、神の解放的愛の啓示者として理解されなければならない」[47]。キリストを通して人類に愛を注ぐのは神である。「神の愛は無辺広大で、そこからこぼれ落ちる者はひとりとしていない。被造物の善は神の善であり、被造物の願いは神の願いである」[48]。政治的な領域においても自由を獲得しようとする現代人の願いは、人間と愛を交わす神の願いでもある。繰り返せば、政治社会的な自由とキリストの自由は区別されるものの無関係ではない。キリストの自由を、政治社会に働く「神の解放的愛」に基礎づけ、人間もキリストの自由に倣い、神から託された倫理的責任を全うするよう求められている。オグデンは、現代でキリスト教が真実な宗教となるためには、キリスト教の「非神話化」（ブルトマン）よりも、いっそう「非イデオロギー化」することが必要であると論じた。注釈しておけば、この場合の「非イデオロギー化」というのは、現代の「経済、社会、文化の不公平を合理化するシステムを批判し、真にキリストを証しする解釈学的方法」のことをさす[49]。

> イエスを解放者として告知するとは、既存体制の抑圧と不正を神聖化せず、正義を推進して政治構造を変革し、あらゆる人が平等と自由を実現できるよう、社会文化の転換を企てることである[50]。

近代主義の「大きな物語」が終焉したポストモダンの現代において、キリスト教が真の宗教となることができるかどうか。オグデンは、それはひとえに、苦しむ人々の現実に神の解放的愛を関わらせ、彼らと連帯できるか否かにかかると結語した。

こうした後期のオグデンは、とかく抽象に流れがちな「相関の方法」に、ひとつの実践的な道筋をつけたことで興味深い。「わたしを『主よ、主よ』と呼びながら、なぜわたしの言うことを行わないのか」（ルカによる福音書六・四六）。オグデンはこの言葉を真摯に受けとめて、神学の営みを机上から、貧しい者への解放的プラクシスへと転じたのである。

解放主義へのプロセス神学の転換は、ひとりオグデンだけに見られるのではない。さらに大胆な展開をとげたのがカブだった。彼もオグデンと同じように、ホワイトヘッド、ハーツホーンを出発点としながら、キリスト教をポストモダンの今日に相関させようと格闘してきた。しかもカブの場合、形而上学へのこだわりはオグデン以上に強く、その主題の数々は六〇年代以後に活躍したどんなプロセス神学者よりも、いっそう緻密だった。そんなカブが第三世界の貧困はもとより、エコロジー危機、経済のグローバル化の矛盾を突いてキリスト教界に警鐘を鳴らすにいたったのには、いったいどんな経緯があったのだろうか。

4　ジョン・カブ・ジュニアのプロセス神学——神論、人間論、エコロジー

神戸育ちのカブ

ジョン・B・カブ・ジュニアの影響は二〇世紀末のあらゆる著名な神学者に見出せる。もしそれが大袈裟だと言うのなら、少なくとも北アメリカではそうだ、とひとまず譲ってもかまわない。(51)

カブはオグデン、トレーシー、ギルキーなどと並んで、現代とキリスト教の相関に意欲を燃やしたひとりである。若い頃のカブの関心はキリスト教を哲学、自然科学、社会学の諸学術に突き合わせ、現代的に再解釈することに向けられていた。今日、科学者と神学者は互いにそっぽを向いている。物質世界を語るのは科学者の仕事、

精神世界で人の生き方を論じるのは神学者の仕事と互いに棲み分けている。だがそれでいいのか。科学と宗教は連携して人間と自然を統合的、全体的に理解していくべきではないのか。そんな思いを持ったカブに決定的な道筋をつけたのは、ハーツホーンを介して知ったホワイトヘッドの「生成する神」の概念だった。[52] 絶えず生成し進化する神の躍動的なイメージ、これこそ今日にもっともふさわしい神概念に違いないと、そう直感したカブは、キリスト教にプロセス理論を適用し、それを細部にまで仕上げることを生涯の神学課題にした。[53]

ジョン・B・カブ・ジュニアが生まれたのは一九二五年の神戸である。彼は少年時代、ずっと六甲山を眺めて育った。神戸のパルモア学院に勤務するメソジスト派宣教師の子弟として日本で育ったことは彼に深い影響を与えた。後に仏教に関心を持って宗教間対話に人一倍熱心だったことにその一端が窺える。

一九三九年、一四歳になったカブは高校に入学するため両親の故郷ジョージアに戻った。だが日米関係が緊迫の度を増してからは、日本帰りの、しかも宣教師の子ということでずいぶん「いじめ」にあったようだ。そして高校を卒業してエモリー大学に進んだところで日米が開戦、カブは日本語能力を買われて軍の日本語研修所の教師になった。このときに出会ったのがカトリックやユダヤ人の知的な同僚や上官で、カブはこれまで自分が生きてきた世界の狭さを痛感せざるをえなかった。戦争が終わったとき、堪能な日本語を生かして軍人としてのキャリアを積むことも可能だったが、それをせず宗教哲学を学ぶためにシカゴ大学を選び、さらに同大の神学部に籍を置いて研鑽に励み、一九五二年に二七才の若さで博士号を取得した。[54]

このシカゴの院生時代に運命的な出会いをしたのが、論文の指導教授チャールズ・ハーツホーンで、カブはこれが機縁で生涯プロセス研究に従事するようになった。その内容は後述するとして、学者としての経歴は、朝鮮戦争勃発の一九五〇年、博士論文を執筆するさなかに経済的な理由から地方の単科大学の教員になったことから始まり、博士号を取得した後は母校エモリー大学に招聘された。しかし南部の保守的風土が肌に合わなかったのか、一九五八年にはカリフォルニアのクレアモント神学校に転じ、一九九〇年に定年退職するまで同所で研究と後進の指導にあたった。特にプロセス研究所（ＣＰＳ）の創設に精魂を傾け、研究誌『プロセス研究』（*Process Studies*）を主宰するなどして、クレアモントをプロセス神学のメッカにした功績は大きい。[55]

クレアモント神学校（Claremont School of Theology, ＣＳＴ）はその名の通りカリフォルニアのクレアモントにある神学機関で、一八八五年、牧師で上院議員も務めたチャールズ・マクレイが創設したサンフェルナンドのメソジスト神学校が起源である。長い間、南カリフォルニア大学のキャンパスに仮住まいしていたが、一九五八年に現在地に移転して隣接のクレアモント大学と提携、エキュメニカルな学風をいっそう強めて、メソジストだけでなく多くの教派から優秀な学徒を集めた。日本からも自由な学風を慕って仏教学者や宗教学者が研究留学にやってくる。[56] カブが赴任したのはちょうど移転した直後で、なにかとごたごたしたが腰を落ち着け、結局、退職するまでそこで二〇冊ほどの本、論文、記事を数多く執筆した。教派的にはメソジストに属するが、エキュメニズムにも関心を持ち、学界だけでなく教会に向けた記事や信徒入門書を多く書いたことで一般にも知名度の高い神学者である。

カブのプロセス神論

そもそもカブが神学、宗教哲学を志した理由は、篤信的ではあっても狭い教会世界を離れて、現代に対して合理的に発信できる信仰の論理を手にしたいと願ったからである。もしそうした論理を獲得すれば、現代人にも納得いく仕方でキリスト教が弁証でき、それでもってキリスト教に新しい道を開拓できるに違いない。そんな思いでカブはプロセス哲学を基礎にキリスト教の自然神学の探究から神学冒険に乗り出した。すでに衰え始めていたとはいえ、当時はまだまだ新正統神学が強い時代だった。そのため当時は自然神学を探るなどということは禁忌で、ホワイトヘッド哲学上にキリスト教の将来を探ったカブの『キリスト教自然神学』（一九六五年）は発表と同時に大きな論争の種になった。[57] 後にカブの最大の理解者になったオグデンですら、この当時バルトの神学以後にキリスト教の自然神学の可能性などありえるのかと二の足を踏んだくらいである。[58] しかしカブは、自然神学的な再解釈こそキリスト教に肝要であって、自然神学を基礎にして初めて神学と現代科学の対話の道が開けると直感していた。それにはまずホワイトヘッドとハーツホーンを徹底的に読まなければならない。カブはキリスト教を現代の科学的世界観に折衝させるためには、プロセス理論がもっとも説得的で有効と確信していたのである。[59]

カブが現代思想の中でも特にホワイトヘッド哲学に魅せられた理由は、世界を有機的に理解するという独特な方法にあった。世界の森羅万象は個々ばらばらに存在するのではなく、互いに網目のように有機的に結び合っている。どんな出来事も偶然ではなく、ある種の必然をもって生起する。仮に今の時点の出来事を「活動的存在」（actual entity）と名づければ、それは過去の出来事のすべてに関係する。「神」とはそんな活動的存在の究極の姿であって、宇宙のすべての生成に過去、現在、未来永劫にわたって関わっている。ハーツホーンは、このホワイトヘッドの躍動的で有機的な神概念を一部修正して、神を自ら進化してやまない「存在そのもの」として書き改めた。カブを惹きつけてやまなかったのは、このホワイトヘッドとハーツホーンに一貫した、躍動的で宇宙論的な神、成長し、自らも進化する神の基本的な概念であった。

キリスト教の伝統的神観は今やすっかり時代遅れになった。カブは、現代の科学時代に通用する神概念があるとすればそれは宇宙の生成にダイナミックに関わる神の理解だけだと主張した。[60]「宇宙をつかさどる全能の神」「人間と世界を審く超越的な神」「唯一絶対的な主なる神」などといった正統主義の神の概念はすでに現代人に通用しなくなった。[61] いや、通用すると思う人は、どこかで自分を騙している。キリスト教は神の躍動性、可変性を前面に押し出して神のイメージを書き改めなければ生き残れない。人間には目に見えない力に励まされて、困難なときでも未来へと歩みを促す力の感覚がある。自分ではなく何か大きな力によって生きようとする思いがふつふつと沸き起こることがある。そうした未来感覚や力は、過去に原因を求める機械論的な神モデルではいかようにも説明できない。それに未来へと促されるのは人間だけではなく、微生物から始まって複雑な哺乳類まで、世界のありとあらゆる生命体もそうだ。宇宙の被造物はすべて巨大な「何か」（something）から働きかけられて日々進化を遂げている。

カブは、そうした理解は原子核、分子、陽子、エネルギー構造を解明した先端的物理学や進化論的な生物学に合致するだけでなく、聖書そのものに通じていると考えた。聖書の世界は古典的な創造論や歴史観、神観よりも、いっそう躍動的である。いやそれだけではない、キリスト論や「神の国」のイメージにも、科学的宇宙観、生物進化論に通じる内容が見出せる。歴史の背後に世界を動かす存在、「目標へと牽引する」（teleological pull）大きな存在を前提にする点では聖書と科学は違わない。しかもそうした力や存在は偶然的ではなく、意思や愛といった人格的概念に関わることでも一致する。とすれば、キリスト教が科学的世界観を取り込むことに矛盾はなく、神を「促しの力」「動因」と書き改めるほうがいっそう現代的である。[62]

聖書と現代科学が互いに矛盾しないことに自信をつけたカブは、神論において、まず「世界を支配する主」という権威主義的な神観を退けた。そしてその代わりに「創造的、応答的な愛」というホワイトヘッドの神概念を採用するよう要請した。[63]「創造的、応答的」というコンセプトをもってすれば、神は人間に外から強権的に関わる神ではなくなる。神は人間を内から、愛をもって促すものとして現れ、人類発展のプロセスに無理なく参与できる。これこそ聖書が語る「インマヌエル」（神われらと共に）の意味である（マタイによる福音書一・一八―二五）。人は孤独に生きるのではない。神は愛をもって人を孤独から救いだし、共に歩んで生へと促す。その促しは人間だけではなく世界にも宇宙にも、いや神自身にすら「開かれて」いる。その帰着するところは今のわれわれの理性をもってしては推し量ることができないほどに広い歴史の彼方である。

創造的変容のキリスト

こうしてカブのキリスト教の現代的再解釈はまず神論でその端緒を開いた。そして次にキリスト論へと展開し、キリストの受肉の現代的な解釈、世に現れた言葉（ロゴス）として理解することに向けられた。[64]

キリスト論の再解釈にあたってカブがまず着目したのは、ホワイトヘッドの「活動的存在」に特徴的な「生成」の概念であった。[65] 前述したようにプロセス理論では、今目の前に起きている事柄、ホワイトヘッドの言葉で言えば「現前機縁」（present occasion）は、過去のすべての出来事を包摂しながら宇宙の「原初的目標」（initial aim）に向けて絶えず発展していく存在のことである。言い換えれば、ひとつひとつの出来事はどれほど微少な事件であっても、歴史上に無数に起きた過去の出来事が有機的に結び合って現在に「受肉」し、宇宙の誕生において設定された未来の目標に向けて進化していく過程にあるということだ。[66]

こうした宇宙的進化のプロセスという壮大な見取り図を前提に、カブはキリストを次のように説明した。世界の森羅万象、ありとあらゆる出来事に「原初の目標」を設けたのは神の「起源的な本質」、キリスト教でいう「言《ロゴス》」であった。「初めに言があった。……この言は、初めに神と共にあった。万物は言によって成った」（ヨハネによる福音書一・一―三）。神のロゴスによって宇宙が誕生し成長していく過程で、やがて地球が成り、そこに生物が生まれて人類が登場したのは、この原初的目標に沿って宇宙に進化が促されたからである。そこで、この誕生と進化を起こした力ないし原理を「創造的変容」（creative transformation）と名づけてみる。すると、キリストとはこの創造的変容という力のこと、言い換えれば「あらゆる生命体の中で特に人間に受肉したロゴス」として再定義できる。[67]「言の内に命があった。命は人間を照らす光であった」（同一・四）、「言は肉となって、わたしたちの間に宿られた」（同一・一四）。キリストとは宇宙の創造的力の現れなのである。しかもこのキリストは、ただキリスト教だけではなく、他の宗教にも、いやそれどころか哲学、文学、芸術、絵画、音楽、社会、共同体と創造的力に溢れた領域には普遍的に顕現してきたし、今も顕現している。もしキリスト教の教会が「キリスト」を自分たちだけの救いの啓示として排他的に主張するなら、キリストは著しくその創造力を失うだろう。「キリストがもっとも力強く啓示されるのは、人々が創造的変容を正しく受けとめて、それに信頼し、自らの魂を開くときである」[68]。畢竟、現代におけるキリストの出来事とは、万物を支えるロゴスが力強く表現され活動する現実に他ならない。

ところで、とカブは言う。神の「起源的な本質」は人間の誰にも備わっているのだが、人はそれをあまり自覚していない。人間の生は神の起源的な本質に根ざしており、その意味では人間は生まれながらに神の本質に参与しているのだが、それに気づこうとしない。真に人間の内の神性が輝きだすのは、人がキリストという神のロゴスに意識的な「決断」をしたときである。キリストは人間を変える根源的な力であり、世界の生きとし生けるものの一切を変容させる土台である。それは人類のすべて、いやそれどころか被造物にあまねく遍在する[69]。

とすれば、どうなるか。神のロゴス、キリストが人類、いや世界のあらゆるところに遍在するのであれば、何もイエスという歴史的存在者にこだわる必要はないではないかという疑問が当然出てくる。どんな人間にもいかなる宗教や文化にも「キリスト」が潜在するというのであれば、キリストはイエスだけではなく、そうなると福音書のイエスに拘泥する必要はないではないか。

この当然に沸き起こる疑問に対してカブはこう答えた――キリスト教がイエスをキリストであると告白するのは、人類史においてナザレ人イエスが神に参与するという「人間存在の構造」をもっとも鮮やかに表しているからに他ならない。イエスは同時代の人々に向かい、人間存在の真の姿が隣人への愛と奉仕、敵対する者にも臆することなく心を開いて愛する生にあることを端的に教えた。イエスは愛を行えと説くことで「絶え間なき創造的変容」へと人々の胸襟を開き、奇跡行為を通して自ら愛の創造的行為を実現した。人々はそうしたイエスに世界の真実を見て自分の生を変革していった。イエスの特異さは、彼の人格そのものがキリスト、つまり創造的変容のしるしとなったことにある。

イエスの特異性はキリストの観点から論じることができる。キリストとはロゴスの受肉であって、キリストそのものは世の森羅万象にあまねく遍在している。しかしこのキリストをどれほど啓示できるかは各々異なる。キリストの完全な啓示は歴史上のひとりの人物に示された。その瞬間に彼が受肉のパラダイムになった。キリストはひとりの人物に宿っただけでなく、人間そのものになったのである。イエスという存在が特別なのは、彼にロゴスが完全に成就したからである。イエスは文字通りにキリストになった。キリストはあらゆる人間、あらゆる出来事に遍在する。しかしキリストそのものになったのはイエスだけである。[70]

キリストはイエスというイスラエルの歴史的人物に受肉して完全に「共成」（co-constitute）した。そのことによって、イスラエルのナザレ人イエスはわれわれ人間に全宇宙の真理を啓示する者になった。人となったイエスは「キリストが目指す最高の受肉であって、イエスの行為は人類の進歩に決定的な先蹤となり、歴史に新たな変容をもたらした」[71]。もしイエスをキリストとして受け入れるなら、そしてイエスに現れた神の現実に従うなら、われわれもまたイエスと同じように、創造的変容を遂げることができる。

カブのこのようなプロセス的キリスト論は、神学史の大きな枠組みでは、古くは「模範的キリスト論」（exemplification Christology）の系譜に連なるし、近代の自由神学の延長にあると言うこともできる。[72] 模範的キリスト論は、史的イエスがキリストであるのはイエスに神が完全に働き、神の真理を映し出す最高の模範になったからだと論じるものである。とすれば、カブのキリスト論は単性説か、それとも養子説かといった教理的議論にも発展するが、そうした議論はさておき、われわれが注意しておけなければならないのは、カブの強調点はイエスに現れた神の力のほうにあるということ、つまりイエスはどこまで神的かとか、イエスにメシア意識があったか否かとかの問題ではなく、イエスを通して啓示されたのは神の創造的本質だったという点にある。

人間、終末、悪

カブにおける神の「創造的変容」(creative transformation)の概念が、歴史の過去ではなく未来に強調点があるのは誰の眼にも明らかである。創造にせよ変容にせよ、そうしたコンセプトはいまだ生起していないものをこれから誕生させるという躍動的な意味を含んでいる。プロセス哲学のおもしろさは、過去ではなく未来へとラディカルに人間を開き、神ですら人間、自然、宇宙と一緒に未来のテロスに向けて生成するとしたことにある。神は未来をすでに決定しているわけではなく、神そのものも進化発展のさなかにある。神は人間に選択の自由を認め、人間も自由意思を行使して神の目標を実現すべく「共創者」(co-creator)としての役割を担うのである。だが未来がラディカルに開かれ、神も進化し、人間も自由意思を行使するという論は両刃の剣で、一方では確かに世界は絶え間なく進化し向上していくとの希望になる。だがもし選択の自由を誤れば、人類は自分で自分を破壊する可能性すらあることになる。プロセス神学の神は、未来に必ず「神の国」を成就するという約束をしない。だからその分、人類には自由と責任がいっそう重くのしかかる。[73] しかしカブは、それが世界の実相であって、だからこそ「神の国」の未来的ヴィジョンを人類の実現すべき目標として積極的に掲げなければならないのだと述べている。

いったいプロセス神学が描く「神の国」とは何か。カブはそれについてあまり多くを語らないが、少なくともあらゆる生命体が疎外を克服して融合し、神的ロゴスが完全に万物に満ち溢れる世界が夢見られていることだけは確かである。[74] カブはそれを詩的なイメージでこう説明した。

> あらゆる人間の希望、……すなわち孤独な魂が癒やされ、人々が互いに親しく交わり、万物と調和した関係が復興する。人とキリストとの隔たりが次第になくなって、やがて成就の時には完全に壁が取り払われる。これが受肉という運動であって、キリストとはわれわれの希望の名称なのである。[75]

カブはここで「成就の時」という言葉を使っているが、しかし、本来のプロセス哲学においては、歴史はけっして終焉することがない。「生成」(becoming)が「存在」(being)よりも上位概念であるなら、プロセスがついに止んで終わることはないはずである。それではキリスト教の終末論、「世の終わり」の教説はこのプロセス的思惟に収まらないのだろうか。

「活動的存在」(actual entities)は究極的には完成し、発展を閉じて停止するのか。とすれば、それは進化を前提にしたプロセス理論に矛盾するのではないか。この問いに答えて、ホワイトヘッドは「客観的不滅性」(objective immortality)という概念を新たに加えた。宇宙に生じる一切の事象、言い換えると「経験の機縁」(occasions of experience)は神の「終焉的本質」(consequent nature)の中に究極的には包摂されていく。包摂されずに、そこからこぼれ落ちる事象はひとつとしてない。しかしすべてが神の本質に包み込まれるからといって、そこで「生起」が終わるのではなく、神の中でその次の生起の機縁になる。つまりあらゆる出来事は神の生命の中に無限に収められて、神の経験そのものをいっそう豊饒にして成長するというのである。

とすれば、われわれ人間は地上の生を終えた後、神の本質の中に包摂されて、そこで永遠に生きるということなのか。この問いに対してカブはホワイトヘッドを援用して、永遠に生きると肯定する。あらゆる「経験の機縁」がそうであるように、われわれ人間という「経験の機縁」は神の内で「不滅性」を享受する。[76] ただし、この場合の不滅という意味は、われわれが神の「愉悦の中に迎え入れられ」、「神の生命の内に生きて」「記憶される」ことで、物理的な身体の復活ではない。[77] 人間だけでなく宇宙のすべてもこうした神の「終焉的本質」へと収斂され、「神の内に収められることによって」永遠となる。そして宇宙の悪ですらその例外ではない、とカブは言うのである。

神の目標は無尽かつ普遍的であって、この世の機縁においては互いに破壊しあう事象、両立しえない現象ですら、その内に受容して善的に統合する。悪の経験とその結果としての破壊ですら神の国の中に包摂され、永遠的調和に貢献する。[78]

しかし悪ですら最後には調和するとはいかがなものか、それでは罪が軽々しく理解され、あまりに楽観的過ぎはしないか。カブが直面したのはそうした辛口の批判だった。

何にもましてカブの、いやプロセス神学全体の弱点とされたのが、この悪の予定調和的な捉え方である。死は神の完全な生命体への通過点で、あらゆる存在が死後に神の愉悦に迎え入れられるというのはいい。しかしカブは悪のラディカルな洞察に欠けているのではないか。人間の野蛮な行為から生まれる悪が見過ごされることになりはしまいか。カブは神と人間は互いに影響しあう、神は支配や「強制」(coercion)ではなく、人類に「促し」(persuasion)を与えて発展させると論じてやまない。[79]だがそれでは人間の罪責理解が不十分だ。カブが人間の自由について新しい解釈をもたらしたことは認めよう。また愛とは関係的な概念であるから、愛を成立させるためには神と人間が相互に影響しあうことがなければならないというのも論理としては納得できる。そうした点で確かに一歩前進した。だが神の人類への関わりが進化の促しだけというのはいかにも弱い。カブの神は人類がどんな悪を選ぼうと、その自由な意思を尊重して阻止しようとしない。悪は人間の選択の結果だから、神から悪の責任を取り除くことはできる。世の悪は究極的には人間が自由に選びとったもので、神には責任がない。これによって古典的キリスト教の神の善なる性質は維持される。しかし神は人間が悪を選択しても歴史に介入せず、傍観するだけなのか。聖書に啓示された神は、世界に不正が行われ悪がはびこるとき、人間を罰して歴史を正す神ではないか。[80]悪を見過ごしにする神というコンセプトは、ユダヤ・キリスト教の「義の神」と矛盾する。プロセス神学の神は強権的ではなく、人間を説得することでは確かに民主的である。しかし力を振るって正義をなすことではむしろ不能に近い。(81) 加えて悪の存在すら世界の進化に寄与するというのは致命的な誤りである。(82) こうした批判を、誰よりもカブ自身が深刻に受けとめていたことは、やがて明らかになる。

エコロジー、そしてグローバル経済批判へ

プロセス神学に共鳴する人々の間で七〇年代以降、黒人神学やラテンアメリカ神学に触発されて、従来の形而上学的志向から大きく解放主義へと軌道修正した人は少なくなかった。そのひとりがすでに論じたオグデンだが、カブも例外ではなかった。

六〇年代半ばまでカブが全精力を傾けたのは、プロセス理論によってバルト神学の袋小路にどう突破口をつけるか、という教義学上の関心だった。当時のカブはハーツホーンの影響を色濃く受けた、キリスト教の新古典主義のもっとも熱心な援護者であって、一九六五年の『キリスト教自然神学』はホワイトヘッドの新古典神論の影響が随所に表れた著作だった。(83) ところが六〇年代後半、アメリカ国内が公民権闘争やベトナム反戦、大学占拠運動で騒然となり、国際的にも南北格差や経済開発主義の矛盾が問題視されるようになった頃、エコロジー危機を契機にしてカブは自身の神学の方向を根底的に転じたのである。(84)

一九七一年、カブは教会の一般信徒向けに『今からではもう遅すぎるか？——環境問題とキリスト教』というエコロジー問題を扱う、それほど大きくない入門書を書いた。(85) しかしこの当時、こうした環境問題はカブの周縁的研究にすぎないと思われていた。ところがこれがどんどん発展して地球温暖化や環境破壊の問題に限らず、グローバル経済、南北間の富の分配是正というように、七〇年代中葉からカブは、歴史上の悪をいかに克服するかという実践的な課題に関心を集中させるようになった。プロセス神学を書斎の学問と思っていた人々は、カブの変わりように唖然とした。

だがこれも考えてみれば、なるべくしてなったとも思える。もともとカブには「創造的変容」という動的な概

念があったことは先に触れた。世界に創造的な変容が起こるためには、政治はもとより文学や芸術にあっても、物事を革新しようとする「意思」がなければならない。カブによれば、この革新的意思の源こそキリスト、受肉した神のロゴスである。キリストは世界の変容に欠かせない「活動的存在」であって、神の愛はキリストの活動的存在を通して世界に変容を促してきた。この促しを真剣に受けとめる人間は自分という存在だけでなく、世界にも働きかけてそれを変容させようと努力する。そうしたプロセスによって世界は愛に満たされた、いっそう豊穣な空間へと進化する。カブにとってこの「創造的変容」は、キリスト論、聖霊論、人間論、そしてキリスト教的世界観と、その隅々にまで配置されたキーコンセプトだった。

とはいえ、そうした理論的な概念は備えていたものの、六〇年代前半までのカブはまだまだ思弁的で具体性に欠けていた。そんなときに起こったのが世界的なエコロジー意識の高まりだった。地球環境の悪化は人類だけでなく、地上のあらゆる生命体にとって深刻な脅威だという危機感がカブに新しい境地を拓いた。カブはエコロジーの危機的事態に直面して、生態系の保全こそがこれまでプロセス神学が論じてきた理論的パラダイム、人間と自然の調和、進化する神、宇宙の発展の試金石になったと考えたのである。

エコロジーの神学——神学におけるプラクシス

カブのエコロジー神学はどのような内容を含むものなのか。まずカブは、これまでキリスト教が人間を中心にしてそれにのみ関心を注いできたことを反省した。とりわけ近代に入ってからはこれが顕著で、神学は歴史と自然を峻別し、歴史を讃える一方で自然を置き去りにしてきた。これではキリスト教に未来はない。カブはホワイトヘッドとハーツホーンを下敷きにして、人間を自然の大きな生命体と不可分にあるものとして捉え直した。いや人間だけでなく、あらゆる自然の生命体はそれ自身で価値があると修正した。神学はこれまで直近の人類史や人間の内面意識だけに関心を払ってきた。しかし、宇宙が百数十億光年という時間的スケールを持ち、今も膨張しているという科学の事実をほとんど無視した。神学者の視野には、地球が銀河系空間においてすら海岸の一粒の砂にも満たないという現実が入っていなかった。しかしこれからの時代、それではやっていけない。幸いなことにキリスト教神学にはこれを受け入れる準備がある。すでにプロセス理論は宇宙の誕生、地球上の生命体の進化、五〇〇〇万年前から始まった人類の歴史を視野に入れ、それが神の概念と無関係ではないことを論じてきた。

科学的世界観がもたらした膨張する時空間の認識は、人間にどのような意味を持つのか。そのことをプロセス神学はこれまでずっと真摯に問うてきた。プロセス神学は世界に高等生命が誕生するはるか以前に、宇宙に価値と愉悦の意識があったことを否定しない。……無数の生命体が地球上に誕生しては消滅した。それと同じことが人類に起こらないとは限らない。……貴重な生命種であっても消滅の危険はある。いや、それどころか、他のどんな生命種にもまして人類は地球上の高等な生命体すべてを自らの手で滅ぼす危機性すらある。(86)

地球の生命体の危機は、急場しのぎの処方箋だけでは回避できない。人間による地球資源の浪費と飽くなき開発は、遅かれ早かれ地球環境を台無しにして終わるだろう。昨今のグローバリズムと世界規模の開発主義は、赤道雨林の破壊、沃土の砂漠化、地球の温暖化などエコシステムの破滅をまねくだろうし、現に持続的な生命環境を脅かしている。ではキリスト教は何をどうすればいいのか。まず反省すべきは、これまで経済発展を善とし、それがもたらす人間外の生命体への影響についてほとんど関心を向けてこなかったことである。環境破壊がこのまま進めば、人類の文明そのものが消滅するかもしれない。この危機を回避するために、キリスト教はまず、人間だけに関心を寄せる「人間陶酔主義」（anthropomorphism）のナルシシズムから覚醒しなければならない。

（エコロジーの神学は）人類社会の維持という理由だけで、環境に関心を払うのではない。プロセス神学の観点からすれば、すべての自然に尊敬が払われねばならない。自然の価値は人間に役立つかどうかで決めてはならない。どんな生命体であっても、それ自身で神に適った価値を持つのである。[87]

神を含め、宇宙のあらゆる事象（「実体」entities）が相互に密接に関係するという理論枠がプロセス神学にあることはすでに触れた。もちろん宇宙の実体と言っても、「目標、質、感覚、進化の度合い」において、個々さまざまな相違がある。カブは、生命体のすべてを等価的とするディープ・エコロジーの立場をとらない。むしろ人間を積極的に選びとって、「地球上の他のいかなる生命体とも違う、ユニークな価値と場を持つ」存在として定義する。[88] 少なくとも地球上において人間はもっとも進化を遂げた高等生命体である。だがそのことは、人間が自然を欲望と必要のままに搾取し続けてもかまわない、ということではない。地球の生命体、プロセス哲学的に言い換えれば、生態系の「現実体」（ないし「活動的生起」actual occasion）は、たとえどんなに微かな生物であろうと、それに先行する現実体と機縁を持っている。自然が互いに関わっているという感覚、ひとつに結ばれているとの思いは、人間なら誰もが素朴に抱く感覚である。カブはこの感覚、つまり「いまだはっきりと主題化されていない、おぼろげな意識」に、しっかりした概念を備えるものこそ、ホワイトヘッドの「有機体の哲学」（organic philosophy）であると考えた。[89]

カブはエコロジー危機を契機にして、未来の神学はエコロジー問題だけでなく、政治や経済分野にも積極的に発信することが課題であると主張した。それはエコロジー危機の解決は政治、経済と切り離せないからで、こうしてカブはその後の三〇年余りこの問題に取り組んで、公共政策や経済危機、グローバル・エコノミーと、キリスト教倫理の視点からさまざまな発言を試みた。[90] それにつけてもカブの関心はきわめて多面的で、二〇世紀後半でこれほど大胆に多方面に発信するキリスト教神学者も珍しい。

5　プロセス神学に対するさまざまな評価

肯定的な反応

最後にプロセス神学に対する評価に言及しておこう。プロセス神学者は古典的な神概念に代わる科学的現代的な神概念を模索した。世界の実相、生成し発展する神、科学的でダイナミックな世界観を神学に導入して、静的で世界に無関心なギリシャ的神概念の止揚を目指した。ホワイトヘッド哲学に基づいたプロセス神学のこうしたキリスト教再解釈の試みは各界に賛否両論、白熱した議論を呼び起こしてきた。

当初、プロセス神学が古典的神論の欠陥を大胆に指摘して、それを超克しようと試みたことは実に多くの賛同を得た。リベラルはもちろんのこと、モルトマンのようなドイツの進歩的神学者、さらには保守的な福音派の神学者ですら積極的に評価したのである。ところがプロセス神学の内容が次第に明らかにされていくにつれて、それが同床異夢のこととわかり、やがて多くの神学者がそれぞれの立場から、さまざまにプロセス神学を批判するようになった。

もっとも好意的にプロセス神学を迎え入れたのは、言わずもがな、リベラルな神学者や牧師であった。特にティリッヒの存在論的神論に共鳴してきた人々はプロセス神学を大歓迎した。リベラル神学はもともと「相関の方法」によって現代とキリスト教とをつなぐ努力を重ねてきたのだから、現代の科学的世界観を大胆に採り入れて、進化と生成のダイナミックな視点からキリスト教を再解釈しようとしたプロセス神学に多大な共感を寄せたのは当然と言えば当然だった。中でも特に評価が高かったのは、プロセス神学が人間の行為を積極的に受けとめた点である。リベラルはもともと、正統主義や新正統主義のキリスト教が、神の絶対的主権を唱える一方で、人間の罪責性と限界を過度に強調する傾向に反発して苛立ちを隠してこなかった。そこで、人間は歴史における神の「共創者」（co-creator）であって、世界の変革に前向きに取り組む責務があると論じるプロセス神学に彼らは共鳴してやまず、プロセス神学が自然神学の可能性を示唆したことにも寛容だった。もちろんバルト的な観点からすれば、自然的啓示を許せばイエス・キリストの特殊啓示がないがしろにされる、それこそリベラル神学の最大の欠陥と指弾されるのは必定だったのだが。

次いでモルトマンやゼレをはじめドイツの政治神学者がプロセス神学を肯定的に評価したことも追い風になった。ヨーロッパの進歩的神学者が、アメリカ生まれのこの神学に着目した理由は、神との「共創者」としての積極的人間観もさることながら、プロセス神学が不受苦の神観を超えて、現代の社会的苦しみに呼応する神のコンセプトを示したと考えたからである。プロセス神学はホワイトヘッドの「共苦」の神概念を受け入れ、神が世界と共苦する可能性を拓いた。これが「神の受苦」という現代的な神学議論と相まって、プロセス神学に対する強い関心を喚起したのである。

さておもしろいのはアメリカ福音派の保守的神学者が当初プロセス神学に好意的だったという事実である。彼らがプロセス神論に見た（と思った）のは、ギリシャ哲学によって長い間「異教的に歪曲された」神観を正して、本来の聖書的神観の復興を試みている、ということだった。トマス・アクィナスに典型的に見られるように、カトリックの古典神学はギリシャ的神の不受苦性を取り入れて、神を不動で無感動な存在へと貶めてしまった。しかし聖書が証しする神は、ギリシャやローマの異教的神々と異なって、熱情的な人格神である。カトリックの神概念では、神はわれわれ人間の喜怒哀楽に関与できず、きわめて不自由で非聖書的である。プロセス神学はこの欠陥を補って、カトリック神学を乗り越えて宗教改革者の正しい信仰を試みている点で実に福音主義的な言説だ、と言うのである。

プロセスの「神」が抱える問題性

しかし福音派の神学者たちがプロセス神学に疑いのまなざしを向けて否定的評価を下すようになるには、さほど時間はかからなかった。ドイツの神学者パネンベルクがプロセス神学のキリスト論を、イエスの神性を否定した異端主義の再興と批判し、「動的単一神論」(dynamic monarchianism) の焼き直しとそっけなく退けたことも、福音派の消極的評価を後押しした。[91] 結局、福音派や正統主義者の間では、積極的な面もないわけではないが、全体としてプロセス理論は異端的と否定する声のほうが勝ったのである。

福音派、正統主義、新正統主義の神学者や牧師らに共通した批判は、やはりプロセス神学を啓蒙主義の落とし子であるリベラルの後継として見たことにあった。リベラル神学はキリストの神性を軽んじて、イエスを宗教的達人のひとりに押し下げてしまった。プロセス神学者が説くキリストも、結局のところシュライアマハー流の「神意識」や「感情」を反映する鏡以上の存在ではない、と言うのである。

さらに生成する神というコンセプトも、聖書が証言する「永遠にして完全な神」のイメージにそぐわないと正統主義者はプロセス神学者を糾弾した。キリスト教会は一貫して神を唯一絶対の創造者、無から有を生み出す全能の神として告白し信条化してきた。ところがプロセスの神は、宇宙と一体か、あるいはその一部でしかない。そんな有限な神に世界の「無からの創造」(creatio ex nihilo) は望むべくもない。もしプロセス的神を認めてしまえば、天地万物の創造主という聖書的な神観そのものが危うくなる。また有限にすぎない人間にさえ神は影響を受ける、というのでは、神が時間的に制約されるということになって、歴史を超越した神というキリスト教信仰の内実と相容れない。もっと言えば、プロセス神論が不変にして可変、超越にして内在という「二極的」(dipolar) 有神論になっているのも問題である。この神論はなるほど一見すると弁証法的だが、その根拠は聖書というよりも、むしろ形而上哲学にある。これはプロセス神学だけでなく、いわゆる「万有内在神論」(panentheism) に傾く最近の神学にも言える弱点だというのである。

ただこの最後の点に関しては少しコメントが必要である。最近神学者の間では、この不変／可変、超越／内在という神の二極的（あるいは「弁証法的」）動態は、なにも新古典的形而上学に依拠せずとも、他の方法でも立証可能ではないかとの見解が出始めた。例えばジョン・マクアリーは、神を不変にして同時に可変的と捉えるのは、聖書的にも正しいと主張する。神は世界の創造主としては不変であるが、世界の発展に応じてその神性のあり方を変えることに矛盾はない。マクアリーは、むしろそれこそ聖書が描き出すダイナミックな神のイメージであると主張する。(92)

こうした問題については、プロセス神学者間でも、新古典的形而上学を採り続けるべきかどうかで議論になっている。そしてそれと関連して再燃したのは、神学と哲学の関係をいかに見るかの議論である。オグデンやカブはキリスト教に哲学を導入することに何の矛盾も感じない。そもそもキリスト教神学というのは、中世ではアリストテレスやトマス・アクィナス、近代では新カント学派やリッチュルの宗教哲学、現代においてはプロセス哲学のハーツホーンというように、神学に先端的な解釈学や哲学概念を採用して各時代の精神に深く関わらせつつ成立してきた学術である。ということは、何もホワイトヘッドの理論枠に拠らずとも、もっと他の哲学方法でプロセス神学の可能性を探ることもできるはずで、新古典主義にこだわる理由はどこにもないというわけだ。

こうした神学の枠組みや方法については、まだ柔軟に修正できる可能性がある。しかしプロセス神学にとっていっそう深刻で厄介なのは、神の主権をいかに見るかという教義学上の問題である。

プロセス神学は神観に「促し」（persuasion）や「誘発的」（persuasive）というコンセプトを導入した。神は世界が進化し発展するように万物を促し、人間もそれに誘発されて神の共創者として歴史に働きかけていく。このロジックは理解できる。しかし、それでも神の「促し」という概念はあまりに弱くないか。聖書の神は万物の創造主として世界に御自身の支配をふるわれ、人間は神の支配に服従する。神の支配はいつも専制強権的ではなく、人間に最善な仕方で働きかけもする。それが全知全能の神の愛の意味である。ところがプロセス神学はこの点で、神は人を「促し」「誘発する」だけに終わり、すこしも全能者の大権を行使しない。加えて聖書の創造物語によれば、世界を創造したとき、神は「天地万物は完成された」（創世記二・一）と明瞭に宣言された。それなのにプロセス神学はこれを無視して、神の創造を未完成とする。[93] 結局、「ホワイトヘッドの思考の枠組みには、創造主という伝統的な神理解の余地がない」。[94] もちろんこれは正統神学の立場からは当然の批判である。逆に読めば、モルトマンが指摘したように、プロセス神学はまさしくこの点でキリスト教の創造論の理解にまったく新しい光を投げかけていると言えるのだが。[95]

多元化するプロセス神学

振り返ってみれば、一九三〇年代における誕生から六〇年代後期まで、ほぼ三〇年間というもの、プロセス神学者の多くが前項に述べたさまざまな批判を踏まえて、大きく二つの課題に取り組んできた。

ひとつは、哲学では分析哲学、神学の領域では正統主義、新正統主義に対抗して、プロセス理論に立脚した哲学的神学の存在理由を擁護することだった。プロセス理論に対しては、一方では分析哲学者らが、神のように経験不可能な問題を哲学でもって論じるのはまったく無意味と論戦を挑んできた。これに対してプロセス神学者は、哲学的神学の必要性を弁明しなければならなかったし、他方、神学界からは主としてバルト主義者がプロセス神学に自然神学の危険を嗅ぎとって批判的なまなざしを向け、プロセス神学者はこれにも応戦しなければならなかった。

二つ目の課題は、プロセス神学者の内部論争に決着をつけることである。ややもすれば異端視される「生成」「進化」のプロセス的概念を、キリスト教につなぐ道をどこに求めるべきか。新トマス主義や古典的神論ははたして有効なのか、それとも他の枠組みを採用するほうが良策なのか。現代科学と信仰、悪の問題を宗教哲学者と対話するにはどこをどうすればいいのかなどといった問題に決着をつけなければならなかったのである。

そうした問題の解決において、ホワイトヘッドやハーツホーンを元祖第一世代とすれば、その次の世代で指導的な役割を担ったのは、「プロセス神学」の名を初めて用いたバーナード・ローマー（後に「プロセス―関係的」神学と改変した）だった。またプロセス的な文化神学を試みたバーナード・ミーランド、数々の入門書を書いたノーマン・ピッテンジャー、プロセス思想の普及に努めたダニエル・デイ・ウィリアムズもこの第二世代に入る。

そしてプロセスの第三世代として華麗に活躍したのがカブとオグデンの二人だった。二人は大胆にプロセス神学を試み、解放神学との対話、エコロジー、経済のグローバリズムへの取り組みと関心を広げていった。その経緯はすでに見たとおりである。五〇年代末から現在にいたる二人の思想的軌跡には、前期と後期で大きな違いがあった。[96] 七〇年代初めまで両者の関心は、プロセス哲学の概念とカテゴリーを使って、神論、人間論、キリスト論などキリスト教の主要な教義を再解釈することにあった。現代神学の課題は二〇世紀の科学的世界観に対応したキリスト教諸概念の革新にあると考えていたからである。

ところがアメリカが学生運動やベトナム戦争で揺れ動いた六〇年代末、まずカブが大転換を遂げた。彼はもはや政治や社会、グローバル世界の問題と無関係なままに神学することはできないと考えるようになった。世界の倫理的課題に対して何も発言できない神学は不能の神学であるとカブが宣言するにいたったのは、エコロジー危機に直面してからだった。しかしそれだけにとどまらず、彼は関心をグローバル経済の開発主義の批判に発展させ、ついには神学の正否は政治的経済的なコンテクストにおける有効性によってのみ計られると公言するようになった。実際、七〇年代から現在までのカブの関心は多岐にわたり、『政治神学としてのプロセス神学』（一九八二年）は、メッツ、モルトマン、ゼレなどのヨーロッパの政治神学者と対話しつつ、プロセス的なエコロジー神学の方向を目指した始まりだった。その後の著作も多くは環境、政治、経済、社会に関わり、そうした関心のもとで『生命の解放』（一九八一年）、『共通善に向けて』（一九八九年）、[97]『共通善を維持して』（一九九四年）[98]など、続々とエコロジーやグローバル経済批判の労作が生み出されることになった。

他方、オグデンもカブと同じく、現代の神学は社会的で政治的な状況に参与することによってのみ真価が問われると論じて、解放神学への傾斜を急速に深めた。(99) オグデンは後年になっても解放主義、宗教多元主義のモチーフを維持して多作で、重要なものに限ってみても、『信仰と自由――解放の神学に向けて』（一九七九年）、(100)『キリスト論の要諦』（一九八二年）、『神学について』（一九八六年）、(101)『真実な宗教はひとつか、それとも多くあるか』（一九九二年）、『今日神学をすること』（一九九六年）(102) と多彩である。また一九八九年にはアメリカにはめずらしい献呈論文集、『証言と存在』が刊行され、(103) オグデンに共鳴する多くの神学者が寄稿した。また彼はアメリカだけでなく、ヨーロッパやアジア各国にも多くの読者を持ち、日本にもやってきて八木誠一や数々の仏教者と対話を精力的にこなした。(104) 一九九五年に定年退職した後は組織神学の執筆に専心しているようだ。

プロセス理論の系譜は古くはギリシャの哲学者ヘラクレイトスや、最近では一九世紀のドイツロマン派哲学にさかのぼるとされる。しかしそればかりでなく、仏教の輪廻生成観に共通した思惟が指摘されてきたから、(105) プロセスの哲学者や神学者が日本の仏教者に親近感を持つのは、ある意味では当然かもしれない。日本で育ったカブが、仏教や東洋的思惟との対話に深い関心を持ってきたことはすでに言及したが、彼の確信はキリスト教が他の世界宗教との出会いを通して豊饒になるということにある。キリスト教はひとつの「活動的存在」として生成のプロセスの中にあり、他の諸宗教のさまざまな伝統と出会って、それを内に取り込むことで創造的に革新される。カブは「創造的変革」の概念をキリスト教のエキュメニズムの範囲にとどめず、キリスト教以外の諸宗教、とりわけ仏教との対話において維持しようと努めてきた。

解放神学の挑戦を受けとめたプロセス神学者にはオグデン、カブの他にデルウィン・ブラウンなど多数いる。(106) またチャールズ・バーチ(107) やジェイ・マクダニエル(108) が取り組むのはプロセス的エコロジー神学であり、プロセス的フェミニズムの領域では、日系のリタ・ナカシマ・ブロック(109) やキャサリン・ケラー(110) の名があがる。またシェイラ・ダヴァニーも『フェミニズムとプロセス思想』（一九八一年）を編纂している。(111)

また、プロセス神論から宗教多元主義を論じて、キリスト教とユダヤ教との対話で成果をあげたのはクラーク・ウィリアムソン(112)やバーナード・リー(113)である。ポストモダン神学についてはカブやグリフィンなど、多くが積極的に取り組んでいる。(114)

福音派の神学者らは当初多くの共感を示したものの、プロセス神学者の多くが解放主義に方向を転じたことに警戒して、プロセス神学そのものには近年いっそう否定的になっている。しかし中にはローランド・ナッシュやロイス・グルエンラーのように、改めて福音派のキリスト教にプロセス形而上学を接ぎ木しようとする試みもあっておもしろい。(115)

正統主義と違って、リベラルなキリスト教は守勢にまわると脆さがはっきりと出てしまう。もはやプロセス神学は往時のように華やかに論議されることはなくなった。加えて昨今のアメリカの保守化の逆風もある。しかしプロセス神学は、形而上的な抽象から解放という形而下の歴史の課題に「進化」して、むしろ説得的になったと筆者には映る。プロセス神学の正念場はこれからで、今もなかなかに目が離せないのである。

〈文献〉

アルフレッド・ノース・ホワイトヘッド

Whitehead, Alfred North, and Bertrand Russell. *Principia Mathematica* (Cambridge: Cambridge University Press, 1910, 1912, 1913). アルフレッド・ノース・ホワイトヘッド、バートランド・ラッセル『プリンキピア・マテマティカ序論』岡本賢吾・加地大介・戸田山和久訳、哲学書房、一九八八年。

『ホワイトヘッド著作集』全一五巻、松籟社、一九八三―一九八九年。

ホワイトヘッド二次資料

Lowe, Victor. *Understanding Whitehead*. Baltimore: Johns Hopkins, 1962. ヴィクター・ロー『ホワイトヘッドへの招待——理解のために』大出晁・田中見太郎訳、松籟社、一九八二年。

遠藤弘編著『プロセス思想研究——ホワイトヘッド・プロセス思想の現代的課題』南窓社、一九九九年。

郷義孝『ホワイトヘッドの有機体の思想——自然と歴史の統一理論』晃用書房、一九九八年。

田中裕『ホワイトヘッド——有機体の哲学』講談社、一九九八年。

延原時行『ホワイトヘッドと西田哲学の〈あいだ〉——仏教的キリスト教哲学の構想』法蔵館、二〇〇一年。

チャールズ・ハーツホーン

Man's Vision of God and the Logic of Theism. Chicago: Willett Clark, 1941; Repr., Hamden: Archon Books, 1964.
The Logic of Perfection and Other Essays in Neoclassic Metaphysics. La Salle: Open Court, 1962.
Anselm's Discovery. La Salle: Open Court, 1965.
A Natural Theology for Our Time. La Salle: Open Court, 1967. チャールズ・ハーツホーン『自然神学の可能性』大塚稔訳、行路社、二〇〇二年。
Creative Synthesis and Philosophic Method. London: SCM, 1970.
Whitehead's Philosophy: Selected Essays, 1935-1970. Lincoln: University of Nebraska Press, 1972. チャールズ・ハーツホーン『ホワイトヘッドの哲学——創造性との出会い』松延慶二・大塚稔訳、行路社、一九八九年。
Hartshorne, Charles, and W. Creighton Peden. *Whitehead's View of Reality*. New York: Pilgrim, 1981. チャールズ・ハーツホーン、クレイトン・ピーデン『コスモロジーの哲学——ホワイトヘッドの視座』京屋憲治訳、文化書房博文社、一九九八年。
Wisdom as Moderation: A Philosophy of the Middle Way. Albany: State University of New York Press, 1984.『中庸の知恵——中道の哲学』大塚稔訳、行路社、一九九二年。
Omnipotence and Other Theological Mistakes. Albany: State University of New York Press, 1984.『神の時間——全能と他の神学的誤謬について』大塚稔訳、行路社、一九九一年。

Hahn, Lewis E., ed. *The Philosophy of Charles Hartshorne.* Le Salle: Open Courts, 1991. ハーツホーンの自伝、二九編の研究論文、随筆、および詳細な著作文献を含む。

ハーツホーンの二次資料

Kane, Robert, and Stephen H. Phillips. *Hartshorne, Process Philosophy and Theology.* Albany: State University of New York Press, 1997.

シュバート・オグデン

Christ without Myth: A Study Based on the Thought of Rudolf Bultmann. New York: Harper & Brothers, 1961.

The Reality of God and Other Essays. New York: Harper & Row, 1966.

Ogden, Schubert M., and Charles Hartshorne. *Theology in Crisis: A Colloquium on the Credibility of "God."* New Concord: Muskingum College, 1967.

Faith and Freedom: Toward a Theology of Liberation. Nashville: Abington, 1979.

The Point of Christology. San Francisco: Harper & Row, 1982.

Is There Only One True Religion or are There Many? Dallas: Southern Methodist University Press, 1992.

ジョン・B・カブ・ジュニア

God and the World. Philadelphia: Westminster, 1965.

A Christian Natural Theology: Based on the Thought of Alfred North Whitehead. Philadelphia: Westminster, 1965.

The Structure of Christian Existence. Philadelphia: Westminster, 1967.

Is It Too Late?: A Theology of Ecology. Bruce: Environmental Ethics Book, 1971.『今からではもう遅すぎるか?——環境問題とキリスト教』郷義孝訳、ヨルダン社、一九九九年。

Christ in a Pluralistic Age. Philadelphia: Westminster, 1975.

Cobb Jr., John B., and David Ray Griffin. *Process Theology: An Introductory Exposition.* Philadelphia: Westminster John Knox Press, 1976. ジョン・B・カブ・ジュニア、D・R・グリフィン『プロセス神学の展望――概論的解説』延原時行訳、新教出版社、一九七八年。

Theology and Pastoral Care. Philadelphia: Fortress Press, 1977.『神学と牧会カウンセリング』芝野雅亜規訳、日本キリスト教団出版局、二〇〇五年。

Cobb Jr., John B., and Charles Birch. *The Liberation of Life: From Cell to the Community.* Denton: Environmental Ethics Books, 1981.『生命の解放――細胞から社会まで』長野敬・川口啓明訳、紀伊国屋書店、一九八三年（上）、一九八四年（下）。

Beyond Dialogue: Toward a Mutual Transformation of Christianity and Buddhism. Philadelphia: Fortress, 1982.『対話を超えて――キリスト教と仏教の相互変革の展望』延原時行訳、行路社、一九八五年。

Praying for Jennifer: An Exploration of Intercessory Prayer in Story Form. Nashville: Upper Room, 1985.『とりなしの祈り――物語形式のプロセス神学』延原時行訳、ヨルダン社、一九九〇年。

Cobb Jr., John B., and Herman Daly. *For the Common Good: Redirecting the Economy Toward Community, the Environment, and a Sustainable Future.,* Rev. and enl. ed. Boston: Beacon Press, 1994.

The Emptying God: A Buddhist-Jewish-Christian Conversation. Maryknoll: Orbis, 1990.

Doubting Thomas: Christology in Story Form. New York: Crossroad, 1990.

Matters of Life and Death. Louisville: Westminster John Knox, 1991 .『生きる権利　死ぬ権利』延原時行訳、日本基督教団出版局、二〇〇〇年。

Sustaining the Common Good: A Christian Perspective on the Global Economy. Cleveland: Pilgrim, 1994.

その他プロセス神学関連

Brown, Delwin, Ralph E. James, Jr., and Gene Reeves, eds. *Process Philosophy and Christian Thought.* Indianapolis: Bobs-Merrill, 1971.

Cargas, Harry James, and Bernard Lee, eds. *Religious Experience and Process Theology: The Pastoral Implications of a Major Modern Movement.* New York: Paulist, 1976.

Devenish, Philip, and George Goodwin, eds. *Witness and Existence: Essays in Honor of Schubert M. Ogden.* Chicago: University of Chicago Press, 1989.

Fiddes, Paul S. *The Creative Suffering of God.* Oxford: Oxford University Press, 1992.

Griffin, David Ray, and Sandra B. Lubarsky, eds. *Jewish Theology and Process Thought.* Albany: State University of New York Press, 1995.

Griffin, David Ray. *Religion and Scientific Naturalism: Overcoming the Conflicts.* New York: State University of New York Press, 2000.

Kaufman, William E. *The Case for God.* St. Louis: Chalice, 1991.

———. *A Question of Faith: An Atheist and a Rabbi Debate the Existence of God.* Northvale: Jason Aronson, 1994. ユダヤ教による古典的神論やプロセス神論の入門手ほどき。

Mesle, Robert C. *Process Theology: A Basic Introduction.* St. Louis: Chalice, 1993. プロセス神学の信徒向けの概論書。

Pittenger, Norman. *God in Process.* London: SCM Press, 1967.

———. *Process-Thought and Christian Faith.* New York: Macmillan, 1968.

———. *Becoming and Belonging.* Wilton: Morehouse, 1989.

Suchocki, Marjorie. *God, Christ, Church: A Practical Guide to Process Theology.* New York: Crossroad, 1982. スチョッキはカブ、グリフィンと並ぶクレアモントのプロセス研究センターの代表格。プロセス神学の視点から悪、神の宇宙目的、キリスト、贖罪、復活、終末観などを扱う定評ある概説書。

Stone, Bryan P., and Thomas Jay Oord. *Thy Nature and Thy Name is Love: Wesleyan and Process Theologies in Dialogue.* Nashville: Kingswood, 2001. ウェスレー神学へのプロセス理論の適用について

Wise, Constance. *Hidden Circles in the Web: Feminist Wicca, Occult Knowledge, and Process Thought.* Lanham: AltaMira Press, 2008.

日本ホワイトヘッド・プロセス学会『プロセス思想』（一九八五年～）

〈注〉

（1）日本でプロセス神学に注目してきたのは、プロセス研究のメッカ、クレアモント神学校のプロセス研究センター（Claremont Process Studies, CPS）やクレアモント大学院で研鑽を積んできた延原時行や田中裕、シカゴ神学校でホワイトヘッド哲学を学んだ郷義孝、宗教哲学の研鑽を深めた花岡永子、ジョン・ヒックの紹介者で日本の宗教対話の言説を主導してきた間瀬啓允などである。郷はカブの環境問題の入門書『今からではもう遅すぎるか？――環境問題とキリスト教』（ヨルダン社、一九九九年）を翻訳したほか、一連の論文を執筆してきた（「宗教的実在――プロセス神学の神という実在」『テオロギア・ディアコニア』ルーテル学院、第三五号二〇〇一年三月、「プロセス神学のキリスト論1、2」『聖書と神学』日本聖書神学校、第一五号、二〇〇三年五月／第一七号、二〇〇五年五月、「なぜプロセス神学か」『聖書と神学』第一六号、二〇〇四年五月、「プロセス神学の聖餐論再考――キリストの「リアル・プレゼンス」を中心として」『聖書と神学』第二一号、二〇〇九年五月など）。また『ホワイトヘッドの有機体の思想――自然と歴史の統一理論』（晃洋書房、一九九八年）を上梓している。

（2）プロセス神学は通常、ホワイトヘッド哲学を基礎にしているので、本書では進化論的なプロセス神学を提唱したローマ・カトリックの神学者ピエール・テイヤール・ド・シャルダンについては直接取り上げない。

（3）二〇世紀後半のプロセス神学の興隆は、多くをホワイトヘッドとハーツホーンの理論に負ったが、ハーツホーンは有能な弟子を輩出させた教育者という点でも成功した。中でも特筆すべきが、オグデン、カブ、そしてウィリアムズである。オグデンとカブは詳論するので、ウィリアムズに少しだけ言及しておく。ウィリアムズはシカゴでハーツホーンの薫陶を受けた後、ニューヨークのユニオン神学校で教鞭を執り、ニーバーやティリッヒの影響が強いアカデミックな環境に初めてプロセス理論を紹介した。ウィリアムズのもっとも知られた著作は、プロセス組織神学の最初の書と言われた『愛の精神と形式』（Daniel Day Williams, *The Spirit and the Forms of Love,* Welwyn: James Nisbet, 1968）である。理論的な貢献は少なくなかったが、一九七三年に物故して、今日ではほとんど知られていない。

（4）Norman L. Geisler, “Process Theology,” in *Tensions in Contemporary Theology*, 2nd ed., ed. Stanley N. Gundry and Alan Johnson (Grand Rapids: Baker Book House, 1976), 239.

（5）Kenneth Surin, “Process Theology,” in *The Modern Theologians*, 2vols, 1st edition, ed. David F. Ford (Oxford: Basil Blackwell, 1989), 2:103-114, esp. 103.

（6）ハーツホーンのプロセス神学については直接論じることはしない。彼の神学の概観としてはグラッグのものが優れている。Alan Gragg, “Charles Hartshorne,” in *The Makers of the Modern Theological Minds*, ed. Bob E. Patterson (Waco: Word, 1973).

（7）Lewis Ford, ed., *Two Process Philosophers: Hartshorne's Encounter with Whitehead* (Tallahassee: American Acade-my of Religion, 1973).

（8）ウィーマン（Henry Nelson Wieman, 1884-1975）はバーナード・ミーランド（Bernard Meland）などと等しくラディカルな経験主義に立った宗教哲学者で、自然を通して人格に働く神の動的善意識を探求したひとりであった。当初は長老主義であったものの、晩年はユニテリアン・ユニヴァーサリストに改宗した。その経過は次の書の「知的遍歴」に詳しい。Robert W. Bretall, ed., *The Empirical Theology of Henry Nelson Wieman* (New York: Macmillan, 1963).

（9）Bernard Loomer, “Process Theology: Origins, Strengths, Weaknesses,” *Process Studies* 16.4 (1987), 245-254; “The Size of God,” in *The Size of God: The Theology of Bernard Loomer,* ed. W. Dean and L. E. Alex (Macon: Mercer University Press, 1987), 20-21.

（10）ローマーのプロセス的神学理論の概要についてはBernard M. Loomer, “Christian Faith and Process Philosophy,” *Journal of Religion* 29/3 (July 1949) を参照。これはDelwin Brown, Ralph E. James, Jr., and Gene Reeves, eds., *Process Philosophy and Christian Thought* (Indianapolis: Bobbs-Merrill, 1971) に再録されている。

(11) John B. Cobb Jr. and David Ray Griffin, *Process Theology: An Introductory Exposition* (Philadelphia: Westminster John Knox, 1976), 177-178.

(12) プロセス神学の概要やその潮流は以下の文献を参考にせよ。Delwin Brown, Ralph E. James, Jr., and Gene Reeves, eds., *Process Philosophy and Christian Thought* (Indianapolis and New York: Bobbs-Merrill Co., 1971); Cobb and Griffin, *Process Theology*; Surin, "Process Theology," 103-114.

(13) Alfred North Whitehead, *Adventures of Ideas* (New York: Mcmillan, 1933), 147-150, 158; *Religion in the Making* (New York: Macmillan, 1926), 76, 83.

(14) Alfred North Whitehead, *Science and the Modern World* (New York: Macmillan, 1925).『科学と近代世界』上田泰治・村上至孝訳『ホワイトヘッド著作集』（第六巻、松籟社、一九八一年）。

(15) Alfred North Whitehead, *Essays in Science and Philosophy* (New York: Philosophical Library, 1947).『科学・哲学論集』上、蜂谷昭雄他訳『ホワイトヘッド著作集』（第一四巻、松籟社、一九八七年）、『科学・哲学論集』下、井上健・橋口正夫・村形明子訳（『ホワイトヘッド著作集』第一五巻、松籟社、一九八九年）。

(16) Alfred North Whitehead and Bertrand Russell, *Principia Mathematica* (Cambridge: Cambridge University Press, 1910, 1912, 1913). 岡本賢吾・加地大介・戸田山和久訳『プリンキピア・マテマティカ序論』（哲学書房、一九八八年）。

(17) William Reese, "Whitehead" in *Dictionary of Philosophy and Religion*, ed. W. L. Reese (Atlantic Highlands: Humanities, 1980), 622. ホワイトヘッドがアメリカの思想界に与えた影響は広範囲に及んだ。例えば、ジョージ・ハーバート・ミードの社会哲学に「パースペクティヴの客観性」の視点を備えたのもホワイトヘッドの思惟だった。また彼の有機体的世界観はメルロ＝ポンティの『眼と精神』の執筆動機となったし、R・G・コリングウッドの『自然の概念』はホワイトヘッドの自然哲学と形而上学への言及をもって締めくくられた。D・H・ロレンスの『チャタレイ夫人の恋人』には、ホワイトヘッドの『宗教とその形成』の末尾から引用がある。リチャード・ローティはハーツホーンからホワイトヘッド哲学を学んだひとりで、ヘルベルト・フォン・マルクーゼは『一次元的人間』でホワイトヘッドを引用している。現代ではドイツ・フランクフルト学派のハーバーマスや、ドゥルーズがホワイトヘッドに積極的な評価を与え、コリン・ウィルソンは『アウトサイダーを超えて』においてホワイトヘッド哲学に希望を見出そうとする。

（18）Alfred North Whitehead, *Process and Reality: An Essay in Cosmology* (New York: Macmillan, 1929).『過程と実在』上・下、山本誠作訳『ホワイトヘッド著作集』（第一〇、一一巻、松籟社、一九八四―一九八五年）。

（19）Alfred North Whitehead, *Religion in the Making* (New York: Macmillian, 1926).『宗教とその形成』齋藤繁雄訳『ホワイトヘッド著作集』（第七巻、松籟社、一九八六年）。

（20）Alfred North Whitehead, *Adventures of Ideas* (New York: Macmillian, 1933).『観念の冒険』山本誠作・菱木政晴訳『ホワイトヘッド著作集』（第一二巻収蔵、松籟社、一九八二年）。

（21）Cobb and Griffin, *Process Theology*, 163.

（22）サイモン・シン『宇宙創成』下、青木薫訳（新潮社、二〇〇九年）一七頁。

（23）Whitehead, *Process and Reality*, 317.

（24）Whitehead, *Process and Reality*, 28.

（25）Charles Hartshorne, *Man's Vision of God and the Logic of Theism* (Willett: Clark & Company, 1941).

（26）Charles Hartshorne, *Reality as Social Process* (Glencoe: Free Press, 1953).

（27）Charles Hartshorne, *Creative Synthesis and Philosophic Method* (New York: SCM, 1970).

（28）Delores J. Rogers, "Charles Hartshorne," in *Makers of Christian Theology in America*, ed. Mark G. Toulouse and James O. Duke (Nashville: Abingdon, 1997), 479.

（29）John B. Cobb, "Process Theology," *Religon-Online*, September 21, 2006.〈http://www.religion-online.org/showarticle.asp?title=1489〉〔二〇一七年七月一〇日取得。〕

（30）「万有内在神論」（panentheism）は汎神論（pantheism）とも汎理神論（pandeism）とも範疇を異にする。宇宙のあらゆる出来事に関わる神ということから、これを「神的宇宙中心主義」（theocosmocentrism）と名称する場合もある。

（31）Schubert M. Ogden, *Christ without Myth: A Study Based on the Thought of Rudolf Bultmann* (New York: Harper &

Brothers, 1961).

（32）Schubert M. Ogden, *The Reality of God and Other Essays* (New York: Harper & Row, 1966), 21.

（33）Schubert M. Ogden and Charles Hartshorne, *Theology in Crisis: A Colloquium on the Credibility of "God"* (New Concord: Muskingum College, 1967), 52.

（34）ハーツホーンは両性神論（dipolar theism）をとる。すなわち、一方は「生ける神」という可変歴史的な性質、他方は「永遠なる神」という不変本質的性質である。

（35）Ogden, *Christ without Myth*, 143.

（36）Schubert M. Ogden, "The Point of Christology," *Journal of Religion* 55.4 (October 1975), 390.

（37）Ogden, *Christ without Myth*, 162-163.

（38）Schubert M. Ogden, *Is There Only One True Religion or Are There Many?* (Dallas: Southern Methodist University Press, 1992), 98.

（39）Ogden, *Is There Only One True Religion or Are There Many?* の特に一五章以下を参照。オグデンに限らず、プロセス神学者はキリスト教だけでなくあらゆる宗教に神の「活動的存在」（actual entity）が顕在すると考えるので、当初から宗教間対話には熱心な者が多い。仏教の聖典もキリスト教の聖書も等しく神的なるものの人間的解釈の記録であるとの理解から、プロセス神学は、多元主義神学に親和性を持っている。Robert C. Mesle, *Process Theology: A Basic Introduction* (St. Louis: Chalice, 1993), 101.

（40）Ogden, *Christ without Myth*, 144.

（41）Schubert M. Ogden, *The Point of Christology* (San Francisco: Harper & Row, 1982), 167.

（42）Ogden, *The Point of Christology*, 150.

（43）Schubert M. Ogden, *Faith and Freedom: Toward a Theology of Liberation* (Nashville: Abingdon, 1979).

（44）Ogden, *The Reality of God and Other Essays*.

（45）Ogden, *The Point of Christology*.

（46）Ogden, *The Point of Christology*, 146.

(47) Ogden, *The Point of Christology*, 166.

(48) Ogden, *The Point of Christology*, 158.

(49) Ogden, *The Point of Christology*, 94.

(50) Ogden, *The Point of Christology*, 166.

(51) カブについては延原によって数点が翻訳されている。ただし解放的な関心からすれば、『政治神学としてのプロセス神学』(John B. Cobb Jr., *Process Theology as Political Theology* [Philadelphia: Westminster, 1982])、『生命の解放——細胞から社会まで』(John B. Cobb Jr. and Charles Birch, *The Liberation of Life: from the Cell to the Community* [Cambridge: Cambridge University Press, 1981]) といった著作や、解放主義がもっとも具体的で鮮明に出た、ハーマン・デイリーとの共著『共通善のために——共同体、環境、持続可能な未来に経済を転換する』(John B. Cobb Jr. and Herman Daly, *For the Common Good: Redirecting the Economy Toward Community, Environment, and a Sustainable Future* [Boston: Beacon, 1989]) が訳出されてもいいのではないか。〔*The Liberation of Life* は邦訳がある。ジョン・B・カブ『生命の解放——細胞から社会まで』長野敬・川口啓明訳、紀伊国屋書店、一九八三年(上)、一九八四年(下)〕西田哲学とホワイトヘッド思想、仏教とキリスト教の対話、東西文明の融合に関心を払う延原にとって、カブにおける社会政治的な解放や経済は関心事から逸れるのだろうか。

(52) 七〇年代初期までのプロセス神学の動向、その神学者群に関しては Gene Reeves and Delwin Brown, "The Development of Process Theology," in *Process Philosophy and Christian Thought*, ed. Delwin Brown, Ralph E. James, Jr., and Gene Reeves (Indianapolis: Bobs-Merrill, 1971), 21-64 を参照せよ。

(53) プロセス神論は世界のあらゆる出来事、人間の経験が神の中に取り込まれていくと主張することから、現在の苦しみにも意味と慰めを与える。世界のあらゆる出来事は時間の経過の中で「永遠に消滅してしまう」のではなく、しっかりと記憶されていくのだから。

(54) カブの経歴や初期時代についてはグリフィンが要を得た紹介をしている。David Ray Griffin, "John B. Cobb, Jr.," in *A Handbook of Christian Theologians*, ed. Dean G. Peerman and Martin E. Marty (Nashville: Abingdon, 1984),

691-696.

(55)〔チャールズ・ハーツホーンについては、ジョン・B・カブ、D・R・グリフィン『プロセス神学の展望』延原時行訳、新教出版社、一九七八年の訳者による解題二四二―二四六頁を参照。〕

(56) 日本にプロセス神学を紹介した元敬和大学教授の延原時行や、元同志社大学実践神学教授の深田未来生、東京神学大学教授の中野実、福音派で東京基督教大学教授の岡村直樹などがクレアモントで学んだ。

(57) John B. Cobb, Jr., *A Christian Natural Theology* (Philadelphia: Westminster, 1965).

(58) Schubert M. Ogden, "A Christian Natural Theology? A Review of John B. Cobb's New Book: A Christian Natural Theology," *Christian Advocate* 9.18 (September 23, 1965), 11-12.

(59) Cobb, *A Christian Natural Theology*, 104.

(60) 同種の考え方をオグデンもしている。Schubert M. Ogden, "Love Unbounded: The Doctrine of God," *Perkins School of Theology Journal* 19.3 (Spring, 1966), 5-17.

(61) Cobb and Griffin, *Process Theology*, 8-9; Norman Pittenger, "Process Thought as a Conceptuality for Reinterpreting Christian Faith," *Encounter* 44.2 (1983), 113.

(62) John B. Cobb, Jr., *God and the World* (Philadelphia: Westminster, 1965), 42-66.

(63) Cobb and Griffin, *Process Theology*, 41-62.

(64) カブのキリスト論については John B. Cobb Jr., *Christ in a Pluralistic Age* (Philadelphia: Westminster, 1975) を参照。

(65) カブがどれほどホワイトヘッドに理論を負っているかについては、カブのキリスト論の冒頭で紹介されている。Cobb, *Christ in a Pluralistic Age*, 27.

(66) Cobb and Griffin, *Process Theology*, 22.

(67) Cobb, *Christ in a Pluralistic Age*, 65, 76.

(68) Cobb and Griffin, *Process Theology*, 101.

(69) Cobb and Griffin, *Process Theology*, 98-99; Cobb, *Christ in a Pluralistic Age*, 123.

(70) Cobb, *Christ in a Pluralistic Age*, 142.

（71）Griffin, "John B. Cobb, Jr.," 112.

（72）Ted Peters, "John Cobb, Theologian in Process (2)," *Dialogue* 29 (Autumn 1990), 292.

（73）Cobb and Griffin, *Process Theology*, 4-16. カブがここで強調するのは自由意思の重要性である。宇宙は人間を含め、自由意思を持った存在の手によって絶えず変革されて進歩する。神はすべてに自由意思が働く余地を与え、また進歩が遂げられるよう促すものの、万物を強権的に統制しようとはしない。言い換えれば、神は万物に意思を示すものの、一切が神の意思に沿って生成するとは限らない。

（74）Cobb and Griffin, *Process Theology*, 113-114.

（75）Cobb, *Christ in a Pluralistic Age*, 257-258.

（76）例えば Cobb, *Process Theology as Political Theology*, 79.

（77）これらはカブの直接的な引用ではなく、ピッテンジャーの解説であるが、カブの立場を表しているものと考えて間違いはない。Pittenger, "Process Thought as a Conceptuality for Reinterpreting Christian Faith," 117. 人間の死後の運命について、ハーツホーンは「主観的」な意味での不滅はないものの、神があらゆる経験を記憶するため、「客観的」な不滅は存在すると考えた。Charles Hartshorne, *Omnipotence and Other Theological Mistakes* (Albany: State University of New York, 1984), 32-36. 他方、プロセス神学者の中には肉体が滅んだ後も「主観的」経験が存続すると論じる者もいる。

（78）Cobb, *Christ in a Pluralistic Age*, 226.

（79）「強制」ではなく「促し」が神の属性であるという考え方は、ハーツホーンから得たものである。Hartshorne, *Omnipotence and Other Theological Mistake*, 20-26 を参照のこと。

（80）この問題に対するプロセス神学側の反論、およびプロセスの神義論については次を参照せよ。David Ray Griffin, *God, Power and Evil: A Process Theodicy* (Philadelphia: Westminster, 1976); Schubert M. Ogden, "Evil and Belief in God: The Distinctive Relevance of a Process Theology," *Perkins Journal* 31.4 (Summer 1978), 29-34.

（81）Peters, "John Cobb, Theologian in Process (2)," 298.

（82）Lewis S. Ford, "Divine Persuasion and the Triumph of Good," *The Christian Scholar* 50.3 (Fall 1967).

(83) Cobb, *A Christian Natural Theology*.

(84) Griffin, "John B. Cobb, Jr.," 702.

(85) John B. Cobb Jr., *Is It Too Late?: A Theology of Ecology* (Bruce: Environmental Ethics Book, 1971). 郷義孝訳『今からではもう遅すぎるか?』（ヨルダン社、一九九九年）。

(86) Cobb and Griffin, *Process Theology*, 146.

(87) Cobb, *Process Theology as Political Theology*, 132.

(88) Cobb and Griffin, *Process Theology*, 148.

(89) Cobb and Griffin, *Process Theology*, 154-155. プロセス哲学の研究者には、ホワイトヘッドの有機体哲学とエコロジーとを結びつけ、環境問題に積極的に発信する人々も多い。

(90) John B. Cobb Jr., *Sustainability: Economics, Ecology, and Justice* (Maryknoll: Orbis, 1992).

(91) Wolfhart Pannenberg, "A Liberal Logos Christology: The Christology of John Cobb," in *John Cobb's Theology in Process*, ed. David Ray Griffin and Thomas J. J. Altizer (Philadelphia: Westminster, 1977), 142.

(92) John Macquarrie, *In Search of Deity: An Essay in Dialectical Theism* (London: SCM, 1984), chapters 13 and 17; Keith Ward, *The Concept of God* (Oxford: Basil Blackwell, 1974). 聖書を規範とする福音主義系の神学者の中にも同調者がいる。Roland Nash ed., *Process Theology* (Grand Rapids: Baker, 1987).

(93) Nancy Frankenberry, "Some Problems in Process Theology," *Religious Studies*, 17 (1981). この問題に関連して保守的な福音派神学によるプロセス神学の評価、ホワイトヘッド、ハーツホーン、オグデン、カブの批判は次を見よ。Robert Neville, *Creativity and God: A Challenge to Process Theology* (New York: Seabury, 1980).

(94) Joseph A. Bracken, "The Two Process Theologies: A Reappraisal," *Theological Studies* 46/1 (1985), 127.

(95) この点におけるモルトマンの批判と評価については、Jürgen Moltmann, *Gott in der Schöpfung; Oekologische Schöpfungslehre*, (München: Chr. Kaiser/Gütersloher Verlagshaus, 1985).『創造における神——生態論的創造論』沖野政弘訳（新教出版社、一九九一年）を見よ。

(96) カブの研究全体については次を参照せよ。Griffin and Altizer eds., *John Cobb's Theology in Process*; David Ray

Griffin and Joseph C. Hough, eds., *Theology and the University: Essays in Honor of John J. Cobb, Jr.* (Albany: SUNY Press, 1991).

(97) John B. Cobb Jr. and Herman Daly, *For the Common Good: Redirecting the Economy Toward Community, the Environment, and a Sustainable Future* (Boston: Beacon, 1989).

(98) John B. Cobb Jr., *Sustaining the Common Good: A Christian Perspective on the Global Economy* (Cleveland: Pilgrim, 1994).

(99) ロバート・ミスルは、プロセス神学には解放神学に親近感を寄せる傾向があると論じて、以下の諸点を挙げている。(1)神はすべてを記憶することから、人間的な苦しみにも共鳴するという思惟がプロセス神学にはある。宇宙の森羅万象を経験する神は抑圧下の人間の苦しみを苦しみ、それを解決しようとする人間的意思を促して解放へと向かわせる。(2)神は古典的意味における完全さを持たない。ましてや人間的な制度も未完成で、そこに社会改革の余地がある。(3)神は専制的で強権的な存在ではなく、関係的な力を善に向けて行使する。神の善意思を実行するのは人間の役割になる。Robert C. Mesle, *Process Theology: A Basic Introduction* (St. Louis: Chalice, 1993), 65-68, 75-80.

(100) Schubert M. Ogden, *Faith and Freedom: Toward a Theology of Liberation* (Nashville: Abingdon, 1979).

(101) Schubert M. Ogden, *On Theology* (San Francisco: Harper & Row, 1986).

(102) Schubert M. Ogden, *Doing Theology Today* (Valley Forge: Trinity, 1996).

(103) Philip Devenish and George Goodwin, eds., *Witness and Existence: Essays in Honor of Schubert M. Ogden* (Chicago: University of Chicago Press, 1989).

(104) 森田雄三郎『現代神学はどこへ行くか』(教文館、二〇〇五年)。「二〇世紀の西洋哲学の中で、仏教思想との接点を提供できる哲学は、ハイデッガーとホワイトヘッドを置いて他に見当たらない」(四六頁)。

(105) James C. Livingston and Francis Schüssler Fiorenza, *Modern Christian Thought,* 2nd edition, 2 vols. (Minneapolis: Fortress, 2006), 309.

(106) デンバーのイリフ神学校や太平洋神学校(Pacific School of Religion)で教鞭をとったデルウィン・ブラウ

ンはメソジスト派信徒で、解放神学との対話に関心を持つ進歩的プロテスタント組織神学者である。最新作『キリスト教進歩派は何を信じるか』（Delwin Brown, *What Does a Progressive Christian Believe?* New York: Seabury, 2008）は、昨今アメリカを席捲する原理主義でも世俗的ヒューマニズムでもない、第三の道を目指す組織神学の書として評価が高い。また一九八一年の『自由に据えて——キリスト者の信仰と人間の自由』（Delwin Brown, *To Set at Liberty: Christian Faith and Human Freedom* [New York: Orbis, 1981]）はラテンアメリカ神学との対話から生まれたプロセス神学的な自由論で、これもよく引用される著作である。

（107）John B. Cobb Jr. and Charles Birch, *The Liberation of Life: From Cell to the Community* (Denton: Environmental Ethics Books, 1981). チャールズ・バーチはオーストラリア在住の著名な環境科学者でプロセス研究センター会員。宗教、科学技術、エコロジーなど発言は幅広い。

（108）マクダニエルの一九八九年の著書『神とペリカン——生への畏敬の神学』（Jay McDaniel, *Of God and Pelicans: A Theology of Reverence for Life*, [Louisville: Westminster John Knox, 1989]）はプロセス的なエコロジー神学の書。カブやバーチ、ケラー、グリフィンなどのプロセス神学者、動物解放論を唱える哲学者、ピーター・シンガー、ハワイ大学で教鞭をとって全米に知られた禅仏教学者、阿部正雄などが縦横に引用されて興味深い。

（109）Rita Nakashima Brock, *Journeys by Heart: A Christology of Erotic Power* (New York: Wipf & Stock, 1988).

（110）Catherine Keller, *From a Broken Web: Separation, Sexism and Self* (Boston: Beacon, 1988).

（111）Sheila Devaney, ed., *Feminism and Process Thought* (New York: Edwin Mellen, 1981).

（112）Clark Williamson, *Has God Rejected His People?: Anti-Judaism in the Christian Church* (Nashville: Abingdon, 1982).

（113）Bernard J. Lee, *Conversations on the Road Not Taken* (Mahwah: Paulist, 1988). ユダヤ教神学者にプロセス神学が与えた影響も少なくない。例えばマックス・カドシン、ミルトン・シュタインバーグ、レヴァイ・A・オランなどの名前が挙げられるし、ユダヤ人文学者のアブラハム・ヨシュア・ヘッシェルにも及んでいる。

（114）John B. Cobb Jr., *Postmodernism and Public Policy: Reframing Religion, Culture, Education, Sexuality, Class, Race, Politics, and the Economy* (New York: State University of New York Press, 2002). グリフィンは一九八三年にサン

タ・バーバラに「ポストモダン世界センター」（Center for a Postmodern World）を設立して、精力的にポストモダニズムと宗教の関係について究明を試み、一九八七年以降ニューヨーク州立大学の「構築的ポストモダン哲学」の編集にも携わった。David Ray Griffin, *God and Religion in the Postmodern World* (New York: State University of New York Press, 1989). ついでながらグリフィンは二〇〇一年九月の同時多発テロをブッシュ政権の陰謀と捉え、数冊の著書を書いてきた。

（115）Roland Nash, ed., *Process Theology*; Royce Gruenler, *The Inexhaustible God: Biblical Faith and the Challenge of Process Theism* (Grand Rapids: Baker Pub Group, 1983).

（未発表論考）

解説

大宮有博

栗林輝夫（以下、内容解説に関わる部分ではこう呼ばせていただく）は二〇一四年一二月、病に倒れた。翌年一月、病が小康の時に電話で私に、「二兎を追うべからずだった。二冊を物しようとしたけど、どちらも未完成になってしまった」と力なく語った。その「二冊」のうちの一冊は、おそらく反原発の神学であろう。そして、もう一冊は『現代神学の最前線』（新教出版、二〇〇四年）の上梓以来、自家薬籠中であったアメリカ現代神学の総説である。

反原発の神学に関しては、既に公刊された論考から重要なものを選んで『日本で神学すること　栗林輝夫セレクション1』のⅢ部に入れた。章の間で重複する記述もあるが、つなぎ合わせるとおおよそ一つの本になるように編集した。Ⅲ部所収の論考は栗林によるポスト福島の神学が示されている。『セレクション1』の所収の論考はいずれも、日本で神学をするための資料と方法について述べている。日本で神学することを目指す神学者は今後、栗林の『荊冠の神学』と共にこの『栗林輝夫セレクション1』を無視することはできなくなるだろう。

そして栗林の第二の未完成の書が本書『アメリカ現代神学の航海図　栗林輝夫セレクション2』である。本書は一九六五年以降のアメリカ神学の総説を目指している。

本書が著されたきっかけは、栗林が二〇〇一年にアメリカ・カリフォルニア州バークレーにあるGraduate Theological Union（以下、GTU）で在外研修を行ったことにある。GTUは、複数のローマ・カトリックとプロテスタント神学校、仏教学校、ユダヤ教研究所、イスラーム研究所などからなるエキュメニカルな神学校コンソーシアムである。

話はそれるが、栗林はニューヨークのユニオン神学校で学び、博士号（Ph.D.）を取得した。しかし栗林によると、留学当初の計画では、ユニオンで一年学んでからGTUの博士課程に入るつもりであったらしい。結局、GTUには進まず、ユニオンで学位を取得した。そういうわけで栗林にとってバークレーは、「憧れの地」であった。

このGTUでの在外研修中、栗林は二〇世紀アメリカ神学を総括する作業に着手した。この膨大な作業のペースメーカーは、『福音と世界』の連載とシェリル・カーク＝ダガンのセミナーであった。『福音と世界』の連載は、後に『現代神学の最前線』（新教出版社）に結実する。カーク＝ダガンのセミナーは、本書の枠組みに反映されている。このセミナーについては解説が必要であろう。

GTUで組織神学（通称『エリア3』）を専攻する博士課程の学生は一年目に、HISTORY OF THEOLOGY: 1914-1965（秋学期）とHISTORY OF THEOLOGY: 1965-TODAY（春学期）の二つのセミナーを履修しなければならない。最初のセミナーの起点である一九一四年は第一次世界大戦開戦の年で、神学的には楽観的な自由主義神学が限界に達した年である。第二のセミナーの起点である一九六五年は第二バチカン公会議の年であり、カトリック神学が大転換し、エキュメニズムが開花する年である。カトリック、プロテスタント双方の主要な神学者が、毎週の授業で一人ずつ取り上げられて、議論される。また「エリア3」の教員が毎年交代でこのセミナーを担当することになっている。栗林がバークレーにいた年はウーマニスト神学の若手ホープのシェリル・カーク＝ダガンがこのセミナーを担当した。栗林の遺品の中に、このセミナーのノートと資料が入ったファイルが残っていた。

このファイルから栗林自身もよく準備してこのセミナーに毎回出席し、学生のディスカッションに耳を傾けていたことがうかがえる。本書はアメリカ現代神学の起点を一九六五年に据えている。これは、「神の死」論争が起こった年だからでもあるが、このセミナーの起点を意識していると想像できる。

＊

栗林が本書で目指していたのは日本の文脈で神学するための「道具」であって、単なる「アメリカ現代神学総説」ではない。私がそう思うのには、私が留学に行く直前に、栗林とこのようなやりとりをしたからである。「誰かの神学をするんじゃなくて、自分の神学をしなさい」と言う栗林に、「どうすれば自分で神学することができるのか。難しい説明なしで簡単に言うと何ですか？」と失礼は承知で質問した。私の質問に栗林はいつもの「べらんめえ口調」でこう答えた。「ここにセクトの機関紙があるよね。これを読むと相手を批判するために、○○派はナントカ主義者で、××派はホニャララ主義者だってレッテルが貼られている。そして我が党だけが真の革命党であるってわけだ。」栗林は、その日学内で配られた某セクトの機関紙をヒラヒラさせながら、こう続けた。「神学もそれと同じような手順で、これまでの神学を切って捨てるんだよ。バルトは○○がわかってない。ティリッヒには△△の視点がない。ニーバーも同罪だ。そんな感じでレッテルを貼って切って捨てるところから神学は始めるの。それから最初はものまねでもいい。誰かの神学をフレームだけ換骨奪胎して、自分の（神学の）資料をあてはめてみるだけでも、最初はいいんだよ。でもその最初がね…」あまりにも乱暴すぎる説明なのは、質問も乱暴だからである。

しかし、そもそも誰かの神学にレッテルを貼って切って捨てることこそ、「手練れの技」ではないか。また、誰かの神学を換骨奪胎するにしても、その神学の方法を理解するのに時間がかかる。しかも日本で神学者と言えばバルトである。せいぜいティリッヒ、ニーバー兄弟、モルトマン、パネンベルクぐらいしか知られていないと言えば言い過ぎだろうか。解放神学も紹介されたけど、「あれは神学じゃない」となってしまう。

栗林は、誰かの神学ではなく、自分の神学をしなさいと言っていた。本書を繙けば、今まで日本に紹介されてこなかったアメリカの神学者が、栗林のレッテルが貼られて紹介されている。また栗林は本書でそれぞれの神学の方法やフレームを洗い出している。日本で神学する者が、本書を地図かコンパスのように用いれば、何とか神学の大海に漕ぎ出して自分の神学ができるはずである。

これまで数は多くないが、アメリカ現代神学の概説書が日本語で出ている。その中で本書が類書と異なる点を二点挙げる。まず、本書は日本の文脈で神学を構築しようとする者の手助けとなるように書かれている。そこで編者は本書の題を「航海図」とした。しかし栗林が意図しているのは、アメリカ現代神学の書物を猟歩するためのガイドマップではない。むしろ氏は本書を読んだ読者が、自分の神学をどう構築して、どこに向けて発信するかを定めることを意図している。次に、本書はアメリカ現代神学の潮流の要点を紹介した上で、それぞれの神学を日本で解放を志向して神学する者の視点で評価している。

＊

本書は未完成原稿データを編集した。多くの章は大学の紀要に一度掲載されたものであるが、亡くなられた後に栗林のパソコンから取り出したデータを見ると、そこから大きく修正・加筆されていた。また第1章の女性神学に関する章と第6章のプロセス神学に関する章は未発表原稿である。栗林はこれらの原稿を退職後二年くらいかけてブラッシュアップして、一冊の大著を完成させる予定であったと思われる。もし栗林にこの大著を完成させる時間があったら、キリスト教界にどれほどのインパクトを持って受け入れられたことであろうか。

このように一つ一つの原稿が執筆途中であったことから、一つの本として統一されていない点がいくつかある。例えば副題のある章とない章が混在したり、参考文献表も著作毎にていねいなコメントがつけられている章があるかと思うと参考文献表すらない章があったりする。また、「です・ます」で書かれた箇所もあった。編者で補ったり修正をしたりしたが、読みにくくない程度にばらつきはそのまま残した。

＊

以下、各章を概観する。「第1章　フェミニスト神学からウーマニスト神学へ」では、女性の解放神学を白人中産階級主導のフェミニズムの誕生から、ウーマニズム神学、ムヘリスタ神学やアジア系アメリカ人女性といったアメリカ社会の周辺に置かれた女性たちの声による神学までが俯瞰されている。また環境神学の基盤を築いたエコフェミニズムについても簡潔に触れられている。とりわけ栗林は、アメリカの女性神学が男性による性差別だけでなく、女性による階級差別、人種差別の複合的罪を視野に入れてきたことを強調する。

「第2章　アメリカのアジア神学とアジア系アメリカ神学」は、アメリカで読まれてきたアジア神学とアジアをルーツとするアメリカ人の神学を扱う。この章には民衆神学の解説も含まれる。一見するとこの章はまとまりのないように見えるが、栗林が生前、「そうそう」とうなずきながら読んでいた『福音と世界』の記事がこの章を理解する手がかりになる（大庭昭博による宋盛泉神学の論評）。その記事によると、本場で食べるアジア料理は彼ら味も香りもアメリカやヨーロッパの人の口にあわない。しかしアメリカやヨーロッパで食べるアジア料理は彼らの口に合うようにスパイスが控えてある。これは、もはや本場のアジア料理とは違う。同じように、本場のアジアの神学はスパイスが強くて、ヨーロッパやアメリカのキリスト者には受け入れられない。しかし、アメリカやヨーロッパのキリスト者を読者対象としたアジア神学（例えばアメリカに移った後の宋泉盛＝C・S・ソンの神学）は、彼らも喜んで受け入れる。しかし、それらはもはや本場のアジア神学ではない。

本場のアジア神学をまとめるとなると一章では紙幅が足りない。それにアメリカ現代神学という射程からそれてしまう。そこで栗林は、敢えてアメリカ人を読者としたアジア神学だけを選んで解説したというわけである。

それに加えて、アジアとアメリカの「狭間」(in-between)を「交差領域」(in-both)と肯定的に捉えて力強く生きるアジア系アメリカ人の神学を取り上げる。このアジア系アメリカ神学を日本に紹介することで栗林は、今後の日本の神学の使命を、狭間に生きる人の只中に立ってその語る言葉に耳を傾けることとして示している。

ちなみに、この章で触れられている小山晃佑はユニオン神学校で栗林の博士論文の副査を務めた。そして、日系アメリカ神学の代表的神学者として紹介されているマツオカ・フミタカは、栗林のバークレーでの研修をアレンジした。

「第3章　ポストモダン神学の航海図」は、本書全体を導入する章であり、もしかすると本書の第一章にすべき章であったかもしれない。というのも、この章で栗林はポストモダン神学という広い海を想定して、その海のどこにラディカル神学、ポストリベラル神学、修正神学、ポストコロニアル神学などがあるのか、そして日本で神学する者が何を手がかりにすればその海を航海できるのかを示している。栗林にとって、女性解放の神学やアジア神学、アジア系アメリカ神学はこのポストモダン神学のサブカテゴリーである。しかし編者は、女性解放の神学とアジア・アジア系アメリカ神学の章を本書冒頭に置いた。これらの神学が具体的な解放の課題を持ち、日本でもすでに知られていることから、他の章で扱う神学よりわかりやすいと考えたからである。

本章6節で栗林独自の視点で、ラディカル神学・ポストリベラル神学・修正神学が評価されている。すなわち、それぞれの神学が貧しい者の(とりわけ日本の貧しい者の)解放を志向する神学に資するのか否かが論じられている。ラディカル神学やポストリベラル神学に対しては厳しい評価が下される。しかし、修正神学に対しては、欧米知識人の問題意識の枠を出ていないとチクリと批判しつつも、何らかの可能性を見出そうとしている。いずれのポストモダン神学もそのままコピーするのではなく、ポストコロニアリズムが明らかにする周縁の視点から批判しつつ用いるべきであると、栗林は訴えている。

「第4章　ポストリベラル神学が語る共同体の物語」は、バルト中心の「日本のメインストリームの神学」(栗林はそういう言い方をした）に掉さすポストリベラル神学の分析と批判である。近年、ハワーワスやその同僚のウィリアム・ウィリモンの日本語訳をよく目にする。聖書そのものを真剣に受けとめるバルトの流れを汲むポストリベラル神学は、日本の教会に受け入れられやすい。それだけに日本で解放神学を構築するためには、この神学と四つに組まねばならない。

栗林がそう感じたのは、『日本民話の神学』を出版したのと同じ時期に芳賀力が『物語る教会の神学』『救済の物語』を出版したことにさかのぼる。両者とも「語り」を扱うが、アプローチが異なる。そのため『福音と世界』や『本のひろば』でインタビューや対談が企画された。芳賀は民衆の物語は「前ストーリー」、聖書の物語こそが「原ストーリー」と主張する。そして前ストーリーに依ってアイデンティティ形成をする人間は、原ストーリーと出会うことによって回心し「後ストーリー」を生きると主張する。この立場はポストリベラルの物語の神学に分類できる。他方、解放の神学の物語の神学は、民衆の視点を獲得するために民衆の物語を読み、そこから得られた視点で聖書を読むのである。聖書は排除された者の場でこそ正しく読める。このように芳賀の著作と比較されたことで、栗林の神学的立場は鮮明になった。

本章はポストリベラル神学を俯瞰し、解放の視点そして日本の文脈からポストリベラル神学の地平を指摘する。しかし私は解放神学、それもとりわけ初期の黒人神学は、ポストリベラル神学に似たフレームを持っていると考える。ただアフリカンアメリカンにとって、聖書はアフリカンアメリカンの文化に浸透しており、聖書は「歴史は解放の繰り返し」であることを一貫して証している。そして差別を他人事としていたキリスト者は、そのようなものとして聖書＝原ストーリーに出会った時に回心を迫られる。そういうポストリベラル神学のアップデートの可能性も残されているのではないだろうか。

栗林の論調から推し量るに、日本のメインストリームの教会に急速に浸透していくポストリベラル神学と対抗するために、解放神学が援軍として頼めるのが修正神学であり、プロセス神学である。

「第5章　修正神学はリベラルの再構築をめざす」は、キリスト教を現代に相関させる試みである修正神学を論じる。ここではカウフマン、トレーシー、ファーリーの三人に焦点を置いている。カウフマンは日本語訳があり、日本にも招かれている。

個人的には、九〇年代にアメリカに留学した際に私が最初に読まされたのは、トレーシーの『多元性と両面性』であった。そこに示された「対話」という概念が持つ批判的多元主義には、諸宗教間対話や宗教と科学の対話の可能性がある。またトレーシーの「古典」（その中でもとりわけ『宗教的古典』）の概念は、キリスト教高校の教員だった私に、キリスト者でない学生・生徒と聖書を学ぶことの意味を教えてくれた。

ただし解放の視点から見た修正神学の大きな問題点は、この神学が市民主義的な理想・欧米の主流文化にやや偏っている点である。これならまだ福音派左派の方が、実践を伴っているだけに被抑圧者に近い。そこで修正神学はポストコロニアルの視点からの再修正が必要であると、栗林は考えた。

「第6章　神と世界の進化を説くプロセス神学」での栗林の関心は、極めて形而上学的哲学的神学とも言えるプロセス神学がいかにしてグローバル経済の開発主義を批判し環境破壊といった倫理的課題に対して発言する神学へと変容していったかに向かう。

第6章には、プロセス哲学の専門用語――例えばactual entitiesやactual occasions――の訳語にゆれがある。あえて一部は統一しなかった。また延原時行氏や郷義孝氏が用いる訳語とは違う訳語――例えばpersuasionを「促し」、persuasive「誘発」としている点なども修正していない。このように専門用語のゆれはあるものの、肝心のプロセス思想や神学の概念が平易に説明されている。ちなみに栗林が亡くなった後に研究室を整理したところ、デスクから手の届く範囲のところに宗教と科学に関する書物と共にプロセス哲学（神学）関連の書物があった。このことと『栗林輝夫セレクション1』所収の論文から合わせて考えるに、栗林は、ポスト福島・脱原発の神学を考えるにあたってプロセス神学を取り込んでいこうと試みていたのではないだろうか。

＊

実は栗林先生と生前、『著作集』について、（冗談で）話し合ったことがある。今から十年以上前のことである。私は先生の研究室で、ある方が生きている間に出した著作集について先生の前で一席ぶった。先生はその話をいつものように楽しそうに聞いていた。私が先生に「さぁ、先生の著作集はどうしましょうか」と聞くと、先生は「僕のやつ（著作集）は僕が死んだ後がいいや」とおっしゃった。私が「では編集は私がしましょうか」と言うと、「そうだね。そうなった時はよろしくね」と応じられた。「なるべく原稿をまとめておいて下さい。」「う〜ん、そういう実務的なことは出版社がやってくれるんじゃない。」「その出版社はどうしますか。」「そうだね〜新教出版社かな」『荊冠の神学』はあそこからだし……表紙は桂川さんにお願いしちゃって……。」「いいですね〜。」こんな冗談を長々と交わして、研究室を辞した。

先生が亡くなった後、「栗林輝夫先生を偲ぶ会」（二〇一五年九月二三日・於：関西学院会館）のシンポジウムで私は、先生が亡くなる直前まで二冊の本に取り組んでいたことを紹介した。そして、こう訴えた。「これらはたとえ未完であってもなんとか出せないだろうか。手塚治虫の『ルートヴィヒB』だって『ネオ・ファウスト』だって未完だったじゃないか」と。（この『偲ぶ会』の記録は『キリスト教と文化研究』一七巻［二〇一五年］に掲載。）

幸いにも、その会場で新教出版社の小林望社長がこれに関心を持って下さった。小林さんは先生のご家族の承諾と協力を得て、先生のパソコンから未完成原稿のデータを取り出して下さった。その原稿を整理し、既出論文と突き合わせて、全体を整えて下さったのは新教出版社の工藤万里江さんである。セレクションの一巻の形が見えて来た頃に、小林さんから電話があって「表紙は桂川さんにお願いしました」と言われた時は思わず、研究室の本棚に置いてある栗林先生のお写真に目くばせをしてしまった。

編集に加わって下さった立教大学の西原廉太先生の第一巻の解説は、栗林先生への愛情のこもったものであった。また注のチェックを妻の中井珠恵が手伝ってくれた。新教出版社の小林望社長、そして担当して下さった工藤万里江さんにはお礼の言葉もない。

また、先生のお連れ合いであるザビーネさんからは時折ねぎらいのメールをいただいた。じんわりと暑い六月のある日、お願いしていた次巻のための栗林先生の説教と講演の原稿を持って来て下さった時も励ましていただいた。

生前、栗林先生は「生きている間に一〇冊の単著を物にする」とおっしゃっていた。一〇冊目の編集に携わることができたのは、望外の幸いである。

二〇一八年諸聖徒記念日に

（おおみや・ともひろ　関西学院大学法学部教員・宗教主事）

〔追記〕　栗林先生の研究室の蔵書のうち解放神学など大切と思われるものは、散逸することのないよう、南山大学南山宗教文化研究所の書庫に移した。これらの本の中には線や書き込みがあり、栗林先生がこれらの本とどう向き合ったかがわかる。所長の金承哲先生のご厚意と研究所のご理解に心から感謝申し上げます。

る・れ

ろ

わ

モーセ（Moses） 103, 233, 248, 332
持田勝 155
モファット（Moffatt, James） 98
森田雄三郎 444
森本あんり 152-153, 155, 379, 381
モルトマン（Moltmann, Jürgen） 38, 76, 118, 151, 160, 183, 230, 364, 423-424, 427-428, 443, 449
モンテフィオーレ（Montefiore, Hugh） 300
モンロー（Monroe, Marilyn） 196

や・ゆ・よ

八木誠一 153, 429
ヤコブ（Jacob） 348
ヤスパース（Jaspers, Karl Theodor） 383
ヤナギハラ（Yanagihara, Hanya） 162
ヤマグチ（Yamaguchi, Satoko） 77
山崎努 171
ヤン（Yang, Seung Ai） 157, 162, 163
ユン（Yung, Hwa） 156, 160
ヨアキム・フィオレ（Joachim of Fiore） 123
ヨーダー（Yoder, John Howard） 284
ヨハネ・パウロ二世（John Paul II） 352
ヨハネス二三世（John XXIII） 15, 257

ら

ライアン（Lyon, David） 228
ライク（Rike, Jennifer L.） 366, 374, 376
ライト（Wright, T. R.） 227
ライプニッツ（Leibniz, Gottfried Wilhelm） 173, 392
ライル（Ryle, Gilbert） 252-253, 268, 291, 296
ラカン（Lacan, Jacques-Marie-Émile） 177, 188, 195, 359
ラクマー（Rajkumar, Peniel） 152
ラシュケ（Raschke, Carl A.） 187, 223, 231-232
ラス・カサス（las Casas, Bartolomé de） 184
ラツィンガー（Benedict XVI） 352
ラッセル（Russell, Bertrand） 388, 430, 437
ラッセル（Russell, Letty M.） 41, 74, 77, 82, 91-92, 119, 159, 166
ラーナー（Rahner, Karl） 34, 110, 217, 307-308, 322-323, 343, 353, 355, 372
ランケ（Ranke, Leopold von） 310
ランセイ（Ramsay, William M.） 76

り

リー（Lee, Bernard J.） 430, 434, 445
リー（Lee, Hong Jung） 151, 158, 160, 162-163
リー（Lee, Jung Young） 95, 128-130, 150-152
リー（Lee, Sung Hyun） 168
リー（Lee, Timothy S.） 162
李仁夏 150, 162
リオタール（Lyotard, Jean-François） 177, 180-181, 188, 226, 229
リーガー（Rieger, Joerg） 166
リグス（Riggs, John W.） 230
リクール（Ricoeur, Paul） 183, 243, 303-304, 323, 343, 351, 367-368, 372
李承晩 122
リーズ（Reese, William） 437
リチャードソン（Richardson, Herbert） 84
リッケルト（Rickert, Heinrich John） 27
リッチ（Rich, Adrienne） 84
リッチュル（Ritschl, Albrecht Benjamin） 426
リビングストン（Livingston, James C.） 80, 85-86, 296, 372, 444
リーブス（Reeves, Gene） 433, 436-437, 440
リベラ（Rivera, Mayra） 152, 165, 238
リュー（Liew, Tat-Siong Benny） 151, 169
リューサー（Ruether, Rosemary Radford） 23-24, 28-33, 41, 48, 53, 55, 71, 75-76, 78, 83-84
リンツ（Lints, Richard） 285, 301, 368
リンドベック（Lindbeck, George A.） 185-186, 199-205, 215, 220, 222, 227, 234, 239-241, 245, 256-270, 272, 274, 277-282, 284-285,

朴聖焌 150
ホジソン（Hodgson, Peter C.）308, 369, 378
ホーズタリー（Hoesterey, Ingeborg）226, 229
ボック（Bock, Kim Yong）159
ボードリヤール（Baudrillard, Jean）177
ポパー（Popper, Karl Raimund）310
ボフ（Boff, Leonardo）352
ボフィル（Bofill, Ricardo）174
ホーランド（Holland, Joe）225, 230
ポーランド（Poland, Lynn M.）367
堀江宗正 367
ホルクハイマー（Horkheimer, Max）178
ホワイトヘッド（Whitehead, Alfred North）185, 233, 384-399, 405, 408-413, 417, 419-420, 422-424, 426-428, 430-432, 435-438, 441, 443
ボンク（Bonk, Jonathan J.）155
ボンヘッファー（Bonhoeffer, Dietrich）25, 98, 135, 384

ま

マイケルソン（Michalson, Carl）95, 154
マイネッケ（Meinecke, Friedrich）310
マギファート（McGiffert, Arthur）98
マクアリー（MacMurray, John Van Antwerp）426
マクグラス（McGrath, Alister E.）292, 300, 374
マグダ（Magda）246
マクダニエル（McDaniel, Jay）380, 429, 445
メマクフェイグ（McFague, Sallie）26, 41, 44, 82, 84, 380
マクレイ（Makley, Charles Omer）410
マクレンドン（McClendon, Jr., James William）185, 227, 234
マクロード（McLeod, J.）166
マーシャル（Marshall, Bruce D.）300
間瀬啓允 291, 435
マツオカ（Matsuoka, Fumitaka）131, 133, 151, 163-164, 452
マッキンタイア（MacIntyre, Alasdair）183, 264, 273, 291
マッコーリー（Macquarrie, John）98, 299, 307, 368-369, 443
松平主水正 219
松村洋 227
松本亨 98
マーフィー（Murphy, Nancy）234
マリア（Maria）20-21, 45, 56
マリア（María, Ada）79, 92-93
マリオン（Marion, Jean-Luc）199, 234
マルガリート（Margalit, Avishai）158
マルクス（Marx, Karl Heinrich）19, 43, 67, 89, 119, 143-144, 160, 173, 175, 177, 324, 335
マルクーゼ（Marcuse, Herbert）437
マルタ（Martha）21

み・む

ミークス（Meeks, Wayne A.）244, 294
ミード（Mead, George Herbert）437
ミスル（Mesle, Robert C.）434, 439, 444
宮澤邦子 83
宮本信子 170
ミーランド（Meland, Bernard）428, 436
ミルバンク（Milbank, John）230, 300
ミン（Min, Anselm Kyongsuk）154
ムハンマド（Mu□ammad）332, 382

め・も

メサ（Mesa, José de）137
メッツ（Metz, Johann Baptist）183, 428
ヒティルト、マグデブルクの（Mechthild von Magdeburg）33
メルロ＝ポンティ（Merleau-Ponty, Maurice）437
モア（More, Henry）389
モース（Morse, Merrill）105, 149, 156-157, 161

Albrecht）343, 358, 385
ブッシュ（Bush, George Walker）32, 382, 446
ブッダ（Buddha, Gautama）332
ブーマ・プレディガー（Bouma-Prediger, Steven）76
フライ（Frei, Hans W.）17, 199, 202, 215, 234, 239-240, 245-259, 264, 267-270, 272, 277-282, 284, 287, 289, 293, 295-296, 298, 300-301, 303-304, 339-340, 344, 351, 365, 367-368
ブラウン（Brown, Delwin）429, 433, 436-437, 440, 444-445
ブラウン（Brown, Robert McAfee）118, 159, 228
プラシャー（Placher, William C.）239, 289, 291, 293, 295-296, 302
ブラッケン（Bracken, Joseph A.）443
プラトン（Plato）89, 101, 201, 212, 339, 343, 389-390
プラバカール（Prabhakar, M. E.）152, 168
フランケンベリー（Frankenberry, Nancy）443
ブランズ（Bruns, John）228
ブランダオン（Brandao, Margarida L. Ribeiro）88
フリーダン（Friedan, Betty）15, 81
ブリッグス（Briggs, Charles Augustus）98
フルカーソン（Fulkerson, Mary McClintock）53-54, 69, 90,93
ブルトマン（Bultman, Rudolf Karl）185, 197, 244, 338, 372, 376-377, 396, 404-405, 407
ブルマ（Buruma, Ian）158
古屋安雄 145, 155, 169
ブルンナー（Brunner, Emil）98, 107, 288, 383
フレイザー（Fraser, Nancy）80
プレストン（Preston, Ronald）275-276, 300
ブレトール（Bretall, Robert W.）436
フレミング（Fleming, Bruce C. E.）154
フレミング（Fleming, Ian Lancaster）192
プレラー（Preller, Victor）297
ブレル（Brel, David）297
フロイト（Freud, Sigmund）53, 175, 260, 380
ブロック（Brock, Rita Nakashima）25, 82, 84, 1137-138, 151, 165, 429, 445
プロティノス（Plotinus）389
ブロンド（Blond, Phillip）208, 235

へ

ベイリー（Bayley, John）276
ベイルビー（Beilby, James）365
ヘイワード（Heyward, Isabel Carter）18, 33, 56, 81-82, 90
ヘーゲル（Hegel, Georg Wilhelm Friedrich）173, 177-178, 184, 188-189, 224, 231, 306, 310, 358, 374, 386, 390
ペサンテビー（Pesantubbee, Michelene E.）68
ペックノールド（Pecknold, C. C.）293
ヘッシェル（Heschel, Abraham Joshua）445
ペデン（Peden, W. Creighton）431
ペドラジャ（Pedraja, Luis G.）92
ペトロ（Peter）11, 47
ベナヴィデス（Benavides, Gustavo）229
ヘラクレイトス（Heraclitus）429
ベリー（Berry, Philippa）226
ベルヴィル（Belleville, Linda L.）89
ベルクソン（Bergson, Henri-Louis）390
ベルジャーエフ（Berdyaev, Nikolai Alexandrovich）390
ヘルティヒ（Hertig, Young Lee）154
ヘルナンド（Hernando, Juan）219
ペレス・バレラ（Pérez Valera, Jose Eduardo）373
ペンナー（Penner, Myron B.）208, 235
ヘンリー（Henry, Carl Ferdinand Howard）300

ほ

ホウ（Hough, Joseph C.）444
ボーヴォワール（Beauvoir, Simone de）14, 51, 80

ハブグッド（Habgood, John Stapylton） 275
パネンベルク（Pannenberg, Wolfhart） 249, 364, 407, 425, 443, 449
ハーバーマス（Habermas, Jürgen） 183, 185-186, 209, 216, 353-354, 438
バフチン（Bakhtin, Mikhail Mikhailovich） 177
ハミルトン（Hamilton, William） 193
ハリソン（Harrison, Beverly Wildung） 41, 42, 43, 71, 74, 87
バルタザール（Balthasar, Hans Urs von） 259, 265
バルト（Barth, Karl） 18, 25, 99, 107, 136, 164, 184, 188, 201, 203, 205, 214, 226, 234, 239, 241, 246, 250-251, 254-255, 259, 265, 269, 278, 286-288, 292, 296, 307, 316, 322, 338, 344, 351, 361, 372, 383, 400, 410, 419, 424, 427, 449, 453
バルト（Barthes, Roland） 177
ハワーワス（Hauerwas, Stanley） 185, 199, 204, 211, 222, 239, 245, 269-281, 284-285, 287-288, 290-294, 298-299, 301, 351, 453
ハンシンガー（Hunsinger, George） 289, 295-296, 302
ハーン（Hahn, Lewis E.） 432
ハンター（Hunt, Robert E.） 81
ハンディ（Handy, Robert T.） 155
ハント（Hunt , Mary E.） 56
ハンプソン（Hampson, Daphne） 74
バンホーザー（Vanhoozer, Kevin） 231, 235

ひ

ビアズリー（Beardslee, William A.） 230
ピウス一二世（Pius PP. XII） 15
ピータース（Peters, Ted） 227, 233, 442
ヒック（Hick, John） 110, 381, 435
ピックストック（Pickstock, Catherine） 230
ピッテンジャー（Pittenger, Norman） 428, 434, 441-442
ピーデン（Peden, W. Creighton） 431
ヒトラー（Hitler, Adolf） 172, 247
ピネダ（Pineda, Ana María） 66
ビューレン（Buren, Martin Van） 193
平塚らいてう 45
ピラリオ（Pilario, Daniel Franklin） 154, 164, 236
ビール（Beale, Frances） 91
ビンゲマー（Bingemer, Maria Clara） 88
ビンゲンのヒルデガルト（Hildegard von Bingen） 33
ピンチス（Pinches, Charles R.） 291
ピンノック（Pinnock, Clark） 280, 300

ふ

ファベラ（Favela, Virginia） 128
ファリー（Farley, Edward） 308, 338-352, 359-360, 362, 366, 369, 375-378, 454
ファン（Phan, Peter C.） 96, 151, 154, 158, 162
ファルウェル（Falwell, Jerry） 382
フィオレンツァ（Fiorenza, Elisabeth Schüssler） 33-41, 44, 53, 55, 71-72, 74, 76-77, 85-87, 90
フィオレンツァ（Fiorenza, Francis Schüssler） 80, 236, 296, 372, 379, 444
フィデス（Fiddes, Paul S.） 434
フィリップス（Phillips, D. Z.） 300
フィリップス（Phillips, Stephen H.） 432
フィリップス（Phillips, Timothy R.） 293
フェルナンデス（Fernandez, Eleazar S.） 140, 151, 163, 165-166
フォイエルバッハ（Feuerbach, Ludwig Andreas） 187
フォースター（Forster, Kurt） 224
フォスディック（Fosdick, Harry Emerson） 98
フォード（Ford, Lewis S.） 436, 442
深田未来生 441
フーコー（Foucault, Michel） 81, 177, 181, 183, 188, 199, 213, 217, 226, 233, 237, 339
フッサール（Husserl, Edmund Gustav

ドリアン（Dorrien, Gary）236
トリブル（Trible, Phyllis）41, 44-45, 77-78, 87-88, 92
トレーシー（Tracy, David）183, 185-186, 203-209, 214, 216-218, 220, 225-227, 235-236, 256, 283, 285, 301, 304-305, 308, 322-338, 341-357, 359-360, 362-363, 365-366, 368-369, 372-381, 408, 454
トレース（Torres, Sergio）128
トレルチ（Troeltsch, Ernst）310

な

ナイルズ（Niles, Dan- iel Tambyrajah）156
中沢新一 170, 227
中野実 441
仲正昌樹 227
ナッシュ（Nash, Roland）430, 443, 446

に・ぬ

ニーチェ（Nietzsche, Friedrich Wilhelm）174, 181, 185, 187, 205, 211, 231
ニッター（Knitter, Paul F.）381
ニーバー（Niebuhr, Richard）41, 109, 157, 241, 244-246, 256, 269, 293, 309, 311, 383, 435, 449
ニーバー（Niebuhr, Reinhold）43, 98, 276
ニューズナー（Nausner, Michael）152, 165, 238
ニュートン（Newton, Isaac）133, 173, 390-391
ニルマル（Nirmal, Airvind P.）152, 168
ヌーナン（Noonan, John A.）80

ね・の

ネグリ（Negri, Antonio）177
ネビル（Neville, Robert）443
ネルソン（Nelson, Paul）298-299, 436
盧昌宣（Noh, Jong Sun）159
ノックス（Knox, John）402
延原時行 431, 435, 441, 454
野呂芳男 98, 137, 164, 379

は

ハイゼンベルグ（Heisenberg, Werner Karl）391
ハイデッガー（Heidegger, Martin）181, 184, 189, 197, 231, 325-326, 339, 343, 374, 383, 385
ハーヴェイ（Harvey, David）228
パーヴェス（Purves, Andrew）292
バウマー（Baumer, R.）368
バウム（Baum, Gregory）183, 229, 236, 353
パウロ（Paul）11, 33, 64, 294, 343, 371, 406
パウロ六世（Paulus PP. VI）14-15
バオ（Bao, Quang）162
芳賀力 292, 453
バーガー（Berger, Peter）216-217, 236, 241, 355-356, 379
ハガル（Hagar）60-61
パク（Park, Andrew Sung）82, 138-139, 151-153, 165, 298
パク（Park, Song-Won）153
ハサン（Hassan, Ihab）228
芭蕉 112
パース（Peirce, Charles Sanders）383, 385
パスカル（Paschal, Phil）154
パーソンズ（Parsons, Susan）75
バーチ（Birch, Charles）380, 429, 433, 440, 445
バックレイ（Buckley, James J.）368
ハッチオン（Hutcheon, Linda）229
ハーツホーン（Hartshorne, Charles）112, 384-386, 394-396, 399, 404-405, 408-409, 411, 419-420, 426, 428, 431-432, 435-439, 441-443
ハーディー（Hardy, Daniel W.）184, 229-230
ハート（Hart, Kevin）226, 232
ハッブル（Hubble, Edwin Powell）390
花岡永子 435
バニエ（Vanier, Jean）299

ち

て

と

す

せ・そ

た

け

こ

さ

し

き

く

う

え

お

か

人名索引

あ

アイゼンマン（Eisenman, Peter） 174
アインシュタイン（Einstein, Albert） 390-391
アヴィラのテレサ（Teresia Abulensis） 48
アヴィン（Irvin, Dale T.） 149, 157
アウエルバッハ（Auerbach, Erich） 241, 250, 267-268, 291, 298, 303
アウグスティヌス（Augustinus） 33, 46, 75, 343, 395
アキナーデ（Akinade, Akintunde E.） 149, 157
アキノ（Aquino, María Pilar） 67, 79, 88, 93
アギラール（Aguilar, Mario I.） 167
アクィナス（Aquinas, Thomas） 25, 33, 99, 217, 241, 278-279, 297, 343, 355, 372, 393, 395, 424, 426
浅田彰 170, 227
アシュクロフト（Ashcroft, Bill） 238
東浩紀 170
アダム（Adam） 47
アドルノ（Adorno, Theodor Ludwig） 179
アブラハム（Abraham） 72, 348, 445
アブラム（Abram） 60-61
阿部志郎 98
アムノン（Amnon） 44
有賀鐵太郎 98
アリストテレス（Aristoteles） 25, 84, 343, 363, 393, 426
アル・ゴア（"Al" Gore, Jr., Albert Arnold） 11
アルタイザー（Altizer, Thomas J. J.） 185, 189-190, 193-194, 196-199, 202, 205, 209, 211-212, 223, 227, 232-233, 236, 443
アレバロ（Arévalo, Catalino G.） 153
アレン（Allen Jr, John L.） 154
アレン（Allen, Woody） 172, 391
アンセルムス（Anselmus） 241, 254-255, 395
アンダーソン（Anderson , G. H.） 158
安炳茂 117-118, 121, 123, 150, 153, 160

い

イエス（Jesus） 11, 20-21, 29, 33, 35-39, 41-42, 45-46, 48, 52, 56, 61-63, 101-102, 104, 107, 110-114, 119-123, 125, 129-130, 134, 138, 143, 149, 157, 193, 195, 200, 202-203, 214, 233, 235, 245-249, 251-258, 263, 265-268, 270-271, 277, 279, 286-288, 308, 310, 317-318, 326-327, 331-332, 336-337, 343, 348-350, 358, 361-362, 371, 375, 378, 382, 400-407, 414-415, 424-425
イーキン（Eakin, William） 380
池明観 160
イサク（Isaac） 348
イサシ・ディアス（Isasi-Díaz, Ada Maria） 12, 65-67, 69, 71, 79, 92-93, 169
石井千恵美 151, 161
イシダ（Ishida Manabu） 160
イシュマエル（Ishmael） 60
伊丹十三 170-172
犬養光博 151, 160
イノウエ（Inouye, Charles Shiro） 227
井深梶之助 98
イリガライ（Irigaray, Luce） 226
岩橋常久 126, 156, 161
イング（Inge, W. R.） 212

著者　栗林輝夫（くりばやし・てるお）

1948年－2015年。国際基督教大学、東京神学大学ユニオン神学大学等で学ぶ。四国学院大学教員を経て関西学院大学法学部教員を務めた。
著書『荊冠の神学——被差別部落解放とキリスト教』（1991）で神学界に衝撃を与えた。ほかに『日本民話の神学』（1997）、『シネマで読む旧約聖書』（2003）、『ブッシュの「神」と「神の国」アメリカ』（2003）、『現代神学の最前線』（2004）、『キリスト教帝国アメリカ』（2005）、『シネマで読む新約聖書』（2005）、『原子爆弾とキリスト教』（2008）、『アメリカ大統領の信仰と政治』（2009）、『日本で神学する』（2017）など多数の著書がある。

アメリカ現代神学の航海図
栗林輝夫セレクション2

2018年12月1日　第1版第1刷発行

著　者……………………栗林輝夫
編　者……西原廉太、大宮有博

発行者……小林　望
発行所……株式会社新教出版社
〒162-0814東京都新宿区新小川町9-1
電話（代表）03-3260-6148
振替00180-1-9991

印刷・製本……モリモト印刷

ISBN 978-4-400-31068-6　C3016

栗林輝夫
荊冠の神学
被差別部落解放とキリスト教

部落解放運動の戦いのシンボル「荊冠」に連なるイエスの苦難と死を通し、既成のキリスト教の歴史・信仰・教理を批判的に吟味した大作　Ａ５判　４８００円

栗林輝夫
現代神学の最前線《フロント》
「バルト以後」の半世紀を読む

神学的巨人なきあと、ポストモダンから宗教右派まで混沌の中にある現代神学の多様な潮流を、解放的視点からシャープな筆致で描く。　四六判　２２００円

栗林輝夫
日本で神学する
《栗林輝夫セレクション1》

日本の文脈＝現場に根ざして神学を営んだ著者の論考11編。解放神学者としての田中正造論・賀川豊彦論からポスト・フクシマの神学まで。　Ａ５判　３６００円

森本あんり
アメリカ・キリスト教史
理念によって建てられた国の軌跡

アメリカ理解に不可欠のキリスト教を、確かな歴史的パースペクティブのもと正確かつコンパクトに叙述する。略年譜・貴重な図版多数。　四六判　１７００円

モルトマン
福嶋揚訳
希望の倫理

テロ、戦争、貧困、環境破壊、生命操作など課題山積の21世紀を生きるための終末論的倫理。『希望の神学』でデビューした著者の総決算　四六判　４０００円

宮田光雄
山上の説教から憲法九条へ
平和構築のキリスト教倫理

聖書釈義から説き起こし、広大な思想史的考察を経て、憲法九条に基づく防衛戦略構想に及ぶ、4論文を収録。今こそ必読の書。　Ｂ６変判　１９００円